陈海燕 1961年12月生，山东高青县人，法学博士，现任齐鲁师范学院马克思主义研究中心主任，二级教授。山东省高校教学名师，师德标兵，获"富民兴鲁"劳动奖章和"巾帼建功"标兵荣誉称号，享受国务院政府特殊津贴。主要从事社会主义理论与国际政治的教学科研工作，兼任中国科学社会主义学会当代国外社会主义专业委员会理事、山东省科学社会主义学会常务理事兼副秘书长。相继主持国家社科基金项目2项（已完成1项），主持并完成山东省社会科学规划项目3项和山东省教学改革项目1项，出版《东方社会发展道路论》、《全球化与中国特色社会主义》、《全球化视域下社会主义的理论与实践》等著作5部，主编出版教育部师范司继续教育教材《当代国际政治与国际关系》和山东省高校优秀教材《当代世界经济与政治》等10余部，在《文史哲》、《马克思主义研究》、《社会科学》、《当代世界与社会主义》等刊物发表学术论文60余篇，多项科研成果获省部级优秀成果奖。

臧秀玲 1963 年 10 月生，山东诸城市人，法学博士，现为山东大学政治学与公共管理学院教授、博士生导师，教育部人文社科重点研究基地"当代社会主义研究所"研究员。主要从事当代资本主义和国际问题研究。曾主持国家社科基金项目 1 项，教育部人文社科重点研究基地重大课题 1 项，教育部社科基金 1 项，山东省社科规划重点项目 2 项。出版专著《社会主义和资本主义两制关系研究》和《当代资本主义新发展问题研究》2 部，合作、参与撰写著作 10 余部，发表学术论文 40 余篇，多次获省部级社科优秀成果奖。

杨素群 1965 年 5 月生，山东潍坊人，法学博士，现为山东师范大学政治与国际关系学院(马克思主义学院)教授，副院长，政治学专业硕士生导师。主要从事高校思想政治理论课教学和中国特色民主政治等方面的研究。曾出版专著《中国农业现代化重大关系研究》，主持山东省社科规划项目"公民政治参与有序化问题研究"、教育部思想政治工作专项课题"高校党外代表人士培养选拔机制路径探析"等项目的研究。

李 伟 1972 年 12 月生，山东沂南人，法学博士，齐鲁师范学院政治系教授。主要从事科学社会主义与国际政治的教学科研工作，兼任山东省国际政治与国际共运学会常务理事。相继主持并参加了多项国家级、省部级科研项目，在《理论学刊》、《兰州学刊》等学术刊物发表论文 20 余篇，合作撰写著作 1 部，编写教材 2 部，参编著作多部，多项科研成果获省部级优秀科研成果奖。

《国家哲学社会科学成果文库》

出 版 说 明

为充分发挥哲学社会科学研究优秀成果和优秀人才的示范带动作用，促进我国哲学社会科学繁荣发展，全国哲学社会科学规划领导小组决定自2010年始，设立《国家哲学社会科学成果文库》，每年评审一次。入选成果经过了同行专家严格评审，代表当前相关领域学术研究的前沿水平，体现我国哲学社会科学界的学术创造力，按照"统一标识、统一封面、统一版式、统一标准"的总体要求组织出版。

全国哲学社会科学规划办公室

2011 年 3 月

前 言

　　全球化进程的加剧，把社会主义与资本主义的发展置入了一个全新的国际环境之中，使其相互关系的态势与走势发生了深刻而复杂的变化。而这些新变化的出现既与全球化进程密切关联，又影响或制约着全球化进程的性质和发展趋向，还将牵制着国际格局的变化。英国学者马丁·雅克在《当中国统治世界：中国的崛起和西方世界的衰弱》一书的题记中曾经写道：万物升腾、兴衰更替，旧的列车正在慢慢驶出历史的轨道。社会主义与资本主义两种制度之间的关系近一个世纪的变迁，何尝不是这样！驶出历史轨道的"关系模式"与驶进历史轨道的"关系模式"，无疑都值得人们去考察和研究，这恰是本书写作的目的和意义。对此，我们在导论部分进行了专门阐述，在这里需要说明的是与本书写作相关的其他两个问题。

　　一是关于社会主义与资本主义相互关系问题研究的基础。早在20世纪90年代作者就开始了对该问题的研究，当时苏联东欧刚刚发生剧变，"历史终结"论、"文明冲突"论甚嚣尘上，社会主义何去何从问题严峻地摆在世人面前。此时作者在山东大学攻读博士研究生，师从导师赵明义教授参加了国家社会科学基金重点项目"社会主义的历史命运"研究（1997年4月由人民出版社出版），重点从纵向发展的角度对社会主义前两个70年的历史命运作了分析探讨。同时撰写的博士论文"马、恩的'跨越'设想与现实社会主义的实践"（2000年8月由天津人民出版社以《东方社会发展道路论——从马克思到邓小平》名称出版），该文从纵横比较的角度对以苏联和中国为代表的东方国家的社会主义思想、社会主义运动、社会主义制度产生发展的历史轨迹进行了比较分析，特别是对其兴衰成败的原因和规律做了深刻总结，提出了东方国家跨越资本主义"卡夫丁峡谷"走上社会主义道路的历史必然性与特殊性问题，阐述了东方较落后国家建设社会主义必须要与时代特点和本国国情相结合，走自己的路。2003 年 6 月主持完成的山东省社科规划重点项目"全球化与中国特色社会主义"（2004 年 1 月由山东人民出版社出版）的研究，主要以中国社会主义现代化建设内外环境的分析为切入点，着重研究了中国的改革开放如何有效契合全球化进程的问题，突出强调了在苏联东欧剧变、世界社会主义运动低潮时期，中国特色社会主义有效契合全球化进程取得了举世瞩目的成就，从而揭示了苏联东欧社会主义实践的失败不等于世界社会主义的失败，中国特色社会主义的发展必将有利于推动世界社会主义运动的复兴，并同时对中国特色社会主义有效契合全球化进程的对策作了深入探讨。

随着全球化进程的不断深化以及国际局势的变幻，社会主义理论与实践都面临新的挑战，作者与李伟博士合作申报了山东省社科规划重点项目"全球化视域下社会主义的理论与实践"（2007 年 4 月山东大学出版社出版）。该成果以全球化进程为研究视角，沿着东西方社会主义发展的两条路径进行了分析：一方面，着重从社会主义理论的发展、社会主义运动的进程、社会主义制度的建设，特别是从苏联、中国以及原东欧等国家在具体的社会历史条件下，在面临不同的外部环境中如何走向社会主义、如何建设社会主义等问题的分析阐述，揭示了社会主义的历史、现实和未来与全球化进程的关系；另一方面，从社会主义理论、社会主义运动、社会主义流派的发展变化、世界各国社会主义发展道路的探索、社会主义发展模式的改革创新的历史逻辑与理论逻辑有机统一的角度，研究探讨了全球化进程中世界社会主义的理论与实践的发展问题，进而揭示了世界社会主义运动的发展规律。应该说，我们在长期研究的过程中，在揭示社会主义的产生、发展与全球化进程的"因"与"果"互相关系的同时也进一步认识到，全球化进程中社会主义与资本主义两种制度关系的发展态势不仅影响到各自的发展进程，而且还直接影响着全球化的发展趋向。基于这一考虑，2007 年申报了国家社科基金项目"全球化视域下社会主义与资本主义两制关系发展规律研究"并得以批准立项。研究过程中，我们在梳理和分析以往积累资料的基础上，进行了新的探讨和新的理论升华，这就是本书所阐述的内容。

二是关于书稿内容的修改完善。本书稿是国家社科基金项目"全球化视域下社会主义与资本主义两制关系发展规律研究"的最终成果。该成果于 2012 年 1 月通过专家鉴定，等级为优秀。鉴定专家对研究成果的充分肯定给予我们莫大鼓励。例如：有的专家认为，该研究成果研究态度踏实，视野宽阔，原理与现实的结合紧密，论题与结论的论证严谨，具有总结性、综合性、深入性的特点，形成了总体上的创新。有的专家认为，该研究成果的主要建树集中体现在"新"、"深"、"真"三个方面。所谓"新"，一是研究视角新，该成果以全球化为研究视角，考察分析了资本主义与社会主义的发展进程及其相互关系的走势，以揭示"两制关系"的发展规律；二是得出的观点新，集中体现在该成果对全球化时代"两制关系"发展态势和发展规律的揭示，提出了系列独创性的观点，包括"两个必然"与"两个决不会"内在统一规律、"共处论"与"交往论"密切联系规律、"必须利用"与"必然代替"相统一规律、"时代特点"与"应对策略"相统一规律、"本质对立"与"发展合作"辩证统一规律、"运行过程"与"最终结果"相统一规律等，让人耳目一新。所谓"深"，一是研究基础深厚，长期的学术积淀成就了该成果的学术突破。二是学术见解深刻，该成果围绕"全球化视域下社会主义与资本主义两制关系"这一核心问题，无论是"理论界定"，还是"历史考察"，或"理论反思"，或"发展态势探析"，或"发展规律"总结，其观点和见解都是深刻的、精辟的。所谓"真",集中体现在该成果围绕社会主义与资本主义关系这一重大课题的研究,始终坚持以辩证唯物主义和历史唯物主义为指导,坚持史论结合,坚持研究的真理性和科学性,其重要结论和观点有较强的说服力,等等。专家们在给予高度评价的同时,也提出了诚恳的建议。例如:有的专家指出,该研究成果对社会主义和资本主义两制关系的政治和文化解读和探讨不够深入;有的专家指出,该成果缺乏对当代资本主义国家共产党和其他社会主义流派关于"两制关系"的认知和分析;还有的专家指出,"发展的终极规律"用语可作修改,因为在马克思主义思想史中,凡"终极规律"都是其批判的对象,等等。对此,我们抱着对专家意见的感激之心对书稿内容进行了认真修改和补充。2012年9月该成果入选《国家哲学社会科学成果文库》(批准号为12KKS002)后,我们根据评审专家反馈的意见,对部分内容进行了删减,把书名改为《全球化视域下的社会主义与资本主义:两种制度关系发展规律研究》,并按照学习出版社关于文字的编纂规定,进一步核对了引文注释和参考文献。反复修琢,终成现在呈现于读者面前的这部书稿。

多年的研究,特别是在核对马克思主义经典著作引注过程中的再次研读,使我们深深地品味到了浴火新生的感觉,也进一步铸造了我们进行科学研究的严谨态度,这无疑是我们最感欣喜的收获。相信这些收获必将激励着我们不断去学习,去探索。

陈海燕

2012 年 11 月 26 日

目　　录

Contents

第　一　章

导　　论

关于社会主义与资本主义的关系问题，一直是社会科学领域研究的重点内容之一，特别是自苏联东欧剧变后，尤其是在新一轮全球化浪潮中，无论是社会主义还是资本主义都出现了一些新情况和新问题。这些新变化既与全球化进程密切关联，又影响或制约着全球化进程的性质和发展趋向。由美国次贷危机引发的弥漫全球的金融风暴，就是明显的例证。而后危机时代国际局势的走势以及社会主义与资本主义"两制关系"的发展态势与趋势，仍与全球化进程有着千丝万缕的联系。基于对这些问题的思考与探究，我们撰写了《全球化视域下的社会主义与资本主义：两种制度关系发展规律研究》一书。其研究意义、研究思路、内容结构、创新特点概括如下：

一、研究现状与意义

由美国发生的次贷危机引发的全球金融风暴，不仅挑战着传统的资本主义金融体制，也拷问着人类的生存价值。一个跨世纪的课题再次摆在了世人面前：那就是曾影响和制约了 20 世纪人类历史发展走向和世界格局变化的社会主义与资本主义两种思想价值体系、两种社会制度、两种性质不同国家之间相互关系的形式和态势问题，再次成为 21 世纪人们关注的焦点。国内外研究者纷纷著书立说，涌现了许多研究成果，并呈现了如下两方面的特点：

一是关于金融危机的根源与资本主义和社会主义新变化问题的研究，成果显著。仅社会科学文献出版社就相继出版了〔英〕张夏准著的《富国陷阱》（2007 年 1 月版），张宇燕等著的《全球化与中国发展》（2007 年 5 月版），姜琳著的《美国保守主义及其全球战略》（2008 年 3 月版），〔日〕伊藤诚著的《幻想破灭的资本主义》（2008 年 5 月版），聂运麟著的《变革与转型时期的社会主义研究》（2008 年 5 月版），王金存著的《帝国主义历史的终结》（2008 年 6 月版），〔埃及〕萨米尔·阿明著的《世界规模的积累》（2008 年 11 月版），〔英〕张夏准著的《富国的伪善》（2009 年 1 月版），李慎明主编的《世界在反思——国际金融危机与新自由主义全球观点扫描》（2010 年 7 月版）和《国际金融危机与当代资本主义——低潮中的世界社会主义思潮与理论》（2010 年 7 月版），何秉孟主编的《国际垄断资本与经济危机跟踪研究》（2010 年 7 月版），〔日〕中谷岩著的《资本主义为什么会自我崩溃？——新自由主义者的忏悔》（2010 年 7 月版）等等；人民出版社出版了陈学明著的《驶向冰山的泰坦尼克号——西方左翼思想家眼中的当代资本主义》（2008 年 4 月版），胡连生、杨玲合著的《当代资本主义——双重发展趋向研究》（2008 年版）等等；中国人民大学出版社出版了〔英〕梅格纳德·德赛著的《马克思的复仇——资本主义的复苏和苏联集权社会主义的灭亡》（2008 年 5 月版）；中华工商联合出版社出版了〔美〕约翰·奈斯比特、〔德〕多丽丝·奈斯比特合著的《中国大趋势》（2009 年 9 月版），何秉孟主编的《欧洲社会民主主义的转型》（2010 年 5 月版）；中信出版社出版了〔美〕约翰·奈斯比特著的《世界大趋势》（2010 年 1 月版），〔英〕马丁·雅克著的《当中国统治世界：中国的崛起和西方世界的衰落》（2010 年 1 月版），等等。

二是关于全球化与社会主义改革发展的研究范围在扩大、深度在增强。早在苏联东欧剧变之初，学术界就涌现了一些研究成果，例如：江流、徐崇温主编的《20—21 世纪：社会主义的回顾与瞻望》（中国社会科学出版社1995 年版），肖枫主编的《社会主义向何处去》（上、下）（当代世界出版社 1998 年版），周新成主编的《理论·历史·现实——关于社会主义及其命运的思考》（中国人民大学出版社 1996 年版），黄宗良等主编的《世界社会主义的历史和理论》（中央编译出版社 1995 年版），周必文主编的《当代国外社会主义研究》（中共中央党校出版社 1996 年版），薛汉伟著的《时代发展与中国特色》（北京大学出版社 1996 年版），刘克明、金挥主编的《苏联政治经济体制七十年》（中国社会科学出版社 1990 年版），刘淑春等编的《“十月”的选择——90 年代国外学者论十月革命》（中央编译出版社 1997 年版）等等。进入新世纪以来，国内外学者们开始从全球化的角度对社会主义的历史经验进行总结，对社会主义的发展前景进行预测和展望。最有代表性的有中央编译出版社编译出版的《全球化时代的“马克思主义”》、《全球化时代的“社会主义”》、《全球化时代的资本主义》、《全球化的悖论》、《全球化与中国》、《全球化与世界》、《全球化与后殖民批评》系列全球化问题研究丛书，从不同层面对全球化问题及其影响作了论述。

　　金融危机爆发后，国内外学术界在反思资本主义制度性危机的同时，对社会主义的重构问题提出了新的探讨。例如：印度学者萨拉·萨卡提出了“只有重构社会主义才能克服生态危机”[1] 的思想。他认为，“要想保护这个世界，只有在我们消除了资本主义制度和成功创建一个真正的社会主义社会的条件下才是可能的。因此，一种新型的社会主义社会不仅是值得期望的，还是必需的。”[2] 而这种社会主义是一种不同于传统类型的社会主义，即生态社会主义。墨西哥城市自治大学德籍教授汉斯·迪特里奇指出，21 世纪社会主义的哲学基础是马克思恩格斯的辩证唯物主义和历史唯物主义，其道德基础与其现实经济组织是一致的。并由此强调 21 世纪社会主义的两个基本特点是参与式民主和民主规划的等价经济。参与式民主将通过联合代表形式，使民主和随机选择机制在人类生存的四个基本社会关系（经济、政治、文化和军事）中运行；民主规划的等价经济将民主规划经济与劳动价值理论及等价原则结合起来，建立一种与牟利的资本主义市场经济有着本质不同的生产模式，其中的经济循环完全由价值决定，而不是价格[3]，等等。

　　所有这些构想和研究成果，无疑为我们的研究提供了知识的养料和思想

---

　　① 蔡华杰：《只有重构社会主义才能克服生态危机——萨拉·萨卡的生态社会主义思想论析》，《中国地质大学学报》（社会科学版）2010 年第 10 卷第 5 期，第 8 页。

　　② ［印］萨拉·萨卡著：《生态社会主义还是生态资本主义》，郇庆治译，《绿叶》2008 年第 6 期，第 45 页。

　　③ 丁晓钦：《资本主义危机与出路：21 世纪社会主义——世界政治经济学学会第 5 届论坛综述》，《马克思主义研究》2010 年第 6 期，第 141 页。

的启发，同时由于各位作者研究视角的不同，其研究的侧重点及其观点也是仁者见仁、智者见智，这又为我们的研究深化提供了理论创新空间。特别是在当今全球化进程不断深化、世界格局急剧变化、多极化趋势日趋明显的时代条件下，加强对该问题的研究，不仅有着重要的理论意义和学术价值，而且还有着迫切的现实需要。

其一，从学术研究的角度来说，厘清社会主义与资本主义两种制度关系（以下简称为"两制关系"）的内涵，揭示全球化进程与资本主义、社会主义发展变化的"因""果"互动关系，完整系统地总结社会主义与资本主义"两制关系"的经验与教训，全面深刻地揭示社会主义与资本主义"两制关系"的发展规律，在学术研究领域具有开创性的探索意义。

其二，从理论发展的角度来说，尽管有关社会主义与资本主义问题的研究成果颇多，但其研究的侧重点或是研究资本主义的新变化、或是对社会主义的未来进行探讨，而侧重两者关系的研究、特别是研究"两制关系"发展规律的成果还比较少见。所以，加强对全球化视域下社会主义与资本主义"两制关系"发展规律的研究，有利于理论研究的深化和系统化，从而可以为马克思主义"两制关系"理论宝库增添新的内容。

其三，从实践上来看，加强对该问题的研究，可以在科学把握全球化的性质与发展趋势、充分认识马克思主义关于"两制关系"理论的时代内涵与现实意义、深刻总结社会主义国家在处理"两制关系"问题上的历史经验与教训、准确把握"两制关系"发展规律等问题上，为人们提供科学的方法与思路，从而有助于人们掌握有效处理同资本主义国家关系的战略和策略，以推动社会主义建设事业健康发展，为在世界范围内实现社会主义对资本主义的替代创造条件。

二、研究思路与方法

我们在吸收已有研究成果的基础上，着重以全球化为视角，以金融危机引发的全球系列问题的思考为切入点，在厘清社会主义与资本主义"两制关系"内涵的基础上，通过对全球化进程中资本主义和社会主义"两制关系"发展变化的考察分析，揭示"两制关系"的发展趋向和发展规律。具体说，就是从科学社会主义创始人及其继承、捍卫和发展者关于"两制关系"的一系列思想观点的"实事"中，从十月革命后第一个社会主义国家诞生以来，特别是战后一系列社会主义国家诞生后，认识与处理与资本主义关系正反两方面历史经验的基本"实事"中，从全球化进程中资本主义新变化和社会主义新发展的基本"实事"中，从科学社会主义与各社会主义流派的区别与联系的"实事"中，去求社会主义与资本主义并存条件下如何处理两者之间的关系以及最终实现社会主义取代资本主义这个"是"。

基于这一研究思路，我们主要运用了下列研究方法：

一是历史研究法。按照历史唯物主义的观点，资本主义与社会主义作为人类社会前后相继的两种社会形态，其产生和发展都有着历史必然性和现实基础；但经济文化较落后国家先于发达资本主义国家走上社会主义道路的事实，则使历史的发展顺序呈现了跳跃性的特征，使资本主义与社会主义的关系由理论逻辑上前后相继的两种社会形态变成了同时并存于一个世界的复杂局面。正确认识和处理现实中的"两制关系"，不仅需要厘清关系双方的现实发展方位，而且还需要与特定的历史条件相联系，依据大量历史事实和史料的分析辨别，从历史的因果关系中，把握其现状，认识其本质，揭示其发展规律。

二是纵横比较法。通过对两种制度国家行为主体异同点的纵横比较，以发现其不同表现形式的一般发展规律。纵向角度，就是着重对全球化进程中原苏联东欧国家和中国等社会主义国家处理与资本主义国家相互关系的经验和教训的比较；横向角度，主要是通过对中（国）、越（南）、老（挝）、朝（鲜）、古（巴）等现实社会主义国家在处理同资本主义国家的关系以及与各社会主义流派和思潮之间相互关系的方式、方法和态势的比较，揭示其基本规律和特点。同时还通过对美、日、法、德等资本主义不同发展模式的比较研究，探讨不同资本主义发展模式下所孕育的共同的社会主义因素及其发展趋势。

三是理论联系实际、实事求是研究法。在全球化进程中，无论是社会主义还是资本主义的发展都呈现了一些不同于传统观念的特征或特点。在研究、分析这些新情况、新问题时，必须坚持理论联系实际、历史联系现实的方法，从实际出发，实事求是地进行定性和定位。例如：对全球化与反全球化性质的分析，对资本主义金融危机的性质及影响的分析，对不同社会主义模式、社会主义流派关于社会主义发展道路的探索等问题的分析和论述，坚持的是"应然"与"实然"相统一、价值判断与事实判断相统一的研究法。

三、内容结构与观点

在上述思想方法指导下，我们设计了六大部分内容，主要思想观点如下：

（一）全球化视域下"两制关系"研究现状述评

着重从三个方面对目前国内外有关社会主义与资本主义"两制关系"问题的研究成果进行了评述。一是概述了近年来，特别是金融危机以来国内外学术界关于全球化进程与性质、金融危机的根源与影响、资本主义的调整、社会主义的改革以及"两制关系"发展变化等问题的研究现状。二是阐述了上述研究成果的理论突破及其影响，指出这些研究成果为我们的研究提供知识基础和思想启发的同时，也为我们深化研究提供了理论创新空间。三是从学术价值、理论创新和现实需求三个方面阐述了加强对该问题研究的意义。

（二）全球化视域下"两制关系"的理论界定

着重从三个层面阐述了"两制关系"的内涵：一是揭示了社会主义与资本主义两种对立思想价值体系之间的关系。二是指出了现实中的资本主义与社会主义属于前后相继而又同时并存的两种社会形态或社会制度之间的关系。三是阐述了当今社会主义与资本主义的关系表现为两种性质不同国家之间及其各自内部两种社会因素之间的关系。

我们认为，在当今时代条件下，"两制关系"主要是通过两种性质不同国家之间的关系来体现的。一方面，从国际行为主体的角度来看，社会主义国家与资本主义国家都是国际法的主体，拥有国家主权以及由此引申而来的多种权利。包括独立权、平等权、自卫权和管辖权等。从这个意义说，"两制关系"首先体现为两类国家之间的一般国家关系，国家利益是其考虑对外关系的最高原则。另一方面，从国家的性质上来看，社会主义国家与资本主义国家的关系又是一种特殊的国家关系，具有不同于一般国家关系的特殊性：一是两类国家之间存在着比一般国家关系间更大的排斥性，并且在社会主义国家诞生之际或资本主义制度灭亡之时表现得尤为激烈和突出。二是两类国家之间的对立具有相对性，这种相对性是指两类性质不同国家所代表的阶级利益最终都要从属于国家利益，而国家利益的维护与获得又是复杂的具体的，既受一些不同因素的影响，也受一些相同因素的影响，这就决定了其相互关系既有对立的一面也有合作的一面。三是两类国家之间的关系具有过渡性，这是由社会主义首先诞生在经济文化较落后国家的特殊性以及在世界范围内代替资本主义的长期性和复杂性所决定的。在过渡期内，不仅世界范围内的社会主义与资本主义将长期并存，而且在两类国家内部还都存在多种经济因素，即存在着社会主义与资本主义因素的"互植"现象。但其最终趋向必定是顺应生产力的不断发展而引发生产关系的变革，直至在世界范围内结束过渡期，实现社会主义对资本主义的替代。

（三）全球化视域下"两制关系"的历史考察

在纵向分析阐述全球化进程中资本主义与社会主义发展变化的基础上，着重揭示了世界在"热战"和"冷战"时期"两制关系"的围剿与反围剿、遏制与反遏制、合作与对抗、和平演变与反和平演变的历史进程。其主要观点包括：一是着重阐述了全球化与资本主义共生共长的关系，强调资本主义"成也全球化，败也全球化"[①]，相伴全球化进程的是资本主义的周期性危机与不断的调整。二是阐述了社会主义与全球化进程的关系，在揭示其对全球化进程的排斥、融入、契合、转型、重新审视等艰难历程的基础上，着重阐述了现实社会主义国家以及各社会主义流派在探索适合本国国情的社会主义发展道路进程中取得的成就和面临的问题。三是阐述了全球化与资本主义、社会主义双向互动关系，指出从历史发展序列看，一方面，全球化是资本主义发展的"果"，是社会主义诞生的"因"；另一方面，现实社会主义的发展一定程度上又是反资本主义主导的全球化的"果"，是资本主义自我调整和变革的"因"。四是回眸了自社会主义由理论变为现实以来至"冷战"结束"两制关系"的发展轨迹，揭示了其相互关系的表现形式。

---

① 徐艳玲著：《全球化、反全球化思潮与社会主义》，山东人民出版社2005年版，第114页。

（四）全球化视域下"两制关系"的理论反思

着重以不同时代马克思主义者认识和处理"两制关系"的理论和实践为线索，在总结其成败得失经验教训的基础上，进行理论升华和思想智慧的挖掘。主要观点包括：

1. 科学认识"代替论"与"革命论"的时代内涵与价值意义。"代替论"与"革命论"，是马克思恩格斯时代认识和处理"两制关系"的基本思想，揭示的是社会主义与资本主义两种社会形态前后相继的必然替代关系，以及如何实现替代的方法途径问题。研究"两制关系"，首先面临的第一个问题就是如何看待马克思恩格斯的"代替论"与"革命论"的思想，这是我们研究的理论起点和根基所在。为此，就需要我们从理论与实践的结合上完整掌握马克思恩格斯"代替论"与"革命论"的科学内涵，既不能简单地以其具体的"结论"而掩盖其得出这一结论的"方法"和"依据"，也不能以今天"资本主义垂而不死"的现状而否定这一"结论"的"必然性"和"科学性"。在此思想指导下，我们的研究得出了三点认识：一是"代替论"与"革命论"的思想结论作为历史逻辑的论证，其依据已经被资本主义的发展历史和当今全球资本主义危机的事实所验证。二是在何时"实现代替"以及"如何代替"的问题上，还需要与"两个决不会"思想联系起来分析。三是革命的具体形式需要随时代的发展变化不断予以创新，在全球化时代，社会主义代替资本主义的方式必然是多样性的，我们应该以更加开放的思想和更加宽容的姿态去关注不同国家对通往社会主义道路的有益探索。

2. 列宁的"共处论"与"交往论"为"两制并存"条件下认识和处理"两制关系"提供了科学指导。1917 年十月革命的胜利在推动社会主义由理论变为现实的同时，也使世界呈现了"两制并存"的局面。这样以来，社会主义与资本主义的关系，就由马克思恩格斯时代所设想的前后相继的纵向关系，变成了一种实践上的横向关系，并且社会主义明显处于弱势。在这种新的历史条件下，列宁从时代和国情的实际出发，提出了不同社会制度国家间要和平共处、和平解决国际争端、积极发展对资本主义国家经济交往等思想，强调"共处"是"交往"的前提和基础；"交往"是"共处"的必然要求；平等互利是"共处"与"交往"的共同出发点。列宁用富有远见卓识的战略眼光，从历史和逻辑的统一中揭示了两种不同社会制度共存、共处与斗争的历史图景，从而把社会主义理论与实践带入了全新的境界。当我们今天在重温列宁的"共处论"和"交往论"时，不仅要完整掌握其思想内涵，更要深刻领会其思想所蕴涵的辩证思维方法，正确把握两种不同社会制度之间的统一性和斗争性，契合时代发展趋势，创新对应方式，争取国际道义制高点，以推动人类社会朝着社会主义的目标迈进。

3. 斯大林"两个平行的世界市场"理论与实践，从正反两个方面给我们以启发。列宁去世后一段时间里，斯大林曾继承了列宁的"和平共处"思想，强调"合作并不需要各国人民具有同样的制度"①，并且认为"美国的民主制同苏维埃制度可以和平共处和竞赛。"② 苏联与西方资本主义国家之间力量上出现某种暂时的"均势决定了当前苏维埃国家和各资本主义国家间的'和平共处'阶段。"③ 同时，斯大林还阐述了合作的愿望与可能性之间的关系，指出："如果有合作的愿望，那么，尽管经济制度不同，合作是完全可能的。"④ 在斯大林看来，合作的可能性总是存在的，但是合作的愿望并不总是存在的。两者比较，斯大林更注重合作的愿望对于实现和平共处所发挥的作用。强调"只要双方有合作的愿望，决心履行所承担的义务，遵守平等和互不干涉别国内政的原则，资本主义和共产主义的和平共处是完全可能的。"⑤ 应该说，斯大林对不同制度之间和平共处的必要性与可行性的分析是很深刻的，但其对和平共处时间段的判断则是不科学的。他认为苏联与西方国家的和平共处是由社会主义国家与资本主义国家之间力量均衡造成的一种"脆弱的国际和平"状态，是未来两种社会制度之间不可避免的战争"间歇期"和"准备期"，由此也就决定了他在实践上不可避免地把这

---

① ［苏］斯大林：《和美国共和党人士哈罗德·史塔生的谈话的记录》，《斯大林文集（1934—1952）》，人民出版社 1985 年版，第 525 页。

② ［苏］斯大林：《和美国斯克里浦斯——霍华德报系总经理罗伊·霍华德先生的谈话》，《斯大林文集（1934—1952）》，人民出版社 1985 年版，第 93 页。

③ ［苏］斯大林：《中央委员会的政治报告》，《斯大林全集》第 7 卷，人民出版社 1958 年版，第 218 页。

④ ［苏］斯大林：《和美国共和党人士哈罗德·史塔生的谈话的记录》，《斯大林文集（1934—1952）》，人民出版社 1985 年版，第 523 页。

⑤ ［苏］斯大林：《答美国一些地方报纸编辑提出的问题》，《斯大林文集（1934—1952）》，人民出版社 1985 年版，第 673 页。

种合作或共处当成一种权宜之计，一旦脆弱的均衡状态被打破，合作与共处也就不复存在。第二次世界大战后东西方很快就陷入了"冷战"，他随即就提出了"两个平行的也是互相对立的世界市场"①理论，这就严重影响和制约了社会主义国家的对外交往，误导了"两制关系"的正常发展，其教训极为深刻。

4. 从"一边倒"到构建"和谐世界"，中国共产党人处理"两制关系"的历史跨越和思维创新。所谓"一边倒"，是新中国成立之初采取的外交政策，就是与苏联等社会主义国家结盟，倒向社会主义一边。从理论上分析，"一边倒"政策不符合辩证法思想，是片面的；从实践上看也束缚了新中国走向世界大舞台的手脚。但这一政策是中国共产党人在资本主义与社会主义两大阵营对抗的背景下作出的抉择；从结果上看，这一政策的实施使新成立的中华人民共和国在其他社会主义国家尤其是苏联的支持援助下，在资本主义国家的军事威胁和经济封锁的困难时期，维护了国家主权，实现了中华民族的独立，并且推动新中国在政权稳固后逐渐步入社会主义建设的轨道。随着国际局势的变化和中国国际声誉的提高，在对外关系问题上也相应地倡导了以"和平共处五项原则"为核心的和平外交政策。但在20世纪五六十年代，在东西方"冷战"的国际背景下，极"左"思潮在党内盛行，"和平共处五项原则"在处理"两制关系"实践中未能得以很好地贯彻。直到党的十一届三中全会后，以邓小平为核心的党的第二代领导集体作出了改革开放的英明决策，放弃了以社会制度和意识形态来确定外交政策的思维方式，真正按照和平共处的原则发展同所有国家的友好合作关系，并创造性地提出了"一国两制"的战略构想，成功地解决了香港和澳门问题，使"两制关系"不仅在不同制度国家之间和平共处，同时在一个国家内实现了"两种制度"的共处，实现了中国共产党处理"两制关系"理论与实践的历史性跨越。

进入新世纪后，随着国际格局的变化，中国共产党"高举和平、发展、合作的旗帜"②，提出了"以平等开放的精神，维护文明的多样性，促进国

---

① ［苏］斯大林：《苏联社会主义经济问题》，《斯大林选集》（下卷），人民出版社1979年版，第561页。

② 《中共中央关于加强党的执政能力建设的决定》，人民出版社2004年版，第28页。

际关系民主化，协力构建各种文明兼容并蓄的和谐世界"① 的新理念。从"一边倒"到"和平共处"，再到构建"和谐世界"理念的形成，既展示了中国共产党人在认识和处理"两制关系"的思维创新，又体现了中国共产党人从谋求自身生存到谋求自我发展、再到实现共同和谐发展的全球意识和世界胸怀，回应了当今时代发展的呼唤和要求，规划了当代中国处理"两制关系"的新图景。

（五）全球化视域下"两制关系"的发展态势与趋势

在全球化视域下审视"冷战"后的"两制关系"，其最大的变化就是资本主义与社会主义两大阵营对立的消融，"两制关系"由"遏制——对抗"为主转变为"接触——合作"为主，既对抗又合作成为当今资本主义和社会主义相互关系的基本态势。

1. 随着全球化进程的加剧，两种制度国家间的经济交往与竞争同时俱增。一方面，在经济全球化的推动下，不同的经济制度被纳入了统一的世界经济体系中，资本主义国家与社会主义国家间的经济交往与经济依存发展到了前所未有的水平，其互补性、关联性、依赖性进一步增强；另一方面，经济全球化发展的不平衡性又导致了两制国家间的经济不平衡和世界经济秩序的不合理，包括社会主义国家在内的广大发展中国家在国际经济事务中缺少发言权，由此引发的不同制度国家为掌握新的全球经济秩序主导权而进行的经济战、贸易战、货币战日益激烈，经济竞争与贸易摩擦趋于显性化、复杂化。

2. 伴随全球化进程的政治民主化，两种制度国家间的政治对话与博弈增多。"冷战"时期，无论是资本主义国家还是社会主义国家，都奉行传统国际关系理论中的"零和"博弈模式；在全球化日益深入发展的今天，社会主义国家与资本主义国家在经济上的相互依赖、相互渗透，促进了双边政治交往和多边政治合作；但全球化是一个"二律背反"的发展进程，主权国家仍是国际关系的主体，在涉及国家根本利益和核心价值问题上各国必然坚持自己的原则主张毫不妥协，在注重政治对话的同时，不同制度国家间的

---

① 胡锦涛：《努力建设持久和平、共同繁荣的和谐世界——在联合国成立 60 周年首脑会议上的讲话（2005 年 9 月 15 日，美国纽约）》，2005 年 9 月 16 日《人民日报》。

政治对立与博弈依然存在，只是其斗争的具体形式和方式有了改变。

3. 世界文化多样性的发展使两种制度国家间文明的融合与冲突共存。一方面，经济全球化促进了各国人员的往来和各种文化的传播，不同制度文明、民族文化相互渗透、相互影响的程度空前加深，思想观念和价值观急剧碰撞；另一方面，在全球化和知识经济时代，文化越来越被视为国家实力的第一构成要素或首要资源，成为推动一国经济发展和社会进步的重要智力因素，各国在提升文化"软实力"的同时，也在极力维护本国文化的独立性和统治地位，由此引发的不同制度文化和文明之间的冲突或渗透也在加剧。

4. 在全球化大潮中，两种制度国家间科技成果共享与竞争并行。一方面，伴随经济全球化的发展特别是各国对外开放度的提高，不同制度国家间的科技交流进一步增多；另一方面，由于国家利益的不同，各国之间在科学技术方面的竞争与博弈也有日益加剧的趋势。对此，我们既要抓住机遇，努力实现跨越式发展，又要采取有效措施，在竞争与博弈中提升自己，避免在两制竞争中处于不利的地位。

5. 在世界军事现代化进程中两种制度国家间的军事交流与较量同时增强。一方面，自20世纪90年代以来，随着两极格局的解体，两种制度国家间的军事关系趋向缓和，各国的对外军事交流与合作空前频繁与活跃，交往方式呈现多层次、宽领域、全方位的新特点；另一方面，冷战虽然结束了，但冷战思维在国际关系领域依然存在，尤其是在不同制度国家之间，由于意识形态上的分歧以及国家战略利益的不同，使两种制度国家之间的军事较量有增无减，并呈现出交往范围日趋扩大、竞争日益激烈的趋势。

6. 全球化进程中全球性问题的凸显迫切需要全球治理。当今时代"全球性问题具有既加强各国相互依存又促使它们抢占规制权的两重性。"① 站在人类社会发展的大舞台来看，面对全球性问题，经济和社会制度不应再是国家间进行合作的唯一标准，而及时有效、务实规范的合作应成为国际社会应对时代性挑战的指导思想。但是，由于不同制度国家的利益和价值观互有异同，所处的内外形势也不断变化，以致使其在全球治理问题上，总是时而

---

① 杨洁勉：《论"四势群体"和国际力量重组的时代特点》，《世界经济与政治》2010年第3期，第9页。

突出合作面、时而又增加竞争点，合作与纷争同时加深。

（六）全球化视域下"两制关系"发展规律总结

通过上述静与动、纵与横等角度对社会主义与资本主义"两制关系"的发展进程和运行态势的全方位梳理，在认真反思不同发展阶段处理"两制关系"的理论与实践的基础上，进而从宏观、中观和微观三个层面得出了六个方面的规律性认识：

1. "两个必然"与"两个决不会"的内在统一。"两个必然"与"两个决不会"的内在统一，是全球化进程中"两制关系"发展的根本规律，贯穿于"两制关系"的始终。"两个必然"是马克思恩格斯在《共产党宣言》中提出的一个著名思想，他们运用唯物主义的历史观和阶级斗争学说，在分析资产阶级产生、发展进程的基础上，得出了"资产阶级的灭亡和无产阶级的胜利是同样不可避免的"① 论断。而"两个决不会"，是马克思继《共产党宣言》发表十年后，于1859年撰写的《〈政治经济学批判〉序言》中提出的一个观点，强调"无论哪一个社会形态，在它所能容纳的全部生产力发挥出来以前，是决不会灭亡的；而新的更高的生产关系，在它的物质存在条件在旧社会的胎胞里成熟以前，是决不会出现的。"② 很显然，"两个必然"揭示的是社会主义代替资本主义的历史必然趋势，是人类历史发展的普遍规律；"两个决不会"阐述的是社会主义何时何地代替资本主义的问题，强调的是社会发展的生产力基础，揭示的是生产关系必须适合生产力发展要求的规律。二者之间具有普遍性与特殊性、共性与个性的关系，是辩证统一的，既不能把二者对立起来，也不能把二者割裂开来。否则，必将遭遇挫折与失败。

2. "必然代替"与"必须利用"的有机统一。"必然代替"与"必须利用"的有机统一，是"两制并存"条件下"两制关系"发展的客观规律。马克思主义作为具有世界历史意义的无产阶级思想体系本身就是在吸收和改造了人类思想和文化发展中的一切有价值的东西，包括资本主义的许多思想

---

① ［德］马克思、恩格斯：《共产党宣言》，《马克思恩格斯选集》第1卷，人民出版社1995年版，第284页。

② ［德］马克思：《〈政治经济学批判〉序言》，《马克思恩格斯选集》第2卷，人民出版社1995年版，第33页。

成果的基础上创立的。这种利用和吸收使得马克思主义从一开始就具有坚实的科学底蕴、丰厚的思想根基以及巨大的发展潜力。从理论上讲，社会主义作为比资本主义更高级的社会形态，自然是在继承资本主义文明成果的基础上发展起来的。但由于历史发展的跳跃性，现实中的社会主义多是诞生在经济文化较落后国家，没有经过资本主义的充分发展，要实现代替资本主义的目标，更需要学习和吸取"资本主义制度所创造的一切积极的成果"①。只有利用资本主义，社会主义才能创造出比资本主义更高的生产效率、更多的物质文化成果，才能更具生命力、感召力，才能代替资本主义。具体到实践层面，现实社会主义国家应注意处理好以下几个方面的关系：一是要正确处理当前"利用"与长远"替代"的关系，坚持在两者的有机统一中推进社会主义事业健康发展。二是要正确处理主观愿望与客观条件的关系，坚持在两者的有机统一中保障社会主义建设事业稳步发展。三是要正确处理依靠外部条件与挖掘自身潜力的关系，坚持在两者的有机统一中推进社会主义建设创新发展。

3. "时代特点"与"应对策略"的有机统一。"时代特点"与"应对策略"的有机统一，是全球化时代"两制关系"发展的基本策略。一方面，时代特点决定着"两制关系"的表现形式。"冷战"时期，对立与对抗是"两制关系"的主流状态；全球化时代，"两制关系"的态势更多的是寻求合作和交流。另一方面，社会主义和资本主义的实力对比状况又影响和制约着"两制关系"的发展态势和趋势。历史的经验表明，在双方实力对比悬殊但一时还无法从根本上战胜对方的情况下，对立与斗争表现的将会突出；而在双方实力对比相当的情况下，合作与共处将是主要的。作为社会主义国家的执政党就需要根据不同时代特点和自身实力的变化制定不同的应对策略，在对立与斗争中不放弃合作与共处的努力，在合作与共处的同时警惕资本主义的和平演变与不战而胜，在合作与共处、对立与斗争的较量中不忘记实现历史代替的最终目标。

4. "本质对立"与"发展合作"的辩证统一。"本质对立"与"发展

---

① ［德］马克思：《给维·伊·查苏利奇的复信（草稿）》，《马克思恩格斯选集》第3卷，人民出版社1995年版，第770页。

合作"的辩证统一，源自于两方面的因素。一方面，源自社会主义对资本主义制度"卡夫丁峡谷"①的跨越。就其本质来说，社会主义是资本主义的替代物，资本主义视社会主义为异端，两者势不两立，这已经被十月革命胜利后资本主义国家对苏维埃俄国的武装包围以及第二次世界大战后资本主义阵营与社会主义阵营冷战对峙的事实所证明；但就现实社会主义诞生的环境和条件来看，其经济文化落后的状态以及其实践上的"跨越"与理论上的"跨越"之差距，又决定了它要实现自身的优越性，就必须积极吸取人类社会创造的、包括资本主义社会创造的一切文明成果。所以，二者的合作又是必需的。另一方面，这一规律又存在和发展于全球化条件下"两制并存"的现实之中。历史的进程表明，在全球化时代，两制之间的对立和斗争无论采取何种形式，到目前为止，仍未能实现谁战胜谁、谁取代谁的目标，"两制并存、竞争共处"成为一种常态。所以，"竞争与合作同在，摩擦与妥协并存"就成为"两制关系"的重要表现形式。

5. "两制并存的自发性"与"两制博弈的自觉性"的辩证统一。"两制并存的自发性"与"两制博弈的自觉性"的辩证统一，是由社会主义首先诞生在经济文化较落后国家的特殊性所决定的一个特殊规律。"两制并存的自发性"源自两个方面：一方面源自于社会主义由理论变为现实的基础，即多数社会主义国家诞生于经济文化较落后的基础上，没有经过资本主义的充分发展，是资本主义"半途夭折"的结果；另一方面源自于一些现实社会主义国家在跳跃性发展的过程中，没有认识和把握好"两制并存的自发性"与"两制博弈的自觉性"相统一规律，没有能够实现社会主义代替资本主义的目标而"半途夭折"，苏联从十月革命到解体改制的历史进程就是最典型的实例。而中国走上社会主义道路的历史环境和条件虽然与俄国情况相似，也是本国历史转向世界历史的必然，是一种不同于马克思恩格斯"跨越"设想的一种历史性跨越，并共同经历了"两制并存自发性"的苦难。但不同的是，俄罗斯在 20 世纪 90 年代开始走上了与西方一体化和市场化道路，在加速政治自由化的过程中，经历了体制的崩溃和苏联解体；而中

---

① ［德］马克思：《给维·伊·查苏奇的复信（草稿）》，《马克思恩格斯选集》第 3 卷，人民出版社 1995 年版，第 765 页。

国自 20 世纪 80 年代开始进行了"可控的转型"（managed transition）[1]，在自觉自主的改革开放过程中，探索了一条适合自身特点的中国特色社会主义发展道路，在处理与资本主义国家关系时，遵循了"两制并存的自发性"与"两制博弈的自觉性"相统一规律，采取了"和而不同"[2] 的双赢战略，创造了举世瞩目的成就。迄今为止，"两制关系"的发展经历了"零和并存"的自发性向"双赢共处"的自觉性的转变过程，这其中既有"两制"本质对立的客观因素，也有"零和"思维的主观原因；既蕴涵着"两制并存"的自发性，也孕育了"两制博弈"的自觉性。是主观见之于客观、自发转向自觉、历史走向现实、特殊趋向必然的历史进程，具有复杂性和反复性。

6. "运行过程"与"最终结果"的有机统一。一方面，从运行过程来看，随着全球化进程的拓展，在社会主义与资本主义的发展进程中均呈现了两种因素"互植"现象。即资本主义国家内部社会主义因素不断增长，包括资本社会化、管理民主化、社会福利化等；社会主义国家在改革开放进程中，也学习借鉴了一些资本主义国家的经营方式和管理经验，包括股份制、私营经济、市场经济等。另一方面，从发展趋势来看，资本主义生产力的发展和社会主义的物质存在条件成熟是一个同步的渐进过程。资本主义的生产力发挥一分，社会主义的物质存在条件就成熟一分，而当资本主义所能容纳的全部生产力发挥殆尽，社会主义的物质存在条件也就完全成熟了。[3] 资本通过全球化的推动，创造出了世界各地区的全面交往和相互依赖。而这种全面交往和相互依赖却导致了生产的全球化与生产资料私人占有之间的矛盾和生产无限扩张与全球需求相对缩小之间的矛盾。解决矛盾的唯一出路只能是实行社会制度的变革。当然，这一变革的过程将是长期的、复杂的，但这种"运行过程"的长期性与社会主义必将取代资本主义"最终结果"的必然性

---

① ［俄］彼得·拉特兰著：《后社会主义国家与新发展模式的变化：俄罗斯与中国的比较》，王新颖编译，《经济社会体制比较》2010 年第 2 期，第 61 页。

② 江泽民：《和而不同是人类各种文明协调发展的真谛》，《江泽民文选》第三卷，人民出版社 2006 年版，第 522 页。

③ 陈学明著：《驶向冰山的泰坦尼克号——西方左翼思想家眼中的当代资本主义》，人民出版社 2008 年版，第 9—10 页。

又是并行不悖的。我们需要指出的是，对此需要坚持用发展的观点，把资本主义退出历史舞台的必然性与历史演进过程的长期性统一起来，把资本主义的腐朽性与它可能继续发展的进步性统一起来，把社会主义代替资本主义运行过程的长期性与最终结果的指向性统一起来，在两种社会制度竞争共处的世界格局中谋划和推进社会主义建设事业不断取得新胜利。

四、成果创新与不足

本研究成果与同类成果的研究相比，具有以下特点与创新：

其一，在研究视角和总体思路上，该成果的研究遵循三个思维原则：一是方法原则，即以全球化为研究问题的视野，以历史唯物主义和辩证唯物主义为指导，坚持史论结合，纵横比较。二是价值原则，即坚持以人为本的价值判断和实事求是的价值标准。三是目标维度，即以事实为依据，以历史为坐标，通过考察分析资本主义与社会主义的发展进程及其相互关系的走势，揭示资本主义必然被社会主义所代替的历史规律。具体包括：一是以全球化为研究视角，全面系统地阐述社会主义与资本主义两制关系的理论内涵。二是在纵向考察研究全球化进程中资本主义的历史嬗变和社会主义曲折发展的基础上，揭示其相互关系的历史轨迹。三是在横向上通过反思社会主义与资本主义两制关系的经验教训，探讨当今时代社会主义与资本主义两制关系的发展态势与趋势，总结全球化视域下社会主义与资本主义两制关系的发展规律。

这是一个全新的研究视角和研究高度。一方面，关于全球化问题的研究，突破了以往仅仅局限于研究全球化本身的思路，没有泛泛地去探讨全球化的内涵与外延、全球化的性质与特征等，而是将全球化进程与资本主义和社会主义的发展置于一个大平台上，在分析阐述其相互关系中揭示其内在联系与发展趋势；另一方面，关于资本主义和社会主义的研究，突破了以往孤立地或仅仅研究资本主义的新变化，或仅仅研究社会主义曲折发展的局限，而是把两者都置于全球化进程中，以全球化的视角对其相互关系的发展态势与趋势进行分析探讨，从而揭示了"两制关系"的发展规律。这无疑增强了分析问题和解决问题的"深"度与"厚"度。

其二，在研究重点上，通过对全球化进程中社会主义与资本主义发展变化的考察，着重总结了社会主义与资本主义相互关系的经验和教训，进而揭示了全球化时代"两制关系"的发展态势和发展规律。与其他同类成果相比，这样的研究具有开创性特点。例如：关于"两个必然"与"两个决不会"有机统一规律、"共处论"与"交往论"密切联系规律、"必须利用"与"必然代替"相统一规律、"时代特点"与"应对策略"相统一规律、"两制并存的自发性"与"两制博弈的自觉性"相统一规律、"本质对立"与"发展合作"辩证统一规律、"运行过程"与"最终结果"相统一规律等内容的概括与阐述，不仅有助于提高研究成果的学术价值，而且也有利于增强社会理论研究的科学化水平与应用价值。

其三，在研究目的上，该成果通过对全球化进程中资本主义的新变化与社会主义新发展及其相互关系问题的研究，不仅揭示了全球化的性质与发展趋向，而且还从理论与实践的结合上回答了社会主义如何才能在全球范围内实现对资本主义的替代问题。从历史发展的序列看，一方面，全球化是资本主义发展的"果"，是社会主义诞生的"因"；另一方面，现实社会主义的发展一定程度上又是反资本主义主导的全球化的"果"，是资本主义自我调整和变革的"因"。通过分析全球化进程的"因"与"果"，以及由此带来的资本主义的新变化和社会主义的新发展及其相互关系的基本态势和发展趋势，揭示了"两制关系"的发展规律。通过剖析这些新变化的"因"与"果"，以揭示现实社会主义与当代资本主义的相互影响，有助于人们在世界社会主义总体还处于弱势、全球化进程面临新的考验的条件下，科学认识社会主义发展模式的多样性和资本主义自我调整能力的局限性，准确把握后危机时代社会主义与资本主义两制关系的发展态势与趋势，增强对社会主义必然代替资本主义的信心和毅力，从而激励人们致力于社会主义建设事业的主动性、积极性和创造性。

总体上说，在全球化视域下研究社会主义与资本主义"两制关系"的发展规律，是一个涉及历史学、政治学、国家关系与国际政治学等学科内容的大课题，是一个理论性、学术性、政治性都很强的问题，研究难度较大。无论是就历史的跨度还是就其内容的把握上，都需要具有较丰富的历史知识和较高的理论水平，还需要有较强的政治敏锐性和观察问题、分析问题的能力。虽然该研究成果在研究视角、研究方法以及内容结构方面都做了一些创新性探索，总结了一些有关处理社会主义与资本主义两制关系的规律性认识，但由于研究对象的动态性和不稳定性，加之研究者知识视野和所掌握资料的有限性，研究成果不免存在一些不足和疏漏，许多问题的研究还有待于进一步深化。具体包括：其一，在研究资料方面，虽然我们在研究中力求使用资料的新颖翔实，但由于我们缺乏对资本主义国家的实地考察，许多观点的分析多是基于第二手资料，有些问题还有待于继续深化研究。其二，在关于当代资本主义与社会主义发展变化的研究方面，主要侧重的是经济社会方面的探讨，而对政治和文化等方面的研究尚需进一步深化。其三，在关于"两制关系"发展规律的研究方面，由于影响和制约当代资本主义与社会主义相互关系走向的许多因素，包括全球化与反全球化的历史进程、金融危机的蔓延与应对、现代科技与军事的发展、文化的多样性与文明的融合、国家利益的定位与维护、全球治理等问题，都还处于动态变化之中，欲全面科学地揭示"两制关系"的走势及其发展规律，尚需不断关注对这些问题的研究。

第　二　章

全球化视域下社会主义与资本主义
"两制关系"的内涵界定

　　从字面上分析，社会主义与资本主义"两制关系"，可以简单地理解为两种社会制度之间的关系，在当代主要体现为社会主义国家与资本主义国家之间的关系，也体现于两类国家内部两种社会发展因素之间的关系。但由于任何性质和任何类型的国家，又都是在一定的思想理论指导下建立和发展的，并且又都是按照一定的政治、经济、文化体制来运行的。所以，研究社会主义与资本主义"两制关系"，需要对其秉承的指导思想、追求的价值目标及其政治经济文化运行体制进行全面考察。特别是在全球化进程不断深化的当今时代，无论是全球化的内容还是全球化的范围，无论是参与全球化的主体还是全球化进程的走向，越来越呈现出单一化与多样化、集中化与分散化、一体化与分裂化等一系列相悖现象，全球化进程已成为一个统一与多样、合作与冲突并存的过程，从而也赋予了社会主义与资本主义"两制关系"以新的形式和内容。鉴于此，我们将从思想价值体系、社会制度形态、国际关系行为主体三个层面，对社会主义与资本主义"两制关系"的内涵及其表现形式作一阐述。

一、两种不同的思想价值体系

　　价值是一种客体属性对于主体需要的特定关系。人类的活动总是伴随这种价值问题，这就决定了人们在反复的实践和认识中，必然会形成一定的价值观念。马克思早就指出："'价值'这个普遍的概念是从人们对待满足他们需要的外界物的关系中产生的"①，并且人们对"成为满足他的需要的资料的外界物……进行估价，赋予它们以价值或使它们具有'价值'属性。"②这就是说，有价值的存在，才会有关于价值的认识。即价值观始终与价值密切相关。所以，我们界定社会主义与资本主义"两制关系"，首先需要对其各自秉承的价值作一分析，搞清什么是社会主义，什么是资本主义。追根溯源，社会主义与资本主义显然属于两种不同的价值体系。

（一）资本主义：以资本为核心价值

关于资本主义的含义，众说纷纭，并且在不同时代条件赋予了其不完全相同的内涵，但其核心都是以资本为价值目标。

高放教授主编的《社会主义大辞典》指出，"资本主义一词源于法文，由'资本'演化而来，到19世纪初才在西欧流行。"③ 1867年皮埃尔·约瑟夫·普鲁东（Pierre - JosephProudhon）使用了"资本家"一词来称呼资本的所有人。1902年，德国思想家威纳·桑巴特（Werner Sombart）出版的《现代资本主义》一书才正式将"资本主义"这一概念引入学术界。20世纪初，"资本主义"这一概念作为社会主义的对立面而在政治争辩中被广泛使用。但人们对这一概念的理解仍是多种多样。1909年出版的《世纪辞典》（CenturyDictionary）对于资本主义的定义是：拥有资本或财产的国家；众多资本集中在少数人的手上。1987年版的《牛津英语辞典》将资本主义定义为：占有资本的状况；资本家的身份；拥护资本家存在的制度。根据《辞海》的解释，资本主义与资本主义社会、资本主义制度是作为同义语来解释的，是指"以资本家占有生产资料和剥削雇佣劳动为基础的社会制度"。④社会学家马克斯·韦伯对资本主义（Capitalism）的定义是指"提供人类需

---

① ［德］马克思：《评阿·瓦格纳的"政治经济学教科书"》，《马克思恩格斯全集》第19卷，人民出版社1963年版，第406页。

② ［德］马克思：《评阿·瓦格纳的"政治经济学教科书"》，《马克思恩格斯全集》第19卷，人民出版社1963年版，第409页。

③ 高放主编：《社会主义大辞典》，河南人民出版社1988年版，第5页。

④ 辞海编辑委员会编：《辞海》（缩印本），上海辞书出版社1979年版，第1436页。

求的产业是由企业方式所达成的一种社会制度"。德国罗莎·卢森堡基金会未来委员会主席、经济学家德科·克莱和基金会政治分析部主任、哲学家米夏尔·布里认为,"资本主义就是经济和整个社会从属于资本再生产,这使得一个社会成为资本主义社会。当创造利润成为财富生产的首要标准时,社会就成了资本主义的"。① 在他们看来,资本的一般公式是货币（资本）积累本身成为一个目的:价值必须转化为剩余价值,货币（M）必须转化为更多的货币（M′）,即利润,也就是马克思所说的,通过商品交换（C）,货币 M 变成货币 M′（M—C—M′）,货币"转化为更多的货币"。

马克思在《资本论》中对资本主义作了明确阐述,强调资本主义的两个特征:一是市场经济,二是剩余价值剥削。指出:"资产阶级生存和统治的根本条件,是财富在私人手里的积累,是资本的形成和增殖;资本的条件是雇佣劳动。"② 而资本又是"狂热地追求价值的增殖,肆无忌惮地迫使人类去为生产而生产。"③ 在我国,有的学者认为,所谓资本主义,就是以"资本"作为自己的核心价值的社会心理、社会学说与社会实践。也有学者认为,"资本主义的实质就是资本增值主义。资本增值主义,就是不断追求利润最大化和资本无限增值之主义,因而也就是市场经济条件下的发财主义。"④

纵观上述各种对"资本主义"的定义不难看出,资本主义是一个包含多重结构、具有多样特点的复合体系。首先,资本主义是以市场经济为运行方式的经济体系。其次,资本主义是以资产阶级民主制度为核心的政治体系,具体表现为代议制、普选制、多党制等。其三,资本主义是一个以个人主义为核心的文化体系。毋庸置疑,资本主义无论是作为一种社会制度还是作为一种思想价值体系,在人类历史上都曾起过非常重要的作用,但同时也蕴涵了深刻的矛盾。

---

① ［德］德科·克莱、米夏尔·布里著:《资本主义、社会主义、财产制度和转型——反思基本问题》,张成文译,《国外理论动态》2009 年第 8 期,第 32 页。

② ［德］马克思、恩格斯:《共产党宣言》,《马克思恩格斯选集》第 1 卷,人民出版社 1995 年版,第 284 页。

③ ［德］马克思:《资本论》,《马克思恩格斯全集》第 23 卷,人民出版社 1972 年版,第649 页。

④ 王占阳:《什么是"资本主义"?》,2007 年 6 月 21 日人民网:http://theory.people.com.cn/GB/40537/5894530.html。

　　首先，从其倡导的思想理论来看，14—16 世纪的文艺复兴运动所倡扬的人的尊严、价值和作用，以人道取代神道，以人权取代神权，以人性取代神性，曾引起了人类思想史上的深刻变革。17—18 世纪的启蒙运动，以英国的霍布斯和洛克、法国的卢梭和狄德罗、德国的康德和费尔巴哈等人为代表的启蒙思想家，把文艺复兴时期蕴涵在文学艺术作品中的人道主义思想加以理论化，提倡自由、平等、博爱，反对封建专制主义和等级秩序，把理性推崇为思想和行动的基础。这种思潮反映了市场经济发展的要求，表达了新型市民阶级冲破封建的人身依附关系和等级秩序的束缚，建立自由流动、平等竞争的现代社会的愿望。

　　其次，从其发展的历史进程来看，资产阶级在它的不到 100 年的阶级统治中所创造的生产力，比过去一切世代创造的全部生产力还要多，还要大。然而，资本主义的发展在它每一个进步作用的后面却同时蕴涵了新的矛盾。众所周知，资产阶级在推翻封建专制统治后所建立的"理性的王国不过是资产阶级的理想化的王国；永恒的正义在资产阶级的司法中得到实现；平等归结为法律面前的资产阶级的平等；被宣布为最主要的人权之一的是资产阶级的所有权；而理性的国家、卢梭的社会契约在实践中表现为，而且也只能表现为资产阶级的民主共和国。"[1] 可以说，资产阶级在它已经取得了统治的地方把一切封建的、宗法的和田园诗般的关系都破坏了。"它无情地斩断了把人们束缚于天然尊长的形形色色的封建羁绊，它使人和人之间除了赤裸裸的利害关系，除了冷酷无情的'现金交易'，就再也没有任何别的联系了……它用公开的、无耻的、直接的、露骨的剥削代替了由宗教幻想和政治幻想掩盖着的剥削。"[2] 资产阶级抹去了一切向来受人尊崇和令人敬畏的职业的灵光，它把医生、律师、教士、诗人和学者变成了它出钱招雇的雇佣劳动者。一切神圣的东西都被亵渎了。资产阶级撕下了罩在家庭关系上的温情脉脉的面纱，把这种关系变成了纯粹的金钱关系。唯利是图，道德沦丧，是资本主义不变的核心价值。

---

　　① ［德］恩格斯：《社会主义从空想到科学的发展》，《马克思恩格斯选集》第 3 卷，人民出版社 1995 年版，第 720 页。

　　② ［德］马克思、恩格斯：《共产党宣言》，《马克思恩格斯选集》第 1 卷，人民出版社 1995 年版，第 274—275 页。

时至今日，由美国次贷危机引发的全球"金融海啸"，无疑再次向世人证明，"资本主义本质上是一条寄生虫。和所有的寄生虫一样，当它遇到尚未开采的营养组织时就能维持一段时间的繁荣，但这样做必定会对宿主造成伤害，并且迟早会毁灭其自身赖以繁荣甚至生存的条件。"① 而英国发生的"窃听门"事件，更是充分暴露了媒体与警察、政府高层之间千丝万缕的联系。为追求商业利益最大化，媒体不惜采用窃听、贿赂等非法途径获取独家内幕消息，争取有利的政策支持；为获取媒体的舆论支持，政府相关职能部门对媒体的不当作为听之任之，毫无顾忌地触犯道德底线、法律禁区，以致使西方的民主体制在很大程度上陷入了"媒体绑架民意、民意胁迫政客、政客勾结媒体"② 的恶性循环。究其实质无疑是资本主义的核心价值使然。

（二）社会主义：以人的全面发展为价值目标

社会主义一词源于拉丁文，一说由 socials（同伴的、同伙的）一词引出，一说由 socius（喜欢社交的）一词引出，具有社会的、共同的、集体的生活之意。

关于"社会主义"一词的最早使用，通常有三种说法。第一种说法认为，最早使用的是德国神学家、天主教本笃派教士安塞尔姆·德辛在1753 年与人论战时把遵循自然规律的人称为社会主义者③。第二种说法认为，"社会主义"和"社会主义者"两个词，最先使用的是意大利传教士，用以表示一种上帝安排的传说制度。但当时的含义与后来含义毫不相干。第三种说法认为，"社会主义"一词最初出现于 19 世纪20—30 年代欧文主义的刊物《合作》杂志和圣西门主义的刊物《环球报》上。前者使用"社会主义者"一词来称呼欧文合作学说的信徒；后者使用"社会主义"一词来表示圣西门学说的特征。④ 1839 年法国经济学家布朗基在其《政治经济学说史》中，把圣西门、傅立叶、欧文三大学派都称为"空想

---

① ［英］齐格蒙特·鲍曼：《资本主义制度，寄生虫制度》，西班牙《起义报》2009 年12 月29 日。
② 王方：《窃听丑闻折射西方媒体制度困境》，《人民日报》2011 年 7 月 22 日。
③ 高放主编：《社会主义大辞典》，河南人民出版社 1988 年版，第 1 页。
④ 中国大百科全书出版社编辑部编：《科学社会主义百科全书》，知识出版社 1993 年版，第419 页。

社会主义者"。

随后，"社会主义"一词传播开来，但含义极不确定，它可以表示任何一种为了提高下层阶级福利和保障社会和平而改造社会制度的任何一种意图。因此，人们当时往往把它跟"共产主义"对立起来。因为当时"共产主义"的涵义比较明确，即用生产资料变为社会所有的办法来建立社会平等。恩格斯在说明《共产党宣言》为什么不选取"社会主义"而选取"共产主义"作为共产主义者同盟的名称时曾指出，在 1847 年，所谓社会主义者，一方面是指那些信奉各种空想学说的分子，他们已变成纯粹的宗派，并在逐渐走向灭亡；另一方面是指各种各样的社会庸医，他们都答应要用各种补缀办法来消除一切社会病痛而毫不伤及资本和利润。这两种人都站在工人运动以外，宁愿向"有教养"的阶级寻求支持。至于工人阶级中那些确信单纯政治变革全然不够而认为必须根本改造全部社会的分子，他们把自己叫作共产主义者。马克思在 1842 年 10 月 15 日写的《共产主义和奥格斯堡〈总汇报〉》一文和恩格斯在 1843 年写的《大陆上社会改革运动的进展》一文中，分别首次使用了"社会主义"一词，并赋予了其科学的含义。不过在这时，马克思恩格斯是把社会主义作为共产主义的同义语来使用的。只是在需要强调空想社会主义的不同倾向和色彩的情况下，才分别称它们是"社会主义"的或"共产主义"的。[1] 1847 年恩格斯在《共产主义原理》中明确了共产主义的内涵，指出："共产主义是关于无产阶级解放的条件的学说。"[2] 在《共产党宣言》中，马克思恩格斯进一步指出了资产阶级社会与共产主义社会的不同，即："在资产阶级社会里，活的劳动只是增殖已经积累起来的劳动的一种手段。在共产主义社会里，已经积累起来的劳动只是扩大、丰富和提高工人的生活的一种手段。因此，在资产阶级社会里是过去支配现在，在共产主义社会里是现在支配过去。"[3] 并进而指出："共产主义革

---

① 中国大百科全书出版社编辑部编：《科学社会主义百科全书》，知识出版社 1993 年版，第419 页。

② ［德］恩格斯：《共产主义原理》，《马克思恩格斯选集》第 1 卷，人民出版社 1995 年版，第230 页。

③ ［德］马克思、恩格斯：《共产党宣言》，《马克思恩格斯选集》第 1 卷，人民出版社 1995 年版，第 287 页。

命就是同传统的所有制关系实行最彻底的决裂"①，消灭剥削和压迫，消灭
阶级对立存在的条件，"代替那存在着阶级和阶级对立的资产阶级旧社会
的，将是这样一个联合体，在那里，每个人的自由发展是一切人的自由发展
的条件。"②

　　在社会主义的科学概念形成之前，有关社会主义的学说和理论存在着一
些不同流派。马克思恩格斯在《共产党宣言》中曾把马克思主义产生之前
的社会主义流派分为：反动的社会主义，包括封建的社会主义、小资产阶级
的社会主义、德国的或"真正的"社会主义；保守的或资产阶级的社会主
义；批判的空想的社会主义和共产主义。而空想社会主义则是马克思主义的
重要思想来源之一。马克思恩格斯批判地继承了空想社会主义的合理思想，
论证了资本主义被社会主义所代替的必然性，揭示了无产阶级作为资本主义
社会的掘墓人和新社会的创造者的历史使命，使社会主义从空想变成了科
学。突出的标志是恩格斯撰写的《社会主义从空想到科学的发展》，该文不
仅阐述了空想社会主义的主要观点与缺陷，剖析了其存在和发展的根源，更
重要的是赋予社会主义以科学的内涵。明确指出："现代社会主义，就其内
容来说，首先是对现代社会中普遍存在的有财产者和无财产者之间、资本家
和雇佣工人之间的阶级对立以及生产中普遍存在的无政府状态这两个方面进
行考察的结果。但是，就其理论形式来说，它起初表现为 18 世纪法国伟大
的启蒙学者们所提出的各种原则的进一步的、似乎更彻底的发展。"③ 并且
强调指出，同任何新的学说一样，社会主义必须首先从已有的思想材料出
发，虽然它的根子深深扎在物质的经济的事实中。在这一思想方法指导下，
去研究以往人类社会的发展历史就会发现："以往的全部历史，除原始状态
外，都是阶级斗争的历史；这些相互斗争的社会阶级在任何时候都是生产关
系和交换关系的产物，一句话，都是自己时代的经济关系的产物；因而每一

---

① ［德］马克思、恩格斯：《共产党宣言》，《马克思恩格斯选集》第 1 卷，人民出版社 1995 年版，
第 293 页。
② ［德］马克思、恩格斯：《共产党宣言》，《马克思恩格斯选集》第 1 卷，人民出版社 1995 年版，
第 294 页。
③ ［德］恩格斯：《社会主义从空想到科学的发展》，《马克思恩格斯选集》第 3 卷，人民出版社
1995 年版，第 719 页。

时代的社会经济结构形成现实基础，每一个历史时期的由法的设施和政治设施以及宗教的、哲学的和其他的观念形式所构成的全部上层建筑，归根到底都应由这个基础来说明。"① 所以，一切社会变迁和政治变革的终极原因，不应当到人的头脑中，到人们对永恒的真理和正义的日益增进的认识中去寻找，而应当到生产方式和交换方式的变更中去寻找；不应当到有关时代的哲学中去寻找，而应当到有关时代的经济中去寻找。此时，社会主义"已经不再被看做某个天才头脑的偶然发现，而被看做两个历史地产生的阶级即无产阶级和资产阶级之间斗争的必然产物"。② 进而恩格斯指出，随着社会生产的无政府状态的消失，国家的政治权威也将消失。"人终于成为自己的社会结合的主人，从而也就成为自然界的主人，成为自己的主人——自由的人。完成这一解放世界的事业，是现代无产阶级的历史使命。深入考察这一事业的历史条件以及这一事业的性质本身，从而使负有使命完成这一事业的今天受压迫的阶级认识到自己的行动的条件和性质，这就是无产阶级运动的理论表现即科学社会主义的任务。"③

从建立"每个人的自由发展是一切人的自由发展的条件"④ 的联合体的追求，到成为"自然界的主人，成为自己的主人——自由的人"⑤ 的解放事业的探索，马克思恩格斯不仅把"社会主义"与"共产主义"的思想内涵有机统一了起来，而且还越来越清晰地把实现人的自由全面发展作为无产阶级运动的目标和科学社会主义的任务。很显然，这种人的自由而全面发展的联合体，无疑是多数人普遍幸福的社会，与资本增殖主义所维护的少数人的幸福价值不同，甚至是对立的。也正因如此，从社会主义理论诞生之时，资产阶级及其统治者就视之为幽灵，并对其进行围剿，两者的对立与生俱来。

---

① ［德］恩格斯：《社会主义从空想到科学的发展》，《马克思恩格斯选集》第 3 卷，人民出版社 1995 年版，第 739 页。

② ［德］恩格斯：《社会主义从空想到科学的发展》，《马克思恩格斯选集》第 3 卷，人民出版社 1995 年版，第 739 页。

③ ［德］恩格斯：《社会主义从空想到科学的发展》，《马克思恩格斯选集》第 3 卷，人民出版社 1995 年版，第 760 页。

④ ［德］马克思、恩格斯：《共产党宣言》，《马克思恩格斯选集》第 1 卷，人民出版社 1995 年版，第 294 页。

⑤ ［德］恩格斯：《社会主义从空想到科学的发展》，《马克思恩格斯选集》第 3 卷，人民出版社 1995 年版，第 760 页。

马克思恩格斯在《共产党宣言》中就曾开门见山地指出："一个幽灵，共产主义的幽灵，在欧洲游荡。为了对这个幽灵进行神圣的围剿，旧欧洲的一切势力，教皇和沙皇、梅特涅和基佐、法国的激进派和德国的警察，都联合起来了。"① 对此，共产党人也向全世界公开阐明了自己的观点、自己的目的、自己的意图，并且拿"党自己的宣言来反驳关于共产主义幽灵的神话"②。公开宣布：共产党人的"目的只有用暴力推翻全部现存的社会制度才能达到……无产者在这个革命中失去的只是锁链。他们获得的将是整个世界。全世界无产者，联合起来!"③ 由此就成为社会主义与资本主义两种不同思想价值体系对立与排斥关系的由来。

历史发展到 20 世纪 20 年代，十月革命的胜利使社会主义首先在经济文化较落后国家变为现实后，列宁基于当时的时代特点与俄国国情的分析又赋予了社会主义以新的时代内涵，相继提出了"苏维埃政权 + 普鲁士的铁路秩序 + 美国的技术和托拉斯组织 + 美国的国民教育等等等等 + + = 总和 = 社会主义"④ 和"共产主义就是苏维埃政权加全国电气化"⑤ 的著名论断。20世纪 80 年代，中国改革开放以来，以邓小平为核心的党中央第二代领导集体，在推进马克思主义中国化的进程中，依据世情和国情的变化，不断深化对社会主义内涵的认识，逐步提出了社会主义的两条根本原则：一是公有制占主体，二是共同富裕。强调"社会主义的本质，是解放生产力，发展生产力，消灭剥削，消除两极分化，最终达到共同富裕。"⑥ 这样就从功能意义上对实现"人的全面自由发展"目标做出了制度性的安排，由此还有学

①　［德］马克思、恩格斯：《共产党宣言》，《马克思恩格斯选集》第 1 卷，人民出版社 1995 年版，第 271 页。

②　［德］马克思、恩格斯：《共产党宣言》，《马克思恩格斯选集》第 1 卷，人民出版社 1995 年版，第 271 页。

③　［德］马克思、恩格斯：《共产党宣言》，《马克思恩格斯选集》第 1 卷，人民出版社 1995 年版，第 307 页。

④　［苏］列宁：《〈苏维埃政权的当前任务〉一文的几个提纲》，《列宁全集》第 34 卷，人民出版社 1985 年版，第 520 页。

⑤　［苏］列宁：《全俄苏维埃第八次代表大会文献》，《列宁选集》第 4 卷，人民出版社 1995 年版，第 364 页。

⑥　邓小平：《在武昌、深圳、珠海、上海等地的谈话要点》，《邓小平文选》第三卷，人民出版社 1993 年版，第 373 页。

者提出了功能主义的社会主义概念，认为"社会主义作为一种对某种社会系统进行描述的意识形态概念，本身具有结构与功能两个方面的特征。社会主义的结构是由经济、政治、文化等各组成要素之间的相互联系和相互作用构建起来的，但这些结构必须服从功能主义的考虑。"① 当然，功能主义的社会主义并不是一种独立的社会形态，它只是用功能主义的解读方式对社会主义进行解构。

在当代西方国家也有学者指出，社会主义社会的目标，是用一切人的互助发展来促进个人的自由全面发展。例如：德国学者德科·克莱、米夏尔·布里就曾指出："社会再生产应当用这样一种方式来组织，在这种方式中，个人作为人在每个再生产环节的终端能丰富起来——需要丰富、享受丰富、能力丰富、关系和感受丰富。在社会主义社会中，参与社会再生产的个人（I）会变成更发展的个人（I′）。每个人对一切人（S）的发展的互助性贡献将成为他们个人发展的条件。因此，社会主义的总公式可以这样来表述：I—S—I′。"② 美国学者大卫·施韦卡特（David Schweiekart）也认为，社会主义的核心价值是："第一，代际团结。第二，有意义的工作。第三，参与性的自治。第四，生态的可持续性。"③ 在大卫·施韦卡特看来，社会主义者呼吁人类彼此间承担起集体性的责任；工作是维护人类尊严的核心；人们有权利参与对他们产生影响的决策过程，这是民主的核心原则；人们需要建立一个能够在日益脆弱的自然环境中和谐发展的经济制度，强调社会主义者需要把自己当作自然的仆人，而不是主人。

由此可见，无论是经典社会主义的理论阐述还是当今现实社会主义以及资本主义的发展现状，都可以看出两者秉承的思想价值体系有着本质的不同，并且是与生俱来。

---

① 谢忠文、李倩：《从结构性社会主义到功能性社会主义——一种解释框架的变革》，《当代世界与社会主义》2009 年第 6 期，第 63 页。

② ［德］德科·克莱、米夏尔·布里著：《资本主义、社会主义、财产制度和转型——反思基本问题》，张成文译，《国外理论动态》2009 年第 8 期，第 32 页。

③ 参见［美］大卫·施韦卡特、［中］黄瑾：《经济危机视角下的资本主义——对话大卫·施韦卡特》，《国外理论动态》2012 年第 10 期，第 2—3 页。

二、两种前后相继的社会形态

按照历史唯物主义的观点，物质资料的生产是人类社会生存和社会发展的基础。一切社会变动的最终原因，应当在社会生产方式中去寻找。生产方式是生产力和生产关系的统一体，在这个统一体中，生产力是人类全部历史的基础。生产力和生产关系、经济基础和上层建筑的矛盾运动是人类社会发展的根本动力。人类社会依次从原始社会、奴隶社会、封建社会、到资本主义社会形态的更替，就是生产关系的发展一定要适应生产力的发展水平和性质客观要求和规律的体现。资本主义生产方式同封建主义相比尽管是历史的一大进步，但是从资本主义生产方式产生之日起，它就包含着不可克服的矛盾，即生产的社会化发展和资本主义生产资料私人占有之间的矛盾。这一基本矛盾的存在和发展，决定了资本主义社会必然会被一种更高级、更合理的社会制度——社会主义、共产主义所代替。这是不以人的意志为转移的历史规律，是一种自然历史进程。

（一）社会主义社会是资本主义高度发展的产物

历史的进程表明，人们在自己生活的社会生产中发生的一定的、必然的、不以他们的意志为转移的关系，即同他们的物质生产力的一定发展阶段相适合的生产关系。这些生产关系的总和构成社会的经济结构，即有法律的和政治的上层建筑竖立其上并有一定的社会意识形态与之相适应的现实基础。物质生活的生产方式制约着整个社会生活、政治生活和精神生活的过程。社会的物质生产力发展到一定阶段，便同它们一直在其中运动的现存生产关系或财产关系（这只是生产关系的法律用语）发生矛盾。于是这些关系便由生产力的发展形式变成生产力的桎梏。那时社会革命的时代就到来了。随着经济基础的变更，全部庞大的上层建筑也或慢或快地发生变革。在考察这些变革时，必须时刻把下面两者区别开来：一种是生产的经济条件方面所发生的物质的、可以用自然科学的精神性指明的变革，一种是人们借以意识到这个冲突并力求把它克服的那些法律的、政治的、宗教的、艺术的或哲学的，即意识形态的形式。判断这样一个变革时代不能以它的意识为根据；相反，这个意识必须从物质生活的矛盾中，从社会生产力和生产关系之间的现存冲突中去解释。

所以，人类始终只提出自己能够解决的任务，因为只要仔细考察就可以发现，任务本身，只有在解决它的物质条件已经存在或者至少是在生成过程中的时候，才会产生。"大体说来，亚细亚的、古代的、封建的和现代资产阶级的生产方式可以看作是经济的社会形态演进的几个时代。资产阶级的生产关系是社会生产过程的最后一个对抗形式，这里所说的对抗，不是指个人的对抗，而是指从个人的社会生活条件中生长出来的对抗；但是，在资产阶级社会的胎胞里发展的生产力，同时又创造着解决这种对抗的物质条件。因此，人类社会的史前时期就以这种社会形态而告终。"① 根据马克思主义关于人类社会形态的理论，社会主义作为一种"社会制度首先必须剥夺相互竞争的个人对工业和一切生产部门的经营权，而代之以所有这些生产部门由整个社会来经营，就是说，为了共同的利益、按照共同的计划、在社会全体成员的参加下来经营。这样，这种新的社会制度将消灭竞争，而代之以联合。"② 在那里，"由社会全体成员组成的共同联合体共同地和有计划地利用生产力；把生产发展到能够满足所有人的需要的规模；结束牺牲一些人的利益来满足另一些人的需要的状况；彻底消灭阶级和阶级对立；通过消除旧的分工，通过产业教育、变换工种、所有人共同享受大家创造出来的福利，通过城乡的融合，使社会全体成员的才能得到全面发展"③。这就是说，社会主义是对资本主义积极扬弃的结果，因为"在资产阶级社会里，活的劳动只是增殖已经积累起来的劳动的一种手段。在共产主义社会里，已经积累起来的劳动只是扩大、丰富和提高工人的生活的一种手段。因此，在资产阶级社会里是过去支配现在，在共产主义社会里是现在支配过去。"④ 所以，"共产主义革命就是同传统的所有制关系实行最彻底的决裂"⑤，消灭剥削和压

① ［德］马克思：《〈政治经济学批判〉序言》，《马克思恩格斯选集》第 2 卷，人民出版社 1995 年版，第 33 页。

② ［德］恩格斯：《共产主义原理》，《马克思恩格斯选集》第 1 卷，人民出版社 1995 年版，第237 页。

③ ［德］恩格斯：《共产主义原理》，《马克思恩格斯选集》第 1 卷，人民出版社 1995 年版，第243 页。

④ ［德］马克思、恩格斯：《共产党宣言》，《马克思恩格斯选集》第 1 卷，人民出版社 1995 年版，第 287 页。

⑤ ［德］马克思、恩格斯：《共产党宣言》，《马克思恩格斯选集》第 1 卷，人民出版社 1995 年版，第 293 页。

迫，消灭阶级对立存在的条件，"代替那存在着阶级和阶级对立的资产阶级旧社会的，将是这样一个联合体，在那里，每个人的自由发展是一切人的自由发展的条件。"① 很显然，这种社会联合体的建立是资本主义生产力高度发展的必然结果。

当然，在科学社会主义创始人看来，社会主义（或共产主义）社会是不断发展和变革的社会，并且马克思在《哥达纲领批判》中对共产主义第一阶段和共产主义高级阶段作了明确区分。强调共产主义第一阶段"是刚刚从资本主义社会中产生出来的，因此它在各个方面，在经济、道德和精神方面都还带着它脱胎出来的那个旧社会的痕迹。"② 在这个社会里，每一个生产者，除了自己的劳动，谁都不能提供其他任何东西；另一方面，除了个人的消费资料，没有任何东西可以成为个人的财产。这些弊病在经过长久阵痛刚刚从资本主义社会产生出来的共产主义社会第一阶段，是不可避免的。权利决不能超出社会的经济结构以及由经济结构制约的社会的文化发展。因此，只有"在共产主义社会高级阶段，在迫使个人奴隶般地服从分工的情形已经消失，从而脑力劳动和体力劳动的对立也随之消失之后；在劳动已经不仅仅是谋生的手段，而且本身成了生活的第一需要之后；在随着个人的全面发展，他们的生产力也增长起来，而集体财富的一切源泉都充分涌流之后——只有在那个时候，才能完全超出资产阶级权利的狭隘眼界，社会才能在自己的旗帜上写上：各尽所能，按需分配！"③

由此可见，从理论上说，社会主义与资本主义是前后相继的两种社会形态，两者是继承与扬弃的关系。而实践的丰富多彩，则使现实中的社会主义与资本主义呈现了同时并存的状态。这样一来，资本主义与社会主义的相互关系就不仅仅是单纯的纵向继承与扬弃的关系，而且是纵横交错的继承与博弈、合作与对抗的复杂关系。这也正是需要人们去研究的一个重要原因。

---

① ［德］马克思、恩格斯：《共产党宣言》，《马克思恩格斯选集》第 1 卷，人民出版社 1995 年版，第 294 页。

② ［德］马克思：《哥达纲领批判》，《马克思恩格斯选集》第 3 卷，人民出版社 1995 年版，第 304 页。

③ ［德］马克思：《哥达纲领批判》，《马克思恩格斯选集》第 3 卷，人民出版社 1995 年版，第 305—306 页。

（二）社会主义代替资本主义是历史发展的必然趋势

理论上讲，资本主义与社会主义作为人类社会发展前后相继的两种社会形态，社会主义的诞生既是资本主义高度发展的产物，也是历史发展的必然。

在工场手工业时期，最初的资产阶级分子发展成为工业的中间等级。到了大机器工业出现以后，工业中的百万富翁就代替了中间等级，而成为现代资产阶级。随着资产阶级经济实力的增强，它的政治力量也不断增长，最终推翻了封建统治，建立了资本主义统治。其基本特征在于：（1）商品生产发展到最高阶段，成为社会生产普遍的和统治的形式，劳动也变成了商品。（2）资本家占有生产资料，用雇佣劳动的方式剥削无产者，生产的目的是攫取工人创造的剩余价值。（3）以使用机器的大生产为特征，生产社会化同资本主义的私人占有之间的矛盾构成资本主义社会的基本矛盾，这一基本矛盾贯穿于资本主义发展始终。（4）与资本主义生产关系的统治形式相适应，资本主义以前的各种上层建筑被资产阶级的上层建筑所代替，产生了资产阶级的国家政权、法律制度和思想体系，形成包括资本主义生产方式和与它相适应的上层建筑的社会制度。可以说，资产阶级在历史上曾经起过非常革命的作用，在它的不到100年的阶级统治中所创造的生产力，比过去一切世代创造的全部生产力还要多，还要大。但随着生产力的发展，社会化大生产和资本主义生产资料私人占有制之间的矛盾则日益尖锐，周期性经济危机和无产阶级同资产阶级的矛盾不断深化。对此，马克思恩格斯曾尖锐地指出："资产阶级的生产关系和交换关系、资产阶级的所有制关系，这个曾经仿佛用法术创造了如此庞大的生产资料和交换手段的现代资产阶级社会，现在像一个魔法师一样不能再支配自己用法术呼唤出来的魔鬼了。"① 这表明，资产阶级的生产关系已经太狭窄了，再容纳不了资本主义生产力所造成的财富了。那时，资产阶级曾经用来推翻封建制度的武器，最终却对准资产阶级自己了。

随着资产阶级即资本的发展，无产阶级即现代工人阶级也在同一程度上

---

① ［德］马克思、恩格斯：《共产党宣言》，《马克思恩格斯选集》第1卷，人民出版社1995年版，第277—278页。

得到发展。资产阶级无意中造成而又无力抵抗的工业进步，使工人通过结社而达到的革命联合代替了他们由于竞争而造成的分散状态。"工业革命到处都使无产阶级和资产阶级以同样的速度发展起来。资产者越发财，无产者的人数也就越多。因为只有资本才能使无产者找到工作，而资本只有在使用劳动的时候才能增加，所以无产阶级的增加和资本的增加是完全同步的。"①随着工业革命的发展，随着挤掉手工劳动的新机器的不断发明，大工业把工资压得越来越低，因而无产阶级的处境越来越不堪忍受了。资产阶级赖以生产和占有产品的基础本身也就从它的脚下被挖掉了。也就是说，"资产阶级不仅锻造了置自身于死地的武器；它还产生了将要运用这种武器的人——现代的工人，即无产者。"② 在资本主义制度下，无产阶级同大生产相联系，是新的先进生产力的代表，是掌握着未来的阶级。随着阶级对立的加深和矛盾的激化，于是，"资产阶级的灭亡和无产阶级的胜利是同样不可避免的。"③

　　不仅如此，在资本主义社会，生产的社会化与生产资料私人占有之间的矛盾还表现为个别企业生产的组织性和整个社会生产的无政府状态之间的对立。历史上，简单商品生产已经包含着社会生产无政府状态的萌芽，资本主义生产方式把这种无政府状态推向了极端。大工业和世界市场的形成使资本家之间的斗争具有普遍性和空前激烈性。资本家为了占有更多的剩余价值，同时也在竞争规律的支配下，竭力应用科学技术的成果，不断改进机器，加强自己企业中社会化生产所具有的组织性，其结果是不断加剧整个社会生产的无政府状态。资本主义大工业巨大的扩张遇到了资本主义占有所造成的市场相对狭小的限制，社会化生产所必需的客观比例遇到了整个社会生产无政府状态的破坏，冲突便成为不可避免。1825 年以来，资本主义经济危机周期性的爆发，就是这种冲突的表现。在危机中，资本主义生产方式的全部机

---

① ［德］恩格斯：《共产主义原理》，《马克思恩格斯选集》第 1 卷，人民出版社 1995 年版，第 235 页。

② ［德］马克思、恩格斯：《共产党宣言》，《马克思恩格斯选集》第 1 卷，人民出版社 1995 年版，第 278 页。

③ ［德］马克思、恩格斯：《共产党宣言》，《马克思恩格斯选集》第 1 卷，人民出版社 1995 年版，第 284 页。

构在自己创造的生产力的压力下失灵了。包括当前波及全球的金融危机，其根源无疑是"全球资本主义基本矛盾演化的必然结果。"① 要真正解决资本主义的矛盾和冲突，真正在事实上承认现代生产力的社会本性，必须用社会主义代替资本主义。

当然，从理论上讲，社会主义代替资本主义是历史发展的必然，是人类社会发展的客观规律，是不依人的意志为转移的。但在现实中如何实现这种代替以及在哪里实现代替的问题，则是需要一定条件的。对此，恩格斯在《流亡者文献》中就已指出："只有在生产力发展到一定程度，发展到甚至对我们现代条件来说也是很高的程度，才有可能把生产提高到这样的水平，以致使得阶级差别的消除成为真正的进步，使得这种消除可以持续下去，并且不致在社会的生产方式中引起停滞或甚至倒退。"② 与此同时，马克思也明确地指出："无论哪一个社会形态，在它所能容纳的全部生产力发挥出来以前，是决不会灭亡的；而新的更高的生产关系，在它的物质存在条件在旧社会的胎胞里成熟以前，是决不会出现的。"③ 也就是说，社会主义代替资本主义的必然性，只有在实现它的实际条件已经具备的时候，才能成为现实。

三、两种不同性质国家的并存

"理论是灰色的，而生活之树是常青的。"④ 如前所述的马克思恩格斯关于资本主义与社会主义两种社会形态关系的阐述，只是理论上的逻辑推理，而实践的丰富多彩，则使社会主义首先在经济文化较落后国家变成了现实。这样一来，现实中的社会主义与资本主义的关系就不仅仅是简单的继承与发展的扬弃关系，更主要的是表现为两种性质不同国家之间及其各自内部两种

---

① ［美］马丁·哈特·兰兹伯格著：《美国经济失衡原因：中国还是资本主义?》，希桐译，《国外理论动态》2010 年第 5 期，第 49 页。

② ［德］恩格斯：《流亡者文献》，《马克思恩格斯选集》第 3 卷，人民出版社 1995 年版，第 273 页。

③ ［德］马克思：《〈政治经济学批判〉序言》，《马克思恩格斯选集》第 2 卷，人民出版社 1995 年版，第 33 页。

④ ［苏］列宁：《论策略书》，《列宁选集》第 3 卷，人民出版社 1995 年版，第 27 页。

社会因素之间的关系，其复杂性和艰难性远远超出了马克思恩格斯的理论设想。

（一）两类国际关系行为主体

从国际行为主体的角度来看，社会主义国家与资本主义国家都是国际法的主体，拥有国家主权以及由此引申而来的多种权利。包括独立权、平等权、自卫权和管辖权等。从这个意义说，两制关系首先体现为两类国家之间的一般国家关系，具有一般国家关系所具有的共性；同时又因为其国家性质的不同，两类国家之间的关系又是一种特殊的国家关系，具有一般国家关系所没有的特性。

作为一般国家关系，两类国家虽然性质不同，但在要素上都属于国际法意义上的国家，都是国际关系中的行为主体。拥有一定范围的领土，一定数量的居民，相对完整的政权组织，拥有实际的主权以及由此引申而来的多种权利。两类国家对外活动的出发点和归宿都是维护其各自的国家利益，即国家利益是国家的最高目标。所以，国家利益是决定各种类型国家对外政策与行动的基本动因，是影响国际关系的核心因素，也是国家间关系最基本的驱动因素。但在关于国家利益的概念界定中，国内外学者的观点则不尽相同。现实主义的代表汉斯·摩根索强调国家利益应当包括三个重要的方面：领土完整、国家主权和文化完整。他认为，在这三个方面中，最本质的问题就是国家的生存问题，其余方面都是次要的问题。结构现实主义学派代表人物华尔兹认为，生存是国家唯一的利益。新自由主义学派则主张国家利益包括生存、独立和经济财富三个方面。而建构主义学派又在其后加了第四种利益，即集体自尊。同时，在关于国家利益的界限方面，也有人提出需要严格区分国家利益与统治者利益及被统治者利益；国家利益与国民个体利益及国民整体利益；国家利益与公共利益；原本的国家利益、理想的国家利益与现实的国家利益；实际存在的国家利益与口头声称的国家利益的联系与区别。由于对国家利益内涵的不同界定以及关于国家利益界限的不同认识，也就决定了不同国家实行和维护国家利益方式方法的不同，从而也就形成了或是合作、或是竞争、或是对立关系形态。

其一，就国家利益与统治者利益及被统治者利益的联系与区别来看，无论是政治国家还是民族国家，都具有鲜明的阶级性。所以，国家利益在很大程度上反映着或体现着统治者的利益和被统治者的利益，但它并非完全等同于统治者的利益，更不等于被统治者利益。这里存在的差别不是质上体现与不体现的差别，而是量上体现得多与体现得少的差别。一般来说，国家利益都是体现统治者的利益多，体现被统治者的利益少。但无论何时，国家利益都不可能完全体现统治者的利益而完全不体现被统治者的利益，因而不可能完全等同于统治者的利益而完全不反映被统治者的利益。这就构成了现实社会主义国家与资本主义国家既相互交往与合作，又存在矛盾与对立的基础。

其二，就国家利益与国民个体利益及国民整体利益的联系与区别来看，国家利益是以国家为完整主体的利益，因而它既不同于国家内部以国民个体为主体的国民个体利益，也不同于由国家内部以不同的国民群体为主体的国民群体利益，甚至不同于以全体国民为主体的国民整体利益。也就是说，国家利益与国家内部的任何个人利益以及任何形式的利益群体的利益都是有区别的。但同时不可忽略的是国家利益又总是以不同形式在不同程度上体现着国民的个体利益和国民的公共利益，并最终服从于国民利益。这就必然影响着不同国家之间相互关系模式的选择。

其三，就国家利益与公共利益的联系与区别来看，国家利益在本质上应该是全体国民共同的公共利益，是任何一个国民作为国家平等的一员在概率上能够平等分享的公共利益。虽然这种共同的公共利益在历史上一般不会以国民共同分享的形式出现，从而使国家首脑的利益、统治者的利益、政府的利益、统治阶级的利益，以及平民的利益、被统治者的利益等，与真正的国家利益——即能够为每个国民平等分享的公共利益发生程度不同的分离、矛盾、冲突，但这种共同的公共利益却是客观存在的，并且存在于这种分离、矛盾、冲突所形成的合力之中。这种作为合力存在的公共利益，一般来说总是在不同程度上表达着不同阶级、阶层、集团、个人的利益，所不同的只是它所表达的不同阶级、阶层、集团和个人利益的程度有所不同。也就是说，在不同程度上体现着公共利益的国家利益中，不同阶级、阶层、集团、个人所占的利益份额是不同的。正因如此，就决定了当今不同性质国家在国际关系中所追求的国家利益的不同。

其四，就原本的国家利益、理想的国家利益与现实的国家利益的联系与区别来看，原本的国家利益以国家的生存发展为唯一目标和坐标，而不追问国家是为什么存在的，不追问国家的目的及其价值目标；而理想的国家利益是站在国民立场上并以国民为衡量标准而确立的国家利益，它是经过对国家以及国家利益之目的作价值上的深度追问而确立的国家利益；现实的国家利益则是在历史和现实中表现出来和实现了的国家利益，是在各种现实条件限制中和各种利益冲突中实现的国家利益，具体来说也就是在不同阶级、集团、个人利益冲突中形成的国家利益。在阶级社会中，个人利益开始与公共利益发生冲突，现实的公共利益（包括现实的国家利益）开始与理想的公共利益（包括理想的国家利益）相冲突，甚至发生严重背离。尽管在社会进步的过程中，现实公共利益与理想公共利益，包括现实国家利益与理想国家利益，开始不断接近，但它们永远不可能完全重叠。

其五，就实际存在的国家利益与口头声称的国家利益的联系与区别来看，任何口头声称的国家利益，都不同于实际存在的国家利益，都既与原本的国家利益有差别，也与理想的国家利益以及现实的国家利益有差别。从主观上来分析，处于统治地位的个人、阶级、利益集团，有时为了一己私利，有意把个人利益、阶级利益、利益集团的利益，说成是国家利益，这就往往使他们声称的国家利益与实际的国家利益发生背离和矛盾；而从客观上来分析，由于认识者所从属的阶级、集团、党派所造成的立场、地位、视角等等的不同，使其认识到的国家利益和表达出来的国家利益，也往往与实际的国家利益有所不同，甚至有别于声称者自身的客观利益。这是因为利益（包括国家利益）是客观的，而声称的利益（包括声称的国家利益）是主观的，主观与客观必然存在差别。

正因为国家利益的边界存在这些差别，以致使各国在实现和维护其国家利益时，或由于其主观与客观的不统一、或由于其理想与现实的不一致等等，不可避免地会产生矛盾、对立和冲突。加之"国家利益的排他性，决定了国家间利益的矛盾、对立和冲突的必然性，也决定了国际竞争的必然性。"① 可以说，只要国家存在，维护国家利益的竞争就不会停止。当然，

---

　　① 庞仁芝：《资本主义与社会主义关系的理论、历史和趋势》，《中国延安干部学院学报》2010 年第 5 期，第 52 页。

国家利益也有统一性的一面，人类的共同利益和国家间的共同利益也是国家利益的内容。所以，国家之间不仅存在的竞争，也存在着合作。对立与统一是一般国家关系的基本特征，冲突与合作是一般国家关系的基本态势。作为国际法主体的社会主义国家和资本主义国家的关系，必然具有这一特性。但由于国家性质的不同，以及由此决定的其所实现和维护的国家利益的侧重点的不同，社会主义国家与资本主义国家的关系还具有不同于一般国家关系的特殊性：一是两类国家之间存在着比一般国家关系间更大的排斥性。无产阶级占统治地位的社会主义国家与资产阶级占统治地位的资本主义国家，由于其根本性质的不同，在对外关系中谋求的利益存在本质上的差别，因而两类国家之间的关系较之一般国家关系存在更大的排斥性。二是两类国家之间的对立具有相对性，这种相对性是指两类性质不同国家所代表的阶级利益最终都从属于国家利益，而国家利益的维护与获得又是复杂的具体的，既受一些不同因素的影响，也受一些相同因素的影响，这就决定了其相互关系既有对立的一面也有合作的一面。三是两类国家之间的关系具有过渡性，这是由社会主义首先诞生在经济文化较落后国家的特殊性以及在世界范围内代替资本主义的长期性和复杂性所决定的。在过渡期内，不仅世界范围内的社会主义与资本主义将长期并存，而且在两类国家内部还都存在多种经济因素，即存在着社会主义因素与资本主义因素的"互植"现象。但其最终趋向必定是顺应生产力的不断发展而引发生产关系的变革，直至在世界范围内结束过渡期，实现社会主义对资本主义的替代。

以社会主义国家的发展为考察问题的坐标，回眸以往社会主义与资本主义"两制关系"的发展历程，一个深刻的教训就是：如果认识不到两种不同制度国家之间相互关系的一般国家关系的共性，就有可能导致关系僵化或僵硬，甚至走向极端（苏联斯大林时期推行的"两个平行的世界市场"理论；中国曾宣扬的"宁要社会主义的草，不要资本主义的苗"等观点就是极端的案例）；反之，如果认识不到其相互关系与一般国家关系的不同，即特殊性问题，就有可能导致是非不分，前途迷失（苏联东欧国家的改革演变为解体剧变的悲剧，尽管原因很多，但其在"两制关系"中正确方向的迷失无疑是一个重要因素）。这正是我们需要从多层面、多角度来界定"两制关系"内涵的价值所在。

（二）两种社会因素相互交织

在当今"两制并存"的时代条件下，社会主义与资本主义的关系不仅体现在两类国际行为主体之间的关系上，还体现在不同性质国家内部两种社会因素的相互交织中。

就现实社会主义国家来看，由于全球化进程的冲击和历史发展的跳跃性，在特殊的历史条件下、在经济文化较落后的基础上先于发达资本主义国家建立了无产阶级政权，走上了社会主义道路。但生产力的发展则是不可逾越的，学习和借鉴资本主义创造的一切文明成果就成为现实社会主义建设的必然要求。马克思恩格斯早就指出："历史的每一阶段都遇到一定的物质结果，一定的生产力总和，人对自然以及个人之间历史地形成的关系，都遇到前一代传给后一代的大量生产力、资金和环境，尽管一方面这些生产力、资金和环境为新的一代所改变，但另一方面，它们也预先规定新的一代本身的生活条件，使它得到一定的发展和具有特殊的性质。"[1] 如果没有生产力的普遍发展，"那就只会有贫穷、极端贫困的普遍化；而在极端贫困的情况下，必须重新开始争取必需品的斗争，全部陈腐污浊的东西又要死灰复燃。"[2] 也就是说，按照马克思恩格斯的设想，社会主义在物质层面上必须是建立在资本主义社会生产力高度发展的基础之上的，资本主义物质资料的生产和发展是社会主义建立的前提。在这个层面上说，社会主义对资本主义具有直接的继承性。但由于历史环境的恶劣以及现实社会主义国家认识上的偏差，走上社会主义道路后很长一段时间内没有能够很好地学习和借鉴资本主义的优秀成果，致使其经济发展和综合国力与发达资本主义国家相比存在很大差距。直到20世纪80年代以来，人们才充分认识到社会主义要赢得与资本主义相比较的优势，就必须大胆吸收和借鉴人类社会创造的一切文明成果，吸收和借鉴当今世界各国包括资本主义发达国家的一切反映现代社会化生产规律的先进经营方式、管理方法的重要性和必要性，以中国、越南、古巴等为代表的现实社会主义国家开始实行改革开放，相继建立了市场经济体

---

① ［德］马克思、恩格斯：《德意志意识形态（节选）》，《马克思恩格斯选集》第1卷，人民出版社1995年版，第92页。

② ［德］马克思、恩格斯：《德意志意识形态（节选）》，《马克思恩格斯选集》第1卷，人民出版社1995年版，第86页。

制，允许多种经济成分并存，在中国内部还实行了"一国两制"，兴建"经济特区"等。所有这些举措，对内极大地解放了社会生产力，推动社会的进步与繁荣，取得了举世瞩目的成就；对外缓和了与不同社会制度国家之间的关系，拓宽了国际活动空间，国际影响力迅速增强，国际地位明显提高。

而从当代资本主义国家的发展来看，一方面，资本主义为了克服发展中的社会经济危机，缓解自身积累的矛盾，在多年的发展中自觉不自觉地吸收和借鉴了一些社会主义国家的做法，对其生产关系进行了一些调整，包括扩大国有经济份额、实行金融机构国有化、采用计划经济政策、实行工人参与管理、加强企业职工的思想教育，等等。资本主义国家为了学习社会主义国家的长处，克服自身发展的困难，早在 1965 年就曾在美国的费城召开了"世界资本主义大会"，发表了《资本家宣言》，提出了"借鉴社会主义人民当家作主的经验，实现股份制的人民资本主义；借鉴社会主义福利制度的经验，实行从生到死包下来的福利资本主义；借鉴社会主义计划经济的经验，实行国家干预的计划资本主义"① 等主张。另一方面，由于资本的价值增殖运动对市场扩大的依赖以及市场空间的有限性，使其一直面临着"资本要找出路，贸易要找出路，市场要找出路"② 的问题。不解决这个问题，它们的发展总要受到限制。

而与此同时，在全球化时代条件下，不同的经济制度都被纳入了统一的世界经济体系之中，特别是随着社会主义国家的改革开放和经济的迅速发展，为世界提供了广阔的市场空间。这样，资本主义与社会主义在资本与市场这一矛盾中就有了相互补充、相互利用、互惠互利的可能性。不仅如此，在当代资本主义国家还兴起了一些诸如市场社会主义、生态社会主义、民主社会主义、第三条道路等流派或思潮的发展探索，以致使美国学者约翰·奈斯比特都认为，"美国也正朝着'美国特色社会主义'演变"③。从这个意义上说，当今世界范围内"已不存在经典意义上的纯而又纯的社会主义，也

---

① 卞洪登：《资本运营方略》，改革出版社 1997 年版，第 227 页。

② 邓小平：《和平和发展是当今世界的两大问题》，《邓小平文选》第三卷，人民出版社 1993 年版，第 106 页。

③ ［美］约翰·奈斯比特、［德］多丽斯·奈斯比特著：《中国大趋势》，魏平译，吉林出版集团、中华工商联合出版社 2009 年版，第 144 页。

不存在纯而又纯的资本主义社会。"①

　　在这里，需要说明的是，我们所说的社会主义与资本主义两种社会因素的"互植"，揭示的是一种现实现象，提供的是观察和研究"两制关系"发展规律的一个视角，而不是一种趋同。我们认为，从发展趋势来看，资本主义生产力的发展和社会主义的物质存在条件的成熟是一个同步的渐进过程。"资本主义的生产力发挥一分，社会主义的物质存在条件就成熟一分，而一当资本主义所能容纳的全部生产力发挥殆尽，社会主义的物质存在条件也就完全成熟了。"② 资本通过全球化的推动，创造出了世界各地区的全面交往和相互依赖。而这种全面交往和相互依赖却导致了生产的全球化与生产资料私人占有之间的矛盾和生产无限扩张与全球需求相对缩小之间的矛盾。克服矛盾的唯一出路只能是实行社会制度的变革。从这个意义上说，两种不同性质国家的并存或两种社会因素的互植，在人类历史的长河中只是一种现象和过程而已。美国纽约大学教授奥尔曼早就说过：资本主义仅仅是"人类历史的过道而不是终点"③，它从过去发展而来，也必将向未来发展而去，社会主义取代资本主义是人类历史发展的必然趋势。

---

① 俞可平、弗朗西斯·福山：《全球化、当代世界和中国模式——俞可平与福山的对话》，《北京日报》2011 年 3 月 28 日。
② 陈学明著：《驶向冰山的泰坦尼克号——西方左翼思想家眼中的当代资本主义》，人民出版社 2008 年版，第 9—10 页。
③ ［美］奥尔曼著：《辩证法的舞蹈——马克思方法的步骤》，田世锭、何霜梅译，高等教育出版社 2006 年版，第 216 页。

第 三 章

全球化视域下社会主义与资本主义
"两制关系"的历史考察

我们之所以把"两制关系"置于全球化视域下来研究，是因为社会主义与资本主义的产生、发展及其相互关系都与全球化进程密切关联，并且错综复杂。一方面，从纵向上看，资本主义启动了全球化进程，而社会主义的诞生又源自于全球化进程的拓展，两者有着历史的渊源关系；另一方面，从横向上看，随着全球化进程的深化，无论是现实中的社会主义还是资本主义，无论是在其意识形态或思想价值体系方面，还是在其社会制度及其运行机制方面，以及在国家类型和全球利益等方面，都存在着千丝万缕的联系和本质的区别。以全球化为视野，对资本主义与社会主义的发展进程及其相互关系作一纵向考察，就成为我们研究社会主义与资本主义两制关系发展规律的历史起点。

一、全球化视域下资本主义的历史嬗变

在全球化问题的研究中，无论是把全球化等同于全球资本主义化[①]的观点，还是反全球化以及怀疑论者[②]的观点，都无一例外地强调了全球化与资

---

① ［美］弗兰西斯·福山著：《历史的终结》，本书翻译组译，远方出版社 1998 年版，第 388—389 页。

② ［英］戴维·赫尔德著：《全球大变革：全球化时代的政治、经济与文化》，杨雪冬等译，社会科学文献出版社 2001 年版，第 3—14 页。

本主义的历史渊源。可以说，没有全球化的推动，就没有资本主义世界体系的形成和发展；没有资本主义的推动，也没有全球化进程的加剧；而没有全球化进程的加剧，资本主义的金融危机也不会像现在这样百年不遇的剧烈，以至于有人喊出了"别了，'全球化资本主义'"① 的叹息。资本主义与全球化的互动进程，在很大程度上应验了前几年有的学者提出的资本主义"成也全球化、败也全球化"② 的预言。

（一）全球化的发展与资本主义的新变化

人类历史打破民族国家地理藩篱的束缚走向全球化的历史，也是一部资本主义发展史。因为在世界历史的发展中，资本主义始终与全球化息息相关。

1. 全球化的多维内涵。多年来，人们关于全球化的内涵与外延、本质与趋势的认识一直是仁者见仁、智者见智，但对资本主义开启全球化进程的认识则是基本趋于一致的。例如：有的把全球化解释为一种意识形态，强调全球化是宣布一种尚未到来的原教旨主义的资本主义③，认为当今的全球化是由新自由主义意识形态所主导的全球化，并给世界带来了灾难和危害④。有的把全球化解释为世界经济一体化、市场的一体化，强调全球化是指商品、服务、资本和技术在世界性生产、消费及投资领域中的扩散。有的把全球化解释为世界的压缩，它意味着"发生在遥远地区的某种事件，无论其是不是经济方面的，都比过去任何时候更为直接、更为迅速地对我们发生着影响。反过来，我们作为个人所作出的种种决定，其后果又往往是全球性的"⑤。有的从文化的角度强调了全球化的进程意义，认为全球化总的发展过程不仅包含自身的逻辑，而且包含着世界走向统一性的强大趋势。强调"全球资本主义既促进文化的同质性，又促进文化的异质性，而且既受到文化同质性制约，又受到文化异质性制约。差别和多样性的形成和巩固，是当

---

① ［日］中谷岩著：《资本主义为什么会自我崩溃？——新自由主义者的忏悔》，郑萍译，社会科学文献出版社 2010 年版，第 1 页。

② 徐艳玲：《全球化、反全球化思潮与社会主义》，山东人民出版社 2005 年版，第 114 页。

③ 王逢振：《全球化症候》，天津社会科学院出版社 2001 年版，第 96 页。

④ 张金霞：《卡斯特罗的全球化和反全球化思想探析》，《学术论坛》2008 年第 10 期。

⑤ ［英］安东尼·吉登斯著：《第三条道路：社会民主主义的复兴》，郑戈译，北京大学出版社 2000 年版，第 33 页。

代资本主义的一种本质要素"。① 有的认为，全球化是一个复杂的动态结构，从经济全球化逐渐发展成为文化全球化，其方向和目标处于不断选择和调整的过程中，同时有越来越多的国家被卷入全球化当中来，并不断改变着全球化中心与边缘的关系图②，等等。可以说，全球化是一个多维度的概念，需要从多角度来理解和把握。

其一，从内涵上看，全球化是人类从各个领域、民族、国家之间彼此隔离孤立的状态向全球一体化社会的演进，人类社会的生活跨越国家和地区界限并在全世界范围内进行多层次、全方位的相互沟通、相互联系、相互影响和相互作用，包括经济上的相互依赖，文化上的彼此沟通，价值观念上的理解认同等。

其二，从表现形式上看，全球化表现为一个多维度的过程，包括两个方面：一方面是指全球化在多领域、多层面上发生，涉及政治、经济、文化等各个领域和层面；另一方面指的是全球化参与者的多元化，它包括国家、国际组织、企业甚至个人。③

其三，从全球化的动因和基础来看，全球化是世界经济和科技发展的结果和必然要求，其实质是全球经济发展超越了政治上的以民族国家为主体的国家和地区界限，产生了人才流、物质流和信息流的全球流动，从而对全球政治、文化、思想和社会生活的发展进程产生了巨大影响，促进了世界历史的统一进程。

其四，从制度层面看，全球化是由资本主义主导的，其本质是资本的对外扩张，由此才形成了资本主义全球化或全球化的资本主义之说，但这并不意味着全球未来将走向资本主义。因为全球化是由资本主义的扩张为开端的，但资本主义的扩张不仅是一个经济过程，而是一个集经济、政治、文化于一体的过程。在这个过程中，世界曾经形成了殖民主义国家和殖民地半殖民地国家的对立，也记载了列强对外侵略和落后国家血与泪的历史。

---

① ［美］罗兰·罗伯森著：《全球化：社会理论和全球文化》，梁光严译，上海人民出版社2000年版，第249页。

② 章建刚：《对全球化结构的一种理解》，《中国社会科学院研究生院学报》2010年第4期，第5页。

③ 参见李海平：《全球化与社会主义前景问题探讨》，《求实》2000年第9期，第28页。

2. 资本主义与全球化共生共长。在资本主义生产方式产生之前，人类社会的历史是狭隘的地域性的民族历史。由于社会生产力极其落后，交通、通信工具不发达，人们征服自然和改造自然的能力还不足以提供打破限制民族普遍交往的自然隔阂和屏障的手段，各地区、各民族之间的交往被局限在有限的地理区域之内。中世纪后期，在经济比较发达的地中海沿岸，城市开始兴起，市民等级成为一支日益重要的社会力量。并"从这个市民等级中发展出最初的资产阶级分子。"① 但是，这个时候资本主义还只是稀疏的萌芽，直到 1492 年哥伦布发现美洲大陆，1512 年麦哲伦第一次完成环球航海，世界各大洲之间的航路相继被打通，给新兴的资产阶级开辟了新的活动场所。东印度和中国的市场、美洲的殖民化、对殖民地的贸易、交换手段和一般的商品的增加，使商业、航海业和工业空前高涨，因而使正在崩溃的封建社会内部的革命因素迅速发展起来。此后，资本主义时代宣告到来。

在 15 世纪、16 世纪的世界历史舞台上，英、法、西、葡、荷等国的资产阶级扮演了冒险家、商人、海盗的角色，通过暴力，通过残酷的剥削和掠夺，为自身累积起巨额财富，完成了资本的原始积累，世界贸易也随之扩大。自发现"新大陆"后的 200 年间，被称为"海上马车夫"的贸易强国荷兰的船队吨位增长了 10 倍，达到了 50 万吨。英国在 16 世纪上半叶每年出口的毛织品达到 5 万—50 万吨，17 世纪达到 25 万吨。18 世纪以后，欧洲各国先后发生了工业革命。这场革命不仅引起了生产技术的革新更导致了生产关系的重大变革，使资本主义生产方式最终确立。人类的经济活动由于世界市场的出现而被广泛地联系在一起，经济全球化自国际贸易中萌生。欧美列强凭借其工业革命带来的强大经济、军事力量，开始向全世界进行急剧的殖民扩张，使世界进入了殖民主义时代。这样，资产阶级首次开创了世界历史，在这个时期，任何一个国家或民族的历史都不再可能是狭窄的地域性、民族性历史，而是日益被不断发展的生产力及世界市场紧密地联系在一起，"使每个文明国家以及这些国家中的每一个人的需要的满足都依赖于整个世

---

① ［德］马克思、恩格斯：《共产党宣言》，《马克思恩格斯选集》第 1 卷，人民出版社 1995 年版，第 273 页。

界，因为它消灭了各国以往自然形成的闭关自守的状态。"①"各个相互影响的活动范围在这个发展进程中越是扩大，各民族的原始封闭状态由于日益完善的生产方式、交往以及因交往而自然形成的不同民族之间的分工消灭得越是彻底，历史也就越是成为世界历史。"② 世界市场的形成、资本主义生产方式的发展，特别是资本的对外扩张导致了经济全球化的出现。

历史的发展进程表明：早期资本主义的发展和全球化的萌芽，一方面促进了人类历史由民族历史转向了世界历史，为实现人的解放和全面发展提供了广阔的空间。因为随着人类普遍交往的发展，"单个人才能摆脱种种民族局限和地域局限而同整个世界的生产（也同精神的生产）发生实际联系，才能获得利用全球的这种全面的生产（人们的创造）的能力。"③ 另一方面，由于全球化引发的激烈竞争，使世界范围内各种利益主体之间的矛盾不断激化，发展的不平衡和不公正进一步加剧了。例如：葡萄牙和西班牙在相互竞争中瓜分世界，依靠新航线和殖民掠夺建立起势力遍布全球的殖民帝国，并在16世纪上半叶达到鼎盛时期后，由于这种崛起是靠掠夺和战争实现的，很快在战争中财富被挥霍而衰弱。随之而起的荷兰则是靠对外的扩张掠夺，将银行、证券交易所、信用，以及有限责任公司有机地统一成一个相互贯通的金融和商业体系，到17世纪中叶，荷兰逐步确立了全球商业霸权。此时，荷兰东印度公司已经拥有1.5万个分支机构，贸易额占到全世界总贸易额的一半。但到17世纪末期，荷兰却无可挽回地失去了左右世界的霸权，取而代之的是被称为"日不落帝国"的英国。

在随后几百年的时间里，资本主义一直主导着世界经济发展的进程，它以科技革命为引擎，掀起了全球化发展的一个又一个高潮，并且也为自身的发展和扩张不断注入活力。18世纪中叶的第一次科技革命促使西方资本主义国家相继完成了由工场手工业向机器大工业的过渡，最终确立了资本主义

---

① ［德］马克思、恩格斯：《德意志意识形态（节选）》，《马克思恩格斯选集》第1卷，人民出版社1995年版，第114页。

② ［德］马克思、恩格斯：《德意志意识形态（节选）》，《马克思恩格斯选集》第1卷，人民出版社1995年版，第88页。

③ ［德］马克思、恩格斯：《德意志意识形态（节选）》，《马克思恩格斯选集》第1卷，人民出版社1995年版，第89页。

生产方式在西方的统治地位。随后在 19 世纪后期开始的第二次科技革命，包括交通运输、通讯技术的革命，一方面为资本主义生产方式创造了新的生产力，另一方面也推动了世界市场的发展。20 世纪中期以后，随着第三次科技革命的出现，特别是计算机和信息产业的发展，全球化逐渐进入了高潮，现代化生产突破了一个地区、一个国家的狭小框框，把全球的生产和交换连成牵一发而动全身的有机整体，所有国家、地区和国家集团的所有经济部门和经济环节都成为这个整体不可分割的组成部分，而在作为这次科技革命的主要发端国家和科技革命成果的主要获得者和使用者的发达资本主义国家，新科技革命为其创造了主要的经济增长奇迹。由于"资本主义本质上是一种经济变动的形式或方法，它从来不是、而且也永远不可能是静止的"①。资本对利润的追逐，资本家对利润的贪婪，使其生产的扩大和市场的扩张不断加剧，以致使全球化浪潮一浪高过一浪。

3. 当代资本主义发展到了一个新阶段。20 世纪 80 年代以来，全球化进程进一步加快，无论是资本的全球化、金融的全球化，还是销售的全球化、市场的全球化都达到了一个前所未有的程度，呈现出了一系列新的特征，包括国际贸易自由化、国际金融市场化和金融全球化、跨国公司垄断化、劳动力资源国际化、区域经济一体化等高速发展。正是随着全球化进程的不断拓展，资本主义的发展进入了一个新阶段，并表现出一系列前所未有的新特征。围绕资本主义发展新阶段的表述，国内外学术界存在多种不同看法，比较有代表性的观点可概括为以下几种：

其一，国家垄断资本主义阶段说。持该种观点的学者认为，资本主义的历史发展已经经历了自由资本主义、一般垄断资本主义和国家垄断资本主义三个大的阶段。自 20 世纪 30—40 年代的大危机开始，资本主义国家政权开始对经济进行全面干预，资本主义国家就进入了国家垄断资本主义的新阶段。二战后，特别是 50 年代以后，随着第三次科技革命的发展，生产高度社会化的发展需要推动国家垄断资本主义更加广泛和持续地发展起来。尽管随着跨国公司和经济全球化的迅速发展，国家权力在某些方面受到了侵蚀和

---

① 复旦大学马克思主义研究中心著：《资本主义发展的历史进程研究》，上海人民出版社 2001 年版，第 55 页。

削弱，但是全球化是以国家为基础的全球化，跨国公司依然依赖于在民族基础上运作的国家，当代资本主义仍然是国家垄断资本主义。

其二，国际垄断资本主义、跨国垄断资本主义或超国家垄断资本主义阶段说。持这一观点的学者认为，资本主义已经经历了私人垄断阶段、国家垄断阶段，自 20 世纪 80 年代以来，随着经济全球化和信息技术的发展，垄断资本日益超越国家界限在全球范围内迅速扩张，而其攫取高额利润的主要载体就是跨国公司，资本主义的发展因此进入了一个更高的历史阶段——国际垄断阶段、跨国垄断阶段或超国家垄断阶段。

其三，全球资本主义阶段说。持这一观点的学者在国外主要是一些左派学者和西方马克思主义者。如：美国杜克大学历史系教授阿里夫·德里克，在 20 世纪 90 年代所写的一批重要文章中在谈论全球化、后殖民和后革命等问题时都提到了"全球资本主义"的概念。他认为，随着资本主义生产过程的全球化，"资本主义生产方式占据了世界经济政治文化关系的霸权地位，资本主义的经济、政治、社会、文化实践也都被带进了所有社会，全球资本主义成为继自由资本主义和垄断资本主义之后的第三阶段。"[①] 美国学者杰里·哈里斯和威廉·罗宾逊则指出当代资本主义发展一个最显著的特征就是形成了"新生跨国资本家阶级"，他们提出了一个全球经济和政治重建纲领，其中心是市场自由化，这就是所谓的"华盛顿共识"或称新自由主义计划，并着手把全世界变成一个单一的、联合的全球资本主义。[②] 此外，墨西哥学者海因兹·迪德里齐在其著作《全球资本主义的终结：新的历史蓝图》中对全球资本主义的特点进行了分析，他认为当前人类社会所处的社会体制——全球资本主义社会是一个十分脆弱的体制，经济、意识形态和政治等普遍地处于动荡之中，人们正"痛苦地寻找未来的出路"。[③] 在国内，中央财经大学教授齐兰对全球资本主义的描述是"全球垄断资本主义"。在其《垄断资本全球化问题研究》一书中指出，"跨国垄断"论或"国际垄

① 刘昀献：《对 20 年来中外学者关于当代资本主义发展阶段观点的评析》，《新华文摘》2008 年第 17 期，第 15 页。

② 周通：《全球化与跨国资本家阶级》，《国外理论动态》2001 年第 3 期，第 1 页。

③ 郑一明：《西方马克思主义者和左翼学者对资本主义未来的新看法》，《当代世界与社会主义》2003 年第 1 期，第 57 页。

断"论对当今垄断资本新发展状况的概括仍是不够全面的，在当今全球化条件下，垄断资本主义的发展开始进入了一个全新的历史时期，即"全球垄断阶段"①。这个全球垄断阶段是独立于国际垄断阶段的一个新的阶段，它属于现代垄断范畴。中国人民解放军南京政治学院上海分院的韦定广教授则提出了资本主义的最高阶段是"全球自由资本主义"的观点，认为全球自由资本主义阶段的突出特点是资本在占有、生产及运行方面日益具有充分的全球性和自由性；由此导致生产和占有这一资本主义的基本矛盾在形式上发生较大变化，并呈现出与历史上自由资本主义、垄断资本主义不同的五个方面的基本特征②。

其四，社会资本主义阶段说。持这一观点的学者认为，二战结束以后，随着第三次科技革命的发展，列宁在 20 世纪初所分析的垄断资本主义的五个基本特征已经发生了重大变化或已经消失，资本主义已由自由资本主义、垄断资本主义进入了社会资本主义的新阶段。在这一阶段，资本主义国家生产力和生产关系的社会化程度都有了极大提高，资本主义社会的经济、政治、文化和阶级结构发生了很大变化，国家政府的社会职能大为增强，资本主义内部社会主义因素在不断增长，全球各国之间的竞争与协作不断增强，国际关系更加社会化③。此外，还有的学者提出了"全球社会资本主义"④的观点，认为社会资本主义既是指一国范围内的社会资本主义阶段，又是指国际范围内的社会资本主义阶段，前者可以称为国家社会资本主义阶段，后者可以称为全球社会资本主义阶段。全球社会资本主义阶段是国家社会资本主义阶段发展到一定程度的必然结果，在那个阶段，生产国际化和经济国际化都达到新阶段，跨国公司对全球经济活动起决定性作用，绝大多数国家的国际贸易远远超过国内贸易，世界性经济组织发挥着决定性作用，民族国家降到次要地位，形成了一个跨国资产阶级和跨国无产阶级。

---

① 齐兰：《垄断资本全球化问题研究》，商务印书馆 2009 年版，第 48 页。

② 参见韦定广：《资本主义的最高阶段是"全球自由资本主义"——兼与高放教授商榷》，《社会科学》2005 年第 9 期，第 72 页。

③ 参见高放：《社会资本主义是资本主义的最高阶段》，《江汉论坛》2001 年第 8 期，第 28—30 页。

④ 董崇山：《社会资本主义论》，中国经济出版社 2004 年版，第 355—356 页。

其五，金融垄断资本主义阶段说。这一观点认为，当代资本主义发展到了"全球化的金融垄断资本主义"① 阶段，随着资本主义生产世界化和金融全球化的发展，生产资本和金融资本也日益密切地结合在一起。在这个阶段，资本主义体系中的主要经济主体，即大企业、国家和政府、社会中的统治阶级、被支配和被剥削阶级都出现了一些新变化。如：大企业的规模不断增强，日益发展成为全球垄断企业，大量生产经营活动被外部化了；国家对这些大型企业的影响则在日益减弱，它一方面肩负着社会责任，仍然要注重传统的政治权利，但是另一方面经济权利则受到削弱，由"社会国家"变成了"竞争国家"；作为社会支配阶级的资产阶级借助一种现代的、国家的和国际的官僚体制形成了所谓的"全球化的资本主义寡头政治"，"资本主义的扩张不仅体现在资本扩张上，还包括资本家阶级的扩大"②；随着服务业的发展，被支配和被剥削阶级由过去的物质生产领域转向服务业等新兴领域，而随着知识和现代教育的普及，资本家阶级对他们的剥削方式也在不断发生变化，由过去的物质上的暴力转变为越来越细密的象征性的暴力。上述变化进而导致全球公司之间的竞争关系、科学技术对社会基本关系的影响、对劳动的剥削关系都发生了很大变化。美国学者约翰·B. 福斯特也使用了"垄断金融资本新阶段"③ 的说法，他认为垄断金融资本是垄断资本发展的新阶段，即垄断资本在经历了 20 世纪 70 年代的经济停滞后，转向依靠金融化进行积累和扩张，新自由主义全球化就是全球垄断金融资本利益进行经济重构的代表，是赤裸裸的新帝国主义。在我们国内，也有不少学者支持"金融垄断资本主义阶段"这一观点，认为"从 20 世纪 70 年代开始，当代资本主义发展已经进入了一个新的阶段：由国家垄断向国际金融资本垄断转变"④。 国际金融垄断资本主义是资本主义在全球化时代的表现形式，这一

---

① 参见［法］让·克洛德·德洛奈：《全球化的金融垄断资本主义》（上），刘英摘译，《国外理论动态》2005 年第 10 期，第 12 页。

② 转引自［法］让·克洛德·德洛奈：《全球化的金融垄断资本主义》（下），刘英摘译，《国外理论动态》2005 年第 11 期，第 21 页。

③ 参见［美］约翰·B. 福斯特：《垄断资本的新发展：垄断金融资本》，云南师范大学马克思主义理论研究中心译，《国外理论动态》2007 年第 3 期，第 7 页。

④ 参见何秉孟：《美国金融危机与国际金融垄断资本主义》，《中国社会科学》2010 年第 2 期，第 40 页。

阶段既与传统的国家垄断资本阶段存在某种联系，又表现出一系列新的特征：金融资本成为经济乃至政治的主宰；金融虚拟化、泡沫化；金融资本流动、金融运作自由化；实体经济逐步空心化，等等。

除了上述代表性的观点外，学术界对当前资本主义发展阶段的讨论还有很多，有些西方学者从资本主义生产力发展程度把资本主义发展阶段称为"后资本主义社会"、"后工业社会"、"晚期资本主义"、"信息社会"等等。对此，我们不再一一列举。上述观点可谓仁者见仁、智者见智，都从不同角度阐述了当代资本主义发展表现出的新特点、新趋势，为我们研究资本主义提供了新视角和有益的借鉴。我们认为，在分析资本主义发展阶段时，还是应该按照马克思主义唯物史观，把生产力和生产关系两个方面结合起来考察更加科学。因此，上述观点中，我们更赞同国际垄断资本主义一说，因为这一观点揭示了当今的垄断资本主义已经进入了全球化发展的新时期，是资本主义的全球垄断阶段。它一方面体现了资本主义生产力发展到高度全球化这一事实；另一方面，垄断作为资本主义进入现代以来在生产关系和经济运行方面的最重要特征，它本身就体现了资本社会化的发展趋势，是生产和资本高度集中的必然结果，又体现出资本主义生产关系方面质的规定性特征。

4. 当代资本主义的新变化。随着全球化进程的不断拓展，资本主义也由国家垄断资本主义转向了国际垄断资本主义，并呈现出了一些新变化和新特点。

其一，生产力规模空前增大，劳动生产率极大提高。二战结束以来，发达资本主义国家率先推动新科技革命的兴起。这次新科技革命到目前为止已经历了三次高潮：其起始标志是 20 世纪五六十年代原子能、电子计算机和空间技术的发明和应用；进入 20 世纪 70 年代后，新科技革命在生物工程、材料科学、海洋工程等领域不断出现突破；20 世纪 80 年代以来，随着因特网与多媒体技术的问世，特别是"云计算"、"物联网"的运用使世界各地区、各国的经济联系日益密切，出现了一种"你中有我、我中有你"的现象，整个地球变成了一个"地球村"。与前两次科技革命不同的是，这次技术革命不只是在个别科学理论上、个别生产技术上获得了突破，而是几乎在各个科技领域都发生了深刻变化，并综合了一些科学部门的最伟大发现，因此而产生了一系列新的科学知识群和技术群，其中对世界经济发展和人类社会生活影响最大的是六大技术群，即信息技术、生物技术、新材料技术、新能源技术、航天技术和海洋开发技术。这些新技术相互促进，互相渗透，构成了改造客观世界的强大生产力。这次新科技革命首先从美国兴起，然后迅速扩展到其他主要资本主义国家，带来了资本主义生产力发展的巨大飞跃。从总体上说，战后发达资本主义世界经济增长速度超过了它历史上任何发展阶段，即使在1973年以后的经济低落时期，它的增长速度也大致相当于它历史上第一个"黄金时代"（1895—1913年）的增长速度。在1950—1973年，即在它的第二个"黄金时代"里，西方发达国家国内生产总值每年平均增长4.9%，1973—1979年为2.5%，1980—1989年为3.1%[①]。进入20世纪80年代以来，以网络技术为核心的信息产业飞速发展，建立在知识和信息的生产和使用基础上的知识经济日益取代工业经济成为主导型经济形态，有人甚至把这次信息产业革命称之为第四次科技革命。在此背景下，发达资本主义国家经济持续增长，社会生产力规模进一步扩大。据有关资料显示，美、英国内生产总值从20世纪90年代初到21世纪初，10年翻了一番。日本、德国、法国等国虽然没有翻番，但经济总量都有大幅度增加。[②] 即使是在2008年进入金融危机后，美国的国内生产总值仍以14.3万亿美元继续保持世界领先地位，2009年达到了14.8万亿美元。日本在2009年虽次于中国降至第三位，但是国内生产总值却重回5万亿美元大关。其他国家如德国、法国、英国、意大利、加拿大，虽然国内生产总值略有下降，但是在世界排名中一直是前八强。

其二，产业结构、就业结构与劳动力结构发生了巨大变化。随着科学技术的进步和生产力水平的提高，发达资本主义国家的整个国民经济结构发生了重大变化，第一、第二产业等物质生产部门在国民经济结构中的比重不断下降，而服务业、信息技术业等第三产业部门所占的比重日益提高，并且以快于国民经济增长的速度持续发展壮大。据统计，早在1974年，从服务业部门在国内生产净值（NDP）中所占比重看，日本就达到了56.2%，英国为58.5%，法国为51.7%，1975年美国为64.6%，意大利为50.5%，均超

①　黄素庵、甄炳禧：《重评当代资本主义经济》，世界知识出版社1996年版，第34—35页。

②　参见胡连生、杨玲：《当代资本主义双重发展趋向研究》，人民出版社2008年版，第25—26页。

过半数。到 1980 年，发达国家的非物质生产部门在国民生产总值中所占的比重达到 56.9%。进入 20 世纪 90 年代以来，以知识、信息、高科技为支柱的产业更是成为发达资本主义国家国民经济的"首要产业"。有数据显示，1990—1998 年的 8 年时间里，美 GDP 增长了 26.7%。其间，电子和电力装备产业产值增加了 224%，机械工业增加了 107%，商业服务、通信、流通和交通产业产值的增幅亦均在 42%—68% 之间。2000 年，美国 GDP 达到 99657 亿美元，在世界经济总量中的比重上升到 31.54%。在日本，1992 年信息产业从业人员已超过 100 万名，在 1991 年、1992 年全世界信息产业总产值中，日本占到了 25%。2001 年 1 月日本开始实施《构建先进信息和通信网络社会基本法》，提出了构建"先进信息和通信网络社会"的基本政策。在欧盟，信息产业也是经济发展的一个重要支柱产业，其产业规模约占全球的 1/5，电信、IT 和音像视频市场在欧盟 GDP 中占据 6%—8% 的份额，提供了 4%—6% 的工作职位。① 随着产业结构的变化，即社会生产和再生产过程中体力劳动和物质资源投入的相对减少，而脑力劳动和科技投入的相对增多，这使得各主要资本主义国家的就业结构和劳动力结构也发生了很大变化，从事农业的人口总量大幅度减少，而从事服务行业的人口在人口总量中所占比重则大幅度提高。1990 年，欧洲共同体国家共有雇员 10868.7 万人，其中农业、林业、渔业产业部门的雇员 249.6 万人，占 2.3%。工业生产企业雇员 3927.4 万人，占 36.1%。服务业产业部门有雇员 6691.7 万人，占 61.6%②。

其三，企业管理制度不断创新，企业组织与管理日趋科学化、人道主义化。从 1911 年被誉为"科学管理之父"的美国工程师 F. W. 泰勒出版《科学管理原理》开始，西方国家把管理的科学化研究提上了议事日程。1916 年法国人 H. 法约尔发表了《一般管理与工业管理》。他们总结以往企业管理的经验教训，提出了一些新的管理原则，并相继在欧美掀起了一场生产合理化运动。1929 年日内瓦成立了国际合理化学会，倡导"泰勒制"和"福特制"，促进了管理科学化的研究。随着新科技革命的发展， 知识密集型企

---

① 李倩：《欧盟信息产业特点及竞争力分析》，《中国信息导报》2007 年第 10 期，第 9 页。

② 张世鹏：《当代西欧工人阶级》，北京大学出版社 2001 年版，第 56—57 页。

业大量涌现，各种公司在泰勒的古典管理学中引进了社会学和心理学，形成了人际关系——行为科学理论，这一理论主张人是"社会人"，从满足工人的心理需要、情感需要出发，寻求人与人的和谐，以便在生产关系上使人的精神状态适应生产力的发展，促进劳动生产率的提高。在企业员工过生日时，老板会送上甜美的蛋糕；工作创造出业绩，老板和工人一起庆祝；老板从公司的利润中拿出一定的比例兴办各种福利等等，这已经成为西方国家企业文化的重要理念，旨在培育工人与企业的"命运共同体"精神。此外，20 世纪 80 年代以来，欧美等国不同程度地实行企业民主管理制度。例如：在德国，实行企业共同决定制度就有 6 种不同的工人参与形式，职工拥有参与企业管理的决策权力。① 除此之外，英国、瑞典的雇员参与计划、西班牙的社员参与也都体现了这些资本主义国家在企业管理方面的积极探索。这些新型的管理理念不仅在当时调动了资本主义企业中工人的劳动积极性，保持了社会的稳定发展，而且在今天知识经济管理中依然发挥着重要的作用。

　　其四，资本社会化程度不断提高，所有制结构呈现复杂化和资本主体多元化趋势。在资本主义发展早期，资本主义经济制度的一个本质特征就是资本家占有全部生产资料，工人一无所有。二战后，随着生产力的发展，发达资本主义国家生产资料的私人占有形式在不断变化，资本社会化程度大大提高，这主要表现在：（1）随着股份公司的进一步发展，股权日益分散化和社会化。一是法人组织、社会机构持股比重不断上升，生产资料占有的社会化程度有了很大的提高。二是"工人持股"、"人人都是股东"成为普遍现象。（2）国有化运动使国有制的比重不断提高。战后以来，随着生产的发展和科技的进步，资本主义国有经济和合作经济获得了大发展。在英国，20世纪 70 年代末，邮电、通信、电力、煤气、煤炭、铁路、造船的几乎 100％、航空和钢铁的 75％、汽车工业的 50％、石油工业的 25％都是国有，国有企业约占全部工业产值的 1/3② 。在法国，戴高乐政府和密特朗政府执政时期都曾发起过针对大公司的国有化运动，一度成为发达资本主义国家中国营成分最高的国家。到 1983 年，法国国有企业产值占国内生产总值的

① 王晨：《论德国企业激励机制的特点与启示》，《今日财富》2011 年第 3 期，第 11 页。

② 李俊江等：《英国公有企业改革的绩效、问题及其对我国的启示》，《吉林大学社会科学学报》2002 年第 5 期，第 47 页。

17%，投资额比重为 35%。1995 年，法国能源、交通、通信等基础设施、公用事业及国防工业中，国有或国家控股 50% 以上。不仅如此，在一些大型或超大型新兴产业、高新技术产业、支柱产业以及关系整个经济运转的金融业，国有化程度不断提高。近年来，为了应对金融危机，美欧等国均动用国家政权的力量采取了一系列"救市"措施。虽然这些救市措施效果有限，但在一定程度上缓解了金融危机的蔓延，可以看作是在危机背景下发达资本主义国家又一次通过"国有化"方式进行自救的运动。（3）合作社经济广泛发展。在当代资本主义社会中，合作社已不再是工人或农民相互合作、勉强维持生存的松散组织，它们广泛分布在生产、交换、消费、分配等各个领域，经济实力雄厚，是各国国民经济中不可或缺的、已经制度化、法律化的经济成分。资本主义国家的合作社通常建立在私人垄断组织不愿去占领的、利润率低下的、对企业期望要求不高的部门。有的合作工厂始终受到资本主义大企业的控制，成为它们的附属企业。所以，合作社虽然能为社员带来某种利益，但它并没有突破资本主义生产关系的范围。

其五，阶级结构趋向复杂化、多层次化。早在 160 年前马克思曾经指出资本主义社会的一个明显特征就是："它使阶级对立简单化了，整个社会日益分裂为两大敌对的阵营，分裂为两大直接对立的阶级：资产阶级和无产阶级。"[①] 但是，随着新经济的发展，以知识和技术为标志的新产业对传统的劳资关系带来了巨大而深刻的影响，它使资本主义生产方式的运行规律和特点发生了某些变化：（1）随着股份公司的发展，股权的分散化和社会化，使资本所有权与使用权发生了一定程度的分离，传统的资本家开始从生产领域中退出来，新型的经理资本家的人数和作用随之迅速增加，形成了所谓的"专家集团"、"经理阶层"。（2）知识、信息、数据、服务等非物质生产要素在价值创造中所占的比重越来越大，突破了过去创造财富主要依赖于生产规模的扩大、劳动力的追加以及对稀缺资源的垄断等模式。在生产过程中，拥有智慧和信息的人、掌握技术并有创新意识的员工成为保持企业活力和增强竞争力的基础，脑力劳动者在社会生活中的地位不断提高。（3）人们对

---

　　① ［德］马克思、恩格斯：《共产党宣言》，《马克思恩格斯选集》第 1 卷，人民出版社 1995 年版，第 273 页。

类似知识、信息这样的非物质型产品的占有不同于对机器、厂房、土地等传统生产要素的先天垄断，它可以随着教育和网络的普及为大众所有，也就是说它的所有权是可以与劳动者相统一的，这就为无产者向有产者的突变提供了一种可能性。（4）随着股权分散化、社会化以及非物质性生产要素作用的上升，个人同生产资料的关系已经不像过去那样明显，对生产资料的有形占有和整体占有已经转变为无形和局部占有，占有成为一个很难界定的概念。由于这些新情况的出现，使传统意义上的资本家阶级在内涵和外延上都发生了一些变化。一是由于股权分散化更有利于资本的大规模集中，传统大垄断集团的资本家实力更加雄厚，而且在经济全球化条件下，他们已从国内垄断走向国际垄断。二是食利资产阶级获得了大发展。三是包括工厂主、银行家、农场主在内的中等资产阶级，既拥有生产资料所有权，又行使经营管理权。除了这些传统的资本家集团外，另有两部分人拓宽了"资本家"这一概念的内涵。一部分是随着新科技革命而来的、在资本的所有权和经营权分离过程中成长起来的经理、高级管理者阶层。另一部分是以比尔·盖茨为代表的掌握高新技术并运用高新技术进行生产的高级知识分子、技术专家。

其六，工人阶级社会生活状况大为改善。随着科学技术在生产中的应用，劳动生产率大大提高，作为社会生产力重要组成部分的工人阶级，其收入水平、生活状况和社会地位等也随之发生了一些变化：（1）工人阶级的收入不断提高，生活状况大为改善。目前在欧洲的工人家庭开支中，食品开支所占比重在整个消费中的比重显著下降，家庭耐用品和文化娱乐等方面的开支比重增加。他们中的大多数人拥有自己的住宅、汽车、家电，生活条件优越、舒适、便利。（2）政府的福利支出成为工人收入的一个重要组成部分，贫困人口的概念发生了重大变化，由原来的生存贫困逐步转向相对贫困。例如，在德国，如果承担养家责任者每月的纯收入低于300欧元，这个家庭就可以申请福利救济；在法国，两口人的家庭住房低于25平方米可以得到政府的住房补贴。（3）工人手里大都持有公司的股票。在资本主义国家，职工收入中有10%—20%来自于股票收入。（4）工人的劳动时间在缩短，工作条件大为改善。在发达资本主义国家的大企业，普遍实行了每周5天、每天8小时的工作制，有些部门甚至更短。（5）工人的社会政治地位也有了较大提高。工人除去具有结社、言论、出版、集会自由外，享有普选、竞选等权利，同时还不同程度地参与企业管理。如：欧共体各国的企业普遍实行共同决定制度，企业必须吸收一定比例的工人代表进入董事会，否则就属违法行为。德国的法律还规定，股份公司的董事会必须有职工代表参加，一般是雇主和雇员各占一半。凡 5 人以上的工厂都要建立职工委员会，由全厂职工选举产生，每 3 年改选一次。职工委员会有权对职工的劳动时间、工资福利、安全、培训、招聘和解雇等问题提出意见。（6）工人阶级的组织形式趋向分散化、联合斗争意识淡薄。在知识经济时代，劳动过程中智力因素所起的作用越来越大，以电脑为核心的控制机代替了劳动者在生产过程中的控制活动，劳动者从生产过程的直接劳动中解放出来，出现了生产过程无人化的趋势，"家庭办公室"成为现实。与此同时，工人组织趋向了分散化和多样化，阶级意识淡薄，联合斗争难以实现。

其七，跨国公司迅速发展。20 世纪 80 年代以来，发达资本主义国家生产和资本集中的趋势进一步加快，垄断资本的对外扩张也在国家政权的支持下得到了进一步的发展，跨国公司无论在数量还是规模上都出现了迅速发展的势头。有数据显示，在 20 世纪 60 年代末 70 年代初，私人投资在资本输出总额中的比重已经达到了 75%，到 80 年代，已经上升到了 90%。进入 21世纪，跨国公司大规模的发展，成为世界经济全球化加速发展的重要推动力量。目前世界上最大的跨国公司主要集中在以美、欧、日为代表的主要发达资本主义国家，它们既是对外投资最多的国家，也是引进外资最多的国家，占有世界贸易的 50% 以上和 75% 的外国投资。全球 10 大化学公司、10 大半导体公司分别垄断了各自行业 90% 以上的国际市场；10 大轮胎企业则一直占据着世界轮胎市场 80% 以上的份额；在汽车领域，美国两大汽车公司外加大众、戴勒姆—克莱斯勒、丰田等少数厂商控制着全球 90% 以上的汽车生产和销售；在钢铁领域，10—12 家大企业控制着世界钢产量的 2/3；在移动通讯领域，诺基亚、爱立信、摩托罗拉、松下、西门子和飞利浦手机占据了国际市场绝大部分份额[1]。这些大型跨国公司以世界市场为目标，通过跨

---

[1]   刘昀献：《论当代资本主义的发展阶段及其基本特征》，《河南大学学报》2006 年第 11 期，第 31 页。

国生产、销售或金融等各种经营活动，为其母国和垄断资本家获取高额垄断利润，有些大型跨国公司在规模和实力上甚至超过部分国家和地区经济体的国民生产总值，不仅对世界经济的发展有重要影响，甚至决定着一定范围内的政治和文化政策，成为真正的寡头经济和寡头集团。

其八，金融运作高度自由化。金融是现代经济的核心，随着国际金融自由化、信息化的发展，各国金融管制政策不断放松，阻碍资金跨国流动的壁垒被不断拆除，使得本来各自独立运行的各国国内金融活动日益融合到全球金融大潮之中，金融活动日益全球化。早在 20 世纪 70 年代，各发达国家就开始了以放松金融管制为特征的金融自由化改革，经过 30 多年的发展演变，使世界经济出现了高度金融化的趋向。而在金融"创新"的旗号下，各种金融衍生品大量发行，国民经济迅速虚拟化。根据国际货币基金组织 2010 年的报告，全球的金融衍生产品总值已达 596 万亿美元，是全球股市总值 65 万亿美元的 9 倍，是全球 GDP 总量 54.5 万亿美元的 11 倍。其中美国的金融衍生产品总值占全球的 50% 以上，已高达 300 多万亿美元，是美国号称 13 万亿美元 GDP 的 25 倍①。美国通过出售自己的资产和利用美元作为国际储备货币的地位在国际金融市场上获取了大量高额利润。在其国内，金融垄断资本则通过金融行业对实体经济的操控赚取了巨额财富。同时，它们还通过各种名目的债券和投资组合巧取豪夺，为自己捞取巨额利润。然而，这种金融运作的高度自由化，在推动经济虚拟繁荣的同时，也埋下了经济危机的因子。

（二）全球化进程加剧与资本主义固有矛盾的拓展

应该说，当代资本主义借助于全球化而进行的改革调整以致呈现出的上述新变化，一方面拓展了资本主义的发展空间，一定程度上延缓了资本主义的历史寿命；另一方面也使其固有矛盾，即生产的社会化与生产资料私人占有之间的矛盾，超出了资本主义藩篱在全球范围内拓展，以致使其危机发生的频率愈来愈快、波及的范围愈来愈广、影响程度愈来愈深。

1. 全球化条件下资本主义基本矛盾在全球拓展。在资本主义早期，资本

---

① 转引自何秉孟：《美国金融危机与国际金融垄断资本主义》，《中国社会科学》2010 年第 2 期，第 41 页。

主义基本矛盾的主要表现是国内生产的社会化与生产资料私人占有之间的矛盾，而随着全球化和全球垄断资本的发展，资本主义生产则演变成全球性的社会大生产。科技革命和经济全球化的迅猛发展表明，生产的社会化已经达到了空前的高度。这种社会化大生产已经突破了国界的限制，形成了国际垄断资本主义的经济基础。但是，资本主义生产资料私有制的性质并没有因为经济全球化和新科技革命而发生根本变化，相反资本主义垄断性和私有性大大加强①。全球化的主要载体是跨国公司。跨国公司作为全球社会化生产的组织者，是世界经济舞台上集投资、贸易、金融、服务等经济功能于一身的特殊主体。据《2009世界投资报告》统计，全球跨国公司的数量达到82000家，其附属公司至少达81万家。全球化中受益最大的1000家跨国大企业所集中的资本，占世界生产总值的42%以上，控制了世界贸易的70%。同时它还控制着75%的技术转让，90%的生产技术以及对外直接投资。跨国公司在世界市场上权力的膨胀使得资本主义国家的政府在自己领土上所能行使的权力和权威大幅度削弱，其矛盾将不断深化。最有代表性的是驻海外金融机构的发展，明显呈现了世界金融体系敌视国家的趋势。从加勒比海、列支敦士登，直至新加坡，100多个金融机构分散到全球各地。这些银行、保险机关和投资信托基金机构管理着富有客户的资财，并且有计划地逃避这些资财所属国家的干预活动。在这里，偷税漏税就成了一种真正的银行秘密。在此情况下，经济全球化和资本主义跨国公司的扩张产生了全球性的巨额垄断资本，资本主义生产关系的调整也促进了全球垄断资本的形成，资本的积聚和集中程度愈来愈高。由此使资本主义的基本矛盾——生产的社会化与资本主义私人占有之间的矛盾有了新的表现形式：一方面，生产社会化正在具备生产全球化内涵；另一方面，私人占有在很大程度上则表现为跨国垄断资本家阶级的"集体"占有②，从而使生产的社会化与资本主义私有制之间的矛盾因经济全球化而进一步尖锐和复杂。

　　2. 全球化条件下资本主义基本矛盾的外化与深化。全球化条件下资本主

---

　　① 曹文振：《从金融危机看全球垄断资本主义的内在矛盾》，《社会主义研究》2010年第1期，第123页。

　　② 参见陈海燕、李伟编：《全球化视域下社会主义的理论与实践》，山东大学出版社2007年版，第427页。

义的基本矛盾外化为经济关系上由一国内的两极分化拓展为发达国家与落后国家差距的不断扩大和世界范围内贫富悬殊的拉大。

一方面，全球化浪潮造成了资本主义国家大规模的结构性失业，进一步加剧了资本主义国家内部的贫富分化。据统计，从 2000 年到 2006 年，美国 1.5 万个高收入家庭的年收入从 1500 万美元增加到 3000 万美元，6 年翻了一番；而占美国劳动力 70% 的普通员工家庭的年收入从 2.58 万美元增加到 2.635 万美元，6 年仅增 2%。据美联储 2009 年 3 月 12 日公布的资料，美国家庭的财富 2007 年第二季度为 64.4 万亿美元，到 2008 年年底剩下 51.5 万亿美元，一年多缩水 20%，世界财富在不到一年半的时间里毁掉 45%。不仅如此，在新自由主义政策主导下，贫困化问题再次凸显。例如：1971 年美国企业工人平均工资每小时 17.6 美元，至 2007 年每小时工资下降到 10 美元，降幅达 43%。近二三十年来，美国企业高管与普通员工的工资差距，从 40:1 扩大到了 357:1。20 世纪 70 年代之后的 30 年中，美国普通劳动者家庭的收入没有明显增加，而占人口 0.1% 的富有者的收入增长了 4 倍，占人口 0.01% 的最富有者家庭的财富增加了 7 倍。[①]

另一方面，经济全球化进程中，资本主义将一国的经济政治发展的不平衡扩展到世界范围，把一国资本主义发展中的两极分化扩展到世界范围，使一些国家和一部分人走向贫穷化。埃及经济学家萨米尔·阿明把发达国家的资本积累称作"中心型资本积累"，把发展中国家的资本积累称作"边缘型资本积累"，认为"中心型"与"边缘型"的并存是世界范围资本积累的特殊模式。萨米尔·阿明认为，世界范围资本积累的特殊模式必然会给发展中国家带来"群众的贫穷化"特殊现象，导致"贫困化机制"的产生，即产生农业小生产者和手工业小生产者的资产阶级化，农村的半无产阶级化，农民日趋贫困而无产阶级化，城市化城镇地区公开失业，就业不足等。这样，必然会出现新的统治和依附的机制。全球的两极分化也日趋严重。[②] 全球最

① 何秉孟：《当代资本主义的新发展：由国家垄断向国际金融资本垄断过渡》，《红旗文稿》2010 年第 3 期，第 13 页。

② 张雷声：《资本主义基本矛盾的演化及在当代的深化》，《思想理论教育导刊》2005 年第 3 期，第 29 页。

富有的2%的人口拥有全世界约50%的财富，而底层的50%的人口却仅占有世界财富的1%。① 据联合国开发计划署的调查数据显示，全球最有钱的3个人，拥有的财富超过最穷的48个国家国内生产总值的总和；而全球最有钱的15个人，其财产总值比撒哈拉沙漠以南全部非洲国家的国内生产总值还多；最有钱的32个人，则比南亚国家的国内生产总值还多。经济全球化不但没有缓解两极分化，反而呈现出富者愈富、贫者愈贫、南北差距日益扩大的趋势。

3. 全球化条件下资本主义内部生产的有序性与世界经济的无序性矛盾加深。在全球化进程中，随着资本扩展到世界范围，单个企业生产的计划性与整个社会生产的无政府状态之间的矛盾就从一国扩展到世界。西方资本主义国家自罗斯福新政以来相继推行了经济计划化，国内生产无政府状态已不再明显，即使在推行新自由主义经济政策之后，发达国家对自身经济进行宏观调控和有计划组织的程度在总体上也没有减弱。而为了应对世界市场上的激烈竞争，跨国公司凭借其雄厚的资金技术实力及发达的信息技术和先进的管理经验，使得内部经营活动实现了高度的组织性和计划性。由于现代交通、通信和网络技术的发达，使得跨国公司利用全球资源和在全球范围内组织生产，就像在一个国家内一样方便可行。例如：占全世界软性饮料45%市场的可口可乐公司，在全球就有1000多个灌装厂，经营范围涉及160多个国家，"以世界为工厂，以国家为车间"的情形，在许多具有较大程度高新技术含量的产品生产领域，正在成为一种越来越普遍的趋势。② 但在激烈的国际竞争中，跨国公司以追求全球范围内最高利润为最终目的，极力扩大生产规模和生产能力，其结果必然在全球范围导致生产发展的盲目性，从而引发严重的世界经济动荡。

战后以来，发达资本主义国家先后经历了1973—1975年的石油危机，1979—1982年的滞涨危机，20世纪80年代中后期的结构性危机，以及1987

① ［英］彼得·诺兰：《美国：站在资本主义全球化的十字路口》，李英群译，《国外理论动态》2011年第5期，第20页。
② 韦定广、孙勇：《经济全球化与资本主义基本矛盾的新变化》，《社会主义研究》2003年第4期，第22页。

年被称为"黑色星期一"的美国股市连续暴跌风潮。① 进入 20 世纪 90 年代，几乎每隔一两年就发生一次与某种货币危机有关的经济灾难。如 1992年英国和瑞典的危机；1995 年墨西哥和阿根廷的危机；1997 年泰国、马来西亚、印度尼西亚和韩国、日本的金融危机；1998 年俄罗斯的危机；1998—1999 年巴西的危机；2007 年 7 月以来由美国次贷危机引发的全球金融危机等等。据世界银行统计，20 世纪八九十年代，全球共发生大大小小的金融危机 108 次，其中 80 年代 45 次，90 年代 63 次，90 年代的次数率比80 年代多 40%。当时的金融危机多发生在新兴工业化国家、发展中国家等经济弱势国家，美国的金融体系没有发生大的动荡，以致使一些人对美国的新自由主义抱有幻想。而 2007 年 7 月以来美国爆发的百年不遇的金融风暴，无疑使新自由主义的理论与实践陷入了前所未有的尴尬。对此，哈佛大学经济学家杰弗里·萨克斯尖锐指出，华盛顿迅速实现的"全球金融自由化"的梦想已经"破灭"。由于各国开放程度的扩大以及金融创新工具的发展，国家对资本的约束能力大打折扣，在战后形成的持续了近半个世纪的稳定的资本——劳工关系、市场——国家关系难以维持，资本和市场力量日益强大，不仅挑战着原有的由国家控制的、倾向于劳工利益的福利制度，而且使国家原来管理经济的机制和规避风险的能力也相形见绌。

这些危机爆发的背景和具体原因虽然不尽相同，但无不与世界经济的无政府状态，尤其是全球经济的无计划和少调节密切相关。信息技术社会也没有解决这个问题，反而在经济全球化条件下加剧了生产的盲目性和经济危机、金融危机的严重性和同步性。

4. 全球化条件下资本主义生产能力与市场需求矛盾加剧。全球化条件下资本主义生产能力无限扩大趋势与世界市场有限需求不足之间的矛盾进一步加剧。一方面，为追逐更多利润的竞争驱使着资本家疯狂地投资生产，使全球生产能力的增长明显超过了全球消费市场的需求，再加上受发达国家资本市场金融泡沫的影响，出现了世界性的生产能力过剩。另一方面，在全球化时代，由于"中心"对"边缘"的残酷剥削和掠夺，世界上多数人口处

---

① 吴辉：《当代资本主义的基本矛盾与社会主义前景》，《中共福建省委党校学报》2001 年第 9 期，第 20 页。

于相对或绝对贫困化，使得人类的整体消费能力和市场容量远远跟不上在市场经济和高新技术的推动下全球规模的生产速度和能力，在广大发展中国家普遍出现了消费市场的低水平虚假饱和与生产相对过剩的"奇特现象"，这就使消费严重滞后于生产。由于金融资本流动的增强，除原有生产过剩危机，当代资本主义危机更多地出现在金融领域和虚拟经济领域。失衡、动荡经常存在，地区危机、世界性经济危机时有发生。可以说，新自由主义主导的全球经济已经把马克思所揭示的规律放大到了极限。资本积累过剩与世界范围有效需求不足之间的矛盾日益尖锐化的后果，是全球经济停滞和衰退，最终将引发世界性的经济危机。

　　5. 国际垄断资本主义的发展导致了世界生态环境恶化。全球化条件下世界生态环境的恶化与国际垄断资本主义有着必然的联系。一方面，资本主义生产方式中自由放任、激烈竞争的特点使全球范围内的资源遭受掠夺式的开发，环境遭受毁灭性的破坏。随着经济全球化的发展，资本主义生产的无限扩张与自然资源的有限性产生日趋严重的冲突，造成全球范围内严重的生态问题。未来学家欧文·拉斯洛曾指出："一个令人担忧的问题是，帝国主义和资本主义制度……把世界引向污染的深渊，使空气不能吸，使海洋和河流受到毒化；许多地方已经部分毒化，不再成为粮食的源泉和健康的源泉。"[①] 生态马克思主义者瑞尼尔·格仑德曼认为全球生态问题有8个方面的主要表现：空气和水体污染、地下水减少、有毒化学物扩散、危险垃圾扩散、腐蚀、废弃物质、酸化、新化学物。美国学者维克托·沃尔斯也认为，全球严重的生态问题是由于西方发达资本主义国家无节制的生产和无节制的消费造成的。比如，美国人像流水般地消耗来自中东的石油，美国每个人因用纸等需要，一生所消耗的木材大约80棵树木，美国一个婴儿的物资消费相当于发展中国家的30个婴儿。据研究，如果全世界的人都按照美国人现有的方式生活，从资源的角度看，我们需要有四个地球，从环境的角度看，需要9个地球，而事实上我们的地球却只有一个。在德国雅各布·莫内塔看来，"解决全球生态问题的根本途径是节制资本主义国家的生产和

---

　　① 朱卫兵、韦定广：《对资本主义基本矛盾从国别范围向全球发展的几点认识》，《科学社会主义》2005年第1期，第91页。

节制资本主义国家的消费,而这是资本主义做不到也不愿意做到的。"① 另一方面,发达资本主义国家把污染环境的产业甚至垃圾转移到发展中国家,这一生态帝国主义行径加速了全球环境的恶化。美国以不到世界 5% 的人口,消耗着世界能源产量的 34%,西方发达国家以世界 20% 的人口,消耗着占世界 80% 的资源,却把生态破坏产生的负面影响留给了第三世界。据绿色和平组织的报告,发达国家以每年 5000 万吨的规模向发展中国家转移有毒或危险的废弃物,把发展中国家变成自己的垃圾场。世界上绝大多数有毒污染是发达资本主义国家造成的,20 多个发达资本主义国家生产占世界 95% 的有毒垃圾。② 这不仅仅是个科技问题,更是一个经济和政治问题。

6. 全球化条件下资本与劳工矛盾深化。全球化条件下资本主义的国内资本与劳工之间的矛盾更加尖锐化并使其阶级矛盾向全球深化拓展为发达资本主义国家与落后国家的矛盾。尽管当代资本主义国家为缓和阶级矛盾,实行了国有化、股份化、计划化等措施,但这并没有从根本上消除两者之间的对立。因为在全球化条件下,资本跨国流动越来越强,资本流向哪里,哪里就会出现经济增长和就业增加,国家不得不屈服于资本全球化的压力,为了留住资本而降低税率,取消关税,减少成本,在很大程度上以牺牲劳工的利益为代价。相对于资本实力的增强,劳工作为一种集体力量则呈现了分散化的迹象,难以组织起来与强大的资本相抗衡。美国学者丹尼·罗德瑞克就认为,全球化为资本提供了选择世界产业后备军的机会,而工人则处在更容易被外国工人替换掉的环境之中。"对于那些缺乏技能而较容易被替换掉的工人来说,结果将是处于更不安全和更危险的状态之下。"③ 贫富分化的加剧,在一定程度上直接或间接地制约着资本的高效运行,最终势必会危及到世界体系内资本主义发展的内在危机。人们对现行资本主义和国际金融体制的合法性产生了严重质疑,民众不满情绪上升,社会安全与稳定威胁加剧。贫富

---

① 陈学明编:《苏联东欧剧变后国外马克思主义趋向》,中国人民大学出版社 2000 年版,第 396 页。

② 孔祥富:《经济全球化与当代资本主义矛盾的发展趋势》,《马克思主义研究》2001 年第 4 期,第 53 页。

③ [美]丹尼·罗德瑞克:《全球化走得太远了吗?》,熊贤量等译,北京出版社 2000 年版,第 31 页。

差距的扩大导致越来越多的居民遭受社会排斥，使之极易自暴自弃、敌视社会、愤世嫉俗，对政府和政党失去信任，进而引发各种形式的犯罪和暴力行为，使资本主义的前途充满难以预料的风险和危机。一些国家因危机已导致政府更迭，从而进一步加重了社会危机。继 2008 年希腊发生大规模社会骚乱后，保加利亚、拉脱维亚、立陶宛、法国、英国等都先后发生了罢工和反政府骚乱。2009 年年初，法国爆发了百万人罢工示威游行并引发了骚乱。

与此同时，资本剥削的全球化使传统意义上主要发生于民族国家范围内的资产阶级和无产阶级的对立，真正具有了全球性质。由于发达资本主义国家凭借雄厚的政治、经济、科技、文化、军事实力和旧的不合理的国际政治经济秩序在经济全球化中处于主导地位，造成全球越来越严重的两极分化，发展中国家明显地处于不平等的弱势地位，不可避免地会使发展中国家与发达资本主义国家之间的矛盾进一步激化。发达资本主义国家及其跨国公司依靠强势地位从发展中国家掠夺难以计数的财富和人才，实现资本的积累和财富的积聚；而在另一端则是贫困和落后的积累。这充分表明，马克思主义关于资本主义积累的规律不仅没有过时，反而在经济全球化时代变得更加突出。南北矛盾已经成为当今世界的主要矛盾，并威胁着国际垄断资本主义的全球统治。全球垄断资本主义国家不仅在经济上掠夺和扩张，而且在政治上推行霸权主义和强权政治，在世界各地为所欲为，横行霸道，激起了世界各国有正义感的广大人民群众的强烈愤慨和谴责。

7. 资本主义经济危机在全球加剧并蔓延。资本主义周期性的经济危机，在全球化进程中不仅没有消除反而使其在全球范围内不断加剧和蔓延。众所周知，自 1825 年英国爆发了第一次生产过剩危机后，每隔十几年资本主义就要爆发一次世界性经济危机。据统计，自 1857 年第一次世界性资本主义经济危机爆发到 20 世纪 90 年代，资本主义就发生过 17 次大的世界性经济危机。① 特别是 1929—1933 年的大危机，一方面是生产大幅下降，失业增长，企业大批破产，世界货币秩序遭到破坏，金本位制崩溃；另一方面，经济危机还加速了法西斯主义在德国、日本和意大利的发

---

① 参见李琮主编：《世界经济学大辞典》，经济科学出版社 2000 版，第 712—713 页。

展，引发了世界战争，给整个世界带来了巨大的灾难。为了摆脱危机，资本主义国家开始奉行"凯恩斯主义"和"福利国家"政策，加强对经济生活的调节和干预，相继走上了国家垄断资本主义的道路。这曾经一度使资本主义缓解了危机，重新焕发了生机和活力。然而，凯恩斯主义在"挽救"资本主义的同时，也给资本主义带来了新的"痼疾"①，由石油斗争而直接触发的石油危机最终酿成资本主义的"癌变"。在 1973—1975 年、1979—1982 年资本主义世界两度发生严重"滞胀"。在"滞胀"危机面前，凯恩斯主义束手无策，资本主义经济再次陷入混乱的泥潭。为此，英美等国开始反凯恩斯主义转而实行"新自由主义"政策或称"新保守主义"政策，即反对凯恩斯主义的国家干预，主张自由放任，实现国有企业私有化，刺激企业投资，以达到经济的均衡发展，同时削减福利、削减工人工资，削减税收等等。这种调整在一定程度上刺激了资本主义经济的高速发展。但更具有讽刺意义的则是，当资本主义为其经济发展的神话和新自由主义的政策欢呼雀跃、弹冠相庆之时，2007 年 6 月由美国次贷危机开始，于 2008 年演变为全球金融海啸的金融体系的坍塌，迅即使资本主义世界陷入了深刻的危机之中。

全球金融危机直接导致了全球经济危机，世界经济遭到重创并陷入严重衰退之中。金融是现代社会经济运行的中枢，金融市场的坍塌导致金融体系的融资功能丧失，全球的资金链条出现严重断裂，进而导致实体经济的急剧下滑和萎缩。"在短短 18 个月，美国家庭就损失了其 20% 的净资产，从2007 年年中的最高纪录 64.4 万亿美元降至 2008 年年底的 51.5 万亿美元。其中大约 2/3 是由于金融资产价值降低引起的，1/3 与房屋价值降低有关。对照中等家庭 5 万美元的收入（实质上从 2000 年起这一数字已经缩水）和前所未有的家庭债务（2008 年达到了收入的 130%），这无疑是一次大幅度下降。"② 在这场金融危机中，非洲国家所受打击最为沉重，商品价格的崩溃，生产增长的放慢、私人资本流入的中断以及官方援助的减少，已迫使非

①　胡连生：《论当代资本主义的两难困局：从"滞胀危机"到"次贷危机"》，《理论探讨》2009 年第 2 期，第 24 页。

②　［美］罗杰·阿尔特曼：《衰退中的全球化——金融危机对地缘政治的进一步影响》，云南师范大学马克思主义理论研究中心译，《国外理论动态》2010 年第 5 期，第 74 页。

洲大陆的经常项目总数在短短两年时间从 4% 的盈余变为 6% 的赤字。全球陷入自二战结束以来最严重的经济危机。据世界银行和 IMF 联合发展委员会会议 2009 年 4 月 26 日发表的公报称，金融危机已导致全球 5000 万人陷入赤贫困境，世界经济明显恶化，金融危机可能会演变成人类和发展的危机，发展中国家正面临特别严重的后果。预计全球赤贫人口将会新增 5500 万至 9000 万人，长期饥饿人口的人数预计会超过 10 亿。[①] 据美国波士顿咨询公司发布的 2009 年银行业价值创造报告，"本轮金融危机使得全球银行业市值'蒸发'5.5 万亿美元，相当于全球 GDP 的 10% 左右。"[②] 2010 年 2 月 24 日，世界贸易组织总干事拉米说，受经济危机影响，2009 年世界贸易量下滑 12%，是 1945 年以来最大的跌幅。[③] 同时，金融危机给各国的就业形势蒙上巨大阴影，整个世界的失业率极高。如联合国 2009 年 5 月 27 日在纽约发布《2009 年世界经济形势与展望（年中报告）》指出，2009—2010 年全球失业人数初步估计将达 5000 万，且随着经济形势进一步恶化，这一数字很可能翻番。[④] 危机迄今已是第五个年头，仍不见隧道的尽头。据研究机构预测，未来世界经济紧缩将是长期的，由于欧美债务危机的加深，有可能演变为更大的经济危机、社会危机和政治危机，其中，美国面临财政悬崖和增长失能；欧元区债务危机转为经济危机；日本经济陷入长期低迷；俄罗斯、印度、巴西、南非等新兴经济体也将陷入困境；中国经济增长率受此影响也将下降。[⑤]

很显然，横扫世界的金融危机，已经不单纯是金融领域的危机，而是包括生产在内的广泛的经济危机，也是新自由主义危机、美国霸权危机乃至资本主义危机。[⑥] 是一场深度的经济危机、思想危机、意识形态危机、社会危

---

① 鹏致：《金融危机致 5000 万人赤贫　长期饥饿人口将超 10 亿》，《广州日报》2009 年 4 月 28 日。

② 《危机令全球银行市值蒸发 5.5 万亿美元》，《国际金融报》2009 年 5 月 12 日。

③ 刘璐璐：《全球贸易量下降幅度超过预期》，《经济参考报》2010 年 2 月 26 日。

④ 白洁、王湘江：《联合国报告：未来两年全球就业形势将恶化》，新华网——国际频道 2009 年 5 月 28 日。

⑤ 参见季铸、孙瑾、高磊：《2012 年世界经济风险指数与主权国家评级（WERICR2012）——2013 年"后发达时代"世界危机与路线图》，引自 2012 年 10 月 29 日北京智能经济研究院网：http：// base2012. cn/index. php？_ m = mod_ article&_ a = article_ content&article_ id = 112.

⑥ 刘海霞：《美国社会学家沃勒斯坦论资本主义体系危机》，《红旗文稿》2010 年第 18 期，第 30 页。

机和资本主义制度危机，是资本主义的全球系统性的全面危机①。关于导致这次危机的原因说法颇多，有金融祸害论、创新周期论、产能过剩论、全球化症结论、道德问题论、新自由资本主义缺陷论、国家和政界的错误操纵论，等等。这些论点，从某一角度看都有一定的道理。但是，越来越多的有识之士则认为，要真正找到危机的病根，还要从马克思主义政治经济学所揭示的生产社会化与资本主义私人占有之间的矛盾中去寻找。从表面上看，此次金融危机是美国经济中虚拟经济泡沫崩溃所致，或者是新自由主义政策的失败，实际上其根源则是资本主义内在矛盾的不可克服性，并且随着全球性金融危机的频繁爆发而愈加严重。正如克里斯·哈曼所说："这次危机反映的是资本主义制度内的一个深层次的、根本性的问题。"② 而齐格蒙特·鲍曼也明确指出："世界'金融海啸'向数千万相信资本主义市场和资本主义银行是解决问题的绝妙方法的人证明，资本主义不是解决问题的方法，而是制造问题的机器"③。美国学者约翰·贝拉米·福斯特进一步提出当代资本主义是"失败的制度"。他认为，资本主义发展过程中出现的三个关键矛盾构成了当代世界性危机：一是起源于美国的金融危机使世界正面临着通货紧缩和经济停滞与萧条的危险；二是资本主义的消费生产模式使地球生态濒临崩溃，生态问题已经直接威胁到全人类的生存和文明的可持续发展；三是美国试图通过所谓恐怖主义战争从军事上恢复其全球单极霸权和对石油战略资源的争夺，正在把帝国主义带入人类历史上最危险的时期。④ 此次金融危机虽然主要是来于金融领域、集中于金融领域，对金融体系的破坏性最大。但又不限于金融领域，而是由金融向非金融领域蔓延、由虚拟经济向实体经济蔓延、由经济领域向社会领域蔓延，由技术操作层面向理念、模式、体制层面再向制度层面蔓延，渗透、影响到了全球资本主义世界的各个领域、各个层面、各个方面。这次危机自美国爆发，又迅速波及全球，美国闯祸，全

---

① 王伟光：《运用马克思主义立场、观点和方法，科学认识美国金融危机的本质和原因》，《光明日报》2009 年 5 月 12 日。

② 时家贤：《从资本主义制度层面探究世界金融危机的根源——介绍克里斯·哈曼新著〈僵尸资本主义〉》，《国外理论动态》2010 年 2 期，第 19 页。

③ ［英］齐格蒙特·鲍曼：《资本主义是寄生虫制度》，《当代生态农业》2010 年第 1 期，第 50 页。

④ 参见［美］约翰·贝拉米·福斯特：《失败的制度：资本主义全球化的世界危机及其对中国的影响》，吴娓等译，《马克思主义与现实》2009 第 3 期，第 193 页。

世界买单，这就是全球化的负面效应。美国金融垄断资产阶级是向全世界转嫁危机的好手，他们向资本主义其他国家、向发展中国家、向一切国家转嫁危机，引起全球性恐慌与危机。不仅如此，金融危机并不是美国专利，而是典型的资本主义性质的制度危机。社会生产力的高度全球化、社会化，与国际金融高度垄断于一小撮金融寡头的矛盾是当代资本主义基本矛盾的表现。从根本上说，这场危机是资本主义制度不可克服的内在矛盾演变而成的，是其内在矛盾激化的外部表现，是资本主义制度必然灭亡趋势的阶段性反映。

金融危机显示，在全球化时代资本主义基本矛盾不仅没有克服，而且正以新的更尖锐的形式表现出来。无论自由主义还是保守主义，都是治理资本主义市场经济的具体药方，只能缓解而不能从根本上挽救资本主义的制度危机。这场危机表面看是新自由主义等资产阶级思潮的危机，实质却是资本主义核心价值观、普世价值观、人权观、民主观的意识形态危机。新自由主义就意识形态层面来说，实际是代表超级垄断资产阶级利益的一种意识形态，完全适应超级金融垄断资产阶级操纵金融市场剥夺全世界的需要。在这场危机中，资本主义国家的有识者开始对新自由主义反思，同时对资本主义制度也开始有所反思。危机使人们重新思考资本主义制度的弊病，重新审视资本主义意识形态的虚伪性和反科学性。受英国 BBC 委托，加拿大的著名民调机构"全球扫描"和美国马里兰大学联合进行了一项涉及 27 个国家超过2.9 万人参与的大型社会调查。调查结果显示：90％的受访者对资本主义表示不满。其中，23％的人认为资本主义有着致命缺陷，需要一个全新的体系来代替它；51％的人认为，资本主义自由市场经济存在问题。①，由此可见，金融危机证明自由市场是具有自身异化属性的制度，是一个不可控制的、具有内在不稳定性的机制；金融危机暴露了资本主义"利润至上主义"的本质，是资本主义内在矛盾不可克服的结果。

（三）全球化、反全球化与资本主义的危机与调整

当今世界，与金融危机爆发一样值得关注的另一个现象是反全球化的凸显，以及要求用新体系替代资本主义制度的呼声在资本主义的发源地出现了

---

① 余斌：《金融危机使资本主义光环消失》，《环球时报》2010 年 1 月 21 日。

历史性突破。在发达资本主义的法国有43%的受访者持这种观点，高于发展中国家墨西哥的38%，巴西的35%，乌克兰的31%。① 德国阿克塞尔·施普林格股份公司董事长马蒂亚斯·德普夫纳认为，随着经济不景气的蔓延，只有一种东西行情看涨：那就是反资本主义情绪。法国前总统吉斯卡尔·德斯坦就指出："全球化程度不断加深的世界并没有缓和或抑制危机，反而加剧了危机的破坏程度。动荡的经济形势已经超越了某一个大陆或是地区，扩散到了整个世界。"② 一时间，关于"资本主义已经病入膏肓，只有社会主义才是人类的生路与出路"③，"资本主义危机与出路：21世纪社会主义"④，"替代全球主义、反资本主义：一种世界政治的选择"⑤ 的呼声甚高。

1. 全球化的二重性。作为世界性历史进程和发展趋势的全球化本质上具有二重性，也就是说全球化是一把双刃剑，它在给人类社会和生活带来巨大便利和机遇的同时，也给现实世界，不论是社会主义还是资本主义都带来了诸如社会不平衡和不公正加剧、生态环境恶化、经济金融风险增加等等种种负面后果。正如有的学者所说："全球化的多维性不仅表现在多个领域的全球化，而且体现在其影响是多的和全方位的：既有可能提供发展机遇，又会增加新的全球财富的不均衡、不等分布；既可能加强人们在地区性或全球性规模的相互联系，促成更广泛的国际合作，也有可能滋生新的国际冲突。这也说明对全球化进行价值判断需要慎重，既不能只看到全球化的正面效应，也不能因其负面效应而否定一切。"⑥ 一方面，全球化推动了生产要素的自由流动，能促进有效公正地配置世界资源，有利于各国比较优势的发挥，有利于世界产业结构的调整和升级，世界生产力大幅提高；全球化的发

---

① 余斌：《金融危机使资本主义光环消失》，《环球时报》2010年1月21日。

② ［法］吉斯卡尔·德斯坦：《全球化加剧了世界性经济危机》，［日本］《读卖新闻》2009年1月4日。

③ 高放：《从世界经济危机看社会主义前景》，《科学社会主义》2009年第3期，第35页。

④ 丁晓钦：《资本主义危机与出路：21世纪社会主义——世界政治经济学学会第5届论坛综述》，《马克思主义研究》2010年第6期，第138页。

⑤ 王瑾、赵超：《替代全球主义、反资本主义：一种世界政治的选择——第5届国际马克思大会在巴黎召开》，《国外理论动态》2008年第1期，第1页。

⑥ 房乐宪：《全球化的多维政治内涵及思考》，《世界经济与政治论坛》2010年第2期，第71页。

展有利于推动世界各国的文化思想交流，为人类提供更丰富多彩的精神产品；而另一方面，全球化加剧了全球经济的动荡和世界经济、政治、文化的不平衡发展，而且给许多国家特别是发展中国家的经济文化安全、经济主权和社会稳定带来负面影响。正是全球化进程的这种内在矛盾性及其性质、影响的双重性，造成了随着全球化发展的加速，反全球化运动也风起云涌。

2. 反全球化的特点与实质。反全球化与全球化相伴而生，两者是一对矛盾的辩证统一体。正如德国《世界报》于 2000 年 4 月 13 日发表的《全球化及其反对者》一文中指出的那样："伴随着世界经济的一个景象就是全球化。全球化创造的财富越多，反对者的行动就越咄咄逼人。"① 如同全球化概念的宽泛性与模糊性一样，反全球化也是不同的人有着不同的理解，它可能指对全球化的否定，对全球化片面性的批评，对全球化（跨国公司、自由贸易、科技创新与国际经济体系全球扩张）的担心，对全球化所代表的新阶段资本主义（即"全球资本主义"）的回击，对全球化加剧的贫富鸿沟、社会分裂、环境灾难的不满，等等，不一而足。② 同全球化一样，反全球化是另一种全球化，是全球化发展到一定历史阶段的产物。反全球化运动的力量构成非常庞杂，其中大多数是对当今全球化的不良影响和效应严重不满者：有对全球化引发的两极分化的同情者和受害者，有对本国民族文化和价值体系的维持者而抵抗全球化浪潮的"民族主义者"或"爱国主义者"，有因全球化导致环境恶化的环境保护主义者，有因全球化引起失业的工会活动分子，等等。反全球化运动的力量在地区分布上也很不均衡，东亚不如欧美，东欧不如西欧，美国与欧洲是全球化的中心，同时也是反全球化的中心。

反全球化内涵的复杂多样和力量构成的复杂性也就使得反全球化运动的形式多种多样，但总体上可分为三种形式：一是以街头示威游行作为斗争方式的反全球化抗议浪潮；二是以召开地区性或国际性论坛方式来批判全球化、寻求全球化替代方案的反全球化世界论坛；三是通过著书立说或发表言

---

① 吴易风：《经济全球化的二重性》，《光明日报》2000 年 11 月 14 日，引自人民网：http：//www. people. com. cn/GB/channel7/36/20001114/312552. html.

② 庞中英：《另一种全球化：对"反全球化"现象的调查与思考》，《世界经济与政治》2001 年第 2 期，第 28 页。

论等方式的反全球化理论思潮。① 例如：西方左翼在当今成了反全球化理论思潮的主角，左翼阵营中的西方马克思主义者、社会民主主义者、生态主义者、女权主义者、和平主义者以及后现代主义者纷纷从不同角度展开对全球化及其后果的揭露、批评和声讨，使得当前全球化的本质特征及其诸多负面影响日益清晰、全面地呈现在世人面前，从而建构起与新自由主义全球化相对立的反全球化意识形态。他们认为全球化的实质是资本主义、帝国主义和霸权主义，而且在经济方面带来了巨大的投机性和风险性，造成了巨大的负面效应。

从形式上来看，反全球化与全球化看似是对立的，但实质上两者并不矛盾。从内涵来分析，反全球化反对的并不是全球化本身，而是反对资本主义主导的全球化，即新自由主义的全球化以及由此引发的各种问题和弊端，而不是反对公平公正的全球化进程，两者只是从不同的角度反映了全球化的不同发展趋向。应该说，无论是全球化的扩张还是全球化的逆转，无论是"自上而下的全球化"还是"自下而上的全球化"，都归属于全球化的进程，全球化趋势不可阻挡。但全球化与反全球化的同时发展，则启示我们：从"正向"的分析来看，当今全球化的实质是资本扩张和资本主义垄断和剥削的全球化；从"反向"透视来说，"反全球化"运动则进一步暴露出资本主义的新危机，表明资本主义与全球化进程的矛盾性和根本对立性，这将使我们对当今全球化的实质有更深入的认识。与之相适应的是，每一次资本主义在全球化过程中发生危机之后，资本主义都会相应进行调整，以适应全球化的发展。

3. 资本主义的危机与调整。如前所述，1929—1933 年的经济危机曾促成了实践上"罗斯福新政"的开展和理论上由古典自由主义向加强国家干预的凯恩斯主义转变，标志着资本主义由一般垄断资本主义转向国家垄断资本主义。而 20 世纪七八十年代的"滞胀"危机又促成了实践上"里根经济学"与"撒切尔革命"的开展和理论上新自由主义的兴起，标志着资本主义由国家垄断资本主义转向国际垄断资本主义。滞胀危机为西方新保守主义政党上台提供了历史机遇，1979 年英国撒切尔夫人主政和1980 年美国里根

---

① 刘金源、李义中、黄光耀：《全球化进程中的反全球化运动》，重庆出版社 2005 年版，第106 页。

总统上台。撒切尔夫人主政后，提出了一系列新保守主义的政策，这些政策后来被人们称为"撒切尔主义"，包括用货币主义政策抑制通货膨胀、大力推行国有企业私有化政策、放松政府管制、倡导市场自由竞争、对税制和社会福利制度进行改革、削减大量福利项目、对工会活动采取强硬政策、限制工会的各种权力等。在美国，里根政府上台后也进行了以弗里德曼货币供应学派的学说为主要理论基础的保守主义改革，包括税制改革，减免各类税收；削减政府支出，减少财政赤字；减少干预，放松管制；实行紧缩货币政策，控制货币供给量等。而当今由美国次贷危机引发的全球金融风暴在宣告新自由主义失败的同时，各资本主义国家又开始了新的调整和变革。主要包括：

其一，政府直接介入金融系统，加强监管力度。由于此次金融危机具有国际性和先发性的特点，因此，世界主要国家都把整顿和恢复金融秩序作为优先考虑的问题，美国作为危机的策源地和中心国更是如此。2009 年 6 月17 日，美国总统奥巴马提出了自 20 世纪 30 年代以来最重要的金融监管改革计划，其目标是把金融领域置于公共权力机构的监督之下。根据这项计划，美国所有的大金融机构：银行、投资基金、保险公司等等都将受到美联储的监管。此外，美国还计划成立独立于中央银行的金融服务监督委员会，负责评估威胁金融体系安全的风险并协调各个监管机构的行动。最后，美国还将成立一个新的保障金融消费的机构负责保护消费者和投资者的利益。它将监管不动产和消费贷款的发放。2010 年 1 月 21 日，奥巴马又宣布了美国加强对华尔街大银行监管的新规定，限制银行的规模和交易活动。禁止所有接受存款保险、能够从中央银行获得紧急援助资金的银行拥有或投资私募基金、对冲基金以及从事自营交易。此外还提出征收"金融危机责任费"等多项措施。

其二，各国政府纷纷对金融机构实行国有化。为了应对持续恶化的金融危机，美国政府掀起了一轮国有化浪潮。2008 年 9 月 7 日，美国政府宣布接管陷入困境的两大住房抵押贷款融资机构房利美和房地美，承诺拿出最多2000 亿美元支撑"两房"资产。几天之后，美联储又与美国保险巨头 AIG达成协议，AIG 获得美联储 850 亿美元的过渡贷款，美联储将会获得 AIG 发行的权证，进而获得 AIG79.9% 的股权，而 AIG 的全部资产都将被用于贷款抵押。如果加上美国联邦储备委员会（FED）的援助，AIG 到目前为止已获得了超过 1800 亿美元的政府资金援助。2008 年 11 月 23 日，美国政府宣布与花旗集团达成协议，拟向后者提供一揽子救助方案，其中包括为花旗集团的 3060 亿美元债务提供担保，并注资 200 亿美元。2009 年 2 月底，美国政府同意将 250 亿美元的优先股转换成普通股，从而以 36% 的持股比例，一举超越持股 4.5% 的道富银行，成为花旗银行的最大股东。金融危机之下，国有化手段不仅被美国用来救助金融业，而且也成为汽车业的救星。① 以美国百年汽车工业巨头"通用汽车"申请破产保护为例，奥巴马政府出资 300 亿美元的资金援助，在其重组后，美国联邦政府持有 60.8% 的股份，成为公司的最大"股东"。英国政府收购了当时濒临破产的北岩银行，并将之变更为国有银行。英美等国主要通过两种方式来拯救企业，一是给企业发放贷款以注入应急流动资金，二是政府直接出资收购企业。事实上，两者都会不可避免地是企业便成为政府机构来领导、管理和控制。

其三，加大教育、医疗卫生和其他公共事业的投入。奥巴马政府改变新自由主义的"反对福利社会，打击工会"政策，力推全民医疗保险制度，提出了医疗改革议案。这份被称为近 60 年来最激进的医疗改革议案主要内容有 3 点：全民医保、降低成本、削减赤字。其要点主要有：在未来 10 年内，美国将耗资 8710 亿美元对医疗系统进行彻底的改革，让美国人享受内容最为广泛的医疗保险，特别是将未享受医疗保险的 3100 多万美国人纳入医疗保险体系；通过实施新法案开征新税和进行其他一些改革，在 10 年时间内使美国的联邦赤字比之前减少 1320 亿美元；将大幅扩展美国联邦政府针对穷人的医疗补助计划的覆盖面；同时，中、低收入者有望通过税收补贴参与这项新出台的强制性医疗保险。规模较大的企业如果不向员工提供应负担的医疗保险，员工将有权利凭此项法案要求政府帮助支付医疗保险费。2009 年 12 月 24 日美国国会参议院以 60 票赞成、39 票反对的结果通过了奥巴马支持的全民医疗改革法案。该法案将与 11 月众议院通过的医改法案版本合并，最终达成一个妥协版本并在 2011 年 1 月送呈奥巴马签字生效。届

① 陈和午：《美国或将面临国有化后困境》，《中国证券报》2009 年 5 月 13 日，引自人民网：http://finance.people.cn/GB/9289250.html.

时，美国将继其他发达国家之后，健全医疗体系，实现 94% 国民有保险。与此同时，新政府着力促进工会发展，增加劳工权利，摒弃新自由主义的"富者愈富，胜者通吃"的社会达尔文主义。新政府实施税收制度改革，中止上届政府对富人减税政策，实行"累进税"制度，以平衡收入分配，缩小贫富差距。

其四，调整经济结构，优化产业结构。具体做法包括：一是通过市场的作用，推动企业并购，实现产业重组，淘汰落后产能，优化产业结构；二是由国家指导和投资，大力开展数字化、生物技术、新能源、新材料、环保、机器人等领域的科技革命，占领科学技术的制高点，大力发展新兴产业。从目前情况来看，发达国家在科技革命方面占有绝对优势，资本主义仍然肩负着推动生产力发展的历史使命。产业结构不断升级是资本主义发展的客观规律。它一方面使大垄断资产阶级能够获得超额垄断利润；另一方面，又可以使发达国家早日走出经济危机。以国有化和加强监管为主要内容的"国家干预"，堪称自 1929—1933 年大萧条时期罗斯福改革以来规模和力度最大的一次，以致美国国内和国际社会近来出现了关于美国的"社会主义"倾向的广泛议论。共和党人参议员詹姆斯·英霍夫断言，政府干预私营部门是"通向社会主义的桥梁"①。新自由主义政策已经被证明是失败的政策，有学者称"新凯恩斯主义"的经济政策有可能会成为主导政策。

不管怎样，这些调整措施表明，在全球金融和国际经济危机的沉重打击和资本主义自我调节的双重作用下，新自由主义的主导地位将遭到极大削弱，资本主义发展模式正发生着重要的转变，其演变方向还有待观察。但资本主义是绝不会自行灭亡的，资本的积累也绝不会停止。

二、全球化视域下社会主义曲折发展

如果说，全球化是资本主义与生俱来的孪生物的话，那么社会主义在全球范围内对资本主义的扬弃和替代在本质上则是一个世界性的历史进程。这

---

① ［美］汤姆·劳姆：《共和党指责奥巴马搞社会主义》，转引自李慎明编：《世界在反思——国际金融危机与新自由主义全球观点扫描》，社会科学文献出版社 2010 年版，第 251 页。

一进程无疑是以全球化为基础，并且又是以全球化视野来发展的。

（一）全球化进程开启：社会主义由理论变为现实

马克思曾经指出："资本来到世间，从头到脚，每个毛孔都滴着血和肮脏的东西。"① 资本主义在开启全球化的进程中，它在获得自身大发展的同时，也在加剧着资本主义国家内部的、资本主义国家之间以及资本主义国家和落后国家之间的矛盾。正是这些矛盾的存在和爆发，促使一些具有人文主义关怀思想的思想家纷纷对资本主义制度的弊端进行了揭露和批判，对没有剥削压迫的美好社会充满了向往与憧憬，并为改变现存状况提出了一些改革方案，相继形成了空想社会主义思潮和科学社会主义理论，进而在全球化的客观进程中实现了社会主义由理论变为现实的飞跃。

1. 全球化的萌芽与空想社会主义的诞生。资产阶级在开启全球化进程的同时，也造就了现代无产阶级的先驱者运动，即"在每一个大的资产阶级运动中，都爆发过作为现代无产阶级的发展程度不同的先驱者的那个阶级的独立运动。"② 例如，德国宗教改革和农民战争时期的再洗礼派和托马斯·闵采尔，英国大革命时期的平等派，法国大革命时期的巴贝夫。伴随着一个还没有成熟的阶级的这些革命发动，产生了相应的理论表现：在 16 世纪和 17 世纪有托马斯·莫尔的《乌托邦》和托马斯·康帕内拉的《太阳城》对理想社会制度的空想描述；在 18 世纪出现了对共产主义理论进行直接论证的代表人物摩莱里和马布利。平等的要求已经不再限于政治权利方面，它将扩大到个人的社会地位方面，消除阶级差别、消灭阶级特权的要求越来越迫切。禁欲主义、禁绝一切生活享受的、斯巴达式的共产主义，成为这种新学说的第一个表现形式。后来诞生了圣西门、傅立叶和欧文三大空想社会主义者，他们从经济、政治、道德各个方面对资本主义生产方式的弊端及后果进行了直接的揭露和尖锐的批判，并在此基础上对未来理想社会进行了富有天才火花的合理设想，勾画了一个财产公有、人人劳动、各尽所能、有计划组织生产、消除阶级差别的美好社会。

---

① ［德］马克思：《资本论》第 1 卷，人民出版社 1975 年版，第 829 页。

② ［德］恩格斯：《社会主义从空想到科学的发展》，《马克思恩格斯选集》第 3 卷，人民出版社 1995 年版，第 721 页。

　　圣西门是法国大革命的产儿，是极富有"天才的远大眼光"① 的空想社会主义者。他不仅认识到了法国革命是贵族和资产阶级之间的，而且是贵族、资产阶级和无产者之间的阶级斗争。他还宣布政治是关于生产的科学，并且预言政治将完全溶化在经济中。傅立叶更是一位"伟大的讽刺家"②，他无情地揭露了资产阶级世界在物质上和道德上的贫困，他认为资本主义生产的无政府状态是经济、政治、社会、思想、道德混乱之源，而造成无政府状态的又有两个因素：所有权的分散性和商业的寄生性。他揭露了资本主义商业中的 36 种罪恶，诸如投机倒把、囤积居奇、哄抬物价、买空卖空、诈骗、走私、弄虚作假、贩卖黑奴等等给社会带来极大的灾难。他还巧妙地批判了两性关系的资产阶级形式和妇女在资产阶级社会中的地位，第一次提出了"妇女解放的程度是衡量普遍解放的天然尺度"③ 的思想，划分了社会历史的四个发展阶段，即：蒙昧、宗法、野蛮和文明。最后一个阶段是指资产阶级社会，但"这种文明制度使野蛮时代每一以简单方式犯下的罪恶，都采取了复杂的、暧昧的、两面的、虚伪的存在形式。"④ 欧文作为一名企业家、慈善家和教育家，与之前的空想社会主义者最大的不同是他始终保持着"面向实际的性质。"⑤ 他从小目睹了资产阶级对广大工人进行的残酷剥削和压迫，并亲身经受了资本主义带来的苦难，他对资本主义制度的揭露和批判就更加深刻尖锐，直接指出："阻碍社会改革的首先有三大障碍：私有制、宗教和现在的婚姻形式。"⑥ 他不顾一切地向这些障碍进攻：经过 5 年的努力，他在 1819 年通过了限制工厂中妇女和儿童劳动的第一个法律；他主持

---

　　① ［德］恩格斯：《社会主义从空想到科学的发展》，《马克思恩格斯选集》第 3 卷，人民出版社 1995 年版，第 726 页。

　　② ［德］恩格斯：《社会主义从空想到科学的发展》，《马克思恩格斯选集》第 3 卷，人民出版社 1995 年版，第 727 页。

　　③ ［德］恩格斯：《社会主义从空想到科学的发展》，《马克思恩格斯选集》第 3 卷，人民出版社 1995 年版，第 727 页。

　　④ ［德］恩格斯：《社会主义从空想到科学的发展》，《马克思恩格斯选集》第 3 卷，人民出版社 1995 年版，第 727 页。

　　⑤ ［德］恩格斯：《社会主义从空想到科学的发展》，《马克思恩格斯选集》第 3 卷，人民出版社 1995 年版，第 730 页。

　　⑥ ［德］恩格斯：《社会主义从空想到科学的发展》，《马克思恩格斯选集》第 3 卷，人民出版社 1995 年版，第 731 页。

了英国工会的第一次代表大会，使全国各工会联合成一个总工会；作为向共产主义的社会制度过渡，他一方面组织了合作社，另一方面他还组织了劳动市场，即借助劳动小时为单位的劳动券来交换劳动产品的机构。

尽管空想社会主义者们的实验最终都失败了，但他们的探索、特别是他们那些富有远见的天才设想，无疑为启发工人阶级的觉悟和现代社会主义的诞生提供了极为宝贵的思想材料。对此，恩格斯明确指出："德国的理论上的社会主义永远不会忘记，它是站在圣西门、傅立叶和欧文这三个人的肩上的。虽然这三个人的学说含有十分虚幻和空想的性质，但他们终究是属于一切时代最伟大的智士之列的，他们天才地预示了我们现在已经科学地证明了其正确性的无数真理。"①

2. 全球化进程的发展与社会主义由空想变为科学。历史的发展进程表明：早期资本主义全球化的萌芽和发展，一方面促进了人类历史由民族历史转向世界历史，为实现人的解放和全面发展提供了广阔的空间。另一方面由于全球化引发的激烈竞争，使世界范围内各种利益主体之间的矛盾不断激化，发展的不平衡和不公正进一步加剧了。除了资本主义国家内部既有的矛盾，资本主义国家和发展中国家的矛盾、发达资本主义国家之间的矛盾都以前所未有的形式向前发展。这为社会主义理论的产生和发展提供了一个全球化的历史背景和广阔的研究视野，也为社会主义提供一套不同于资本主义的价值范式提供了现实平台。18 世纪以后，欧洲发生了工业革命，这场革命不仅引起了生产技术的革新更导致了生产关系的重大变革，使资本主义生产方式最终确立。在这个时期，任何一个国家或民族的历史都不再可能是狭小的地域性、民族性历史，而是日益被不断发展的生产力及世界市场紧密地联系在一起。

资本主义生产方式的发展使资产阶级和无产阶级的矛盾也充分展开。随着无产阶级阶级斗争的发展和愈具有确定的形式，他们先前那种超乎阶级斗争的幻想，反对阶级斗争的不切实际的空想愈益失去其实践意义和任何理论根据，在这种背景下，社会主义学说也必然会要求打破空想的限制而建立在

---

① ［德］恩格斯：《德国农民战争序言（1870 年第二版序言的补充）》，《马克思恩格斯选集》第 2 卷，人民出版社 1995 年版，第 635—636 页。

现实的科学的基础之上。19 世纪 40 年代，在欧洲无产阶级革命的风暴中，伟大的无产阶级革命导师马克思恩格斯根据对无产阶级长期斗争实践和经验的精心提炼和升华，创立了科学社会主义理论。1848 年 2 月，马克思恩格斯为世界上第一个无产阶级政党"共产主义者同盟"起草的纲领性文献——《共产党宣言》发表。《共产党宣言》第一次完整地系统地阐述了关于阶级与阶级斗争、关于无产阶级的地位与历史使命、关于无产阶级革命、关于无产阶级的政治统治与人的解放、关于无产阶级政党的性质与特点、关于无产阶级的国际联合等科学社会主义的基本原理及其理论体系。它"以天才的透彻鲜明的语言描述了新的世界观，即把社会生活领域也包括在内的彻底的唯物主义、作为最全面最深刻的发展学说的辩证法，以及关于阶级斗争和共产主义新社会创造者无产阶级肩负的世界历史性的革命使命的理论。"① 由此开始，空想社会主义从乌托邦的荒野被引入科学的殿堂。之所以说是科学，是因为马克思恩格斯创立的科学社会主义理论不但诉诸无产阶级的阶级利益，为工人运动提供了一种"劳工要成为社会中的一支力量所必须具有的理想"②，而且把他们关于社会主义最终必然实现的信心建筑在对于历史趋势的细致分析上。"马克思提供了一种将理论与实践相结合、道德与需要相结合的对社会过程的解释。他将历史发展通过物质力量产生的各种形态的阶级社会来解释，一个典型例子就是资本主义，或者说是资产阶级社会。这是一种通过榨取领取工资的劳动者的剩余价值来运作的剥削体系。但是，在造就一个无产阶级的同时，资本主义也由此造就了一个将超越它自身的阶级。这个被剥削阶级——一个特殊阶级，同时也是一个'普遍'阶级，因为它担负着全人类的解放——的革命胜利，将标志着阶级社会的终结和人之为人的人性本质的再发现（此前人性都被异化了）。由这样一份计划书来看，'空想'社会主义者的各种规划都确实显得相当贫乏。"③ 而工人运动长期发展的实践也使无产阶级明白了他们需要以科学的革命理论来指导，正如马克思所说："理论在一个国家实现的程度，总是决定于理论满足这个

---

① ［苏］列宁：《卡尔·马克思》，《列宁选集》第 2 卷，人民出版社 1995 年版，第 416 页。

② ［美］卡尔·兰道尔：《欧洲社会主义思想与运动史》上卷第 1 册，刘山译，商务印书馆 1994 年版，第 42 页。

③ ［英］托尼·赖特：《新旧社会主义》，褚松燕等译，新华出版社 2000 年版，第 6 页。

国家的需要的程度。"① 马克思主义的科学社会主义就这样适应时代需求应运而生，并首先在西欧工人运动中得到了广泛的传播。

在这里需要指出的是，马克思恩格斯在创立科学社会主义理论时就以全球化视野揭示了社会主义发展的世界历史性和全球性，正如他们在《德意志意识形态》中所指出的那样，共产主义的产生离不开"生产力的普遍发展和与此有关的世界交往的普遍发展"②。否则，"共产主义就只能作为某种地域性的东西而存在。"③ 在马克思主义经典作家看来，社会主义无论在哪里取得胜利，它都是世界性的，而不可能是封闭的。此外，他们的全球化视野还体现在他们拥有海纳百川的全球胸怀。应该说，在马克思所处的历史时代，面对资本主义全球化进程的弊端，相继出现了多种社会主义流派和思潮，如当时流行于英国和法国的封建社会主义、德国流行的所谓的"真正的社会主义"、以路易·勃朗为代表的"工场社会主义"和以比埃尔·约瑟夫·蒲鲁东为代表的"蒲鲁东主义"等等，当时在工人运动中都有一定的影响。对这些流派的思想，马克思恩格斯都采取了合理地吸收、批判地继承态度，并同各种反动的社会主义、形形色色的资产阶级和小资产阶级思潮进行了斗争，最终完成了使社会主义由空想发展为科学的伟大历史任务。

3. 全球化进程的加剧与社会主义由理论变为现实。当历史的车轮驶到19世纪70年代，以电气化为标志的第二次科技革命开始了，这就导致资本主义中心国的生产力迅速发展，全球化有了新的发展，其标志是囊括全球的统一的资本主义世界市场的形成。一方面，动力工业被迅速改革，石油工业、轮船业、迅速发展，电报、电汇业兴起，极大地推动了国际贸易的发展；另一方面，随着资本对外扩张的发展，跨国公司出现，自由竞争的资本主义发展到了垄断资本主义阶段，即列宁说的帝国主义阶段。埃及著名经济学家萨米尔·阿明称帝国主义自始就内含于资本主义的对外扩张中。他指

---

① 〔德〕马克思：《黑格尔法哲学批判（导言）》，《马克思恩格斯选集》第 1 卷，人民出版社 1995 年版，第 11 页。

② 〔德〕马克思、恩格斯：《德意志意识形态（节选）》，《马克思恩格斯选集》第 1 卷，人民出版社 1995 年版，第 89 页。

③ 〔德〕马克思、恩格斯：《德意志意识形态（节选）》，《马克思恩格斯选集》第 1 卷，人民出版社 1995 年版，第 86 页。

出，资本主义文明取得惊人成就的同时，产生了帝国主义强国之间最激烈的对抗。而帝国主义侵略产生了它的反对力量：俄国和中国爆发了社会主义革命。[①] 19 世纪末 20 世纪初，随着资本主义主导的全球化进程的深化，资本主义国家之间围绕争夺世界市场、瓜分领土、掠夺殖民地的矛盾进一步激化。特别是 1914 年爆发的第一次世界大战以及由此而造成的经济崩溃和社会动荡更向人们表明，垄断资本主义的统治已经把人类带进了灾难之中。灾难和战争引起了革命，1917 年 10 月，在以列宁为代表的布尔什维克党的正确领导下，俄国取得了十月革命的伟大胜利，建立了世界上第一个无产阶级政权，实现了社会主义由理论变为现实的历史飞跃。

十月革命的胜利，在资本主义无所不包的世界体系中打开了一个缺口，开启了无产阶级社会主义革命的历史进程。在这之前，社会主义只是作为一种理论、思潮或运动存在，这时却变成了生动的现实。在十月革命的影响和推动下，欧洲爆发了强大的无产阶级革命风暴，德国、匈牙利、芬兰等国一度建立了苏维埃政权；在亚洲各国则掀起了规模空前的民族解放运动的新高潮，许多国家的共产党组织纷纷建立，社会主义、共产主义思想在世界范围内广泛传播。十月革命的胜利，无疑是世界历史上的重大事件，尽管由于人们的立场、观点以及看问题的方法和角度不同，对十月革命的评价也出现了不同的声音。特别是 1991 年苏联解体后，十月革命遭到了攻击和责难。甚至有人在探讨苏联解体的原因时，直接把它归咎于十月革命，称十月革命是"原罪"，十月革命的胜利是历史的错误，等等。对此，我们认为，尽管十月革命不是尽善尽美的，对其影响和意义用不着过于拔高和扩大，但也不能无视历史事实地诋毁和玷污。无论从哪个角度分析，十月革命也是 20 世纪世界历史上的伟大事件，它改变了整个世界历史的方向，改变了世界总貌，为人类解放事业——反对殖民主义、帝国主义和封建主义，实现社会主义提供了强有力的推动，开辟了人类历史的新纪元。从今天的现实来看，尽管十月革命的伟大尝试在迈向未来时没有完全给人民带来它作为其目标所宣布的一切，但自由、平等、民主、正义的思想还是吸引了一代又一代人，得到了

---

① 转引自中国现代国际关系研究所全球化研究中心编译：《全球化：时代的标识》，时事出版社 2003 年版，第 176 页。

人们的拥护并鼓舞了世界各国人民。社会主义所倡导的消灭剥削和各种各样的差别、歧视、压迫，实现不同层次、不同领域中不同主体间的平等，所有这些无疑是对由西方长期主导的全球化进程的纠正以及"西方中心主义"影响的肃清。它为全球化进程中的弱者提供了思想斗争的武器，并且在一些国家完成了从思想价值观念向制度形态的转变。就连美国反共专家布热津斯基都认为，"共产主义对于头脑简单和头脑复杂的人都同样具有吸引力：每一种人都会从它那里获得一种方向感、一种满意的解释和一种道义的自信。"①

4. 全球化进程的拓展与社会主义由一国胜利发展为多国胜利。由于资本对利润的追逐而不断拓展的全球化进程，进一步加深了资本主义世界体系内的矛盾，而矛盾的积聚引发了第二次世界大战，"战争就意味着革命，它将引起极其重大的政治变革。"② 为了反对德、意法西斯的侵略和奴役，东欧南斯拉夫、阿尔巴尼亚、波兰、捷克斯洛伐克、匈牙利、罗马尼亚、保加利亚等各国无产阶级政党领导人民群众，把反法西斯的民族解放斗争发展为人民民主革命，先后脱离了资本主义体系，建立起人民政权，走上了社会主义道路。

东欧人民民主国家的建立，既是第二次世界大战期间东欧各国人民奋起打击德意占领军和本国反动派，民主力量发展壮大的结果，也是由于苏军追击法西斯军队进驻东欧地区后给予了极大的帮助。也正是这些历史原因，致使东欧国家走上社会主义道路后大都照搬了苏联模式。

与此同时，亚洲的中国、越南、朝鲜等国家，在全球化的冲击下，在民族解放运动和民主革命的历史进程中也都相继在战后走上了社会主义道路，建立了社会主义制度，社会主义由一国发展到多国，并一度呈现了凯歌行进的局面。

（二）消极抵制或盲目迎合全球化：社会主义惨遭挫折

历史地分析，社会主义从产生之日起就与全球化进程有着千丝万缕的联系，但是由于国际环境的恶劣，特别是第二次世界大战结束后，东西方的冷

---

① ［美］兹·布热津斯基：《大失败：二十世纪共产主义的兴亡》，军事科学院外国军事研究部译，军事科学出版社 1989 年版，第 3 页。
② ［德］考茨基：《取得政权的道路》，刘磊译，三联书店 1961 年版，第 118 页。

战和意识形态的分歧，再加上人们对马克思主义某些教条化的理解，包括苏联、东欧、中国在内的社会主义国家对战后资本主义发展的新情况、新变化缺乏科学认识，致使社会主义事业惨遭挫折：一方面是消极抵制资本主义主导的全球化进程，很长一段时期处于封闭半封闭状态，思想僵化，实践浮夸，经济发展缓慢，进一步拉大了与发达资本主义国家的距离；另一方面是苏联东欧国家在对战后初期政策的反思和改革过程中，又缺乏对全球化进程及其发展规律的科学认识，陷入盲目迎合全球化的泥潭，致使改革变为改向，社会主义事业惨遭厄运。其经验和教训极为深刻。

1. 消极抵制全球化，社会主义建设陷入误区。历史不会忘记，英勇的苏俄人民，面对帝国主义挑起的第一次世界大战，曾果断地"变帝国主义战争为国内战争"[1]，并"利用战争给各国政府造成的困难和群众的愤慨来进行社会主义革命"[2] 一举取得胜利，实现了社会主义由理论变为现实的历史性飞跃。历史更不会、也不能忘记，面对德、意、日法西斯挑起的第二次世界大战，顽强的苏联人民不仅粉碎了希特勒德国的闪电式进攻，而且出兵东线战场，与反法西斯国家一道打败了日本侵略者，取得了世界反法西斯战争的胜利。这不仅展示了社会主义制度的威力，还极大地提升了社会主义的感召力，开创了社会主义由一国胜利到多国胜利的局面。然而，历史也非常遗憾地告诫人们，走上社会主义道路的国家，在凯歌行进的进程中则失去了对自身以及国际局势的清醒认识和科学判断，对资本主义国家主导的全球化一度采取了简单消极抵制的态度，致使社会主义建设陷入误区。其突出的表现莫过于斯大林的"两个平行的也是互相对立的世界市场"[3] 理论及其实践。

众所周知，十月革命胜利后，国际资本主义势力曾把社会主义看作心腹大患，就在革命胜利第二天，俄国国内的反动势力就与西方国家勾结，对新生的苏维埃政权发动了联合围剿，试图以武力颠覆社会主义制度。对此，布尔什维克党领导俄国人民进行了三年艰苦卓绝的保卫政权的斗争，打退了敌人的进攻。由此世界舞台上就形成了社会主义和资本主义两制并存的新格

---

① ［苏］列宁：《社会主义与战争》，《列宁选集》第 2 卷，人民出版社 1995 年版，第 524 页。

② ［苏］列宁：《社会主义与战争》，《列宁选集》第 2 卷，人民出版社 1995 年版，第 518 页。

③ ［苏］斯大林：《苏联社会主义经济问题》，《斯大林选集》下卷，人民出版社 1979 年版，第 561 页。

局。面对这一国际环境，列宁曾提出了两种社会制度和平共处的思想，还提出了吸引外国专家参加苏维埃国家的社会主义建设、大力引进和吸收资本主义国家的先进技术和管理经验、要求在俄国有系统地试行资本主义的泰罗制、建议苏维埃政府与美国的汽车工人团体和缝纫工人团体签订租借合同、要求在国有企业实行经济核算、采用工资制等等措施。毫无疑问，列宁的这些宝贵思想在苏联社会主义建设初期都发挥了重要作用，在 20 世纪 30 年代西方经济大危机时期，苏联还趁机大量购进西方技术和机器设备，极大地壮大了自身的物质技术力量。但随着苏联两个五年计划的完成以及社会主义工业化的实现，其在世界经济格局中的地位大大增强，越来越强调建立独立的国民经济体系的重要性，并把这种建设同加强世界经济联系对立起来。加之战后以美国为首的资本主义国家又对社会主义国家采取敌视、敌对、封锁、包围的冷战政策，千方百计地破坏社会主义国家的建设乃至最终颠覆社会主义制度。在这种情况下，苏联被迫采取了针锋相对的策略。为了抵制西方的经济封锁和贸易禁运，1949 年 1 月，苏联联合东欧的保加利亚、波兰、捷克斯洛伐克、罗马尼亚、匈牙利在莫斯科举行经济会议，成立经济互助委员会，加强社会主义国家之间的联系。后来又有阿尔巴尼亚、蒙古、古巴、越南相继加入。1952 年斯大林在《苏联社会主义经济问题》一书中提出了著名的"两个平行的也是互相对立的世界市场"理论。他指出："第二次世界大战及其经济影响在经济方面的最重要的结果，应当认为是统一的无所不包的世界市场的瓦解。这个情况决定了世界资本主义体系总危机的进一步加深。"[1] 但同时，"中国和欧洲各人民民主国家却脱离了资本主义体系，和苏联一起形成了统一的和强大的社会主义阵营，而与资本主义阵营相对立。两个对立阵营的存在所造成的经济结果，就是统一的无所不包的世界市场瓦解了，因而现在就有了两个平行的也是互相对立的世界市场。"[2] 在斯大林看来，统一的世界市场的瓦解和两个平行市场的形成既是资本主义总危机的必然结果和表现形式，同时又进一步加深了这一总危机，并且将一直推动资本

---

① ［苏］斯大林：《苏联社会主义经济问题》，《斯大林选集》下卷，人民出版社 1979 年版，第 561 页。

② ［苏］斯大林：《苏联社会主义经济问题》，《斯大林选集》下卷，人民出版社 1979 年版，第 561 页。

主义世界走向灭亡。因此，资本主义各国对社会主义阵营的经济封锁实际上是它自身灭亡的加速器，社会主义国家不仅不应当试图打破这种封锁，而且要把自己严密地封闭起来，决不允许资本主义国家插足其间。

应该说，斯大林的"两个平行的也是互相对立的世界市场"理论，有其产生的客观历史背景（这就是东西方的冷战以及西方的经济封锁和遏制），但这一结论却忽视了世界市场的主导作用，把由政治冷战造成的世界经济体系的断裂、国际贸易的隔绝当做两大社会体系的必然产物，当做一种正常规律，甚至当做与西方资本主义国家对抗的苏联乃至整个社会主义阵营的国际斗争战略的一部分，这显然是一种主观臆想。这说明，斯大林对战后资本主义剥削方式的理解仍停留在掠夺原料和市场的狭隘范围内，没有考虑到资本主义生产关系自我调节的能力。这种理论无视战后世界经济发展国际化的趋势，以意识形态差异把世界范围内进行商品交易的场所人为地分割为社会主义和资本主义两大块，并把这种违背客观经济规律的主张作为社会主义国家的共同准则，使苏联和社会主义国家禁锢在封闭的市场内，其结果必定是灾难性的。这样，当战后全球化浪潮以第三次科技革命为契机风起云涌之际，社会主义国家则基本上被排斥在全球化之外了。在东欧，社会主义各国在建设初期几乎无一例外地照搬苏联模式，在对外政策上追随苏联，对西方国家采取了冷战和对立，与西方资本主义国家的关系处在"冰河"状态。

在中国，尽管在新中国成立前夕，毛泽东就宣布："中国人民愿意同世界各国人民实行友好合作，恢复和发展国际间的通商事业，以发展生产和繁荣经济。"① 新中国建立后，1949 年颁布的《共同纲领》再次宣告：中华人民共和国可在平等和互利的基础上，与各国的政府和人民恢复并发展通商贸易条件。但在当时形成的两大阵营对峙的环境下，以美国为首的西方资本主义国家又对新中国实行政治上孤立、经济上封锁、军事上包围的敌视政策，只有苏联、东欧等社会主义国家率先承认了中华人民共和国并与我国建立了外交关系。受时代条件的限制，当时中国主要是同苏东社会主义国家保持了经济和贸易方面的往来与合作，而且这种社会主义大家庭内部的"互通有

---

① 毛泽东：《在新政治协商会议筹备会上的讲话》，《毛泽东选集》第 4 卷，人民出版社 1991 年版，第 1466 页。

无"主要局限于商品贸易。到 20 世纪 50 年代后期，由于中苏关系恶化，苏联单方面撕毁了几百个援助中国的经济合同和计划书，再加上帝国主义国家的经济封锁，中国的经济发展面临非常严峻的困难，当时中国不得不完全依靠自力更生才最终渡过了难关。此后，"左"的错误思想逐渐在党内占据了指导地位，对自力更生的理解走向了片面和极端，把自力更生和对外开放完全对立起来，特别是在十年"文化大革命"时期，凡是对外开放的主张和行动一概被斥之为"洋奴哲学"、"爬行主义"、"卖国主义"，中国几乎是在完全封闭的状态下，关起门来搞"孤立奋斗"，致使中国的经济发展游离于世界之外，其结果不仅在经济上和技术上同发达资本主义国家拉开了距离，而且还面临着被一些原本经济技术落后的国家赶超的危险。

实践表明，"两个平行的也是互相对立的世界市场"的理论以及由此指导的实践，不仅给当时苏联的社会主义建设造成了重大损失，而且对整个社会主义阵营内部其他社会主义国家的经济发展都是有害的。

2. 盲目迎合全球化，苏联东欧国家改革变为改向。1953 年斯大林去世后，从赫鲁晓夫到戈尔巴乔夫，苏联的改革从一个极端走向了另一个极端，由过去的简单抵制全球化又陷入了盲目迎合全球化的泥潭。赫鲁晓夫从 1956 年进行改革，他首开了社会主义国家的改革先河，冲破了一些禁区，特别是敢于反对个人崇拜和个人专制，解放了人们的思想。但从实践的效果来看，他却没有找到改革的动力和源泉，没有拿弊端丛生的旧体制开刀，而只是具体到某些细微环节，甚至仅局限在斯大林身上寻找原因，进而又重蹈了斯大林的覆辙，致使改革失败。究其原因，很重要的一点在于赫鲁晓夫缺乏对世界历史趋势的清醒认识，不能正确对社会主义进行历史定位，从而就不能正确处理社会主义与资本主义的关系，过高地估计苏联社会主义发展水平，急于向共产主义过渡，过低估计资本主义的发展能力，急于短期内实现赶超美国。这种畸形的改革必然以失败而告终。1964 年 10 月，苏共中央委员会举行全体会议解除了赫鲁晓夫的职务，勃列日涅夫当选为苏共中央第一书记。勃列日涅夫在苏联执政 18 年，期间虽对赫鲁晓夫时期的某些政策作了调整，对社会经济体制也进行了一番改革，但由于这一时期的改革以苏联已建成"发达的社会主义"为理论基础，因而无论是对社会主义所有制形式的认识上，还是对商品货币关系，市场经济的认识都存在着理论上的误区。因此，新经济体制并没有从根本上突破斯大林模式的基本框架，而是把公有制的优越性绝对化，急于向共产主义过渡，强行把大批集体农庄改组为国营农场，盲目地使集体所有制过渡到全民所有制。加之，勃列日涅夫对外采取扩张战略，推行大国沙文主义，与美国进行军备竞赛，争夺势力范围，人民的生活水平长期得不到较大的提高。苏联社会陷入危机边缘，经济陷入停滞状态。1985 年 3 月戈尔巴乔夫的上台，结束了苏联 28 个月的新老权力交替过程。上台伊始，戈尔巴乔夫雄心勃勃，决心对苏联的内外政策进行调整与改革，提出了以肯定商品货币关系为核心的一系列经济改革措施。但由于戈尔巴乔夫的"加速发展战略"，重点仍然是加速重工业的发展，忽视轻工业和农业，继续维持庞大的军事开支，增强国力，赶超美国，而不是把重点放在调整经济结构，提高人民生活水平上，不仅没能使经济获得加速发展，反而使经济形势愈加严重，人民生活水平下降，轻工业长期落后，消费品短缺。经济改革的连连失误，使戈尔巴乔夫将改革重点转向政治体制改革，抛出所谓的"改革与新思维"，提出了"民主的、人道的社会主义"等理论。由于其对世界形势缺乏正确的把握，使其改革理论和实践必然是错误的、紊乱的，最终使改革变为改向，使苏联这个在 20 世纪显赫一世的世界大国陷入了分崩离析的境地。

在东欧，各社会主义国家从 20 世纪 50 年代开始，在对斯大林模式的弊端进行反思的过程中也开始了试图突破苏联模式束缚的改革，并先后掀起了三次改革浪潮。最早尝试从苏联模式下解放出来的是南斯拉夫。南斯拉夫探索实行了自治社会主义，实行工人自治、地方自治和社会自治、精简中央政府机构、扩大地方权力等。南斯拉夫的改革在历史上取得了一定成绩，但这种自治理论仍存在着一些局限和缺陷，例如：过早地提出了国家消亡理论，理论脱离实际，还表现在社会所有制的虚拟性以及以契约代替计划和市场等方面。[1] 这些都使整个南斯拉夫经济和社会发展遭受严重挫折。南斯拉夫是社会主义国家中最早承认商品经济和市场作用的国家，但从 1974 年南斯拉夫宪法确认了自治社会计划体制后，开始将自治协议和社会契约看成是自治

____

① 参见雷琳：《理论设计的超阶段——南斯拉夫社会主义改革失败探源之二》，《新疆师范大学学报》1999 年第 3 期，第 39—44 页。

商品经济条件下计划与市场结合的具体形式，认为用联合劳动、自治协议和社会契约几乎可以在现在完全排挤市场经营和国家调节，其结果是否定了客观的市场关系和市场规律。由于各共和国和自治省之间的商品流通的协议和契约往往立足于本民族和地区的利益基础之上，而不尊重客观经济规律，阻碍了各地区之间的商品流通，破坏了市场的统一性，违背了社会化大生产的要求。在南斯拉夫影响下，波兰、匈牙利、保加利亚、捷克斯洛伐克、民主德国也进行了改革的探索，主要是在经济上尝试计划与市场相结合，以及扩大企业自主权和改善管理等。改革冲击了苏联以往一些僵化观念和传统体制，为以后的改革开拓了道路。但是，由于缺乏必要的理论和组织准备，传统模式的影响根深蒂固，改革在总体上成效不大。

第二次改革浪潮是从 20 世纪 50 年代中期后开始，到 60 年代中期"布拉格之春"的夭折止。在波兰，哥穆尔卡执政后，重新提出"波兰道路"，着手改革政治经济体制。哥穆尔卡的改革措施，调动了波兰人民的社会主义建设积极性，因而迅速扭转了形势。1956—1958 年，波兰工业产值增长了 31%，农业产值增长了 15.4%，职工实际工资提高了 24.8%。匈牙利在 1956 年"十月事件"后，开始悄悄地探索建立一种把中央计划控制与市场机制有机结合的新经济体制。经过若干年的调整和局部改革，到 70 年代中期，基本上形成了自己独特的社会主义模式——"计划指导下的市场经济"模式，在生产资料社会主义所有制的基础上，把计划管理同市场调节结合起来，把中央对经济的领导同扩大企业的自主权结合起来，把经济管理中的经济手段同行政手段结合起来，以经济手段为主。在捷克斯洛伐克，从 60 年代开始也着手进行改革。1968 年 1 月，在捷克斯洛伐克人民强烈要求摆脱苏联模式，按照自己民族特点实行政治经济改革的浪潮的冲击下，1968 年 3 月 28 日—4 月 4 日，捷克斯洛伐克共产党召开中央全会，通过了实行全面改革的《行动纲领》，宣布"将进行试验"，"建立一种十分民主的，适合捷克斯洛伐克条件的社会主义"。这次改革是一次综合经济、政治和社会方面的全面改革运动，并有着鲜明的摆脱苏联控制和苏联模式的束缚、争取独立自主的倾向，它得到全国绝大多数人民群众的拥护，史称"布拉格之春"。但是由于苏联的干涉，这场改革运动最终夭折。

20 世纪 80 年代开始，在苏联全面改革的局势影响下，东欧国家开始了第三次改革浪潮。这次改革无论从广度上还是深度上都超过以往，但是戈尔巴乔夫的新思维动摇了东欧老一代领导人的地位并导致意识形态领域的混乱；经济的衰退和执政党的腐败无能，动摇了人民对党和社会主义的信念；席卷欧美的新自由主义和私有化思潮导致了主流经济学与新自由主义的合流；西方则乘机加紧实施和平演变战略，错综复杂的矛盾同时爆发，导致从1989年春天到1990年年底，东欧局势发生了激烈的动荡，在短短一年多时间里，东欧的波兰、匈牙利、民主德国、捷克和斯洛伐克、保加利亚、罗马尼亚六国，改革逆转，政权纷纷易手，执政40多年的共产党、工人党或下台成为在野党，或改变了性质。紧随其后，阿尔巴尼亚劳动党于1992年3月在大选失败后下台；在南斯拉夫，先是南共联盟不复存在，原南斯拉夫联邦内的各邦都发生了剧变，其后在经历近一年之久的内战后，于1992年4月最终分裂为5个独立的共和国。伴随共产党丧失执政地位，东欧各国的社会制度也发生了根本性的变化，在政治上，实行多党制为基础的议会民主；在经济上，否定公有制占主导地位，开始实行混合所有制或私有制基础上的市场经济。

3. 消极抵制或盲目迎合全球化，社会主义事业惨遭厄运。苏联解体、东欧剧变，使世界社会主义事业遭受了有史以来最惨重的挫折，其中的教训深刻而悲痛。尽管这些国家的剧变形式不同，原因多样，但没有能够有效契合全球化进程无疑是其重要原因之一。对此，我们可总结为如下几方面的原因教训。

其一，长期游离在全球化进程之外，错失新科技革命带来的发展良机。20世纪50年代，新科技革命率先从美国兴起进而在西方资本主义国家广泛发展，苏东等社会主义国家却由于采取封闭政策，把自身的发展局限在经互会成员间的"国际分工"、生产协作和产品交换的框框内，坐失发展良机。科学技术的落后，也使现实社会主义国家在与西方国家的竞争中处于劣势，使其外贸状况恶化，外汇减少，反过来又促使国内经济状况进一步恶化，导致生产技术水平的进一步降低和产品质量的下降，形成恶性循环。最终未能使本国的社会主义制度在后来的改革中避免演变的命运。

其二，没有正确把握全球化进程的规律和趋势，未能制定符合实际的方针政策。现实社会主义国家大都是在比较落后的生产力基础上建立和发展起来的，尽快实现现代化是这些国家的迫切愿望，但是发展生产力有它的客观规律，这就需要正确把握全球化进程的规律和趋势，制定适合世情与国情的方针政策。20 世纪 60 年代苏联与世界先进国家的差距已有所缩小，1964 年苏联的工业产值达到美国的 65%，在一些主要工业产品产量方面已接近美国。但进入 70 年代后，苏联领导人无视第三次科技革命对世界政治经济的影响，极力推行对外军事扩张战略，据原苏联外长谢瓦尔德纳泽在苏共 27 大的发言所说：20 年间苏联的军费开支占国民生产总值的 20%—35%，与西方军事对抗就花费了 7000 亿卢布，用于阿富汗战争的花费达 600 亿美元。其结果不仅拖垮了经济，削弱了国力，而且也错过了全球化新浪潮所带来的发展机会，使其社会主义建设畸形发展。80 年代中期后，苏联虽然重视改革，但是最终选择了激进的"休克疗法"，而且渐渐背离了社会主义基本原则，最终酿成了党亡政息的悲剧。

东欧国家不仅其政治经济体制受苏联模式的影响，而且其对外关系也基本上是依附于苏联。当苏联在经济方面推行赶上和超过西方发达资本主义国家的盲目政策时，东欧国家也提出了超越自身发展阶段的口号。例如：赫鲁晓夫在 1962 年提出要在 20 年内基本建成共产主义社会。勃列日涅夫在 1967 年宣布苏联已经建成了发达的社会主义社会。波兰的盖莱克在 1971 年提出"国民经济高速发展战略"，并于 1975 年宣布"已经进入发达社会主义社会阶段"。罗马尼亚提出 1985 年达到中等发达国家水平，并于 2000 年进入发达社会主义社会。在匈牙利，虽然卡达尔对拉科西时期发展战略方面的错误有所反思，但他最终未能摆脱经济决定论和追求高速度的片面性。1970 年，在经济改革取得初步成效后，匈牙利的领导人就已显露出急于求成的倾向。当年召开的社会主义工人党"十大"提出"匈牙利已经进入了可以把一个中等工业水平的国家提高成为一个工业发达国家作为现实奋斗目标的经济发展阶段。"1975 年的"十一大"又提出了"为建立发达的社会主义社会和过渡到共产主义建设创造条件"，并提出了 10—15 年内建成发达社会主义社会的具体时间表。在 1988 年的"十三大"上，面临严重经济危机的社工党依然不切实际地提出经济的高速增长和人民生活水平持续提高的目标，试图以此摆脱矛盾。结果为了达到高指标，继续增加外债，耗尽了国家的黄金储备，使局势一发不可收拾。

　　其三，没有正确处理全球化与本土化、社会主义与资本主义的关系。全球化的发展在很大程度上是西方发达资本主义国家主导的全球化，而且世界格局呈现的是"两制并存"状态，这就需要社会主义国家在处理全球化与民族化、社会主义与资本主义"两制关系"问题上，具有战略思维和应变战术。但在苏联的改革过程中，最初是无视资本主义生产关系自我调节的能力，游离于世界经济大潮外，后来戈尔巴乔夫调整了与西方的对抗战略，但却忽视了国家利益之间的矛盾和冲突，在盲目汇入全球化浪潮的同时，陷入了西方国家设计的所谓"现代化"的陷阱而无法自拔，导演了 20 世纪最大的一场悲剧或一出闹剧。对此，弗里德里克·詹姆逊曾非常形象地用"没有准备好太空衣就急急忙忙地打开气塞"① 来汇入资本主义主导的全球化比喻苏联，在自身底气不足的情况下，就参与全球化竞赛，其失败是必然的。因为，以前的苏联及其东欧国家长期把自己孤立于全球化之外，一直使自己处于意识形态和社会经济的严格控制之下，而突然盲目地汇入全球化进程，不可避免地使自己遭受到越来越大的来自外部世界的冲击。也就是说，在没有充分准备的情况下，苏联企图把自己一体化进世界体系之中时，它就变得软弱无力，直至解体。

　　在东欧，当民主社会主义思潮和西方新自由主义思潮蔓延之际，党的领导人直接丧失了对社会主义的信念和信心。正如美国前总统尼克松在《1999 年：不战而胜》中指出："东欧的共产党人已经完全失去了信念。他们大多数是野心家和官僚，已丧失共产党的意志和信心……新的一代东欧人不是空想家，而是务实主义者——务实主义为和平演变创造了开端。"② 堡垒最容易从内部攻破，在国际风云变幻剧烈的情况下，东欧国家就像多米诺骨牌一样，不可挽救地倒塌了。

（三）有效契合全球化：社会主义生机勃发

　　苏联东欧剧变后，世界社会主义事业一度陷入低谷，西方资本主义国家弹冠相庆，一时间共产主义"历史终结"论甚嚣尘上，不少人曾想当然地

---

　　① ［美］弗里德里克·詹姆逊：《关于现实存在的马克思主义的五个主题》，《每月评论》纽约版，1996 年第 11 期，第 8 页。

　　② ［美］理查德·尼克松：《1999 年：不战而胜》，王观声、郭健哉等译，世界知识出版社 1989 年版，第 150—151 页。

认为，未来世界就是资本主义的一统天下。然而，具有讽刺意义的是，"冷战"结束 20 多年来，世界社会主义运动非但没有终结，反而呈现了新的发展态势。特别是在中国、越南等国家，执政的共产党积极采取措施勇于应对全球化的挑战，坚持改革开放，创立了各具特色的社会主义道路，社会主义事业焕发出蓬勃生机和活力。不仅如此，在世界其他国家和地区，各种社会主义力量和流派也在不断开辟和探索社会主义发展的新道路。在经济全球化大潮的撞击和激流声中，21 世纪的社会主义正以全新的面貌呈现于世界。

1. 有效契合全球化：现实社会主义国家稳步发展。苏联东欧剧变后，面对风云变幻的国际局势，中国、越南、老挝、朝鲜、古巴等现实社会主义国家，立场坚定，旗帜鲜明，在全球化大潮中坚守阵地，高举社会主义旗帜不断开创新局面。

在中国，自 1978 年党的十一届三中全会后开始实行改革开放，有效契合全球化进程，走出了一条具有鲜明中国特色的社会主义现代化道路，取得了举世瞩目的辉煌成就。一是着力推进马克思主义中国化进程，不断实现理论创新。面对苏联东欧剧变的国际风云变幻，中国共产党冷静观察，沉着应战，"坚定不移高举中国特色社会主义伟大旗帜，既不走封闭僵化的老路，也不走改旗易帜的邪路。"[①] 坚持走中国特色社会主义道路，在中国特色社会主义建设的伟大实践中不断推进马克思主义中国化进程，创立了马克思主义中国化的最新理论成果——中国特色社会主义理论体系。这一理论体系是对马列主义、毛泽东思想的继承和发展，它包括邓小平理论、"三个代表"重要思想和科学发展观等重大战略思想在内的科学的理论体系，既坚持马克思主义基本原理，又具有鲜明的时代特征。它创造性地回答了什么是社会主义，在中国这样一个十几亿人口的发展中大国建设什么样的社会主义、怎样建设社会主义，建设什么样的党、怎样建设党，实现什么样的发展、怎样发展等一系列问题，使人们对社会主义的认识提高到新的科学水平。党的十八大进一步对中国特色社会主义道路、中国特色社会主义理论体系和中国特色社会主义制度的科学内涵及相互关系做了新的深刻阐述，强调"中国特色

---

① 胡锦涛：《坚定不移沿着中国特色社会主义道路前进，为全面建成小康社会而奋斗——在中国共产党第十八次全国代表大会上的报告》，人民出版社 2012 年 11 月版，第 12 页。

社会主义道路是实现途径，中国特色社会主义理论体系是行动指南，中国特色社会主义制度是根本保障，三者统一于中国特色社会主义伟大实践"①。这一概括进一步丰富和拓展了中国特色社会主义的理论宝库，标志着我们党对共产党执政规律、对社会主义建设规律、对人类社会发展规律的认识上升到了一个新高度。二是始终以经济建设为中心，不断推进和完善社会主义改革事业。中国的改革历程，从农村到城市，从经济体制改革到政治体制改革到文教、卫生、体育、科技各个领域，其涉及领域之广泛，改革力度之深刻前所未有，旨在多方面改变生产关系中不适应生产力发展的方面和环节。经过 30 多年的实践和探索，中国已经建立起比较完善的社会主义市场经济体制，初步形成了以公有制为主体，多种所有制经济共同发展的基本经济制度，形成了以按劳分配为主体，多种分配方式并存的分配制度，形成了在国家宏观调控下市场对资源配置的基础性作用的经济管理制度。进入 21 世纪以来，以胡锦涛同志为代表的党中央从中国特色社会主义事业总体布局和全面建设小康社会全局出发，提出了科学发展观和构建社会主义和谐社会等一系列科学主张，以科学发展为主题，以改善民生为重点，积极解决教育、就业、收入分配、社会管理、医疗卫生等直接关系人民群众切实利益的问题，致力于实现一个公平正义、民主法制、诚信友爱、充满活力、安定有序、人与自然和谐相处的社会。三是坚持全方位的对外开放战略，积极融入全球化进程。改革开放新时期以来，中国积极发展对外贸易，努力拓展国际市场；引进国外先进科学技术，开展国际科技合作与交流；积极有效地利用外资；大力开展对外文化交流，引进和利用国外智力；主动开拓国际承包劳务市场，积极发展国际旅游业；以经济领域为重点，涵盖文化、科技、教育、艺术等各个领域的开放，对外开放领域不断拓宽。2001 年 12 月 11 日中国正式加入世界贸易组织，2008 年北京奥运会、2010 年上海世博会的圆满召开，让世界见证了中国开放 30 多年的伟大成就，成为中国进一步开放的新起点。其四，积极参与全球性和区域性经济组织与合作，以负责任的大国形象推动建立国际政治经济新秩序。中国政府一贯主张所有国家，不论大国、小国，

---

① 胡锦涛：《坚定不移沿着中国特色社会主义道路前进，为全面建成小康社会而奋斗——在中国共产党第十八次全国代表大会上的报告》，人民出版社 2012 年版，第 13 页。

强国、弱国，富国、贫国，都是国际社会的平等成员，都有权利参与国际事务，坚决反对大国对国际事务的垄断，要按照公正合理、平等互利的原则构建国际经济新秩序。中国政府高举"和平、发展、合作、共赢的旗帜，坚定不移致力于维护世界和平、促进共同发展"①，并结合国际形势发展的新情况和我国国际地位和影响的变化，提出了带有鲜明中国传统文化色彩的"和谐世界"这一指导中国外交的新理念。中国先后与东盟、日本、韩国等周边邻国举行了"10＋3"、"10＋1"首脑会谈，并于 2010 年 1 月 1 日正式启动了中国——东盟自由贸易区。2011 年 4 月 14 日，"金砖国家"领导人会议在中国海南三亚举行。中国作为最大的一个发展中国家，始终强调自己是发展中国家的一员，并把发展同第三世界国家的友好合作关系作为自己对外政策的出发点和立足点。中国的和平发展道路和和谐社会理念是人类追求文明进步的一条全新道路，是中国政府和中国人民的郑重选择和庄严承诺，是基于当今世界发展潮流的必然选择。截至 2010 年年底，中国参加了 100 多个政府间国际组织，签署了 300 多个国际公约，参与了 22 项联合国维和行动，累计派出维和人员上万人次，现正在执行维和任务的有 1900 多人，是联合国安理会 5 个常任理事国中派出维和人员最多的国家。中国以自己的实际行动，为维护世界和平、促进国际合作、实现人类可持续发展做出了重要贡献。

　　综观改革开放 30 多年来中国特色社会主义事业的发展历程，中国经济增长迅速，综合国力日益提高，在国际上的地位越来越高，国际影响力也不断加强。中国的国内生产总值在 1978 年时只有 1473 亿美元，在世界主要国家中位居第 10 位，2009 年已达到 49092 亿美元。根据 2010 年 12 月中国社会科学院发布的 2011 年《经济蓝皮书》，2010 年中国经济总量首次超过日本，已成为世界第二大经济体。改革开放 30 年间中国经济实现了世界少有的年均 9.8％的增长速度，大大高于同期世界经济年平均增长 3.0％的速度，与日本经济起飞阶段国内生产总值年平均增长 9.2％和韩国经济起飞阶段国内生产总值年均增长 8.5％不相上下。2008 年全球金融危机的发生使世界经

---

　　① 胡锦涛：《坚定不移沿着中国特色社会主义道路前进，为全面建成小康社会而奋斗——在中国共产党第十八次全国代表大会上的报告》，人民出版社 2012 年版，第 47 页。

济遭受沉重打击，也使中国经济经历了新世纪以来最困难的一年。面对危机，中国政府坚定信心，迎难而上，采取积极措施应对危机。2009 年和2010 年，中国在全球率先实现经济形势总体回升向好，连续实现国内生产总值增长 8.7%，2011 年，中国经济比 2010 年增长 9.2%。在国际社会，中国政府积极参与国际社会稳定金融、促进世界经济发展的合作进程，中国政府主张按照全面性、均衡性、渐进性、实效性的原则推动国际金融体系改革，坚持建立公平、公正、包容、有序的国际金融新秩序的方向，并提出了具体的改革建议。中国的这些立场和做法赢得了与会国的广泛赞同和认可，以一个"负责任"的大国形象为缓解危机、恢复世界经济增长做出了巨大贡献，从而也使中国参与国际经济事务的能力进一步增强。

　　中国的快速发展和辉煌成就在世界范围内产生了深远的影响，为世界瞩目。正因如此，近年来关于"中国模式"的探讨也成为国内外热议的话题。关于"中国模式"的提法，早在 20 世纪 70—80 年代国外学者关注中国发展道路问题时就已经开始了，但对这一概念做出明确界定和系统研究的是从2004 年由美国高盛公司高级顾问、清华大学教授乔舒亚·库珀·雷默提出的"北京共识"开始的。他认为"北京共识"在本质上有别于"华盛顿共识"，是中国通过艰苦努力探索出的符合中国国情的发展模式，其特点是主动创新、大胆实践、坚决捍卫国家利益、循序渐进、均衡全面发展等。2008年，时值中国改革开放 30 周年，"中国模式"再次引发国内外的广泛评议和关注。西方学者在谈论"中国模式"时大都是从经济发展的角度来使用这个概念的，并有意回避、淡化甚至否定中国发展的社会主义本质性规定。与之不同的是，国内学者在"中国模式"的理解上就比较科学，认为这一提法是对新中国成立 60 年来特别是改革开放 30 多年来中国特色社会主义发展的思想、战略策略、体制选择和经验教训的科学概括和理论升华，是一个涵盖中国的政治模式、经济模式、文化模式和社会发展模式在内的综合概念。当然，关于"中国模式"的提法是否恰当等问题，目前国内外仍存在很大分歧，形成了两种截然不同的观点。持肯定观点的认为，这一模式体现了中国作为一个后发国家在现代化道路上的探索与创新，对"解决中国自己面临的挑战、对发展中国家摆脱贫困、对全球问题的有效治理、对国际政治和经济秩序未来的演变，产生了深远的影响。"① 认为"中国模式"体现了"中国作为一个发展中国家在全球化背景下实现社会现代化的一种战略选择"，这其中有成功的经验，也有惨重的教训，但是无论经验还是教训都是宝贵的财富，"对于广大的发展中国家如何迎接全球化的挑战、利用自身的优势实现国家的现代化，都有着重要的借鉴意义"②。认为"中国模式"成功地解决了当代人类所面临的追求文明进步、发展经济和摆脱贫困，以及走社会主义必由之路等一系列重大问题，因而对于其他国家来说，无疑具有可供借鉴的世界意义。③ 另一种持反对或质疑态度的观点则认为，"中国模式"这个提法有待商榷，因为这种说法会掩盖中国发展过程中存在的问题，会让人和国际共运史上僵化教条的苏联模式等同起来，甚至"会引发负面的国际效应"④。不少学者撰文指出要"慎提""中国模式"，因为"模式"一词含有示范、样本的涵义，中国不仅没有这样的意图，而且中国的新体制尚未定型，有待进一步完善。较之模式，他们更倾向于使用"中国特色"、"中国经验"、"中国案例"⑤ 等提法。我们认为"中国模式"实质上就是在全球化背景下，中国共产党以一种开放的全球视野、以中国特色社会主义理论为指导，领导中国人民走出的一条中国特色的社会主义现代化道路。在这个意义上，"中国模式"和"中国道路"可视为同义语。它包括中国共产党领导中国人民把马克思主义基本原理和中国国情相结合进行的理论创新与发展，以及中国特色社会主义建设的伟大实践，是历史与现实、理论与实践、民族性与时代性的有机统一。

　　在越南，1986 年越共六大提出建设"符合越南条件和特点的社会主义"⑥。1991 年 6 月召开的越共七大，确立了以经济建设为中心，坚持五项

---

① 转引自吴海江：《"中国模式"的实质、普世性及未来挑战》，《思想理论研究》2010 年第 5 期，第 13 页。

② 《热话题与冷思考（三十四）——关于"北京共识"与中国发展模式的对话》，《当代世界与社会主义》2004 年第 5 期，第 5 页。

③ 参见徐崇温：《关于如何理解中国模式的问题》，《中共中央党校学报》2010 年第 2 期，第 20 页。

④ 丁志刚、刘瑞兰：《"中国模式说"值得商榷》，《学术界》2010 年第 4 期，第 26 页。

⑤ 《中国官方为"中国模式"降温》，《成都日报》2009 年 12 月 9 日。

⑥ 李慎明：《社会主义：理论与实践》，社会科学文献出版社 2001 年版，第 23 页。

基本原则，坚持革新开放的基本路线，提出要把马克思主义与越南的基本国情结合起来，要发展"由国家管理、按市场机制运行的多种成分的商品经济"①。苏东剧变后，越共更加清楚地认识到走符合越南条件和特点的社会主义及社会主义道路的重要性，他们认为世界上不存在唯一的社会主义模式和样板，各国在解决关于社会主义的各种问题，哪怕是非常相似的问题时候，都不可能找到一个唯一的模式。他们提出革新是国家发展的迫切要求和生死攸关的问题，是社会主义发展的必由之路。直到目前，可以说革新已成为越南社会的核心词语和发展理念。在实践上，越共根据时代特征和客观形势的新变化，走出了一条越南特色的社会主义革新之路，其目标就是越共十一大强调的越南"正在建设的社会主义社会是一个：民富、国强、民主、公平、文明的社会；由人民当家作主；有以现代生产力和与之相适应的进步的生产关系为基础的高度发达的经济；有具有浓郁的民族特色的先进文化；人们生活温饱、自由、幸福，并具备了全面发展的条件；全体越南各民族平等、团结、互相尊重、互相帮助，共同发展；建立了在共产党领导下属于人民、来自于人民和为了人民的社会主义法权国家；与世界各国建立了友好与合作关系。"② 其做法和特点主要有：一是坚持民富国强和公平民主。越南共产党认为，民富国强和公平民主是社会主义的内涵和质量特征，强调以"五项基本原则"（坚持社会主义道路；坚持马列主义、胡志明思想；坚持无产阶级专政和党的领导；坚持社会主义民主；坚持爱国主义与无产阶级国际主义相结合、民族力量和新形势下的时代力量相结合）为指导进行革新开放。二是大胆进行经济体制改革。苏联东欧剧变后，越南坚持经济体制改革，实现了由"官僚集中统包统管体制"向"社会主义定向的市场经济"体制的转换。革新之前，越南实行的是自给自足和高度集中的官僚包给制经济，崇尚计划手段，反对市场作用。越共九大明确提出要建设"社会主义定向的市场经济体制"，就是社会主义因素起"开拓、引导、定向"作用、与资本主义市场经济有着本质区别的市场经济，也是受社会主义过渡时期性质决定的、不完全的、发展中的、与其他社会主义国家市场经济有着很大差

---

① 崔桂田：《当代社会主义发展模式比较研究》，山东人民出版社 2005 年版，第 44 页。

② 潘金娥：《越南政治经济与中越关系前沿》，社会科学文献出版社 2011 年版，第 213 页。

别的市场经济，目的是发展生产力，发展经济，建设社会主义的物质技术基础，提高人民的生活水平。越共十一大进一步提出了深化经济改革的"五个发展"的观点。即：第一，快速发展要与可持续发展相结合，可持续发展是贯穿发展战略的一个要求；第二，要同步、协调进行经济革新与政治革新，目标是建设民富、国强、民主、公平、文明的越南社会主义国家；第三，扩大民主、最大限度地发挥人的作用，把人看成发展的主体、主要力量和发展目标；第四，伴随着日益提高的科技水平，大力发展生产力，同时完善社会主义定向的市场经济的生产关系；第五，在越来越广泛而深入地融入国际的条件下，坚持建设更加独立自主的市场经济体制。与此同时，该战略还确定了今后需要突破的三个重点环节，即完善社会主义定向的市场经济体制、发展人力资源、加强基础设施建设等。[①] 三是采取全方位开放战略。越南共产党政府根据对时代特征的判断，指出经济全球化对越南社会主义将产生机遇与挑战并存的双重影响，越南的原则是"融入"、"开放"，但是必须牢记"融入"而不"融化"。从 20 世纪 80 年代末开始，越南改变了过去闭关锁国的政策，奉行"愿与世界各国为友"的全方位多样化对外开放政策，积极适应和参与地区和世界经济一体化进程，为建立新的国际经济政治新秩序做贡献。同时为国内经济发展和工业化、现代化建设创造和平的外部环境，吸引更多的外国投资和合作，争取在全球经济体系中发挥更大的作用。越南于 1995 年正式加入东盟，参与东盟 10 年减税计划和区域经济一体化建设，扩大了与东盟国家的经济交往，还与欧盟签署了合作框架协议。实现了越南与美国关系的正常化，加入了 WTO，成为世界贸易组织的一员。在革新开放路线指引下，越南经济实现了 20 多年的持续增长、人民生活不断改善、政治和社会稳定、对外关系不断扩大，在国际上的地位不断提高，一度被称为"亚洲第五小虎"。特别是进入新世纪以来，越南年均经济增长率一直保持在 7.5% 以上，2007 年 GDP 增长高达 8.5%，吸引外资突破 160 亿美元，外汇储备达到 190 亿美元，人均 GDP 达到 835 美元。[②] 即使在国际金融危机的背景下，2009 年越南经济增长率仍然达到了 5.23%，人均 GDP 达

①　越南共产党：《第十一次全国代表大会文件》，越南国家政治出版社 2011 年版，第 13—60 页。

②　张晓红、鲍常勇：《21 世纪以来越南社会主义革新的新发展及其启示》，《中州学刊》2009 年第 3 期，第 16—17 页。

1100 美元。① 目前, 越南已经与世界上 170 多个国家建立了外交关系, 与 230 多个国家和地区建立了经济贸易关系, 签订了 90 多个双边贸易协定, 近 60 个鼓励和保护投资协定, 54 个避免双重征税协定, 与中国、韩国、新西兰、印度和日本签订了双边或多边自贸协定, 现已有 26 个经济体承认越南为完全市场经济地位。② 2008 年越南当选为 2008—2009 年联合国安理会非常任理事国, 并与墨西哥、澳大利亚、越南、印尼、尼日利亚和南非一起被国际社会称为 "MAVINS", 被认为是继 "金砖四国" 之后最具发展潜力的国家之一。③

在老挝, 苏东剧变后, 面对黑云压城城欲摧的严峻形势, 老挝执政党态度鲜明, 立场坚定, 老挝党的领导人反复强调, 苏东国家放弃共产党的领导地位, 背离社会主义, 搞多党制和民主社会主义, 违背马列主义原则。社会主义国家需要改革, 但是不能搞苏联那样的改革。老挝党主席坎代强调, 要紧紧把握本国特点和实际, 在运用马列主义理论和外部经验的同时, 发扬独立、开拓精神, 以制定符合各革命时期特点的政治路线及确立正确的战略和灵活的策略。他们表示要借鉴中国的经验, 在革新开放中探索符合客观规律和本国国情的社会主义道路。根据这一认识, 老挝党对老挝社会所处的发展阶段进行重新定位, 制定了新路线、方针和政策, 推动老挝逐步向社会主义 "过渡"。老挝党的五大、六大都对老挝的社会性质和发展阶段作了明确界定, 即认为老挝目前处于 "向社会主义过渡的准备阶段", 处于巩固和发展人民民主制度、为逐步进入社会主义创造基本条件的历史阶段, 并制定了经济社会发展目标。老挝党的七大再次重申, 目前老挝仍处于贫困落后的不发达状态, 处于为向社会主义迈进创造各种基本条件的阶段。老挝党的九大提出了未来五年的发展总任务, 强调老挝人民革命党将领导全面革新和不断创新, 挖掘综合潜力, 有效利用各种机遇, 在四个方面进行突破: 一是在思想方面的突破, 要解放思想, 打破各种教条、守旧、僵化、懒惰、极 "左"、

---

① 马晶:《越南经济发展 20 余年后面临通胀等问题》,《新京报》2011 年 1 月 14 日。

② 胡志明市经商室:《越南对外开放成果显著》, 中国商务部网站 2009 年 12 月 24 日报道: http://www.mofcom.gov.cn/aarticle/i/jyjl/j/200912/20091206695109.html.

③ 《越南经济发展潜力备受世界关注》, 中国商务部网站 2011 年 1 月 7 日报道: http://finance.sina.com.cn/roll/20110107/12099219590.shtml.

极右的思想；二是在发展人力资源方面的突破；三是在解决各种妨碍生产、经营和服务发展的行政管理制度方面有所突破；四是在扶贫问题上有所突破。① 老挝党要求全党全国人民以经济建设为中心，以解除人民贫困为主要任务，并提出了阶段性的脱贫计划，争取在 2015 年基本解决贫困问题，在 2020 年脱离世界贫困国家行列②。当然，由于老挝的基础薄弱，现在仍然是世界上最不发达的国家之一，但是只要老挝坚持党的领导，坚持社会主义方向，坚持马列主义指导思想不动摇，努力探索适合自己国家发展的道路，老挝的政治经济状况一定会一天天好起来。

在朝鲜，苏联东欧剧变后，在全球化进程加剧的条件下，朝鲜坚守社会主义阵地，一直坚持走"主体社会主义"道路。"主体思想"最早是由金日成提出来的，1964 年首次将 1955 年提出的主体思想概括为"思想上的主体、政治上的自主、经济上的自立和国防上的自卫"。③ 1970 年 11 月朝鲜劳动党的五大将主体思想写进新的党章。1972 年 12 月将主体思想写进新的宪法。1994 年金日成去世后，其继任者金正日强调要按自己的方式进行革命和建设，用自己独特的见解和方式解决革命和建设中的所有问题。2010 年 9 月 28 日，朝鲜劳动党第三次代表会议选举产生了劳动党最高领导机构，通过了《党章修改决定书》，将"继承"作为连接劳动党过去、现在和未来的纽带，意在希望通过对领导机构的加强，进一步缓和半岛局势，为国内建设争取一个良好的国际环境。2012 年 4 月 11 日，朝鲜劳动党第四次代表会议再次修改党章，新党章规定，朝鲜劳动党以包括"主体思想和先军思想"在内的"金日成——金正日主义"为唯一指导思想。与此同时，自苏联东欧剧变后，朝鲜也开始着手进行改革开放，加强经济管理，颁布了"国家经济开发十年战略计划"，进一步完善外商投资法律体系，成立国家合营投资委员会，加快罗先经济特区建设，加强同中国、俄罗斯、东南亚国家和欧洲国家的关系，展现出经济改革与开放的趋向。可以预见，金正恩主政后相

---

① 老挝人民网：《老挝人民革命党第九次全国代表大会政治报告》，2011 年 3 月。

② 《老挝人民革命党：在中越间摇摆探路》，《国际先驱导报》2011 年 6 月 24 日。转引自新浪网：http://news.sina.com.cn/w/sd/2011-06-24/111522698677_3.shtml.

③ 转引自肖枫主编：《社会主义向何处去——冷战后世界社会主义运动大扫描》，当代世界出版社1999 年版，第 387 页。

当长一段时间，朝鲜仍将坚持金正日时代的经济发展路线和方针，继续推进朝鲜式的经济强国建设。[①]

在古巴，古巴共产党和古巴人民坚决捍卫社会主义阵地，在认真总结经验教训的基础上，坚持改革开放和全方位的外交政策，在教育、科技、体育、卫生等领域取得了令人瞩目的成绩，不仅稳住了阵脚，而且获得了发展，赢得了国际社会越来越多国家的支持和关注。面对汹涌而来的全球化浪潮，古巴共产党坚持自己的独特看法。一方面，他们认为世界正迅速走向全球化，这是人类社会发展、生产力进步及技术、通信、交通发展的无情规律，全球化是不可避免而又不可逾越的历史阶段。另一方面，他们强调，任何单独的一个国家都不可能有对付全球化的办法，全球化不应是原始本能的全球化，全球化的发展应伴有社会公正。帝国主义、霸权主义和单极世界造成了世界政治、经济混乱，应在多极化、多国参与和合作的基础上，建立一个稳定、公正、平衡、民主的国际关系体系。古巴领导人卡斯特罗认为，目前的全球化是资本主义国家主导的全球化，是新自由主义的全球化，它具有危险性，它解决不了第三世界的问题，它不但未能推动世界经济的发展，反而实现了贫困全球化。所以，目前的在唯一超级大国统治下的全球化，不是拯救世界，而是摧毁世界。因此，要用社会主义、共产主义的全球化代替新自由主义的全球化，唯一能拯救人类的全球化是社会主义、共产主义的全球化。在这一思想主导下，一方面古巴实行对外开放；另一方面又坚决抵制霸权主义的全球化，努力用社会主义、共产主义的全球化代替新自由主义的全球化，这无疑是正确的历史选择。特别是自 2011 年 4 月古巴共产党第六次全国代表大会公布《古巴党和革命的经济和社会政策纲要》以来，古巴启动了新一轮经济改革，其目的在于解决长期困扰古巴经济与社会发展的诸多体制弊端和结构性矛盾，为古巴进一步巩固和完善社会主义制度扫清障碍。尽管目前古巴社会的发展还存在一些不尽如人意的地方，一些深层次的改革尚未触及，前进的道路仍然任重道远，但具有"即使我们的岛沉没了，我们也不放弃马克思列宁主义"信仰的古巴共产党，相信他们在"三不放弃"（不放弃革命原则，不放弃人民政权，不放弃为民造福的目标）原则指导

---

① 李军：《朝鲜经济发展现状及前景》，《现代国际关系》2012 年第 1 期。

下，仍然能够乘风破浪不断向前，使古巴这颗加勒比海上的明珠放射出应有的光彩。

2. 亚非拉国家左翼力量重新崛起。面对全球化大潮的冲击，亚非拉国家的左翼喊出了"未来属于社会主义，建设自今日起"[1] 的时代强音。苏联东欧剧变发生后，亚非拉发展中国家的社会主义运动一度跌入谷底，共产党声望下降，党员退党，选民锐减，选举失利，一时间右翼势力纷纷上台，共产党组织被强行停止活动。然而，时光流逝，岁月如梭，苏东剧变20年后，亚非拉国家左翼力量重新崛起，其中影响比较大的有印度共产党（马克思主义）、南非共产党和拉美左翼力量的恢复与发展。

印共（马）是印度最大的左翼政党，在全国政局中有一定影响。苏东剧变后，面对国际国内严峻的局势，印共（马）坚决顶住了反共逆流，采取积极措施应对被动局面。在理论上，印共（马）冷静分析国际局势，认真总结苏东剧变的原因和教训，统一全党的思想认识，深化对社会主义的认识，坚定对社会主义的信念。认为"马列主义并未过时，社会主义具有广阔和光明的前景"[2]，表示印共（马）将高举马列主义革命旗帜，认真进行反思，与世界上一切坚持原则的共产党人团结一致，克服错误、战胜困难，共同捍卫马克思主义。在此后党的历届代表大会上印共（马）也都重申了类似的主张。从总结过去社会主义运动的经验教训出发，印共（马）认为社会主义没有固定的模式，各国共产党应该把马克思主义基本原则同各国实际相结合，他们高度评价中国特色的社会主义改革，并提出走有印度特色的社会主义道路。在实践上，印共（马）从印度实际出发，采取了一系列正确的内外政策：其一，在经济方面，他们重视发展生产力，特别是注重发展农业，主张把土地无偿分配给穷苦农民；发展国家主导的市场经济体系，保护农民的利益；改善工人的生活水平；帮助中小企业的发展，等等。其二，在政治上，他们强调人民主权，取消种姓、性别、地区、教派和民族歧视；发展人民民主；保证全面的公民自由权；男女平等；建立世俗国家等。其三，在组织上重视加强党的建设，注重扩大党的选民基础，并奉行积极的统

---

[1]　李慎明主编：《低谷且听新潮声：21世纪的世界社会主义前景》，社会科学文献出版社2005年版，第402页。

[2]　曾枝盛著：《20世纪末国外马克思主义纲要》，中国人民大学出版社1998年版，第386页。

一战线政策，巩固并扩大左翼人民阵线的力量。苏东剧变后，印共（马）坚持以马列主义作为党的指导思想，坚持以马克思主义的"民主集中制"原则加强基层党支部建设，在政策执行过程中加大监督和检查力度，严格入党程序，严把党员质量关，严防党员贪污腐化。多年来，印共（马）联合左翼进步人士、民主和世俗力量，使左翼阵线不断扩大。其四，在对外政策方面，他们主张在友谊与合作基础上同所有国家发展关系；加强发展中国家的团结和联系；发展与社会主义国家和所有爱好和平的国家的友好合作关系，支持所有反对帝国主义，争取民主和社会主义的斗争；尽力争取和平解决与周边国家存在的分歧和争端；促进全面核裁军，促进消除核战争的威胁等等。其五，针对资本主义主导的全球化，印共（马）坚持从马克思主义的立场出发进行了客观分析，认为马克思主义对资本主义、资本主义发展到帝国主义阶段以及资本主义内部的根本矛盾导致经济危机的分析已经在 20 世纪的发展中得到了有力证明，借助新科技革命的成果和对发展中国家的剥削，当代资本主义有了一些新的发展，但是资本主义仍是一个充满剥削、压迫、不公正和危机的社会。随着资本主义全球化的发展，帝国主义制度把世界分成两部分：富裕的发达资本主义国家和人口占绝大多数的发展中国家。富国与穷国之间的差距在 20 世纪最后 20 年急剧扩大。但是帝国主义全球化也使资本主义固有的各种矛盾趋向激化，世界人民反对美帝国主义、争取民族独立、反对帝国主义全球化的斗争在不断高涨，代替资本主义制度的必将是社会主义。

在 2004—2008 年参加联合政府期间，印共（马）始终坚持自己的立场，反对政府的新自由主义政策。他们认为当前资本主义金融危机是近几十年来全球化进程不可避免的结果，是资产阶级受利润驱动在全球范围内疯狂掠夺的结果。针对危机已经给印度经济造成的严峻形势，他们主张政府应加大公共财政投入力度、采取稳定的货币政策、加强实体经济发展等措施。为了进一步分析危机的性质，加强各国共产党和工人党的联系，2009 年 11 月 20—22 日，印共（马）和印度共产党不计前嫌，合作主办了第十一次共产党和工人党国际会议，会议针对 1984 年 12 月在印度博帕尔市发生的工业灾害事件即博帕尔毒气泄漏事件谴责了资本主义全球化发展对环境的破坏和对人类的伤害，指出要想从根本上解决这些危机的途径就是进行反对资本主义制度的斗争，实现社会主义对资本主义制度的替代。实践证明，印共（马）采取的这些措施是符合印度实际的正确的策略方针，这使得印共（马）不仅守住了自己的阵地，而且在苏东剧变后，党的力量和党所属的群众组织得以快速发展。但是近来由于其在工业化政策和土地政策的失误以及右翼力量的打压，印共（马）在2009年5月的第15届人民院选举中败北，只获得16席，比2004年大选的43席锐减27席①。2011年5月13日，印共（马）又在连续执政34年的重镇印度西孟加拉邦第15届选举中败北，在总计294个议会席位中只获得40席，远低于全印草根国大党的184个席位②。由此可见，在印度独特的经济政治环境和复杂的种族宗教等社会环境下，印共（马）的未来发展依然充满了许多变数，其要想走出目前的困境，必须在党的理论上与时俱进，在政策的制定特别是土地改革和促进经济发展保障民生等政策方面充分满足社会中下层民众的利益需求。

南非共产党是非洲地区影响最大的共产党组织，成立于1921年7月，1950年由于反动当局的迫害被迫解散，后于1953年重建党组织并展开地下斗争，1990年2月重新获得合法地位，目前党员有13万多人。同世界其他共产党一样，南非共产党在苏东剧变前后也受到不小的冲击，党内有些党员甚至干部对社会主义丧失信心甚至出现退党现象，但是在前总书记斯洛沃和哈尼等人领导下，南非共产党经受住了严峻的考验，并结合时局的发展变化和南非的实际在理论上和实践上进行了大胆的探索，为世界社会主义事业的发展做出了独创性的贡献。南非共产党认为，苏联东欧剧变后，"社会主义集团"的发展时代已经过去，各国共产党必须把马克思主义基本原理同本国国情相结合来选择适合自己的道路。南非共认为党的近期目标是深化民族民主革命，但是民族民主革命不是走迂回的道路而是通往社会主义的直接道路，它为向社会主义的转变奠定了基础。为此，他们在理论创新的过程中提出党在现阶段的革命新策略就是"（民族）民主革命和社会主义革命相结合"，先在经济、文化、道德、政治民主化等方面建立"社会主义因素"的基础，使社会主义物质基础、文化基础、思想基础更稳固，待建成社会主义

---

① 官进胜：《印共（马）大选败北：反思与未来》，《上海行政学院学报》2010年第2期。
② 官进胜：《印共（马）在西孟加拉邦失去执政地位的原因探析》，《当代世界与社会主义》2012年第1期，第69页。

必需的各种条件充分具备后，取得工人阶级政权，建立社会主义共和国，即"先基础（巩固）、后政权"。[①] 1995 年 4 月，南非共九大响亮地提出"未来属于社会主义，建设自今日始"，号召全体党员"在我们生活和工作的地方建设社会主义"[②]，为在南非实现种族平等、最终结束种族隔离制度，南非共、非国大和南非工会大会于 1989 年结成政治联盟并肩作战，并于 1994 年4 月最终取得斗争胜利，建立了以曼德拉为首的民族团结政府，宣告了一个民主的新南非的诞生。此后，南非共产党作为执政联盟的一部分在政府内外致力于实现各种族及男女平等，消除贫困和失业，创造良性宏观经济环境，建设人民经济，满足人民基本生活需求、争取人人享有基本的公共服务并能得到最低收入补助、反对种族主义、部族主义、地区主义、沙文主义及各种形式的狭隘民族主义的斗争。在对当代资本主义和经济全球化的认识方面，南非共产党认为自 20 世纪 80 年代以来，资本主义世界的经济发展发生了许多变化，资本主义国家普遍进行了生产结构调整，这些变化和调整对发展中国家的经济和南北关系产生了重大影响，对原材料产品需求的减少使这些产品的生产国在世界贸易中处于更加不利的地位。资本主义主导的全球化使发展中国家的主权受到侵蚀，国家自我发展能力被削弱，贫富差距进一步拉大，一些民族国家被肢解，非洲国家被强加以多党制。各发展中国家的政府应在维护本国人民群众利益的基础上、在强化国家主权、经济增长与社会发展并重等原则指导下积极介入，摆脱完全自由化、私有化的蛊惑，有步骤、分阶段地开放自己的市场，还要加强南南合作，争取建立公正、合理的世界政治、经济新秩序。他们并且相信尽管在资本主义经济全球化背景下社会主义者处于一个比较困难的处境，但是社会主义却是不以人的意志为转移的现实。2011 年 7 月在庆祝建党 90 周年的集会上，南非共进一步表示将继续同非国大和南非工会大会紧密协作，为实现南非和非洲经济的快速发展做出自己的贡献。2012 年 7 月南非共第十三次代表大会进一步修改、完善了向社会主义过渡的路线和策略，不断探索实现社会主义的新形式。

---

① 刘巍、程光德：《南非共产党社会主义革命阶段的新策略》，《马克思主义研究》2011 年第 12期，第 141 页。

② 李慎明主编：《低谷且听新潮声：21 世纪的世界社会主义前景》，社会科学文献出版社 2005 年版，第 402 页。

在拉美，经过"冷战"后 20 多年的探索，左翼力量不但坚持了下来，而且对过去的政策进行了反思和调整，使自身获得了发展。自 1998 年 12 月委内瑞拉左翼竞选联盟"爱国中心"的总统候选人查韦斯当选委内瑞拉总统以及玻利瓦尔革命开始，在拉美一些主要国家，左翼力量的领导人纷纷通过大选上台执政，一度有 14 个国家成为左翼政权，国际社会惊呼"拉美的左派正在重新崛起"，也有学者声称为"拉美山河一片红"，"社会主义红旗插遍拉美"。[①] 除了左翼力量在拉美不少国家上台执政以外，自 20 世纪 90 年代以来，拉美地区的其他左翼力量也有不同程度的发展。例如：目前拉美地区非执政的共产党大约有 20 多个，影响最大的是巴西共产党，党员有 30 多万人，共有 12 名联邦议员，3 名候补参议员，其中一名为第一候补参议员，11 个州议员、170 个市议员[②]，在 147 个市镇与其他政党联合执政。此外影响比较大的就是智利共产党和阿根廷共产党，分别有党员 4.7 万人和 3 万人。社会民主党的力量也在不断发展，在 20 世纪 80 年代前半期，加入社会党国际的拉美政党仅有 18 个，其中还有 7 个是咨询成员党，到 2003 年，加入社会党国际的拉美政党已有 38 个。针对经济自由主义浪潮和资本主义全球化进程的加剧给拉美发展带来的一系列严峻问题，拉美左翼不失时机地抓住机遇，提出了一些深得民心、切实可行的主张，成为他们重新崛起的关键。这包括：在政治领域，左翼政府纷纷打出了"社会主义"的旗帜，着手进行政治改革，注重扩大公民权利，实行参与式民主。在经济领域，左翼政府比较关注国家利益和社会公平，注重经济发展和社会发展并重，进行维护本国资源的斗争。在对外政策上，他们大都反对美国的霸权主义和战争政策，主张独立自主地发展本国事务。拉美一直被视为美国的后院，长期以来，拉美人民反对美国霸权主义、争取独立、主权的斗争从未停止过。拉美左翼大都反对新自由主义主导的经济改革和全球化，并致力于在国际范围内寻求一种替代性的拉美一体化模式，替代新自由主义。1990 年，在巴西劳工党倡议和主办下，拉美 13 个国家 48 个左派政党在圣保罗召开会议，讨论有关世界和拉美地区的政治、经济和社会问题，从第二次会议起它正式定名

---

① 刘晗：《拉美国家左翼力量崛起　经济前景仍步履蹒跚》，《21 世纪经济报道》2006 年 1 月 3 日。
② 李锦华：《近年来拉美左翼力量的崛起及其影响》，《环球视野》2007 年第 171 期。

为"圣保罗论坛"。在此基础上，2001 年拉美左派又创办了"世界社会论坛"，公然与主张自由经济和经济全球化的世界经济论坛相抗衡，他们的口号就是"一个社会主义的新世界是可能的"。2008 年 11 月 21—23 日，由巴西共产党主办的第十次世界共产党和工人党国际会议在巴西圣保罗举行，来自世界各地 55 个国家的 65 个共产党和工人党参加了此次会议，这次会议是在世界金融危机的背景下召开的，议题也主要是分析金融危机的根源并探讨对策，会议通过的《圣保罗宣言》明确指出，经济危机的爆发暴露了资本主义作为一种社会体系的局限性，也揭示出要通过革命途径推翻资本主义。会议充分肯定了拉美和加勒比地区人民反对新自由主义和帝国主义的重要斗争经验，并旗帜鲜明地提出了"另一个世界是可能的"口号，这就是"摆脱了阶级剥削和资本压迫的世界——这就是社会主义。"[1] 2012 年 7 月 4 日"圣保罗论坛"第十八次会议在委内瑞拉首都加拉斯加召开，会议就资本主义制度下的危机和左翼政党面临的问题进行了讨论。委内瑞拉共产党代表胡尔·哈沃尔对媒体说，600 多位代表出席圣保罗论坛象征着对委内瑞拉总统查韦斯的支持。拉美左翼力量的重新崛起无疑是令人振奋和备感鼓舞的，它扭转了长期以来新自由主义和右翼力量在拉美一统天下的局面，必将对拉美今后的政治和经济发展都会产生重大影响。从总体上说，左翼上台执政是拉美人民对未来发展道路与模式的一种探讨与尝试，也反映了拉美人民对社会主义的向往和期待。但是，我们也必须看到，由于国内外各方面条件的限制，拉美地区左翼力量的发展还面临着一系列严峻的挑战。

3. 欧美发达国家各社会主义流派在反思质疑全球化进程中革新发展。伴随全球化的进程，发达资本主义国家的社会主义因素也不断增加，而与此同时，其各社会主义流派也在不断探讨，特别是在冷战后纷纷掀起了对马克思主义和社会主义的研究热潮和对全球化的质疑与反思，开始重新审视和思考全球化时代社会主义的理论，力求有所突破和发展。目前在西方乃至在世界范围内比较活跃而又影响比较大的思潮和流派主要有市场社会主义、生态社会主义、民主社会主义的"第三条道路"理论等。

---

① 王建礼：《第十次世界共产党和工人党国际会议论当前金融和经济危机》，《国外理论动态》2009 年第 2 期，第 11 页。

市场社会主义在反思中发展。市场社会主义，简单地说就是把市场和社会主义结合起来的一种理论或经济体制模式。这一理论最早诞生于20世纪二三十年代，以旅美波兰经济学家奥斯卡·兰格提出的"兰格模型"为代表，20世纪六七十年代苏联东欧的一些经济学家积极呼应，强调经济的快速发展只有在市场的基础上才有可能。但苏联东欧剧变后，这一理论受到了质疑，新自由主义一度大行其道。虽然新自由主义在激活市场、提高经济活力和维持国家竞争力方面发挥了一定作用，但这种经济成效是以牺牲社会公正、导致社会分裂为代价的，一些国家很快陷入了经济衰退。在这种情况下，西方一些左翼知识分子和经济学家开始对苏联东欧国家经济改革失败的教训进行总结，重新认识市场资本主义制度的弊端，着力探索社会主义的新的实现途径，使市场社会主义再度获得了新发展。其中最具代表性的是戴维·米勒的"合作制市场社会主义"模式、约翰·罗默的"证券市场社会主义"模式和戴维·施韦卡特的"经济民主的市场社会主义"模式等。这些模式虽然在所有制形式上存在区别，但其共同的特征则是明显的：一是坚持社会主义的价值目标追求，把市场社会主义看作是发达资本主义国家走向社会主义的一种可行的途径。二是在生产资料所有制方面，主张生产资料社会化或公有制，但也允许资本主义私有制存在。三是强调市场的作用，同时也主张国家干预经济的必要性，以兼顾效率和公平。四是突出强调"民主、平等、自由、共有"这样一些社会主义的核心价值观念等。目前市场社会主义在世界范围内具有重大影响，与生态社会主义一起被看作是21世纪两股最具有生命力的社会主义思潮。

生态社会主义异军突起。生态社会主义是在战后资本主义全球性生态危机的宏观背景下由绿色运动发展而来，经过20世纪80年代的成长和90年代的飞速发展，现已经成为当代西方思想理论界最有影响的思潮之一，也是西方新社会运动的主流。生态社会主义总体上的特征是将生态学理论同马克思主义结合，主张运用马克思主义的观点和方法论，试图找到一条既能解决生态危机，又能走向社会主义的道路。他们主要的理论主张包括：一是坚持人类中心主义，强调人与自然的和谐统一；二是认为人类生态危机的根源在于资本主义制度本身，是资本主义基本矛盾发展的必然结果，强调对资本主义全球化发展带来的全球性生态危机进行揭露和批判；三是认为生态危机已经取代经济危机成为当代资本主义社会的主要危机，解决危机的途径在于建立生态社会主义。目前生态社会主义无论是作为一种思潮还是一种运动已经在西方资本主义世界产生了重大而深远的影响。它立足战后西方发达资本主义国家发展的新情况、新特点，自觉运用马克思主义的理论、方法剖析当代资本主义面临的生态环境危机，透过环境生态问题把矛头直指资本主义制度，揭示了资本主义制度与全球环境恶化的内在联系，其批判的深度大大超越了一般生态运动和绿色运动。尤其难能可贵的是，生态社会主义在绿色运动中高举社会主义的旗帜，指出了人类克服生态危机、实现人的解放的正确方向是走向生态社会主义，提出绿色社会是社会主义的本质特征之一，力图实现一个全新的人与社会、人与自然和谐统一的绿色社会，并提出了一系列的经济、政治、文化和社会主张，大大拓宽了我们对于社会主义认识的理论视野。随着全球生态环境问题的进一步凸现和绿色运动的蓬勃发展，生态社会主义必然会有更广阔的发展前景。当然，就生态社会主义目前的发展状态来看，无论是其理论，还是其实践，仍处于不成熟状态，能否发展成为一种完备的理论体系和成熟的实践运动，这还取决于其能否克服理论上的空想性和实践上的狭隘性等局限，真正找到解决全球生态危机的切实可行的道路。

民主社会主义探索发展。苏联东欧剧变后，社会民主党人面对理论和实践的困境，除了总结苏东社会主义模式失败的原因之外，对社会民主党的传统理论也进行了反思和创新。20世纪90年代，他们以"第三条道路"为标志实现了理论上的复兴并重返政坛。与历史上的"第三条道路"的涵义完全不同的是，社会民主党在20世纪提出的"第三条道路"理论不再是在两条道路或两大主义之间的探寻，而是指在资本主义基本框架内，将民主社会主义的传统价值观和新自由主义的政策相结合，走一条既有别于老左派又有别于新右派的"第三条道路"。它既要保持中间和中左的基本价值观念，即团结、社会公正、责任和机会，又要求摆脱过时的意识形态束缚，体现灵活、创新和富有远见。在实践上，这一理论提出由政府、跨国界的企业和非政府组织、私人和志愿组织结成伙伴关系，以实现责任共担，共同创造有活力的现代经济；重塑国家政府，改善政府形象和增强其效力；建立权利和义务一致的现代公民社会，宣布将更多地关注社会问题，重建权利和义务的一致；倡导变消极福利为积极福利的福利政策，提出变社会福利国家为社会投资国家，强调没有风险意识就没有社会创造和社会进步，不承担责任就不享有权利；主张加强大国合作和地区合作。"第三条道路"的倡导者们敏锐地注意到了时代变化所产生的一系列新问题，并对此作出了积极的回应。它的意义并不在于它提供给人们一个现成的模式或是重大的意识形态的转折，而是它在解决社会问题、应付全球化挑战方面给人们提供了一些新思路，它试图在社会公正和资本主义的经济增长之间找到一条可行的道路，"这条道路应把全球化的冷漠与我们的社会正义道德感结合起来。"[①] 同时，"第三条道路"体现了欧洲社会民主党在苏东剧变后对社会主义理论的反思和新探索，代表了欧洲民主社会主义的一种新的发展趋势。它既想保持民主社会主义的传统价值观，又想适应新形势，摆脱被动局面，走出困境，试图在社会民主主义和自由主义之间寻求"中间路线"。但是，从欧洲的政治经济发展看，尽管"第三条道路"曾经风靡一时，但是在对付经济衰退、克服国内危机、实行社会变革方面却显得力不从心。

进入 21 世纪以来，欧洲政坛局势急转直下，社会民主党不但在国内的政治选举中一再失利，而且在欧盟机构中地位也有所下降，社会民主党的理论和实践再次处于一个调整和变革的环境。为此，欧洲社会党再次打出了"变革"的旗帜，强调必须以改革和创新的勇气才能有效应对全球化的挑战。国际金融危机爆发后，欧洲各国出现了严重的货币危机、债务危机，经济缩水、财政赤字激增，政治动荡。在这种严峻局势下，各国社会党积极应对，多次召开专门会议研究对策。2008 年 6 月 30 日至 7 月 2 日，社会党国际在希腊雅典召开了第 23 届代表大会，会议以"全球团结：变革的勇气"为主题，对当前人类面临的一些共同问题给予了严重关切，从他们一贯坚持的反对新自由主义市场意识形态和单边主义立场出发，社会党对以美国模式为主导的全球经济体系进行了强烈批评，认为这样的全球化是造成国际社会富国和穷国巨大差异和全球性的移民浪潮等全球性问题的根源。他们强调以改革联合国作为支柱，通过进一步完善和强化有关国际冲突解决机制、自由公正贸易机制、可持续发展机制和各国政府、人民、政党、议会广泛参与的决策和管理机制，来实现民主与和平的全球治理。同年 9 月的会议上，社会

---

① 陈林、林德山主编：《第三条道路》，当代世界出版社 2000 年版，第 224 页。

党国际主席团又决定成立一个关于全球金融事务的委员会，为摆脱这次危机出谋划策[1]。在欧洲各国国内，各社会党在宣传自己的政策时也大都强调了同样的立场和主张。

4. 苏联东欧地区共产党着力探索社会主义复兴新路。苏联东欧剧变后，这一地区的共产党组织一度或被中止，或被禁止活动，或被迫自行解散，党员人数锐减，大多数党改旗易帜，迅速"社会民主党化"。一时间，反共反社会主义逆流横行。但各国仍有一部分坚定的共产党人在处境艰难的情况下坚持斗争，积极探索前进的道路。经过 20 多年的努力，他们不但稳住了阵脚，而且大多数党取得了合法地位，他们痛定思痛，重新审视全球化，认真反思社会主义的发展历史，重新探索走向社会主义复兴的道路。

在俄罗斯，经过 20 多年的分化组合，目前主张社会主义或自称共产党的政党有 26 个，在政治生活中影响最大的是俄罗斯联邦共产党。该党成立于 1990 年 6 月，当时只是作为苏共内部的一个派别出现的，其影响和作用并不大，但其立场、观点是鲜明正确的，目前有党员 20 万人左右。自 1993 年至今，俄共已参加了俄罗斯六届国家杜马选举，并取得了不菲的战绩。在 2011 年 12 月俄罗斯第六届杜马选举中俄共获得 19.2% 的得票率，比 2007 年的第五届杜马选举上升了 7.62%，是第二大党，也是国家杜马中唯一的反对力量。

从苏联其他加盟共和国的情况看，共产党也都经历了一个为重建而奋斗的艰难历程，目前各国党的力量均有一定发展，在各国左翼阵营中是主导力量，但是从总体上看这些国家共产党的力量仍处于恢复过程中，影响比较大的只有乌克兰共产党、白俄罗斯共产党和共产党人党、摩尔多瓦共产党人党等。乌克兰共产党于 1993 年 6 月重建，最初登记党员只有 6 万，现有党员 10.8 万余人，基层组织 9000 多个，在乌克兰议会中拥有 27 个议席，是第四大议会党团，也是乌克兰目前唯一能进入议会的左翼政党[2]。乌共曾在 1994 年、1998 年两次议会选举中都取得不菲的战绩，分别以 91 席和 124 席成为议会第一大党团。但是自 2002 年以来，乌共力量有所削弱，虽然在 2006 年

---

① 马蒙：《社会党国际应对金融危机的主要策略主张研究》，《中共成都市委党校学报》2010 年第 2 期，第 76 页。

② 参见李世辉：《乌克兰共产党发展面临的挑战与机遇》，《当代世界》2010 年第 2 期，第 50 页。

3 月的议会选举和 2007 年 9 月的议会选举中仍是进入议会的五个党团之一，但是分别仅获得 21 席和 27 席。白俄罗斯共产党人党和共产党在 1993 年 5 月，以白共加入共产党人党的方式实现合并，成为当时国内最有影响的政治力量，约有党员 6000 名，并在 1995 年的议会选举中大获全胜，在新议会的 198 个议席中获 42 席，占 21.21%，居首位。但是由于两党思想上存在严重分歧，而且多次发生分裂组合，近期难以在政治上有很大影响。摩尔多瓦共产党人党从 1994 年 4 月后经重新改组获准登记为合法政党，接连在 1998 年第 14 届议会选举、2001 年第 15 届议会选举、2005 年第 16 届议会选举中取得了辉煌战果，以绝对优势单独组阁，党的领导人沃罗宁蝉联总统，是苏联解体后在前加盟共和国中出现的第一个由共产党重新执政的国家，也是欧洲大陆上唯一由共产党掌权的国家，这一事件当时在苏东地区乃至全世界都引起了强烈震动。但是在 2009 年的议会选举中由于反对党集体抵制，摩共失利，失去执政地位。不过目前从 2010 年摩尔多瓦中央选举委员会 12 月 6 日公布的议会选举最终结果看，沃罗宁领导的摩共仍以 39.7% 的得票率成为新议会中的第一大党，在总计 101 个席位中占据了 42 个议席。

在原东欧地区，基本上都恢复或重建了共产党的组织。这些新建和重建的组织主要有：匈牙利工人党、波兰共产主义者联盟"无产阶级"、捷克和摩拉维亚共产党、斯洛伐克共产党、罗马尼亚共产党重建委员会、罗马尼亚社会主义劳动党、保加利亚共产党、保加利亚共产党（革命派）、保加利亚共产党（马克思主义者）、阿尔巴尼亚共产党、南斯拉夫新共产主义运动、共产主义联盟——维护南斯拉夫运动等。目前这些党中，只有捷克和摩拉维亚共产党、斯洛伐克共产党在议会中有较大影响，捷克和摩拉维亚共产党成立于 1990 年 3 月，目前约有党员人数 11 万，在 2002 年的议会选举中获得 41 席，在 2006 年的议会选举中又获得了 12.8% 的选票和 26 个议席，是议会第三大党。罗马尼亚社会主义劳动党、南斯拉夫新共产主义运动和共产主义联盟——维护南斯拉夫运动组成的左翼党一度进入议会但后来失利，其他党势单力薄，尚未进入议会，在各国政坛上基本上处于边缘状态。

自苏联东欧剧变以来，这一地区坚定的共产党人不仅致力于党组织的恢复和重建，而且正视现实，在理论和实践上为复兴社会主义进行了艰苦的探索，对十月革命和斯大林模式、苏东剧变的性质及原因、马克思主义和社会主义问题、党的性质、指导思想和奋斗目标等问题进行了重新认识，特别是围绕当今资本主义的发展及全球化问题、资本主义金融危机等问题提出了一些有价值的思想和观点：

其一，谴责资本主义的发展模式，反对本国右翼政党的自由主义政策。原苏联东欧地区重建的共产党组织，明确强调当今时代资本主义社会固有的矛盾并没有消失，马克思列宁主义关于资本主义社会本质和基本趋势的分析并没有过时，而且在苏东剧变后帝国主义在经济和政治领域的侵略性不断增长。俄共纲领指出："如今占据大半个地球的资本主义是这样一种社会，那里的物质和精神生产从属于最大限度地搜刮利润、积累资本、追求无限膨胀的市场法则。一切都已变成商品。一切事物的唯一法则是挣钱。这就决定了资本主义特殊的、浪费的性质。它把生产首先看成是对人的全面剥削和对自然资源的全面掠夺，而不考虑社会的耗费，不考虑对下一代人生活与环境的有害后果。"① 俄共主席久加诺夫指出，可以把作为全球化最终目标的"世界新秩序"称为帝国主义的最高阶段。这一阶段的帝国主义具有以下8个方面的基本特征：金融资本不通过商品阶段而彻底征服了生产资本；市场关系转变为人为培植的非等价交换保障机制，转变为一个掩盖着超经济强制和对许多国家和民族进行掠夺的外壳；新的全球"国际分工"模式得到巩固；跨国公司和金融工业集团的政治影响急剧增强；民族国家政府失去对世界经济进程的监督；将信息—文化领域的扩张作为侵蚀和破坏传统价值的手段；寄生性特点；技术进步的腐朽和质的停滞。公正俄罗斯党等还提出了"新社会主义"、"21世纪社会主义"、"第三社会主义"② 等概念，积极探索走向社会主义的道路。

其二，对全球化持辩证的态度。在2005年11月召开的61国共产党和工人党国际会议上，久加诺夫发表题为《世界"向左转"是明显的》的讲话，他指出，"美国式的全球化相当于更加恐怖的自由原教旨主义，意味着

① 李慎明主编：《低谷且听新潮声：21世纪的世界社会主义前景》，社会科学文献出版社2005年版，第283页。
② 参见李兴耕：《公正俄罗斯的21世纪新社会主义》，《当代世界与社会主义》2008年第3期，第64页。

更多的国家恐怖主义和更多的针对全人类的心理信息战","全球化意味着利己主义的盛行和对私有财产的保护","自由化将意味着俄罗斯的灭亡，在经过 10 年的改革后，人口已经减少了 1000 万，俄罗斯正在消亡"①。但是他又指出，"人类并不是按照哪个人的好恶，而是客观地、坚定不移地向着更紧密、更全面的联合统一前进。"② 资本主义全球化的发展也加强了反对帝国主义的社会基础，地球上的进步力量应该联合起来适应时代的变化实现社会主义的使命。白俄罗斯共产党人党 2003 年 5 月七大通过的后来又经 2004 年 2 月八大修改的党纲认为，跨国资本正在对世界实行统治，地球上大多数国家和民族无法享受到人类文明的成果，只能充当廉价物资和技术资源供应地的角色。白俄罗斯共产党也在 2003 年 12 月七大通过的纲领中指出，"资本主义把人类引上新的对抗阶段，产生了迄今未曾有过的全球性问题——生态问题、人口问题和民族——社会问题。"③ 摩共认为全球化就其实质而言是不可选择的，不融入这一过程就意味着滑向世界发展的边缘，对于像摩尔多瓦这样的小国来说尤其如此。在东欧，多数共产党认为资本主义全球化带来了战争和危机，并使世界两极分化不断加剧。但它们同时又指出全球化会促使经济高效率的发展，促进文化的繁荣，因此，它们主张本国参与欧洲一体化进程，只是不能束缚自身发展的潜力，不能牺牲民族利益和损害广大人民群众的利益。

其三，主张以马列主义思想为指导复兴共产主义运动。资本主义金融危机爆发后，苏东地区的共产党组织利用各种场合和活动谴责资本主义发展模式和新自由主义的全球泛滥。俄共中央主席团在《关于纪念马克思诞辰 190 周年的决议》中指出，"资本主义越来越失去立足之地，越来越明显地把人类引向衰落。西方社会窒息于消费的角逐之中。经济的虚拟金融部门在当今世界超越了经济的生产部门。正因如此，才产生了 2008 年初的世界金融危机。据估计，这一危机已经转变为世界经济的结构性危机"④。文章分析指

① ［俄］久加诺夫：《只有社会主义才能使世界平衡发展》，见新华网—国际频道—国际纵论 2006 年 1 月 16 日。

② 张国风、李天娇：《久加诺夫论全球化》，《国外理论动态》2002 年第 12 期，第 17 页。

③ 孙凌齐译：《白俄罗斯两个共产党纲领》（上），《国外理论动态》2009 年第 1 期，第 54 页。

④ 刘淑春：《世界金融危机形势下的俄罗斯共产党》，《中国社会科学院报》2009 年 2 月 3 日，第 9 版。

出当前世界金融危机的根源在于资本主义基本矛盾，在于新自由主义的泛滥，危机证明进行争取社会公正、争取劳动者的权利和自由的社会主义的斗争是必要和必然的。2008 年 11 月 7 日，俄罗斯各地民众举行隆重的游行和集会活动，纪念伟大的社会主义十月革命 91 周年，俄共领导人久加诺夫在集会地点发表讲话时再次对资本主义经济危机进行了谴责并表达了对社会主义的信心。同年 11 月 29—30 日，俄罗斯联邦共产党召开第十三次代表大会，会议通过了新党纲。在这部新纲领中，俄共再次阐明了资本主义对世界的统治及其对人类和自然所造成的危害，并指出，"列宁的帝国主义是资本主义最高阶段和最后阶段的学说被证明是正确的"，"在 21 世纪，社会主义作为一种学说、一种群众运动和一种社会制度，定会获得第二次生机"。①

　　乌克兰共产党也从理论上对资本主义金融危机的根源进行了分析，认为全球资本主义经济危机的爆发显示了资本主义体制的历史局限性，这一危机并不是什么"新鲜事物"，"而是 20 世纪 30 年代大危机的历史重现，这就是马克思主义经典作家著作中所论及的生产过剩的周期性的经济危机，并意味着新自由主义经济模式已经死亡。"② 不仅如此，乌克兰共产党还坚决反对政府试图对国有企业私有化获取的资金收入来救市的做法，在竞选纲领中明确主张应对危机的手段在于实行政府强有力的宏观调控和对国家战略性企业采取国有化。摩尔多瓦共产党人坚持认为社会主义是人类的理想，主张以马列主义思想为指导复兴共产主义运动，在 2008 年 3 月摩共第 23 次代表大会通过的新纲领中摩共指出，目前的技术和信息革命带来的是"两极化的全球文明"，"该文明的一极是高流动性、技术和通讯达到空前水平、金融和投资快速流动、社会结构和价值观迅速变化的世界"、"处在另一极的是生活在第二、第三世界贫穷国家中的人类的大多数……（他们）不接受更多地表现为力求自我封闭、推行畸形的资本主义模式，而资本主义则是要无情地掠夺自然和社会资源，推行各种臆想出来的过去或未来壮丽图景的

---

① 刘淑春：《俄共纲领的新变化》，《高校理论战线》2009 年第 5 期，第 52 页。
② 丁军、李世辉：《乌克兰共产党对世界金融危机的态度与主张》，《国外理论动态》2009 年第 4 期，第 30 页。

主张。"①

其四，调整党的斗争策略，致力于探索"新社会主义"。苏东地区的新建或重建的共产党面对新的斗争形势，对党的斗争策略做了很大调整。他们都不再使用暴力革命的说法，而是主张走和平的、合法的道路，积极参与议会和总统选举，并结合议会外的一切可能的斗争方式宣传、实现自己的政策、主张。例如：在叶利钦时代，俄共联合俄罗斯农业党、"强国"社会爱国运动等左翼爱国力量组成"俄罗斯人民爱国联盟"，在 36 个地方行政长官选举中获胜。在乌克兰，乌共同社会党、农民党等左翼力量结成统一战线，冻结了政府的私有化计划。此外，从这些国家党的具体策略看，它们在政治上都认可多元化与多党制；在经济上主张多种经济成分共同发展，反对私有化，也反对把国有制绝对化；在文化上承认多元文化，主张宗教信仰自由等等。其中最引人注目的是很多政党纷纷推出了"新社会主义"的概念。例如：俄罗斯争取新社会主义运动联合会，在 1997 年年底通过了《新社会主义者宣言》，提出了"新社会主义"的理论和主张。强调"新社会主义"是真正人民的社会主义，是在技术、经济和政治方面比资本主义更发达的后资本主义社会，是以向后工业发展阶段过渡的技术为基础的社会，是以人为本的社会，是克服人与劳动、人与权力以及人与培养有创造性的自由的个性的其他社会生活范畴相异化的社会，是对世界开放的社会，是同所有其他社会和国家积极进行商品、价值和思想交流的社会。公正俄罗斯党也相继使用"新社会主义"、"21 世纪社会主义"、"第三社会主义"等名称来表述党的意识形态。俄罗斯联邦共产党一直以社会主义为其价值目标，明确把建设"21 世纪社会主义"作为党的战略目标，强调当今时代仍是从资本主义向社会主义过渡的时代。"在 21 世纪，社会主义作为一种学说、一种群众运动和一种社会制度定会获得第二次生机。"② 在他们看来，"新社会主义"就是要与过去划清界限，与以前的"集权主义"、"斯大林主义"成分决裂；放弃布尔什维克式的民主集中制而实行党内民主化；反对把前共产党解散后改建为社会党；在政治、经济纲领方面，放弃无产阶级先锋队、无产阶级专政、

①　陈爱茹摘译、苏岩校：《摩尔多瓦共和国共产党人党新纲领》，《当代世界与社会主义》2010 年第 1 期，第 186 页。

②　刘淑春：《寻求逆境突围的俄罗斯联邦共产党》，《党建》2010 年第 2 期，第 16 页。

列宁主义指导以及公有制计划经济等提法，而在纲领中加上了自由、民主、人权、人道主义等内容。

总起来看，剧变后的苏东地区，各国共产党人在社会主义运动的低潮时期，认真反思历史，总结经验，在吸取教训中探索前进，逐渐摆脱了苏联东欧剧变后的阴霾，向着社会主义复兴的方向前进。但从其发展前景看，这些党组织内部思想分歧还比较严重，经常发生内部分裂，其斗争手段和方式还需要调整和改革，通往社会主义发展道路的探索仍任重道远。

三、全球化视域下"两制关系"的演进

纵观资本主义与社会主义的发展进程，其成败得失无不与全球化进程及其应对全球化的对策息息相关，并且两者之间相互关系的走向又分别影响和制约着双方的发展水平和发展能力。特别是自 1917 年俄国十月革命胜利后社会主义由理论变为现实以来，"关系世界历史发展进程的两个最重大的问题，就是社会主义和资本主义的变化。"① 所以，我们在纵向梳理资本主义与社会主义发展变化的基础上，回眸其相互关系的历程，就成为我们总结全球化视域下社会主义与资本主义两制关系发展规律的逻辑起点。

（一）围剿与反围剿：十月革命胜利之初的"两制关系"

社会主义与资本主义"两制关系"由理论的逻辑推理变为现实的转折，是从俄国十月革命开始的。1917 年俄国十月革命的胜利，推翻了资产阶级临时政府，建立了苏维埃政权，并由此打破了资本主义一统天下的国际格局，世界形成了"两制并存"的局面。但由于历史发展的曲折性，在十月革命胜利后很长一段时间内，社会主义制度还仅限于一国范围，马克思主义者预想的世界革命高潮不仅没有到来，而且社会主义的苏维埃政权还面临着资本主义的围攻与扼杀。"两制关系"在刀光剑影中揭开了其历史画卷，围剿与反围剿成为"两制并存"之初的主要关系形式。

1. 武装干涉与反干涉。1917 年 11 月 8 日，俄国苏维埃政府颁布了第一

---

① 庞仁芝：《正确认识社会主义与资本主义的关系》，《中国特色社会主义研究》2006 年第 1 期，第 44 页。

个纲领性对外政策文件——《和平法令》，向各交战国发出呼吁，应立即开始和平谈判并宣布俄国退出帝国主义战争。在此思想指导下，苏俄冲破协约国阻挠与德国签订和约正式退出了一战。

尽管新生的苏维埃政权向各资本主义交战国提议休战进行谈判，传达了一个和平交往的良好愿望和信号，但是这一提议不仅遭到了以英法美为首的协约国的拒绝，而且从 1918—1921 年，它们还先后组织了 14 个国家对苏俄进行了武装干涉，相继发动了三次大规模武装进攻，妄图把刚刚诞生的苏维埃共和国扼杀在摇篮之中。面对帝国主义列强的武装围剿和敌视挑衅，苏俄领导人抱着"资本主义与社会主义势不两立"的心理，相应地实行了"红色恐怖"以及大规模反进攻。在两种不同制度最初的激烈碰撞中，新生的苏维埃政权表现出了强大生命力，经受住了血与火的洗礼。1922 年 10 月 25 日，俄国人民革命军把最后一支外国干涉军赶出苏俄国境，西方帝国主义国家要将苏维埃俄国扼杀在摇篮之中的企图完全破产。在帝国主义武装包围的红色孤岛上，社会主义苏联稳住了阵脚。

2. 外交孤立与反孤立。年轻的苏维埃俄国经受了帝国主义武装干涉的严峻考验之后，又与帝国主义国家在外交上进行了外交孤立与反孤立的新较量。军事干涉失败后，西方国家一直阻挠和反对苏俄以国际法主体身份参加各种国际会议，而且即使苏俄通过努力与英国签订了经济上的贸易协定，在 1921 年年底前也没有得到西方国家的外交承认。对此，苏俄展开了积极努力，从经济交往入手突破国际外交孤立的困境，成功实现了苏俄作为平等一员参与国际会议，推进了同资本主义国家关系的正常化。

一是苏俄针对外交孤立不屈不挠，寻找突破口。经过外交努力，苏俄参加了 1922 年的热那亚会议和海牙国际会议。热那亚会议和海牙国际会议虽然没有解决实际问题，但能够参加会议本身就有着重大政治意义。这是苏俄参加的第一个重要的大规模国际会议，表明西方对俄国新政权事实上的承认。

二是在热那亚会议陷入僵局的情况下，苏俄主动出击，打开外交窗口。苏维埃俄国展开灵活外交，利用帝国主义国家之间的矛盾，同德国签订了《拉巴洛条约》。而《拉巴洛条约》的签署，标志着西方资本主义大国第一次在法律上承认了苏维埃俄国，打破了协约国反对苏俄的统一战线，突破了协约国孤立苏俄的局面，摆脱了外交困境。特别是条约所采取的互相取消一切赔偿要求、恢复正常关系、密切经济联系的原则，为以后处理苏维埃俄国同资本主义国家的关系开了先例，也为苏俄与资本主义各国建立政治经济关系创造了良好的条件。①

三是历经努力，苏俄逐渐为国际社会所承认和接受。1924 年 1 月，英国步德国后尘，没有坚持首先偿还债务的立场，与苏俄建立了正常的外交关系，从而揭开了"承认苏联之年"的序幕，意大利、挪威、希腊、奥地利、瑞典、丹麦和法国等一系列国家紧随英国之后与苏联建交。1925 年 1 月，日本也与苏联建立了外交关系。"因为他们不能再死抱着布尔什维克有朝一日会被抛出莫斯科的幻想不放，或是忽视一个在欧亚政治舞台崭露头角的国家。"② 1933 年底美苏建交之后，曾出现了资本主义国家同苏联建交的高潮。

3. 经济封锁与反封锁。经济封锁是资本主义国家围剿苏联的另一个重要的非军事手段。在 1919 年 1 月召开的巴黎和会上，帝国主义列强为争夺战利品而矛盾重重、勾心斗角，但在反对苏俄的问题上却异常一致。他们不仅把苏俄排斥于和会之外，还在和会上作出了对苏俄实行经济封锁的决定，从经济上企图将新生的苏维埃政权扼杀在摇篮之中。而与此同时，苏俄国内战争结束以后开始转入和平建设的历史新时期，恢复和发展国民经济成了巩固苏维埃政权的中心任务。为此，苏俄需要与西方国家进行贸易交往，也需要西方的信贷来源。为了摆脱国际上的孤立局面，列宁明确指出要"同资本主义的西方搞好'共居关系'和进行商品交换"③，要努力同西方资本主义国家发展经济贸易往来，强调"应该利用资本主义（特别是要把它纳入国家资本主义的轨道）作为小生产和社会主义之间的中间环节，作为提高生产力的手段、途径、方法和方式。"④ 面对苏俄的和平共处意愿，西方资本主义国家在军事上的较量失败后也深感经济封锁力不从心。因为它们迫切需要俄国的市场和原料，遂于 1920 年 1 月 16 日宣布停止对俄经济封锁。例

---

① 曹胜强等：《二十世纪国际关系史论》，济南出版社 2001 年版，第 78—79 页。

② ［美］托马斯·帕特森著：《美国外交政策》下卷，李庆余译，中国社会科学出版社 1989 年版，第 448 页。

③ ［苏］列宁：《俄共第十次代表大会关于我们党内的工团主义和无政府主义倾向的决议草案初稿》，《列宁选集》第 4 卷，人民出版社 1995 年版，第 486 页。

④ ［苏］列宁：《论粮食税、自由贸易、租让制》，《列宁选集》第 4 卷，人民出版社 1995 年版，第 510 页。

如：英国为了渡过经济危机的难关，需要重新打开俄国市场。经过苏俄的外交努力，苏英两国于 1921 年 3 月 16 日在伦敦签订了《俄罗斯苏维埃社会主义联邦共和国与大不列颠帝国通商协定及关于承认赔偿的宣言》，亦称《临时贸易协定》。英苏贸易协定是苏维埃国家与资本主义大国签订的第一个贸易协定，它对苏俄加强对外贸易，恢复国内经济，改善国际环境都有着积极意义。1922 年 1 月 6 日，协约国最高委员会戛纳会议决定，召开欧洲国家经济会议，邀请苏俄和德国代表参加。戛纳会议通过了针对苏俄的规定，任何国家不得将本国的经济制度和政治制度强加于别国，保障外国资本和利润不受侵犯；只有在承担本国历届政府的债务，归还并赔偿被接管的外国资产，保证财政货币流通的前提下，才能得到外国政府的贷款，并得到协约国的正式承认。戛纳会议及其决议表明，尽管西方国家仍然对苏俄怀有敌意，在面对这个世界上存在着不同社会经济制度的苏俄这一现实情况下，不得不作出准备承认并与之合作的选择。可以说，苏英、苏德贸易协定的签署，极大地促进了各国对俄贸易的发展，与苏俄签订贸易协定的国家接踵而至，挪威、奥地利、意大利、丹麦、捷克斯洛伐克都相继与苏俄签订了贸易协定，至 1922 年年底，苏俄已同 11 个国家签订了贸易协定。

　　总起来看，在 20 世纪二三十年代资本主义世界为经济危机所困扰时，苏联则进行了社会主义改造与建设，并利用西方资本主义世界遭受经济危机打击之机，从西方引进一批先进的机器设备和技术力量，还用高薪聘请外国专家和技工，进一步加强了对资本主义技术人才等因素的利用，促进了国民经济的飞速增长，实现了社会主义工业化。1940 年的工业总产值比 1913 年增加六倍多，超过法、英、德，跃居欧洲第一位、世界第二位。在 30 年内，苏联成功地完成了从一个落后的农业国迅速上升为世界第二大工业、军事强国的转变，以致使"社会主义不再是空想家的梦；它是发展中的事业"①。至此，世界上第一个社会主义国家不仅打破了资本主义的经济封锁，而且在与资本主义国家经济封锁的斗争中取得了显著成绩。但必须承认的是，在此期间，苏维埃俄国由于国内经济急需发展，只是把与资本主义国家进行经济

---

　　① ［美］斯塔夫里阿诺斯著：《全球通史——1500 年以后的世界》，吴象婴等译，上海社会科学出版社 1999 年版，第 690 页。

技术领域的交往和合作当作一种权宜之计，而从 20 世纪 30 年代中期开始，苏联又收缩了与西方的经济关系，并形成了封闭、半封闭的状态。

（二）合作与同盟：二战中的"两制关系"

随着国际形势的变化，"两制关系"逐步由一战后的兵戎相见转向更多的合作。特别是第二次世界大战的爆发，在法西斯势力成为威胁世界人民安全的主要危险的形势下，为了共同反对法西斯主义，社会制度不同的国家出于各自利益的需要，结成了广泛的国际反法西斯统一战线，"两制关系"一度呈现出了合作与发展的可喜局面。

1. 两种制度国家合作的努力。从苏联方面来看，在 20 世纪 30 年代，面对希特勒上台执政公开宣称反对布尔什维主义，苏联在外交战略上作了重大调整，由反对和防止英、法、美策划反苏新武装干涉，转变为争取联合英、法、美等非侵略国共同反对法西斯国家的侵略，从支持德国冲破凡尔赛体系的束缚转而支持国联反对法西斯，把维护本国的和平安全纳入反对法西斯、维护世界和平的共同斗争轨道。为此，苏联为争取建立西方民主国家和社会主义苏联反法西斯侵略的联合战线进行了积极的努力。第一，面对法西斯威胁，苏联同尽可能多的资本主义国家建立外交关系。面对法西斯国家的侵略扩张，苏联于 1933 年 7 月 18 日，同西班牙建交。1933 年 11 月 16 日，苏联外交人民委员李维诺夫和美国总统罗斯福互换照会，决定建立两国间外交关系。随后，苏联与匈牙利、罗马尼亚、捷克斯洛伐克、保加利亚、阿尔巴尼亚以及比利时、卢森堡等一系列国家建交。以此扩大了苏联的国际联系，提高了自己的国际威望，在一定程度上维护了世界和平。第二，以苏美建交为突破口，苏联加入国际联盟。1933 年 12 月 25 日，斯大林接见《纽约时报》记者时说："尽管德国和日本退出了国际联盟，或者也许正因为如此，国际联盟才能够成为制止或阻碍军事行动发生的一种因素……如果国际联盟能够起微小的作用……那么我们也就不反对国际联盟……尽管国际联盟有很大的缺点，我们也不会不支持它。"① 在法国的倡议和推动下，1934 年 9 月 18 日，国联以 38 票对 3 票的绝对多数赞成接纳苏联加入国联并担任常

---

① ［苏］斯大林：《和〈纽约时报〉记者杜兰特先生的谈话》，《斯大林全集》第 13 卷，人民出版社 1958 年版，第 249—250 页。

任理事国。从此，苏联完全走出被孤立、被忽视的处境，成为世界政治舞台的重要成员。第三，与法国签署互助条约。苏联认为，面对法西斯的侵略扩张，必须在以往双边互不侵犯条约的基础上，进一步缔结区域性多边互助条约，结成集体安全体系。1933 年 12 月，苏联外交人民委员会在准备答复法国政府关于采取何种联合措施以应付德国的备战行动时，提出了一个建立欧洲集体安全体系的建议：缔结一个包括苏联、法国、比利时、捷克斯洛伐克、波兰和波罗的海沿岸国家参加的共同防止德国侵略的区域性协定。德国于 1932 年退出裁军会议和国联后，法国政府深感不安。1934 年，法国现实主义政治家巴尔都出任法国外交部长，他对苏联提出的建议十分欢迎，也提出了建立一系列欧洲国家共同对付侵略的互助体系——大联盟。在推行"大联盟"外交的实际过程中，法国把苏联放在比较重要的位置。在经历了一系列的曲折和谈判后，苏联和法国政府终于 1933 年 5 月 2 日签订《法苏互助条约》，条约规定，当苏联或法国成为"任何一个欧洲国家无端侵略的对象时"，两国应"立即相互进行支援和协助"。5 月 16 日，苏联和捷克斯洛伐克也签订了互助条约。在此之前，同波兰、芬兰、拉脱维亚、爱沙尼亚签订了互不侵犯条约。这些条约的签订为进一步建立集体安全体系奠定了初步基础。第四，积极与英法进行建立反法西斯联合的谈判。从 1939 年 4 月中旬到 8 月下旬，英、法、苏三国进行了关于缔结互助条约和军事协定的谈判。这是一次为世人关注、极为重要的谈判，因为它的成功与否，直接关系到能否防止世界大战爆发的问题。但是由于英法实行绥靖政策，为实现祸水东引的目的，政治谈判和军事谈判都陷入泥潭。英法苏谈判的失败意味着建立西方民主国家和社会主义苏联反法西斯侵略联合战线的最后努力完全落空。在建立欧洲集体安全的努力受挫，英法美对德意法西斯的绥靖并极力把希特勒的侵略矛头引向东方的情况下，苏联对外交政策作了一定的调整，重点防止德国法西斯首先进攻自己，避免过早卷入战争，开始寻求单方面的安全，为自己赢得宝贵的备战时间。而随着苏德战争的爆发，斯大林时期实行的工业化与集体化对苏联的国民经济特别是国防实力的增强奠定坚实基础的优势明显表现出来，赢得了在二战中的声望，资本主义国家不得不与其结成战时同盟以共同战胜法西斯侵略。

从美、英等西方国家方面来看，苏德战争爆发后的美英开始转向援苏抗德，推动了战时合作与同盟的形成。苏德战争爆发当晚，丘吉尔立即发表广播演说，表示全力支持苏联，"任何对纳粹帝国作战的个人或国家，都将得到我们的援助……这就是我们的政策，这就是我们的宣言。根据以上的理由，我们将要对俄国和俄国人民进行我们能够给予的一切援助"。① 1941 年7 月初，英国驻苏大使开始同苏联进行会谈，于 1941 年 7 月 12 日在莫斯科签署了在对德作战中联合行动的协定。而美国总统罗斯福在苏德战争爆发第二天的记者招待会上指出，"欧战停止之日，即希特勒进犯美洲之时"，并宣布"美国决定在可能范围以内，全力援助苏联。"② 并随即撤销了对价值3900 万美元苏联资产的冻结，宣布不对苏联实施中立法，以使美国船舶能驶往苏联港口。随着苏联抵抗时间的延长，罗斯福下令："立即将大量援助物资运往苏维埃社会主义共和国联盟。"③ 突出的表现是 1941 年 9 月美、英联合代表团在莫斯科召开的关于共同对德作战和有关援苏问题的会议。莫斯科会议经过 3 天协商，三国签订了 10 亿美元的《对俄国供应第一号议定书》。10 月 30 日，美国宣布向苏联提供 10 亿美元的贷款。11 月 7 日，美国把《租借法案》扩大到苏联。莫斯科会议显示了苏、美、英三国打击法西斯德国的决心和政治、经济、军事合作的加强。毫无疑问，美英所做的一切均从其国家利益出发，希望苏联能够继续打下去，既缓解英国的生存压力，又争取避免美国派遣大量地面部队前往欧洲作战。正如罗斯福说的："没有什么比俄国人被打败更糟糕的了……我宁可丢掉新西兰、澳大利亚或任何其他东西，也不愿让俄国人失败。"④ 美国总统杜鲁门说得更坦率，美国援助俄国"有几个原因。同俄国人交手的敌人每增多一个，同我们对垒的敌人就减少一个。太平洋战争的胜利还很渺茫，我们需要俄国人在那里帮助我们。"⑤ 而与此同时，莫斯科会战的胜利提高了苏联的国际声望，英美看到

---

① 刘德斌：《国际关系史》，高等教育出版社 2003 年版，第 317 页。

② 廖盖隆、梁初鸿、陈有进等主编：《社会主义百科要览》中册，人民日报出版社 1993 年版，第1451 页。

③ ［美］威廉·哈代·麦克尼尔：《国际事务概览 1939—1946 年：美国、英国和俄国它们的合作与冲突》上册，叶佐译，上海译文出版社 1978 年版，第 36 页。

④ ［美］罗伯特·达莱克：《罗斯福与美国对外政策》上册，陈启迪等译，商务印书馆 1984 年版，第 486 页。

⑤ ［美］哈里·杜鲁门：《杜鲁门回忆录》第 2 卷，李石译，三联书店 1974 年版，第 328 页。

了苏联强大的力量，从而推动了世界反法西斯联盟的形成。

2. 战时合作成果。1942 年 1 月 1 日，美、英、苏、中等 26 个国家的代表在华盛顿签署了《联合国家宣言》，标志着世界反法西斯联盟的正式形成，同样标志着社会主义与资本主义战时同盟的正式形成。应该说，战时同盟的形成，是战胜法西斯的共同目标把它们连在了一起，但这并没有消除它们之间的根本对立。由于国家利益的不同，尤其是两种制度之间的差异和两种意识形态上的对立，苏联与美、英等资本主义国家在共同反法西斯的合作中仍存在着矛盾和冲突。在战时同盟内部，两种不同制度的国家形成了既合作又斗争的复杂关系。实际上，德黑兰会议、雅尔塔会议、波茨坦会议以及欧洲第二战场的开辟、联合国建立等事件就是同盟内部既合作又斗争的场所和产物。

其一，德黑兰会议及开辟欧洲第二战场是战时同盟合作的第一个成果。1943 年 11 月 28 日至 12 月 1 日，第二次世界大战期间美、苏、英三大国的第一次首脑会议在德黑兰举行。德黑兰会议是第二次世界大战历史上一次极其重要的国际会议，它对加强苏、美、英三大国的合作、协调盟国作战和加速世界反法西斯战争的胜利进程产生了巨大的积极作用和影响。罗斯福、斯大林、丘吉尔在德黑兰会议上讨论的中心议题是开辟欧洲第二战场的问题。另外，会议还讨论了战后德国处置、波兰疆界走向、苏联参加对日作战以及未来的国际组织等问题。德黑兰会议后，开辟欧洲第二战场提上日程并成功实施。

其二，雅尔塔会议是战时同盟合作的第二个成果。1945 年 2 月 4—11日，第二次世界大战期间美、苏、英三大国的第二次首脑会议在雅尔塔举行，就如何击败德国迫使其无条件投降、苏美英三国分区占领以及战后的战争赔偿等有关问题以及关于波兰政府组成和边界问题、关于苏联对日作战问题和关于组建联合国等四个方面达成协议和合作。尽管三大国在安排战后世界秩序的重大问题上各有企图，存在尖锐对立，随着战争胜利的到来，会议的决议并没有完全得到实施，但它确定了盟国最后战胜德意日法西斯的战略方针和计划，巩固了盟国的合作，加速了反法西斯战争的最终胜利。同时，雅尔塔会议通过的一些决定对制裁德国和维护战后的世界和平也有一定的积极意义，为联合国的建立奠定了基础。当然，需要指出的是雅尔塔协定有关中国的条款，是背着中国政府作出的有损中国主权和利益的决定，是大国强权政治的表现。

其三，根据雅尔塔会议精神创建了联合国。1945 年 4 月 25 日，美、英、苏、法、中五国发起并邀请《联合国家共同宣言》签字国，在美国旧金山召开了联合国制宪会议。来自 50 个国家的代表参加了会议，波兰因尚未建立四大国承认的全国统一政府而未参加。经过两个月的讨论，6 月 26 日，50 个国家的代表在宪章上签字，10 月 24 日，《联合国宪章》正式生效，联合国宣告成立。《联合国宪章》吸收了国际关系中一系列民主、平等的进步原则，反映了世界人民维护和平、反对侵略的愿望。创建联合国是战时盟国共同规划战后和平体制的一项重大成就，它对预防世界大战、发展各国友好关系和促进国际合作都有重要作用。与此同时，联合国的组织和章程也存在一些问题，大国强权政治色彩仍然比较浓厚，因此，联合国及其活动也具有一定的历史局限性。

其四，波茨坦会议及二战宣告结束，战时同盟合作取得最终胜利目标。1945 年 7 月 17 日至 8 月 2 日，苏、美、英三国政府首脑在柏林郊外的波茨坦举行第二次世界大战期间的第三次会晤。波茨坦会议是第二次世界大战期间苏、美、英三国首脑举行的最后一次国际会议。它协调了三大国在打败日本法西斯和战后处置德国、日本等一系列重大问题上的立场，对促使日本无条件投降，巩固反法西斯战争的胜利成果，维护战后世界和平起了积极作用。它及时调整了盟国之间的关系，维护了战时盟国的团结，但是会议也暴露出苏联和英美之间存在的矛盾和分歧不可调和。由于反法西斯战争的最后胜利已指日可待，共同的敌人正在逐渐消失，因而苏联和美、英之间在安排战后世界问题上的矛盾日益突出。波茨坦会议是战时三次首脑会议中时间最长、争论最激烈的一次会议。由于战争尚未全部结束，世界舆论希望盟国继续合作，所以经过 10 多天的争论和磋商，三国于 8 月 2 日签署了《苏美英三国的柏林（波茨坦）会议公报》和《柏林（波茨坦）会议议定书》两个内容基本相同的文件。这两个文件通称波茨坦协定。会议就管制德国的政治经济基本原则和德国赔偿问题、关于波兰政府成立以及边界问题、关于结束对日作战的条件和战后处置日本的方针等问题达成协议。1945 年 9 月 2 日，苏、中、美、英等近 50 个国家结成伟大的反法西斯同盟，相互支持，英勇奋战，终于打败了德、意、日法西斯侵略者，第二次世界大战宣告结束。

　　总起来说，在反法西斯主义的旗帜下，社会主义与资本主义两种不同制度国家之间的合作取得了历史性的成果，推动了反法西斯战争的胜利。但也正因为这种合作不是一般的国家联合，而是两种制度国家之间的合作，特别是由于意识形态的不同以及国家利益至上原则的不可逾越，一旦客观形势发生变化，在法西斯主义这个共同的敌人消灭之后，战时合作的基础不复存在，合作走向了破裂。

（三）冷战与对峙：意识形态置上时期的"两制关系"

　　随着反法西斯战争的胜利，苏联在国际上的地位和影响明显增强，极大地提高了社会主义的威望，社会主义由一国扩展到多国，在当时形成了一个强大的社会主义阵营，"两制关系"一度表现为以美国为首的资本主义阵营和以苏联为首的社会主义阵营之间的关系，冷战对峙成了其主要表现形式。

　　1. 美苏两国从战时合作走向冷战。第二次世界大战后，处于"两制关系"前台的美苏为了争夺世界霸权，加之意识形态的对立导致矛盾激化，从战时合作走向竞争对抗，最终导致战时同盟破裂。对此，美国阿肯色大学前校长威廉·富布赖特作了深刻揭示，指出"第二次世界大战后崛起的两个主要大国美国和苏联，很快就成了竞争对手，那是十分自然的事。自雅典和斯巴达以来，竞争一直是强国的必由之路。"[①]

　　其一，美苏两国争夺世界霸权的矛盾导致两国战后无法继续像战时有着共同敌人那样的合作。二战后，美国和苏联成为世界上两个最强大的国家，双方在不同制度的国家里都极具影响力。从世界资本主义的力量来看，战后美国跃上了资本主义世界霸主的宝座，取代英法充当资本主义世界的主宰和领头羊。资料显示，战后初期，美国工业产量占资本主义世界 1/2 以上（1948 年占 53.4%）；出口贸易占资本主义世界的 1/3（1949 年占 32.4%）；黄金储备占 3/4（1949 年占 73.4%）；资本输出占世界第一位而且是最大的债权国。[②] 显然，在经济上，美国是世界上首屈一指的巨人。在军事上，战前美国武装部队人员总数仅 33.5 万人，国防预算不过 10 多亿美元，但到战争结束时，美国武装部队人数高达 1200 多万，国防预算超过 800 亿美元。

---

　　① ［美］威廉·富布赖特：《帝国的代价》，简新芽等译，世界知识出版社 1991 年版，第 6 页。
　　② 参见方连庆等主编：《战后国际关系史（1945—1995）》（上），北京大学出版社 1999 年版，第43 页。

美国不仅拥有世界上最强大的空军和海军，而且还在世界各地建立了数百个军事基地。1946 年，美国的军队驻扎在 56 个国家，遍布各大洲；到 1947年，美国在海外已先后建立了 484 个军事基地。[①] 更重要的是，美国是唯一垄断原子武器的国家，因此，美国在战后成为世界上头号军事强国。杜鲁门总统 1945 年 10 月 23 日在国会宣称美国的战斗力现在比历史上任何时候都强大，比世界上任何国家都强大，提出要在国际间起"领袖作用"。凭借其强大的经济和军事实力，美国的政治、经济、军事势力跨过两洋，进入欧亚，成为控制整个资本主义世界的超级大国。

从世界社会主义力量来看，战后苏联成为社会主义世界的力量中心。战争的胜利使苏联的军事力量空前强大，国际威望和地位得到空前提高。经济上，战后苏联从德国得到了上百亿美元的战争赔款，又从波兰、芬兰、罗马尼亚和捷克斯洛伐克等国获得 50 多万平方公里的土地，2000 多万人口，此外还有 200 多万俘虏在苏联从事强制性劳动。这一系列因素为苏联在战后医治战争创伤，恢复和发展国民经济创造了有利的条件。战后，苏联利用计划经济体制在集中人力、物力和财力方面的优势，加快恢复国民经济，到 1948 年，苏联的工业生产能力已全部得到了恢复。[②] 在军事上，随着战争的发展，苏联军队越出国界打到东欧，后来又打到中国东北和朝鲜，使苏联的军事政治影响扩大到欧亚两大洲。政治上，战前同苏联建交的国家有 26 个，战争结束时与苏联建交的达到 52 个。东欧及亚洲社会主义国家的出现，结束了苏联在国际社会上"孤军奋战"的局面，形成了社会主义阵营。

由于国家利益的不同，战后苏美两国关系不可逆转地恶化。对此，基辛格曾指出："美苏关系紧张并非因为双方误解而起，而是双方政策、目标迥然不同，无法调和而起"。[③] 事实上，美苏在战时合作时就包含着冲突的种子，只是在共同的敌人即强大的法西斯面前没有发芽而已。因为"只要世

　　① 参见张小明：《冷战及其遗产》，上海人民出版社 1998 年版，第 4 页。
　　② 教育部社会科学研究与思想政治工作司组编：《当代世界经济与政治》，经济科学出版社 1999年版，第 56 页。
　　③ ［美］亨利·艾尔弗雷德·基辛格著：《大外交》，顾淑馨等译，海南出版社 1998 年版，第381 页。

界在政治上还是由国家所构成的，那么国际政治中实际上最后的语言就是国家利益"。① 二战后期，美苏在东欧问题，特别是双方在波兰、德国的问题上的争夺使得两国冲突和矛盾已不可调和。1945 年下半年和整个 1946 年，尽管美苏双方都还在勉强维持战时同盟关系的表象，但矛盾却在不可阻遏地全面激化。1946 年 2 月 9 日，斯大林在莫科斯发表演说称"现代世界资本主义并不是平稳地均衡地向前发展，而是经历着危机和战祸。"而"苏维埃制度比非苏维埃社会制度更有生命力，更稳固"。② 斯大林的演说震惊西方，美国最高法院法官自由派领导人之一道格拉斯称这篇讲话是"第三次世界大战的宣言"。至此，美苏战时合作不复存在。

其二，美苏两国社会制度和意识形态的差异使得其矛盾和对抗不断加剧。美苏的对立是两种政治和经济制度、两种生活方式和价值观的对抗与斗争。美苏由于国家利益和意识形态的差异，往往对同一事件和情势有不同的理解并采取不同的对策。苏联认为共产主义必将取得最后的胜利，自诩为资本主义制度的掘墓人，有义务支持世界革命和民族解放运动，鼓励和支持其他国家走社会主义道路。而美国则说"苏联是'罪恶的帝国'，扬言要对马列主义实行十字军讨伐、把苏维埃制度扫进历史的垃圾堆。美国作为世界宪兵，肩负着维护世界和平与稳定、保护国际秩序和经济繁荣与人民福利的历史使命。"③ 随着苏联的不断强大及其对美国政策的强硬，让美国尤其感到不安的是苏联的意识形态因其所拥有的强大军事实力而更具威胁，而意识形态的敌对又加深了彼此的不信任感，从而进一步扩大了双方意识形态的分歧，使美苏都相信双方的冲突是不可避免的。美苏两国站在根本对立的原则立场上，在人权、个人自由、文化自由、对文明社会的作用、历史发展的方向以及人的尊严这些重要的问题上的分歧使他们分裂，每个国家都把对方看成是自己永远的和不共戴天的敌人。美苏就是这样相互猜疑和算计着对方，并据此制定和推行相关政策。

---

① ［美］汉斯·摩根索：《政治学的困境》，本书翻译组译，中国人民公安大学出版社 1990 年版，第 54 页。

② ［苏］斯大林：《在莫斯科市斯大林选区选举前的选民大会上的演说》，《斯大林选集》下卷，人民出版社 1979 年版，第 488—489、492 页。

③ 刘金质：《关于冷战的几点思考》，《国际政治研究》2001 年第 4 期，第 79—80 页。

　　其三，意识形态的不同引发了战后美苏双方的冷战。关于冷战的涵义，国内外学术界有不同的解释。一般认为，冷战是指东西方国家间，尤其是美苏间的除直接军事冲突外的全面对峙与紧张斗争。"冷战是以军事实力为后盾、意识形态为主要武器、争夺地缘政治优势的斗争。"① "冷战"一词是1946年年初美国政论家赫伯特·贝阿德·斯沃普为美国参议员伯纳德·巴鲁克起草的演说稿中提出的，称美国处于"冷战方酣之中"。同年9月，美国著名专栏作家、政论家沃尔特·李普曼为此写了以《冷战》为题的一系列文章。从此，"冷战"一词广泛流传与使用。当然，在外交关系中最早的冷战思想是由美国驻苏代办乔治·凯南提出的，并受到了美国政府的认可。1946年2月22日，美国驻苏代办乔治·凯南向国务院发回一份长达8000字的电报，对战后苏联的理论、政策、行为动机和做法作了全面系统的分析和建议，认为美国应当采取保持实力威慑与压力的对策，而不必采用热战。这份电报为美国"已经采用的'强硬'政策提供了一个完美的逻辑依据"。② 海军部长福雷斯特尔读到它时如获至宝，随即下令复印这份电报作为几百名高级军官必读文件，国务院为此还表扬了凯南。这份长电报在华盛顿受到了异常热烈的欢迎，表明它所代表的对苏强硬政策在政府和国会取得了绝对优势。随后凯南在美国1947年7月的《外交季刊》上发表署名×先生题为《苏联行为的根源》的文章，正式提出并系统阐述了其"遏制理论"。乔治·凯南的遏制理论标志着美国冷战思想的基本形成，对战后初期美国对苏战略和政策的确立和执行产生了直接的影响，为"杜鲁门主义"的出台提供了理论依据。但是必须指出的是，在苏联方面也有其凯南长电报的对应物，这就是当年苏联驻美国大使尼古拉·诺维科夫于1946年9月27日给参加五国和约巴黎会议的苏联代表团的秘密报告，题为"战后美国对外政策的长篇报告"。这个报告同样全面分析了战后美国对外政策的意图和目的以及美国在全球的扩张行为，断定美国战后对外政策的特征是"谋求世界霸权"，并将苏联视为"其通往世界霸权道路上的主要障碍"，为此，美国正在以各种方式扩充军备，并且把苏联作为战争的对象而准备未来的战争。由

---

　　① 刘金质：《关于冷战的几点思考》，《国际政治研究》2001年第4期，第79页。
　　② ［美］戴维·霍罗威茨著：《美国冷战时期的外交政策》，上海市"五七"干校六连翻译组译，上海人民出版社1974年版，第39页。

此可见，在战争结束仅仅一年，美苏关系已彻底走向了不信任和防备状态。

其四，在冷战对抗政策指导下，1946 年 3 月丘吉尔的"铁幕演说"正式拉开实践上的冷战序幕。1946 年 3 月 5 日，英国首相丘吉尔在美国总统杜鲁门陪同下，在杜鲁门的母校威斯敏斯特学院发表了题为"和平砥柱"的演说。丘吉尔在演说中公开攻击苏联扩张，"不久刚被盟国的胜利所照亮的大地，已经罩上了阴影。没有人知道，苏俄和它的共产主义国际组织打算在最近的将来干些什么，以及它们扩张和传教倾向的止境在哪里，如果还有止境的话。"随后，丘吉尔还指出铁幕已经降落下来，苏联对"铁幕"以东的中欧、东欧国家进行日益增强的高压控制。丘吉尔认为对苏联的扩张不能采取"绥靖政策"，而美国作为高踞世界权力顶峰的国家应担负起安全的责任，为此他主张美英结成同盟联合起来以制止苏联"侵略"。丘吉尔的富尔顿演说，激起了斯大林的强烈愤怒。不到 10 天，1946 年 3 月 13 日，斯大林对《真理报》记者发表谈话指出，这个演说是危险的行动，其目的是要在盟国中间散布纠纷的种子，使他们难以合作。斯大林严厉谴责丘吉尔和他的朋友非常像希特勒及其同伴，指出丘吉尔的方针是进行战争的方针，实质是号召同苏联进行战争。可以说，丘吉尔的"铁幕演说"揭开了冷战的序幕，美苏两国由战时同盟走向了冷战对抗，并且还使两国之间的对抗迅速演化为世界两大阵营的分野与斗争。

2. 资本主义与社会主义"两大阵营"的冷战对峙。随着美苏双方争夺世界的矛盾日益激化，以及在意识形态和社会制度方面的矛盾冲突日益尖锐，美苏两国在政治、经济和军事上的对抗，使得两制关系很快便陷入了以美国为首的资本主义阵营和以苏联为首的社会主义阵营冷战对峙的状态。

其一，政治上两大阵营陷入对立，美苏冷战全面开始。1947 年 3 月，美国提出并实施"杜鲁门主义"，借助在战争中膨胀起来的经济和军事实力，通过向希腊、土耳其提供经济援助及军事帮助等一切军事手段来控制希腊和土耳其达到遏制所谓苏联的扩张以实现自己世界霸主的意图。美国著名评论家沃尔特·李普曼在谈到杜鲁门主义的真实目的时指出："我们选择希腊和土耳其不是因为它们特别需要援助，也不是因为它们是民主的光辉典范，而是因为它们是通向黑海和苏联心脏的战略大门。"① 随后，美国便大规模插手希腊和土耳其内战。杜鲁门主义实质上是美国遏制苏联、称霸世界的全球扩张主义，是美国公开推行对苏冷战政策的重要一步。针对美国的杜鲁门主义，苏联组织建立了欧洲共产党和工人党情报局。1947 年 9 月，苏联共产党和欧洲的波兰、罗马尼亚、保加利亚、匈牙利、捷克斯洛伐克、法国、意大利、南斯拉夫八国的共产主义政党代表在波兰举行了会议，通过了《几国共产党代表会议关于国际形势的宣言》，指出在战后国际政治舞台上已形成了两个完全相反的阵营，"一个是帝国主义反民主阵营"，"另一个是反帝国主义民主阵营"②；号召各国共产党团结一切民主的爱国力量，反对帝国主义的扩张和侵略计划。会议经过讨论，通过了《关于出席会议的各国共产党之间交换经验和协调行动的决议》，决议决定设立情报局，由与会九国的共产党和工人党代表组成。情报局的成立得到了各国共产党的普遍欢迎。情报局成立后立即开展了动员群众投入反对帝国主义侵略战争和维护和平的斗争。欧洲九国共产党和工人党情报局的成立以及到 1956 年结束活动，对于反对美国的侵略政策、抵制帝国主义思想进攻方面起了积极的作用，也由此在国际上形成了与帝国主义和殖民主义相对抗的统一战线。

其二，经济上两大阵营陷入封锁境地。美国在冷战开始处于主动地位，其为了扶植西欧经济复兴和稳定西欧政局，给自己过剩的商品和资本寻找出路，夺取和占领西欧市场，更重要的是为了增强遏制苏联的力量，并进而离间苏联同东欧国家的关系，美国抛出了援助欧洲复兴的马歇尔计划。1947 年 6 月 5 日，美国国务卿乔治·马歇尔在哈佛大学毕业典礼上接受名誉学位时，发表了 15 分钟的演说，宣布了美国"经济复兴欧洲"的方针。1948 年 4 月 3 日，经杜鲁门总统签署，马歇尔计划正式实施。从 1948 年 4 月到 1952 年 6 月，美国向欧洲提供了 131.5 亿美元的援助。这些援助以粮食和消费品为主，90% 是馈赠，10% 是贷款。马歇尔计划很大程度上帮助西欧恢复经济，推动了资本主义世界的经济联合，同时加强了美国对欧洲的控制。为

---

① 王芝：《略论"杜鲁门主义"在战后美国对外政策中的地位与作用》，《外交学院学报》1993 年第 3 期，第 29 页。

② 共产党情报局：《几国共产党代表会议关于国际形势的宣言》，《共产党情报局会议文件集》，人民出版社 1954 年版，第 6 页。

顶住西方经济上对社会主义国家封锁带来的压力，帮助东欧国家恢复和发展经济，与马歇尔计划相抗衡，苏联提出了"莫洛托夫计划"以及成立了经互会。苏联与东欧国家签订一系列的贸易和经济协定来加强彼此的经济联系，这被西方称为"莫洛托夫计划"。1947 年 7—8 月，苏联先后与匈牙利、捷克斯洛伐克、保加利亚、阿尔巴尼亚以及罗马尼亚等国签订了一系列的经济和贸易协定。与此同时，随着西方国家对东欧的经济封锁越来越严重，苏联决定与东欧建立多边性的经济合作机构。[①] 1949 年 1 月苏联、保加利亚、匈牙利、波兰、罗马尼亚、捷克斯洛伐克六国代表在莫斯科举行经济会议，决定建立共同的经济机构——经济互助委员会（简称经互会）。同年 2 月阿尔巴尼亚加入经互会，后来蒙古、古巴、越南分别于 1962 年、1972 年、1978 年加入经互会。经互会的成立把斯大林"两个平行的世界市场"理论付诸实践，在经济上加强了社会主义国家之间的联系，对抵制西方的经济封锁和贸易禁运起了重要作用，也使冷战进一步加剧。同时我们需要指出的是，由于经互会是一个封闭性的经济集团，使得苏联和东欧国家与西方的经济隔绝开来，与世界经济发展脱节，在某种程度上阻碍了苏联和东欧国家经济的发展。

其三，军事上形成了北大西洋公约组织与华沙条约组织两大军事集团的对抗。通过马歇尔计划，西欧国家已经纳入美国冷战的全球战略体系中，但是美国不仅着眼于在政治、经济上控制欧洲，遏制苏联，而且希望建立军事上的联合体以适应其遏制战略的需要，为此美国组织建立了北大西洋公约组织。苏联也组织了社会主义国家间的军事联合体即华沙条约组织以对抗北大西洋公约组织。1948 年 3 月，美国首先支持英国出面，组成了英、法、荷、比、卢五国参加的布鲁塞尔条约组织。1948 年 7 月，以布鲁塞尔条约组织邀请美国、加拿大参加的方式，在华盛顿举行会议，讨论建立军事组织的问题。经过一系列准备，1949 年 4 月 4 日，美国、英国、加拿大、法国、冰岛、丹麦、意大利、挪威、葡萄牙、荷兰、比利时、卢森堡 12 国外长在华盛顿签署了《北大西洋公约》。面对美国的扩张和威胁，苏联采取了针锋相对的措施，出面成立了华沙条约军事组织。1955 年 5 月，苏联同阿尔巴尼

---

① 刘德斌主编：《国际关系史》，高等教育出版社 2003 年版，第 364 页。

亚、保加利亚、罗马尼亚、匈牙利、波兰、民主德国、捷克斯洛伐克在华沙
签订了友好合作互助条约，即《华沙条约》，条约规定"如果在欧洲发生了
任何国家或国家集团对一个或几个缔约国的武装进攻"，每一缔约国应根据
联合国宪章第51条行使单独或集体自卫的权利，个别的或通过同其他缔约
国的协议，以一切必要的方式，包括使用武装部队，立即对遭受这种进攻的
某一个国家或几个国家给予援助；"缔约国各方保证不参加其目的和本条约
的目的相违反的任何联盟或同盟，不缔结其目的和本条约的目的相违反的任
何协定。"① 华沙条约组织的建立标志着以苏联为首的社会主义阵营的形成，
也标志着社会主义与资本主义两大阵营在欧洲对峙的正式形成。

其四，美苏两国还在亚非拉地区进行势力范围的争夺。一方面是美国通
过实施第四点计划，控制亚非拉落后国家。1949年1月，杜鲁门在就职演
说的第四点中提到要利用技术和资本输出，对亚、非、拉发展中国家进行政
治、经济的渗透和扩张，推行新殖民主义，它是美国实施金元外交控制亚非
拉经济落后地区，实现霸权主义全球战略在地域方面的补充。另一方面，苏
联在欧洲和亚洲则通过缔约联盟的方式与美国争夺势力范围。1950年2月，
苏联与中国签订了为期30年的《中苏友好同盟互助条约》，其他社会主义
国家也先后与苏联签订了一系列友好同盟互助条约，建立全面的结盟关系。

其五，两大阵营的对峙一度呈现出了"冷战对抗"与"热战交锋"的
局面。在美苏为首两大阵营的形成过程中和形成之后，双方展开了军事对
峙，在欧洲表现为"冷战对峙"，美苏徘徊在战争的边缘；在亚洲出现了局
部的"热战交锋"，局部武装冲突时有发生。突出的有：（1）三次柏林危
机。第一次柏林危机，又称"柏林封锁"（Berlin Blockade）发生于1948
年，源于美英法三国在西占区的货币改革，引发了苏联在苏占区也发行了新
的货币，切断了西占区与柏林的水陆交通及货运，形成了第一次美苏冷战高
潮，其结果是导致柏林分裂为东、西柏林两个城市。第二次危机发生于
1958年11月，美、苏就西柏林问题、德国的未来及统一的条件等问题再度
产生矛盾。1958年11月27日苏联正式照会西方国家，建议缔结对德和约，
在此基础上结束西柏林的占领制度，要求美、英、法在6个月内撤出它们在

① 刘德斌主编：《国际关系史》，高等教育出版社2003年版，第365页。

西柏林的驻军，使柏林成为非军事化的"自由城市"，限定西方三国在6个月内撤军。对此西方国家反应强烈，美、英、法不仅拒绝撤出西柏林，而且宣称苏联如果封锁进入西柏林的通道，它们将不惜诉诸武力。欧洲局势陷入紧张状态，1959年3月，苏联对西方国家的强硬态度放低了调子，赫鲁晓夫决定收回6个月内解决西柏林问题的期限，美国则倡导召开新的四国会议，讨论柏林问题，危机暂告平息。第三次柏林危机发生在1961年。1961年6月3日至4日，美国总统肯尼迪与苏联领导赫鲁晓夫在奥地利维也纳举行会谈，讨论焦点集中于柏林问题。赫鲁晓夫要求英美法撤出西柏林，否则西方国家进入西柏林都需先征得东德同意。肯尼迪断然拒绝。1961年7月初，苏联宣布暂停复员，并将军费增加1/3。美国总统肯尼迪作出强硬反应，于7月25日发表全国广播演说，宣布追加国防预算，征召部分后备役人员及国民警卫队入伍，扩大民防及修筑防空措施。1961年8月13日，苏联及东德封锁东西柏林之间的边界，从15日起沿东西柏林分界线在东柏林境内筑起了一道总长154公里的"柏林墙"，西柏林人进入东柏林都需经过边境站的检查，还需办理入境手续。这一举动令西方国家措手不及。但除发出警告外，不得不把柏林墙的事实加以接受。柏林墙筑起两个星期后，赫鲁晓夫单方面撕毁美苏两国为期3年的禁止核试验协议，恢复一系列试验。美国也在9月恢复地下核试验，美苏军备竞赛又进入新高潮。(2)古巴导弹危机。1959年卡斯特罗领导古巴革命成功，建立了社会主义共和国，美国企图扼杀古巴革命，于1962年派遣了一支由古巴流亡者组成的反动武装在沙猪湾登陆，被古巴革命军全部歼灭。在这之后，赫鲁晓夫则以保卫古巴安全为由，将40多枚核导弹用商船运往古巴，被美国的U-2型飞机发现，美国肯尼迪政府将苏联用核武器装备古巴的尝试看作是"一次无理改变现状的蓄意挑衅"。1962年10月22日，美国总统肯尼迪宣布对古巴实行海上和空中封锁，并要求苏联在联合国观察员的监视下，迅速拆除和撤退在古巴的导弹和其他进攻性武器。随后，美国在佛罗里达和其邻近各州，集结了庞大的登陆部队，核潜艇进入阵地，满载核弹头的战略轰炸机准备作战。加勒比海危机深重，战争有一触即发之势，双方关系再度紧张。在肯尼迪咄咄逼人的核讹诈面前，赫鲁晓夫采取了退让政策。10月26日和27日，赫鲁晓夫两次写信给肯尼迪，表示愿意从古巴撤走导弹，并同意联合国派员监督核实，条件是美国保证不入侵古巴，并从土耳其撤走美国导弹。肯尼迪要求苏联先撤出攻击性武器，然后美国才能提供对古巴的保证，根本不理睬赫鲁晓夫要美国从土耳其撤走导弹的要求。经过美苏私下密谈，赫鲁晓夫于10月28日和11月21日先后同意从古巴撤走中程导弹和伊尔28式轰炸机，保证今后不再把进攻性武器运进古巴。美国决定取消对古巴的军事封锁，承诺不侵犯古巴，同意今后拆除部署在土耳其的木星导弹。古巴导弹危机遂告平息。（3）朝鲜战争。1945年8月根据雅尔塔协定，苏、美军队以北纬38度线为界，分别出兵朝鲜半岛，追击日军。由于战后两大阵营的形成，38线就成了南、北朝鲜的分界线。1948年南、北分别成立独立国家，但在冷战对峙的局面下，南、北双方边境冲突时有发生。1950年6月25日爆发了朝鲜战争，6月27日，美国操纵联合国安全理事会通过了武装干涉朝鲜的决议，悍然以联合国的名义组成了联合国军进行武装干涉，并把战火烧到中国边境。在这严峻时刻，中国共产党中央委员会于10月8日作出了抗美援朝、保家卫国的战略决策。中朝两国人民并肩作战击溃侵略军，粉碎了美国企图吞并朝鲜、扼杀中国的阴谋，维护了远东和世界的和平。（4）越南战争。朝鲜战争的失败并没有使美国放弃称霸世界的野心和对所谓的共产主义扩张的遏制，凭借其强大的实力，从20世纪60年代初又发动了一场侵略越南的"特种战争"，即由美国出钱、出武器，装备、训练、指挥越南军队，由越南人打越南人。1965年美国开始派遣大量军队进驻越南，把战争升级为"局部战争"。但英勇的越南人民在全世界爱好和平力量的支援下，奋力抗敌，沉重打击了美国的反动势力，使美国深陷越南战争的泥潭，国力大衰，最终不得不结束越南战争。

很显然，两大阵营的冷战对峙，不仅记录了社会主义与资本主义"两制关系"你死我活的激烈斗争，而且也昭示了二战后初期国际环境的恶劣，特别是世界经济被人为地按社会制度的差异分割成几个封闭的经济体系，严重阻碍了全球范围的经济合作和经济发展，从而导致了世界经济发展的不平衡，威胁了整个世界的和平与安全，制约了人类社会、特别是社会主义自身的正常发展和进步，其教训复杂而深刻。

（四）演变与反演变：由冷战对峙转向冷战后时代的"两制关系"

"和平演变"是西方资本主义国家试图用武力消灭社会主义国家失败

后，又不甘心社会主义国家存在和发展而不得不改变手法而采取的迂回战略。在世界范围内，资本主义扼杀社会主义的企图一直未变，但经过几十年的较量，西方资本主义直接的武装干涉、军事包围、经济封锁和外交孤立等硬碰硬的军事镇压或威胁均难以奏效，社会主义制度不仅在许多国家中牢固地建立起来并且开始显示出旺盛的生命力，社会主义力量和影响也越来越强大。因此，随着国际形势的变化，资本主义也不得不改变手法实行策略转变，即在保持强大军事力量的前提下把和平演变作为对付社会主义国家的主要策略原则。随即"两制关系"又陷入了和平演变与反和平演变的斗争。

1. "和平演变"战略的形成。"和平演变"，是指在保持强大的军事压力前提下，采取战争以外的方式，通过政治的、经济的、思想的、文化的以及宗教的各种途径，运用资产阶级的民主、自由和人权对社会主义国家进行渗透，以影响社会主义国家人们的心理和行为方式，进而改变这些国家的社会制度和政治发展方向，逐步实现经济私有化、政治多元化、文化和价值观念西方化，在同社会主义国家的接触和交往中，在"没有硝烟的战争"中，促使社会主义国家从内部演变。如同美国前总统尼克松所说，"和平演变"战略的一个基本思路就是通过加强"他们的思想和我们的思想之间、他们的人民和我们的人民之间、他们的社会和我们的社会之间的接触"①，利用现代化大众传播、物质引诱、人员交流等手段向社会主义国家进行政治经济和思想文化的渗透，对其领导人和人民施加压力，促使他们的制度发生演变，以使共产主义从内部解体。和平演变实际上是资本主义通过与社会主义国家的和平接触与交往，企图用资本主义的世界观、价值观和生活方式，影响并改造社会主义国家的普通民众尤其是年轻人的思想，使社会主义制度国家人民追随资本主义，最终在各种力量的影响下逐步演变为资本主义模板的"自由世界"。

"和平演变"思想最早萌芽于20世纪40年代末。1949年7月30日，美国国务卿艾奇逊在给杜鲁门总统的一封信中，提出了一个鼓励中国的"民主个人主义"的拥护者，从内部搞演变，以推翻中国共产党的领导，搞垮人民政权为目标的战略。他在信中说："中国悠久的文明和她的民主个人主

---

① 辛灿主编：《西方政界要人谈和平演变》，新华出版社1989年版，第31页。

义终于会再显身手，中国终于会摆脱外国的羁绊。对于中国目前和将来一切朝着这个目标的发展，我认为都应当得到我们的鼓励。"① 由于在当时及其后的一段时间里，美国对华奉行的主要是公开敌视的态度和军事侵略及军事威胁政策，"和平演变"还没有提上议程。真正把"和平演变"作为对社会主义国家进行斗争的主要策略，是杜勒斯时代的产物。1952 年 8 月杜勒斯提出了要用更有力的"解放政策"代替"无效的'遏制'政策"，即：用政治战、心理战和宣传等手段，通过宣传资产阶级的思想意识和生活方式等，促使社会主义国家内部"和平演变"，使这些国家获得"自由"。1953 年 1 月 15 日，他在美国国会考虑任命他为国务卿的证词中宣称，"解放"社会主义国家"被奴役的人民"，要用"非战争的方法"，即用"和平的手段取胜"，同时强调"那些不相信精神的压力、宣传的压力能产生效果的人，就是太无知了。"② 在此后的多次演讲中，杜勒斯不遗余力地鼓吹要用西方的价值观念"缩短共产帝国主义的寿命"，认为"用和平手段取得胜利"是西方对付共产主义的"高尚战略"③。还明确提出，"中国共产主义是一个致命的危险"，要"用和平方法使中国得到自由的精神"，"办法不是使用武力，而是用行为和榜样来支持大陆中国人的思想和心灵"④，并把希望寄托在社会主义国家的第三代、第四代人身上。为此，他在 1953 年成立了新闻署，直接支持、领导"美国之音"，同时加强"自由欧洲电台"对苏联、东欧的宣传，大搞所谓"解放"东欧人民运动，致使波匈事件发生。因此一举，"杜勒斯"这个名字，也就成为搞"和平演变"的代名词。这可以看作是"和平演变"思想的初步提出。

　　"和平演变"政策的全面形成和真正出台的标志性文件是 1958 年美国出台的针对南斯拉夫的政策文件 NSC5805/1 号文件和针对其他东欧社会主义国家的 NSC5811/1 号文件。NSC5811/1 号文件明确提出美国对东欧政策

---

① 毛泽东：《丢掉幻想，准备斗争》，《毛泽东选集》第 4 卷，人民出版社 1991 年版，第 1486 页。

② 中共北京市委研究室编著：《谈反和平演变问题》，中国人民公安大学出版社 1991 年版，第 4 页。

③ 屈全绳、刘红松编：《和平演变战略及其对策》，知识出版社 1990 年版，第 5 页。

④ ［美］约翰·福斯特·杜勒斯：《杜勒斯言论选辑》，世界知识出版社编译，世界知识出版社 1959 年版，第 471—472 页。

所追求的长期目标是使东欧社会主义国家"实现民族独立，并最终成为自由世界的一员"；而其近期目标是"促使它们朝着民族独立与自由的方向和平演变。"为了实现这一目标，美国政府制定了一系列详细完善的方针政策及具体的行动计划，即"和平演变"政策。针对南斯拉夫的政策文件NSC5805/1 号文件是美国对南斯拉夫多年政策探索与实践的总结，美国在南斯拉夫追求的政策目标、使用的手段和 NSC5811/1 号文件的内容没有多大区别，所不同的是，南斯拉夫不属于苏联阵营，其内政外交不受苏联的控制，所以在近期目标上美国不是促使南斯拉夫脱离苏联的统治，而是促使南斯拉夫继续保持独立，同时促使其加强与西方的联系，以此促使南斯拉夫向西方靠拢。① 此后，历届美国政府无不继承了杜勒斯的衣钵：肯尼迪"一手橄榄枝、一手箭"的"和平战略"、卡特的"人权外交"、尼克松的"不战而胜"、老布什的"超越遏制"等等，与"和平演变"都是一脉相传的。

　　2. "和平演变"战略的实施及影响。"和平演变"战略抛出后，自 20世纪 60 年代美国政府就开始付诸实施。特别是尼克松上台后，直接把"和平演变"作为对付社会主义国家的主要斗争形式。尼克松认为"光是遏制是不够的"，要在与社会主义国家的较量中获得最后胜利，最佳途径是利用经济、文化交流，把西方的意识形态和价值观输入社会主义国家，腐蚀人们的心灵，进而培植起所谓的"持不同政见者"，在社会主义国家制造动乱，使社会主义国家的注意力被迫集中在国内问题上，从而削弱其参与国际竞争的能力，以迂回的方式对社会主义国家不战而胜。20 世纪 70 年代以来，社会主义国家为完善社会主义制度，相继进行政治经济改革并逐步对西方世界开放，到 80 年代改革旧的政治经济体制和对外开放迅速成为一种浪潮。然而，由于改革是一项十分艰巨和复杂的社会系统工程，加之缺乏经验，改革中难免会出现一些挫折和失误，西方国家幸灾乐祸，认为"等待已久的历史性机会已经到来"，② 于是，西方发达资本主义国家的反共反社会主义势力依仗他们在经济和科学技术方面的优势，向社会主义国家展开了"和平

---

　　①　许加梅：《论 20 世纪 50 年代美国"和平演变"政策的产生》，《东北师范大学学报》2008 年第3 期，第 90 页。

　　②　赵守运、邵希梅：《民主社会主义是帝国主义实现"和平演变"阴谋的基本途径》，《长白学刊》1992 年第 2 期，第 69 页。

演变"的全面攻势。

其一，进行思想文化渗透。这种思想文化的渗透主要包括两个方面的内容。一方面，从反面攻击社会主义制度，渲染、夸大社会主义的缺点和困难，由此煽动社会主义人民对共产党的不满情绪和对社会主义的失望感，引起社会主义国家的动乱；另一方面，从正面鼓吹资本主义的"经济自由化"、"政治多元化"等思想，加大社会主义人民对资本主义国家和人民的羡慕和向往感，并通过提倡"民族自治化"使民众采取行动。为此，西方国家采用了各种宣传渗透手段，可谓无所不用其极。具体手段是：

（1）利用各种现代化新闻传播媒介，从思想上动摇人们的共产主义信念。美国前国家安全助理布热津斯基非常露骨地说："使共产党失去对大众媒介宣传手段的垄断权，对破坏共产党的极权主义统治至关重要。在共产党国家内，特别是在只有共产党一党全力进行思想灌输的情况下"，"人民将在外国电台、电视、录像带、地下刊物等新式大众宣传媒介的影响下，逐渐持有与官方不同的政治观点。""最终的结果是，社会各界将会对极权式的专政发起攻击。"① 例如："美国之音"、"英国广播公司（BBC）"、"德意志电波电台"、日本的"NHK"等电台动用强大发射功率，每天分别用几十种语言向世界各地广播，不遗余力地诋毁社会主义并推销西方的思想与价值观。美国前总统里根在美国之音成立45周年的贺电中就曾说，"美国之音是巨大的非军事力量，是在共产主义社会的黑暗中点火的力量。"② 美国还在西欧设置了专门针对苏联和东欧国家进行政治和文化渗透的大型广播电台——"自由欧洲电台"和"自由电台"。"自由欧洲电台"每天以6种东欧国家的语言，即保加利亚语、捷克语、斯洛伐克语、匈牙利语、波兰语、罗马尼亚语进行播音；其中捷克语和斯洛伐克语每天的播音时间为21小时45分钟，波兰语为19小时45分钟，匈牙利语为19小时15分钟，罗马尼亚语为13小时45分钟，保加利亚为9小时。"自由电台"则每天以俄语和其他11种苏联少数民族语言进行播音，"传播国际以及苏联和东欧国内发生重

---

① ［美］兹·布热津斯基：《大失败：二十世纪共产主义的兴亡》，军事科学院外国军事研究部译，军事科学出版社1989年版，第302页。

② 杨恒源：《美国从"遏制"政策向"和平演变"战略的转换》，《浙江学刊》1991年第3期，第10页。

大事件的信息",宣传西方社会的"成就"、生活方式和价值观。"英国广播公司(BBC)"和"德意志电波电台"每天也分别用 40 种和 35 种语言向世界各地广播。这 4 家大型电台都担负着向苏联和东欧国家灌输西方意识形态的任务。[①] 正如尼克松所强调的:"他们(指社会主义国家)需要我们的技术,需要同我们做生意,他们无法阻挡我们的无线电广播。当他们打开门伸手去取他们想要的东西时,我们应竭尽全力把尽可能多的真理塞进门里去。"[②] 而随着全球化时代的网络发展,国际化互联网已经成为西方资本主义进行思想渗透的新战场。在全世界的互联网服务器的内存中,中文的信息只有 4%,这 4% 还不全是我们的,还有新加坡和台湾地区。而美国提供的一般信息占 80%,服务信息占 95%。美国前国务卿奥尔布赖特就曾说:"中国不会拒绝互联网这种技术,因为它要现代化。这是我们的可乘之机。我们要利用互联网把美国的价值观送到中国去。"[③] 可见,资本主义国家利用自己思想文化传播的霸权通过各种手段来推销西方的思想观念对社会主义国家进行颠覆。

(2)利用留学生、学术交流等人员往来进行思想渗透。美国前总统里根曾在美国内部宣称:"要把接受中国留学生作为一项战略投资",[④] 正如美国共和党参议员赫尔姆斯在 1987 年的一次国会会议上表述的那样:"这里没有免费的午餐(资助中国留学生)。慈善固然是一个因素,但绝不是首要因素。我们是怀有明确的外交政策目标的。我们的目标是让在美国的外国留学生接受作为美国立国之本的自由民主原则的熏陶。"[⑤] "等他们逐步成为中国社会的栋梁后,就可以通过他们的头脑逐步使中国向资本主义演变。"[⑥] 而"这些受过西方生活方式熏陶的留学生回国后,其威力将远远胜过派几十万军队去"[⑦]。1991 年曾在美国中央情报局工作、当过美国驻中国大使的美国

---

① 《居安思危:苏共亡党的历史教训——8 集 DVD 教育参考片解说词(八)》,《党史文汇》2007 年第 8 期,第 47—48 页。

② 陈亿忠:《帝国主义推行"和平演变"的战略及其手法》,《广西师院学报》(哲学社会科学版)1990 年第 1 期,第 13—14 页。

③ 赵启正:《中国面临的国际舆论环境》,《世界知识》2004 年第 5 期,第 56 页。

④ 国家教委思想政治工作司等编:《五十天的回顾与反思》,高等教育出版社 1989 年版,第 75 页。

⑤ 刘洪潮主编:《西方和平演变社会主义国家的战略策略手法》,湖北人民出版社 1989 年版,第 102 页。

⑥ 于剑波:《留学教育与反对和平演变》,《高校理论战线》1992 年第 1 期,第 57 页。

⑦ 马维野等:《全球化时代的国家安全》,湖北教育出版社 2003 年版,第 75 页。

国防部助理部长李洁明公开表示："我们提供奖金给中国学生，邀请政府官员来美访问的做法，就是要'和平演变'中国大陆。"① 在积极接受留学生的同时，美国陆续向我国派出教士，以教师、商人、医生和技术人员身份来华，到各地讲学，以配合实施"和平演变"战略。美国新闻署每年都从美国的大学和研究机构中挑选 600 名左右的国际知名人士、学者到指定的国家和地区去演讲。1979 年 1 月中美建交后，美国根据富布赖特计划，向中国 24 个重点院校派出 100 多名教授。1983 年以来到中国演讲的美国学者每年大约 20 多人，他们利用传授知识之机，灌输美国价值观念。西方国家进行思想渗透的重点对象，是可能成为未来各级领导人的留学生和访问学者身上。对于这一举动，美国当局认为，"从目前中国形势看，我们派往中国的教授对传播美国文明、宣传美国文化，对推进中国民主化进程起了关键作用。"②

（3）通过销售西方极端个人主义的书刊、报纸、影视片等，从内部腐蚀社会主义国家的人民。冷战时期原美国中央情报局局长艾伦·杜勒斯曾针对美国颠覆苏联的战略不无自信地宣称："如果我们教会苏联的年轻人唱我们的歌曲并随之舞蹈，那么我们迟早将教会他们按照我们所需要他们采取的方法思考问题。"③ 他们一再声称"我们与东方的往来越多，我们向东方显示西方榜样的力量就越多。西方榜样的力量是即使共产党上层人物也难以抵抗的力量。"④ 这就十分明确地说明，西方垄断资产阶级把扩大各国之间人民的接触和文化交流，作为其冲破共产主义势力、影响社会主义国家的重要手段。

（4）通过宗教手段进行西方议会民主思想的渗透和颠覆工作。利用宗教削弱马克思主义意识形态，并积极培植宗教反对力量，是渗透的一贯做法。美国前总统肯尼迪在 1959 年 10 月曾高度赞赏波兰红衣主教维辛斯基在

---

① 转引自洪叶：《西方国家在发动"没有硝烟的战争"》，《真理的追求》1995 年第 11 期，第 23 页。

② 中共北京市委研究室主编：《谈反和平演变问题》，中国人民公安大学出版社 1991 年版，第 14 页。

③ 丹枚：《论"和平演变"》，《国际政治研究》1991 年第 7 期，第 57 页。

④ ［美］理查德·尼克松：《1999 年：不战而胜》，王观声等译，世界知识出版社 1989 年版，第 154 页。

促使波兰"逐步地，慎重地，和平地促进（同西方的）关系，培养自由的种子"方面所采取的策略。而维辛斯基本人也说过："一旦波兰天主教化，共产主义就会自动垮台。"美国前国务卿乔治·舒尔茨在1982年的一次讲话中强调要利用共产党国家"幸存下来"的教会组织，参加反对共产主义的和平攻势。① 西方国家还操纵罗马天主教皇，先后在东欧各国任命反政府的宗教人士为主教，如波兰的格莱姆普、民主德国的麦斯纳、苏联拉脱维亚共和国的瓦伊渥茨、南斯拉夫的库哈里等反政府的宗教人士，他们在和平演变中起到了不容小觑的作用。对中国，一方面支持达赖喇嘛谋求西藏"独立"，鼓动"法轮功"邪教分子闹事，并出巨资160亿美元要"把中国基督教化"等等；另一方面，还对李洪志的"法轮功"邪教组织予以政治庇护并对中国政府发起政治的责难和攻击。

其二，利用经贸技术优势引诱或胁迫。早在第二次世界大战以后，美国一直利用巴黎统筹委员会，对社会主义国家实行封锁禁运和贸易限制。1949年11月，在美国倡议和压力下，西方15国建立了秘密的国际性禁运组织——"输出管制统筹委员会"，由于总部设在巴黎美国驻法使馆内，所以称为"巴黎统筹委员会"，其目的是通过经济封锁和贸易禁运来扼杀社会主义政权，迫使社会主义让步。进入20世纪70年代，美国则利用最惠国待遇和经济援助等手段对东欧社会主义国家施加政治压力。如1975年美国给罗马尼亚以"最惠国待遇"，目的是为了"鼓励罗马尼亚对莫斯科的独立性"；而戈尔巴乔夫上台后，罗马尼亚的"独立性无关紧要之时"，1988年2月美国又以罗马尼亚"不搞改革"和"违反人权"为由，终止给罗马尼亚以"最惠国待遇"。1980年波兰团结工会在大罢工动乱中兴起，美国等西方国家欣喜若狂，认为波兰出现了"民主曙光"，于是着力从经济政治角度予以支持。1981年12月13日，当面临波兰政府宣布团结工会为非法组织、取缔团结工会并逮捕领导人时，美国政府借口波兰"破坏人权"的当天就宣布对波兰实行经济制裁，其他西方国家也相继效仿，停止供应零配件、设备和原材料，致使波兰遭受150亿美元的损失。在此压力下，波兰为克服困难在

---

① 詹真荣：《前苏联东欧共产党处理国内宗教问题的教训》，《当代世界社会主义问题》1994年第3期，第59页。

接受西方经济援助的同时也无奈接受了政治条件，1989 年 4 月团结工会合法化并实行政治多元化。6 月在美国等西方国家的援助下，团结工会在波兰大选中获胜并于 9 月组成了波兰战后 45 年来第一个非共产党的政府。这是"欧洲新纪元的开端"，在共产党国家中"具有样板性质的意义"。此后，资本主义国家利用经济技术优势，通过各种方式左右社会主义国家改革方向，诱迫社会主义国家逐步向西方靠拢。明确强调"对外援助"必须为"战略目标"服务，即提供经济援助，必须以受援国向着政治多元化、经济私有化变革为条件，援助必须有利于"促进西方化"的改革进程。① 例如：1991年 5 月，苏联总统戈尔巴乔夫曾委派经济学家亚夫林斯基到美国，同哈佛大学的专家一起，制定了一个"哈佛计划"，其中规定：西方每年援助苏联300 亿—500 亿美元，5 年共援助 1500 亿—2500 亿美元，苏联则实行"市场化"、"私有化"、彻底的"民主化"以及允许各民族自决等等。该计划还规定，西方援助同苏联改革紧密挂钩，每半年协调一次。按西方国家当时的说法，就是"大改革多援助，小改革少援助，不改革不援助"②，并且毫不含糊的规定，援助性贷款和投资只能用于发展私营部分，用以建立私有化市场经济机制。然而，1991 年 7 月 16 日，当戈尔巴乔夫带着包括"哈佛计划"在内的文件来到英国伦敦会晤西方七国首脑请求给予巨额援助时，则遭到了拒绝和嘲笑，根本没有得到任何援助，最终的结果是使苏联的改革按照西方指引的方向，走上了全盘资本主义化的"不归之路"。

其三，政治打压与培植反社会主义势力。布热津斯基在《大失败》一书中的结尾部分称："倡导尊重人权影响巨大，意义深远，可以加速共产主义衰亡的进程。人权是现今时代最有吸引力的政治观念，西方大声疾呼尊重人权，已使所有共产党国家处于守势。"③ 而西方政界要人更是认为，要破坏社会主义的铜墙铁壁，必须"播撒自由的种子"，培养一些所谓的"民主斗士"，然后让这些"种子"和"斗士"去招兵买马，扩大"民主解放"

---

① 《反和平演变：毛泽东的一个前无古人的伟大贡献》，中华网论坛 2008 年 11 月 29 日。

② 《居安思危：苏共亡党的历史教训——8 集 DVD 教育参考片解说词（八）》，《党史文汇》2007年第 8 期，第 49 页。

③ ［美］兹·布热津斯基：《大失败：二十世纪共产主义的兴亡》，军事科学院外国军事研究部译，军事科学出版社 1989 年版，第 303 页。

的力量，要不惜一切代价，"在铁幕出现的任何裂缝中"去培植"民主势力"。于是，西方垄断资产阶级在社会主义国家内部，以维护"人权"为名，积极网罗"民运人士"、卖力支持反社会主义势力。他们极力寻找、鼓励和支持社会主义国家内部的"持不同政见者"，并在其中进行政治挑唆；大力抬举、宣扬自由化的代表人物，资助成立各种离心于共产党的政治组织和团体。尼克松直言不讳地写道："一旦我们决定支持反共事业，我们就不能半心半意地支持。我们向自由战士提供的武器弹药不应该只够他们在为自己的国家进行的斗争中牺牲，而应该使他们解放自己的国家。"①

　　为此，多年来，美国及西方国家一直利用所谓"人权"问题攻击和污蔑社会主义制度，鼓噪"共产主义世界践踏公民权利"，并积极培植反社会主义的代理人。例如：1975年《赫尔辛基协定》签订后，西方国家利用协定中规定的条款，给予苏联"持不同政见者"以多方的支持。这种支持有物质和金钱的，也有"荣誉"和所谓"道义"的。1977年卡特上台后不久就接见了《古拉格群岛》一书的作者索尔仁尼琴；他还亲自致信苏联最著名的持不同政见者萨哈罗夫，表示美国"将继续履行在国外促进人权的坚定诺言"。1979年12月，卡特政府搞了一个所谓的"人权周"，对苏联施加压力，对苏联的持不同政见者造势助威。1982年以来，美国创立了国家民主基金并成立了以所谓促进"人权"和"民主化"运动为宗旨的"全国争取民主基金会"，美国国务院还专门召开了关于"共产党国家民主化"会议，国会拨出大量专款，支持各国的"民主化运动"。1983年，美国国会通过了《争取民主赠款法》。1989年，美国国会仅拨给"全国争取民主基金会"的款额就达2500万美元，这笔资金主要用于在社会主义国家"发展民主"和支持反对派。1989年东欧国家出现大规模的动乱以后，美国"全国争取民主基金会"一次就向波兰团结工会提供了130万美元的拨款，同时，美国国会也拨款400万美元。随着戈尔巴乔夫所谓"公开性"和"民主化"政策的推进，非正式组织和形形色色宣传资产阶级自由化的刊物如雨后春笋般发展起来。其中最典型的事例，莫过于为最著名的持不同政见者萨哈罗夫

---

　　① ［美］理查德·尼克松：《1999年：不战而胜》，王观声等译，世界知识出版社1989年版，第129页。

恢复名誉。萨哈罗夫是苏联的"氢弹之父",但他在西方支持和资助下,拼命反对社会主义制度。1986 年 12 月 16 日,戈尔巴乔夫亲自打电话把他请回莫斯科。随后,苏联当局又按萨哈罗夫的要求,赦免释放了其他 140 名持不同政见者。由于戈尔巴乔夫这一"鲜明"立场与态度,苏联更多的持不同政见者和更大的持不同政见者运动便很快公开化、合法化了。1987 年 12 月 28 日,《真理报》的社论披露,当时苏联的非正式社团已经有 3 万多个。苏联最后的解体也说明帝国主义最致命的一个手段就是通过培植民主势力,从中千方百计大力扶植苏联共产党和苏维埃政权的掘墓人。[①] 对于中国,20 世纪 80 年代以来,美国更是拿"人权"问题作为实现其和平演变的突破口,强调"人权问题是美对外关系的基石",是"美中对话的一个关键部分。"[②] 因此,从里根政府开始,美国时刻准备通过"人权问题"对中国内政加以干涉和施压,促使中国内部坚持资产阶级自由化的人结聚为"持不同政见者"集团或政治反对派,以充当他们搞"和平演变"的内应力量。特别是 1989 年 4 月北京发生学潮后,美国政府即刻声明"支持学生争取自由民主运动",并且公开庇护动乱分子,谴责中国政府,并对中国实行制裁。[③] 从 20 世纪 90 年代开始,美国在"人权"问题上对中国的压力不断升级,美国国务院在每年一度的《国别人权报告》中不断地对中国进行污蔑和攻击;1990 年到 1997 年美国连续 7 次在联合国人权委员会纠集一些国家提出反华议案,制造"西藏人权问题",还诬蔑中国在拉萨实行戒严和实行计划生育政策是"侵犯人权";对中国政府平息被他们所煽起的动乱和暴乱实行种种刁难和制裁,邀请民族分裂分子达赖访问,等等。

　　其四,通过多种方式拉拢引诱社会主义国家的青年一代。分化、西化青年一代,一直是资本主义国家推行和平演变的重要手法。2004 年解密的白宫档案显示,美国中央情报局从 20 世纪 50 年代初就开始草拟了一套内部代号称为《十条诫令》的行动计划,企图从思想文化、政治经济、民族宗教

---

① 《居安思危:苏共亡党的历史教训——8 集 DVD 教育参考片解说词(八)》,《党史文汇》2007 年第 8 期,第 49—50 页。

② [美] 所罗门:《在众议院外委会亚太事务小组委员会的讲话》,美新署电 1991 年 3 月 6 日。

③ 林艳芝:《美国的"和平演变"战略与中国》,《广西社会科学》2001 年第 3 期,第 138 页。

矛盾、传媒工具到武器装备等方面动摇中国青年一代的传统价值观，进而达到颠覆中国政府的目的。具体内容包括：（1）尽量用物质来引诱和败坏他们的青年，鼓励他们蔑视、鄙视，进一步公开反对他们原来所受的思想教育，特别是共产主义教条。替他们制造对色情奔放的兴趣和机会，再鼓励他们进行性滥交。让他们不以肤浅、虚荣为羞耻。一定要毁掉他们强调过的刻苦耐劳精神。（2）尽一切可能，做好宣传工作，包括电影、书籍、电视、无线电波……核心是宗教传布。只要他们向往我们的衣、食、住、行、娱乐和教育的方式，就是成功的一半。（3）要把他们的青年的注意力从他们以政府为中心的传统引开来。让他们的头脑集中于体育表演、色情书籍、享乐、游戏、犯罪性的电影，以及宗教迷信。（4）时常制造一些无风三尺浪的无事之事，让他们的人民公开讨论。这样就在他们的潜意识中种下了分裂的因子。特别要在他们的少数民族里找好机会，分裂他们的地区，分裂他们的民族，分裂他们的感情，在他们之间制造新仇旧恨，这是完全不能忽视的策略。（5）要不断地制造"新闻"，丑化他们的领导。我们的记者应该找机会采访他们，然后组织他们自己的言词来攻击他们自己。（6）在任何情况下都要传扬"民主"。一有机会，不管是大是小，有形无形，就要抓紧发动"民主运动"。无论在什么场合，什么情况下，我们都要不断地对他们（政府）要求民主和人权。只要我们每一个人都不断地说同样的话，他们的人民就一定会相信我们说的是真理。我们抓住一个人是一个人，占住一个地盘是一个地盘，一定要不择手段。（7）要尽量鼓励他们（政府）花费，鼓励他们向我们借贷。这样我们就有十足的把握来摧毁他们的信用，使他们的货币贬值，通货膨胀。只要他们对物价失去了控制，他们在人民心目中就会完全垮台了。（8）要以我们的经济和技术的优势，有形无形地打击他们的工业。只要他们的工业在不知不觉中瘫痪下来，我们就可以鼓励社会动乱。不过我们必须表面上非常慈善地去帮助和援助他们，这样他们（政府）就显得疲软。一个疲软的政府就会带来更大更强的动乱。（9）要利用所有的资源，甚至举手投足、一言一笑，都足以破坏他们的传统价值观。我们要利用一切来毁灭他们的道德人心。摧毁他们的自尊自信的钥匙：就是尽量打击他们刻苦耐劳的精神。（10）暗地运送各种武器，装备他们一切的敌人和可能成为他们的敌人的人们。在这10条内容中，属于文化方面的有7条之多，属于经济方面的有两条，属于军事方面的有一条，这说明文化因素占有很大比重。

此外，西方国家还通过挑动民族矛盾、派遣间谍进行秘密活动等方式进行"和平演变"社会主义政权的活动，甚至诺贝尔和平奖也被西方作为"和平演变"的武器来使用。1975 年诺贝尔委员会授予在苏联组织"人权委员会"的持不同政见者萨哈罗夫"和平奖"；1980 年的诺贝尔和平奖授予了波兰反政府的"团结工会"的领袖瓦文萨；1989 年的诺贝尔和平奖授予了中国的分裂分子达赖喇嘛；2010 年诺贝尔和平奖授予了在中国服刑的西方"和平演变"的"马前卒"刘晓波。所有这一切，无不昭示了"和平演变"与反"和平演变"斗争的复杂性和艰巨性。

3. 反"和平演变"的经验教训。针对资本主义国家发起的"和平演变"，社会主义国家从来就没有等闲视之，执政的共产党高度重视反和平演变问题，并采取了一系列方法措施，积累了丰富的经验，也留下了深刻的教训。

其一，原苏联共产党和苏联政府对西方的"和平演变"虽曾高度警惕，但最终仍未能摆脱被西方国家"和平演变"的厄运。例如：赫鲁晓夫上台以后，苏美关系曾一度出现了"缓和"，美国总统肯尼迪向赫鲁晓夫建议，美苏两国每年交换两万名大学生。苏联的学生可以住在美国普通百姓的家中，以便提高使用英语的能力，了解美国人的生活方式、思维方式，同时在大学学习各自的课程；美国派往苏联的学生，也是同样的待遇。这个建议提出后，马上被苏联一口回绝。苏联方面认为，肯尼迪的建议是"和平演变"苏联青年，在苏联青年中培养美国代理人的一条毒计，而且美国的特工，还可以利用苏美学生交流计划，合法地潜入苏联。对此，苏联给予了坚决地回绝。此后，美国多次提出类似的学生交流计划，都被历届苏联政府拒绝了。直到 20 世纪 80 年代戈尔巴乔夫改革前，苏联数十年对于"美国之音"和"自由欧洲电台"的对苏广播，一直施放强大的无线电干扰；除了少量经过严格筛选和控制的文化交流（如书籍、影片、音乐）和体育交流以外，在苏联基本上看不到西方的报纸杂志；对"不同政见者"进行监视、流放；严格管理苏联公民的出国旅行，对宗教的控制也很严格。由于苏联政府采取了上述种种措施，当时苏联社会基本上与美国等西方国家处于一种关闭的、隔离的状态。① 戈尔巴乔夫上台后,在所谓的《改革与新思维》的思想指导下,逐步陷入了西方国家设计的"和平演变"的泥潭,最终走上了剧变解体的不归路,其教训深刻而惨痛。

纵观苏联解体的进程可见,其被演变的过程大体上经历了一个或隐或现"三步曲"。第一步,即演变的起点与"改革"的提出相呼应。20 世纪 80 年代中后期,苏联的改革基本上是以谴责、控诉社会主义制度创建时代的"罪行"、批判原有体制的弊病为先导,造成民主社会主义思潮或资产阶级自由化的泛滥,在此基础上提出"人道的、民主的社会主义"的改革口号和主张。第二步,即演变的决定性环节与"改革"的突破相衔接,以接受、鼓吹"全人类价值观"、"面向西方"或"全盘西化"论为先导,公开否定无产阶级专政和共产党领导的必要性与合理性,公开否定计划经济和公有制的必要性与合理性,在此基础上宣布要"同斯大林模式彻底决裂",实行"根本改革"、"全面更新"社会主义。第三步,即演变的终点与"改革"的归宿相统一,以主动或被迫实行"政治多元化"为先导,共产党让权、丢权、自行蜕变或分崩离析,在此基础上政治体制改为多党制议会民主,经济体制改为私有制自由市场经济,从而正式宣告社会主义制度垮台,资本主义复辟。②

其二,东欧国家在改革过程中受苏联影响在西方的"和平演变"中最终放弃社会主义道路。东欧是西方与苏联的缓冲地带,被西方国家看作是一个"充满希望的地区",是推行和平演变战略的重点,而突破口则是被西方打分列为共产党危机程度最高的波兰和匈牙利这两个国家③,以图产生示范样板效应。鉴于东欧宗教势力和影响的强大,西方特别重视宗教在和平演变中的作用,尤其是对于波兰和匈牙利这两个前沿阵地更是如此。早在 1982 年 6 月,教皇和美国结成了反对共产主义的"神圣同盟",美国总统里根和罗马教皇约翰·保罗二世在梵蒂冈会晤,一致同意开展秘密活动支持波兰团

---

① 沈骥如:《中国不当"不先生"——当代中国的国际战略问题》,今日中国出版社 1998 年版,第 29—31 页。

② 王￥程:《关于反和平演变的若干思考》,中国政治学网 2005 年 12 月 27 日。

③ [美] 兹·布热津斯基:《大失败:二十世纪共产主义的兴亡》,军事科学院外国军事研究部译,军事科学出版社 1989 年版,第 276 页。

结工会、将波兰从苏联控制下拉出来使之变色并加速瓦解东欧和苏联社会主义。而罗马教皇利用主教的任命权，从组织上加强对东欧宗教势力的控制，向共产主义发动攻势，如明确表示波兰教皇"必须把争取人权和政治多元化的斗争放在首位"；1983 年任命南斯拉夫大主教库哈里哥，一直批评南斯拉夫政府无神论的教育政策；在波兰，教廷任命格莱姆普为红衣主教后，天主教会成了大量反政府政治活动的庇护所；在捷克斯洛伐克，教皇任命的托马谢克大主教要求政府彻底修改国家的宗教政策，要求教会与政府平起平坐，进行"对话"。可见，波兰天主教会实际上是支持团结工会等反对派的，而波兰党和政府却置若罔闻，不仅不予以处理，反而寻求与其合作，把天主教会当作调停政府与团结工会矛盾的第三者角色，甚至 1981 年九大开始明确规定允许天主教徒加入共产党组织，致使波兰统一工人党党员有 2/3 是天主教徒，从而放弃了宪法规定的政教分离的原则，为教会干预国家政治生活和参与最高决策敞开了大门。① 在匈牙利，许多宗教人员也通过宗教活动煽动反共情绪。而此时东欧国家的经济改革面临困境步履维艰，解决经济危机又是至上课题，尤其是巨额外债已经成为东欧国家沉重的包袱，但现实的经济却在持续下滑，再加之苏联"新思维"的影响，因此，东欧各国共产党已没有了自信，常常逃避政治争论，甚至"连掌权者自己也不再信仰他们最初的政治理念了"。② 尽管在一开始，波兰等国共产党都曾试图对团结工会等反对派进行过取缔等，但在西方的压力下，东欧国家共产党在反对派进攻面前，在原则问题上步步退让，接受"政治多元化"、"多党制"、"议会民主"等等主张，公开宣称"党实行信仰自由和世界观宽容"，"取消无产阶级专政"，党"不打算成为一个阶级的先锋和一个阶层的先锋"，而只是一种"社会力量"，"所有阶级和阶层的人都可以成为她的成员"③，后来共产党纷纷更改党的名称，改变指导思想并把"民主社会主义"作为追

---

① 参见詹真荣：《前苏联东欧共产党处理国内宗教问题的教训》，《当代世界社会主义问题》1994年第 3 期，第 59—60 页。

② ［英］本·福凯斯：《东欧共产主义的兴起》，张金鉴译，中央编译出版社 1998 年版，第 252—253 页。

③ 史丹、史源：《"和平演变"与反"和平演变"：历史与现实的思考》，《福建党史月刊》1990 年第 6 期，第 7 页。

逐的目标，结果招致了政治思想和经济的失控局面，改革偏离了正确方向，最终共产党政权被颠覆。

总起来看，东欧剧变大致经历了三个阶段：一是各国国内经济形势恶化，政局动荡，执政的共产党、工人党一时找不到挽救颓势的良策。党内出现反对派并与西方支持的党外的反对派迅速结合起来，为夺取政权做准备。二是执政党在内外压力下，挪动脚跟，向反对派退让，承认其合法地位，实行西方式的多党制和议会民主制，反对派占了上风。三是反对派或通过自由选举，或通过鼓动人民群众用"街头民主"的方式，或通过武装冲突迫使共产党交出政权，最终实现了政权的更迭。①

其三，越南、老挝、朝鲜、古巴等社会主义国家，长期坚持反"和平演变"，积累了丰富的经验教训。在越南，1975 年越南战争结束后，美国对越南采取了长达 19 年的贸易禁运和政治孤立。1995 年在越南的积极努力下，美国在考虑实施和平演变的基础上两国建交，美国企图通过用"公开合法的手段"演变越南，实现越战时未能实现的目标。1995 年 7 月 14 日，美国总统克林顿在谈到对越关系正常化时，特别提到实现"美国和越南关系正常化以及加强美国人和越南人之间的接触，将促进越南的自由事业，正如以前曾在东欧和苏联所发生的那样"②。越南对此有着清醒的认识，高度地警惕美国的"文化输出"，特别注重反和平演变，并一直把反和平演变工作作为越共的"四大危机"③ 之一的重大任务来抓，积极构筑反和平演变的坚强防线。如：1995 年 1 月召开的越共七届八中全会，讨论并通过了《关于当前思想工作中若干重大定向问题的决议》，要求捍卫社会主义思想阵地，为防止和反对"和平演变"而斗争。1996 年的越共八大上，总书记杜梅就呼吁保卫社会主义，防止并粉碎一切和平演变、反叛和颠覆的企图和阴谋，坚持越共的领导地位和社会主义方向。为此越共成立了以政治局委员陶维松为首的"反和平演变领导小组"和"中央反间领导小组"，一方面在全

---

① 黄宗良、孔寒冰主编：《世界社会主义史》，北京大学出版社 2004 年版，第 460 页。

② 转引自许梅：《美越关系缘何停滞不前》，《当代亚太》2000 年第 9 期，第 17 页。

③ 1994 年越共七届中期代表会议首次提出越南面临着"四大危机"：经济落后和国际竞争危机、偏离社会主义危机、官僚主义和腐败危机、"和平演变"危机。此后 1996 年越共召开的八大、2001 年召开的九大以及 2005 年召开的党的十大都一再论述了这"四大危机"。

国开展纯洁组织运动，清除党内鼓吹"政治多元化"、"自由化"的人和腐化变质的分子，严打颠覆活动，并公审有关案件，处决破坏分子；另一方面在党内举办各种形式的学习班，加强思想教育，抵制自由化思潮；再一方面还加强对宗教领袖及少数民族头领的工作。面对美国每年在人权报告中对越南人权的抨击，越南也会毫不客气地反唇相讥。而且，越南在捍卫自身意识形态上的态度也越来越强硬，警惕性也越来越高。如2010年4月初，越南政府拒绝为美国国会议员洛泽塔·桑切斯办理签证，因为她是美国众议院军事委员会的资深委员和坚定"人权卫士"。2011年1月召开的越共十一大也明确表示反"和平演变"，坚决不实行多党制，并将腐败纳入了"和平演变"的范畴。总之，越南在反和平演变斗争中保持着高度的警惕，也形成了一系列的战略思想：一是要防止"和平演变"，必须堵住政治多元化这个突破口，反对多党制；二是以胡志明思想统领全党和凝聚民心，坚持"五项基本原则"，即坚持社会主义、坚持马克思列宁主义和胡志明思想、坚持党的领导、坚持无产阶级专政社会主义民主、坚持爱国主义与国际主义相结合；三是制定正确的民族和宗教政策，积极打击和镇压自由分裂分子；四是通过有效地开展思想理论战线的教育和斗争改造人民的思想，以积极构筑抵御和平演变的防线。

老挝是1975年人民革命党领导的抗美救国斗争取得胜利后建立起来的人民民主共和国。苏联东欧剧变给老挝的政治和经济带来了很大冲击，造成了极大压力，但老挝党坚决抵制西方"和平演变"攻势，并采取了一系列措施。一是召开一系列中央全会，认真总结和分析苏联东欧剧变的经验教训，明确提出坚持"六项原则"，即：坚持社会主义；坚持马列主义是党的思想基础；党的领导是一切胜利的决定性因素；坚持集中原则基础上发扬民主；增强人民民主专政的力量和效力；坚持真正的爱国主义和国际主义相结合。二是采取严肃措施处理了一批主张效仿苏联东欧自由化和搞多党制的势力，取缔了在万象地区出现的民主社团和自由化组织，并坚决镇压了国内外反对派的武装进攻和颠覆。三是进一步加强党的建设，加大反腐败斗争力度，加强对党员干部的反腐倡廉教育和思想政治教育。总之，老挝在"革新开放"的社会主义道路上坚定地不断前进。

在古巴，1959年卡斯特罗领导的革命运动取得胜利后建立了古巴共和国，很快美国便对古巴实行经济封锁和军事干预。苏联东欧剧变之后，美国加紧孤立、制裁和封锁古巴，并加大了"和平演变"的力度，企图乘机颠覆卡斯特罗政权。面对美国的高压封锁和苏联解体而丧失生存依托的"双重打击"，当时的国际舆论尤其是西方普遍认为，下一个倒下的将是古巴，因为这个西半球唯一的社会主义国家不可能在苏联解体后还能继续存在下去。此时古巴在卡斯特罗带领下，采取了相应的措施稳住局势：（1）强调古巴面临"特殊的历史环境"，① 宣布进入"和平年代的特殊时期"②，并于1989 年提出"誓死捍卫社会主义、誓死捍卫马列主义"③ 和 1991 年提出"不惜一切代价捍卫社会主义"和"拯救祖国、拯救革命、拯救社会主义"的口号，为了捍卫社会主义"流尽最后一滴血"④。卡斯特罗指出："没有苏联和社会主义阵营的存在，古巴革命将继续下去。"⑤ （2）高举爱国主义旗帜，加强和改善党的领导。古巴通过广泛宣传历史上民族英雄和爱国主义思想来教育全国人民，并于1991 年古共四大上将民族英雄马蒂的思想与马列主义一并作为党的指导思想。几十年来，古共始终重视对党员进行马列主义理论的教育，规定每个新党员必须接受 100 个小时的党性教育，每个党员干部必须进党校学习。据古共中央高级党校的同志说，全国 14 个省和 140 多个市县都有党校，马克思主义基本原理、马蒂和卡斯特罗的著作是党校的主要课程。⑥ （3）加强意识形态工作，坚决抵制和平演变。长期以来，美国一直实行敌视古巴的政策，拨出大量资金用于资助"美国之音"、"马蒂广播电台"、"马蒂电视台"等旨在颠覆古巴社会主义政权的宣传工具，支持侨居美国的古巴反革命势力和古巴国内的"持不同政见者"。对此，古巴党和

① ［古］菲德尔·卡斯特罗：《在攻打蒙卡达兵营 36 周年纪念大会上的讲话》，［古］《格拉玛报》1989 年 7 月 28 日。

② 《古巴共产党中央委员会特别全会公报》，《格拉玛报》1990 年 2 月 17 日。

③ ［古］菲德尔·卡斯特罗：《在古巴革命胜利 30 周年庆祝大会上的讲话》，［古］《格拉玛报》1989 年 1 月 3 日。

④ 转引自毛相麟：《苏东剧变后古巴的形势及内外政策》，《拉丁美洲研究》，1996 年第 5 期，第 19 页。

⑤ 肖枫主编：《社会主义向何处去－－冷战后世界社会主义运动大扫描》上卷，当代世界出版社 1999 年版，第 492 页。

⑥ 朱佳木：《古巴的社会主义政权为什么能够长期存在》，《马克思主义研究》2007 年第 11 期，第 88—89 页。

政府一方面开展针锋相对的斗争，采取措施干扰美国电台、电视台的信号，运用法律手段打击给古巴政权制造麻烦的分子，绝不允许他们在古巴建立起反对派政党和组织；另一方面，设立"民众舆论调查中心"，以便及时了解群众的思想动向；举行有广大群众参加的"反帝论坛"，在电视中创办"公众论坛"、"圆桌会议"等专题节目，派人出席各种国际会议，以便及时对外说明各种政治事件的真实情况，揭露美国政府的阴谋，争取国内人心和国际同情，掌握意识形态工作和对外宣传的主动权。而对于美国反古势力派出轻型飞机到古巴领空抛撒反古巴的传单事件，古巴在 1996 年的五中全会上提出要"开展一场强大的意识形态的战役"，以武装人民的头脑，加强党和人民的团结，打击敌人的嚣张气焰。①（4）在最困难最危险的条件下稳住局势。从 1993 年开始推行"稳步的改革开放"，在改善民生方面做出了巨大的成绩，如实行全民免费医疗、免费教育和覆盖广泛的社会保障，积极解决就业问题等等赢得了民心。古巴提出改革的目的是"改进这个国家的社会主义制度，而不是摧毁这个制度"，强调改革一定要从古巴的实际出发，不照抄照搬别国经验和做法②。而 1999 年卡斯特罗在委内瑞拉中央大学演讲时指出："这个国家革命 40 年以来从来没有发生过一起失踪事件……没有无依无靠的老人，没有流浪街头的孩子和失学的儿童。没有任何人被遗弃、被遗忘。"③ 卡斯特罗所言非虚，古巴改革一直特别关注解决人民急需解决的民生问题。这是古巴能够在内外交困情境下能够取得反和平演变成功的最根本原因。

与古巴、越南和老挝不同的是，朝鲜在面临美国的封锁、威胁、孤立和敌视时的做法是采取闭关教育和"先军政治"，此举也使得朝鲜处于严重的经济困难中。1953 年朝鲜战争停战后，美国便加强对朝鲜的封锁，尤其是苏联东欧剧变后美国开始和平演变朝鲜。对此，朝鲜几乎设了一道密闭的防火墙。（1）面临世界范围内的社会主义低谷压力，坚持朝鲜式社会主义道

---

① ［古］苏珊娜·李：《关于五中全会的报道》，《国际格拉玛报》周刊 1996 年 4 月 3 日。

② 姜述贤：《古巴对社会主义道路的不断探索》，《当代世界与社会主义》2007 年第 1 期，第 24 页。

③ ［古］菲德尔·卡斯特罗：《全球化与现代资本主义》，王玫等译，社会科学文献出版社 2000 年版，第 67 页。

路。朝鲜前领导人金正日明确说:"对我千万不要抱以任何希望,无论过去多少年我还是不折不扣按照伟大的金日成同志的教导领导我国的革命和建设。"① (2) 通过闭塞消息和限制人口自由流动以防止演变。例如:电视频道选择器一律被焊死,朝鲜的电视台不仅只有两个频道,而且播出内容和时间也很有限,几乎与外界消息隔绝。朝鲜中央电视台是唯一面向全国和全天候播放节目的电视台,朝鲜的平壤电视台即朝鲜教育文化电视台和万寿电视台只在周末播放 3—10 小时的节目,只对平壤地区播出;而前者所播放主要是宣传类的节目,主要是党、人民军和领导的历史和成就,后者播放的相对来说娱乐性更多一些;两者的新闻节目则大多都是党和国家领导人的活动以及国内群众反美集会游行等,国际新闻是每周六播放一次,并不详细介绍。为防止收听韩国广播,无论城市农村,个人和家庭还有机关单位都不允许拥有收音机。而手机和互联网这些相对更高的传媒就更没有放开。而为了确保社会稳定,防止间谍渗透,从 20 世纪 70 年代起,朝鲜就严格限制国内人口的自由流动。无论跨道、郡,甚至合作农场之间的人员相互往来,都必须获得当地安全部门的批准。从地方到首都平壤就更严格了,除特殊情况外,个人是根本进不了平壤市的。(3) 特别注重领袖崇拜和标语口号的宣传。在世界各地,朝鲜人的一个鲜明标志,就是他们胸前衣襟上都佩戴着领袖像章。平壤市和全国各地到处都有领袖的铜像、石像和画像,据说领袖肖像画已成为画坛的一种艺术流派,各地的领袖事迹地、纪念馆更是数不胜数②。而朝鲜人民家中都并排悬挂金日成和金正日的肖像,任何人见了领袖必须鞠躬 90 度以表达崇敬之情。还将国花定为"金正日花"和"金日成花"。类似"伟大领袖金日成同志永远与我们在一起"、"跟着将军千万里"、"再艰难的路也要笑着走"、"一心团结"、"党下决心我们就干"等等标语在建筑物、公路干线和大街小巷里随处可见。(4) 实行"主体思想"和"先军政治"。"主体思想"是金日成在 1965 年提出来的,包括思想上主体、政治上自主、经济上自立和国防上自卫。思想上树立主体,就是要加强党的政策教育和革命传统教育,用党的思想、路线和政策武装人民,确立党的唯一思想

---

① 《正日峰的红雪花》,朝鲜《平壤广播》1997 年 2 月 18 日。
② 毛颖:《朝鲜的"四多"与"四无"》,《中国商界》2004 年第 1 期,第 80 页。

体系。为了保卫祖国、革命和社会主义，在反帝反美斗争中取得决定性胜利，建成社会主义强盛大国。1995 年 1 月 1 日，金正日提出了"先军政治"，即一切以军事工作为先，一切以军事工作为重。

其四，中国共产党和中国政府对西方的"和平演变"不仅高度警惕，而且积极采取对策。在世界范围内，毛泽东是第一个明确提出防止"和平演变"的战略家。早在 20 世纪 40 年代末 50 年代初，当以美国为首的西方资本主义国家刚一提出对社会主义国家实行"和平演变"思想时，毛泽东最先敏锐地觉察到并抓住这一问题，随着国际国内形势的发展变化逐渐形成了关于防止"和平演变"的战略思想。主要包括：（1）重视意识形态领域的斗争，坚持马列主义，反对修正主义。早在 20 世纪 50 年代初，美国国务卿杜勒斯就宣称要"用和平方法"，来征服大陆中国人的思想和心灵，"使全中国得到自由"①。对此，毛泽东深刻地指出："凡是要推翻一个政权，总要先造成舆论，总要先做意识形态方面的工作。"② 同时指出，"我国社会主义和资本主义之间在意识形态方面的谁胜谁负的斗争，还需要一个相当长的时间才能解决。"③ 由此，毛泽东要求，"继续高举马克思列宁主义的革命旗帜……坚决而彻底地反对当前国际共产主义中主要危险的现代修正主义……为保卫马克思列宁主义的纯洁性而斗争。"④ 必须在全党和全国加强马列主义的学习和教育，用无产阶级思想牢固地占领意识形态领域的阵地。（2）要警惕党内、特别是党的高层领导人蜕化变质，同时要培养和造就千百万无产阶级革命事业的接班人。早在中国革命胜利前夕，毛泽东就在中共七届二中全会上向全党提出要警惕资产阶级"糖衣炮弹"的进攻。毛泽东指出："领导人、领导集团很重要，许多事情都是这样，领导人变了，整个国家就会改变颜色。"⑤ 对此，毛泽东曾语重心长地提出警告："在苏联的干

---

① 转引自辛灿主编：《西方政界要人谈和平演变》，新华出版社 1989 年版，第 5 页。

② 毛泽东：《凡是要推翻一个政权，总要先做意识形态方面的工作》，《建国以来毛泽东文稿》第 10 册，中央文献出版社 1996 年版，第 194 页。

③ 毛泽东：《美帝国主义是纸老虎》，《毛泽东选集》第 5 卷，人民出版社 1993 年版，第 390 页。

④ 毛泽东：《对中共八届十中全会公报稿的批语和修改》，《建国以来毛泽东文稿》第 10 册，中央文献出版社 1996 年版，第 196 页。

⑤ 毛泽东：《在八评苏共中央的公开信稿上加写的两段话》，《建国以来毛泽东文稿》第 11 册，中央文献出版社 1996 年版，第 37 页。

部队伍中是有这么一个特殊的阶层的。""他们有权、有势、有钱,特殊于广大人民群众和一般干部。"① 他们成了赫鲁晓夫搞修正主义的主要社会基础。"帝国主义说我们第一代、第二代没有希望,第三、第四代怎么样,有希望,帝国主义这话讲的灵不灵? 我不希望灵,但也可能灵。像赫鲁晓夫,列宁、斯大林希望吗? 还不是出了!"② 因此毛泽东告诫说:"如果我们和我们的后代不能时刻提高警惕,不能逐步提高人民群众的觉悟,社会主义教育工作做得不深不透,各级领导权不是掌握在真正的马克思主义者手里,而被修正主义者所篡夺,则我国还可能要走一段资本主义复辟的道路。"③ 因此"应当在长期的群众斗争中,考察和识别干部,挑选和培养接班人。"④ 培养千百万"又红又专"的无产阶级革命事业的接班人作为防止"和平演变"的百年大计。(3) 开展农村"四清"和城市"五反"以及文化领域的批判等运动作为防止"和平演变"的有力措施和重要手段。20 世纪五六十年代,毛泽东就一直认为社会主义社会仍然存在阶级、阶级矛盾和阶级斗争,而且社会主义国家内部的阶级斗争,总是同国际上的阶级斗争相互联系、相互呼应的。党的八届十中全会以后,毛泽东为了"反修防修"、防止"和平演变",决定在农村开展"四清"、在城市开展"五反"以及文化领域的批判等运动,以从根本上挖掉所谓修正主义的根子。这场运动是以阶级和阶级斗争教育为中心,提高城乡广大群众的社会主义觉悟,同时针对社会上一些阶级敌人的破坏活动以及城乡一些干部受资产阶级思想腐蚀,贪污违纪的现象,进行反对贪污盗窃,反对投机倒把,反对铺张浪费,反对分散主义,反对官僚主义的运动。⑤

毛泽东的上述思想及对策,对防止和反对"和平演变"有着重大的指导意义,但在具体执行中则存在一些偏激做法,在很大程度上

① 转引自吴冷西:《十年论战》上册,中央文献出版社 1999 年版,第 463 页。

② 转引自薄一波:《若干重大决策与事件的回顾》,中共中央党校出版社 1993 年版,第 1159 页。

③ 毛泽东:《在徐冰〈关于中央统战部几年来若干政策理论性问题的检查总结〉上加写的一段话》,《建国以来毛泽东文稿》第 11 册,中央文献出版社 1996 年版,第 17 页。

④ 转引自薄一波:《若干重大决策与事件的回顾》,中共中央党校出版社 1993 年版,第 1161—1162 页。

⑤ 参见王鹏程:《试论毛泽东关于防止"和平演变"的思想》,《理论学刊》2006 年第 8 期,第 15 页。

又影响了"两制关系"的正常发展。例如：为了防止"和平演变"，提出了反修、防修的口号，扩大了"和平演变"的危险性，错误地把发生"和平演变"当成了当时党和国家最严重的政治问题，进而导致了"文化大革命"的灾难；在选择和培养社会主义事业接班人问题上，强调"以阶级斗争为纲"，甚至认为中央存在"一个资产阶级司令部"；在文学艺术领域，多次把文化部说成是"帝王将相部"、"才子佳人部"、"外国死人部"等等。这样无疑是扩大了"敌情"、伤害了民情，束缚了社会主义事业的发展。

20世纪70年代末，以邓小平为核心的党中央第二代领导集体，从时代发展的特点出发，对"两制关系"进行了重新定位，在继承和发展毛泽东防止和反对"和平演变"正确思想的同时，纠正了毛泽东反"和平演变"具体实践上的不足，全方位地阐述了当代中国防止和反对"和平演变"的战略和策略。（1）以经济建设为中心，坚持四项基本原则和改革开放，为反"和平演变"提供牢固的物质基础。邓小平认为，毛泽东反"和平演变"思想中过于重视生产关系而明显地忽视了发展生产力，正因如此，"多少年来我们吃了一个大亏"①。在总结经验、吸取教训的基础上，邓小平特别强调社会主义的根本任务就是发展生产力，只有在坚持四项基本原则和改革开放的基础上保持经济的快速发展，才能为防止和反对"和平演变"提供坚实的物质基础。经济问题是压倒一切的政治问题。邓小平指出："政治工作要落实到经济上面，政治问题要从经济的角度来解决。"②"只靠我们现在已经取得的稳定的政治环境还不够。加强思想政治工作，讲艰苦奋斗，都很必要，但只靠这些也还是不够。最根本的因素，还是经济增长速度，而且要体现在人民的生活逐步地好起来"。③（2）加强执政党建设，开展反腐败斗争，为反"和平演变"提供坚强的领导核心。在社会主义国家，无产阶级政党的自身建设，直接关系到社会主义事业的成败。邓小平认为："中国要出问

---

① 邓小平：《在中国共产党全国代表会议上的讲话》，《邓小平文选》第三卷，人民出版社1993年版，第141页。

② 邓小平：《关于经济工作的几点意见》，《邓小平文选》第二卷，人民出版社1994年版，第195页。

③ 邓小平：《国际形势和经济问题》，《邓小平文选》第三卷，人民出版社1993年版，第355页。

题，还是出在共产党内部。"① "我们自从实行对外开放和对内搞活经济两个方面的政策以来，不过一两年的时间，就有相当多的干部被腐蚀了……要足够估计到这种形势。这股风来得很猛，如果我们党不严重注意，不坚决刹住这股风，那末，我们的党和国家确实要发生会不会'改变面貌'的问题。这不是危言耸听。"② 在如何克服腐败问题上，他强调要加强党风廉政建设，这是战胜"和平演变"的根本保证。（3）按照"四化"标准选拔人才，为反"和平演变"提供可靠的组织保证。从一定意义上讲，"和平演变"与反"和平演变"的斗争，实质是争夺接班人的斗争。邓小平提出，"认真选好接班人，这是一个战略问题，是关系到我们党和国家长远利益的大问题"。③与毛泽东片面强调接班人的"革命性"不同，邓小平提出了"革命化、年轻化、知识化、专业化"④ 的标准。在此基础上，创造性地采用了新老干部既合作又交替的集体接班的形式，保证了政权的稳定性与连续性。（4）加强社会主义精神文明建设，特别是加强青少年的思想政治教育和社会主义法制建设，为反"和平演变"提供坚实的思想防线。社会主义精神文明建设是战胜西方资本主义"和平演变"的强大精神武器，关系到社会主义事业的兴衰成败。邓小平指出："我们要建设的社会主义国家，不但要有高度的物质文明，而且要有高度的精神文明。"⑤ 社会主义精神文明建设的根本任务是培育"有理想、有道德、有文化、有纪律"⑥ 的社会主义新人。为此，需用教育和法制这两个手段更好地加强精神文明建设，为反"和平演变"提供牢固的思想保障。（5）维护社会稳定，反对资产阶级自由化，为反"和平演变"营造良好的社会环境。安定团结的政治局面对社会主义建设具

---

①　邓小平：《在武昌、深圳、珠海、上海等地的谈话要点》，《邓小平文选》第三卷，人民出版社1993年版，第380页。

②　邓小平：《坚决打击经济犯罪活动》，《邓小平文选》第二卷，人民出版社1994年版，第402—403页。

③　邓小平：《领导干部要带头发扬党的优良传统》，《邓小平文选》第二卷，人民出版社1994年版，第222页。

④　邓小平：《精简机构是一场革命》，《邓小平文选》第二卷，人民出版社1994年版，第396页。

⑤　邓小平：《贯彻调整方针，保证安定团结》，《邓小平文选》第二卷，人民出版社1994年版，第367页。

⑥　邓小平：《一靠理想二靠纪律才能团结起来》，《邓小平文选》第三卷，人民出版社1993年版，第110页。

有极端重要性。与毛泽东通过"文化大革命"和"天下大乱，达到天下大治"的做法不同，邓小平认为"中国的问题，压倒一切的是需要稳定。没有稳定的环境，什么都搞不成，已经取得的成果也会失掉"。① 正是在这些思想的正确指导下，中国政府和中国人民才有效地应对了 1989 年的政治风波，顶住了西方国家携手对中国发起的"和平演变"攻势与经济"制裁"，避免了苏联东欧国家党变质、国变色的厄运，保障了中国特色社会主义事业的健康发展。

　　回眸近一个世纪"两制关系"的发展历程，资本主义与社会主义国家之间经历了刀光剑影的拼杀和世界大战时期的合作，经历了战后的冷战对峙和没有硝烟的"和平演变"与反"和平演变"的斗争，基本的态势是斗争、合作与竞争。并且合作中有斗争，斗争中又寓于着竞争，竞争中包含着合作与斗争，只是在不同历史时期其侧重点有所不同。站在当今时代发展的制高点，来透视历史不同时期"两制关系"的表现形式，蹉跎岁月留给我们的不仅仅是历史的记忆，更多的应该是从历史的记忆中吸取的经验和教训，并使之得以理论的升华，引以为鉴。

---

　　① 邓小平：《压倒一切的是稳定》，《邓小平文选》第三卷，人民出版社 1993 年版，第 284 页。

第　四　章

全球化视域下社会主义与资本主义
"两制关系"的理论反思

　　纵观上述有关社会主义与资本主义两种制度、两类国家、两种思想体系相互关系的历史可见，其发展态势和走势直接影响了 20 世纪的世界历史进程，并将继续影响着 21 世纪世界历史的发展。我们站在 21 世纪第二个 10 年的历史起点，在厘清全球化进程中社会主义与资本主义相互关系曲折进程的同时，有必要对曾经指导人们在不同历史时期认识和处理"两制关系"的思想理论做一梳理，认真总结其得与失，就成为我们面向未来，迎接新机遇，回应新挑战的理论生长点。

一、"代替论"与"革命论"之慎思

　　"代替论"与"革命论"，是早期马克思主义者认识和处理"两制关系"的基本思想，揭示的是社会主义与资本主义两种社会形态前后相继的必然代替关系，以及如何实现代替的方法和途径问题。

（一）"代替论"与"革命论"的思想内涵

　　所谓"代替论"，就是人们通常所说的马克思恩格斯的"两个必然"思想。1848 年 2 月，马克思恩格斯在《共产党宣言》中运用历史唯物主义和辩证唯物主义观点，通过对资产阶级和无产阶级产生、发展和相互斗争的历史考察，得出了"资产阶级的灭亡和无产阶级的胜利是同样不可避免的"①
论断，即"两个不可避免"思想，很长时间内理论界统称为"两个必然"
思想（以下简称为"两个必然"）。研究"两制关系"，首先面临的第一个
问题就涉及如何看待马克思恩格斯的"两个必然"思想，这是我们研究的
理论起点和根基所在。为此，就需要我们从理论与实践的结合上完整掌握马
克思恩格斯"两个必然"思想的科学内涵，既不能简单地以"结论"而阉
割得出这一结论的"方法"和"依据"，也不能以今天"资本主义垂而不
死"的现状而否定这一"结论"的"必然性"和"科学性"。当然，更不
能无视历史发展的进程和现实，而盲目简单地照抄照搬。那么，马克思恩格
斯是怎样阐述"两个必然"思想的呢？在此，我们需要把视线转向《共产
党宣言》。通读马克思恩格斯这篇巨著不难发现，其"两个必然"思想是这
样分析阐述的：

其一，马克思恩格斯运用阶级和阶级斗争学说分析阐述了资产阶级产生
发展的历史进程，肯定了资产阶级在人类历史上的地位和作用。马克思恩格
斯指出："至今一切社会的历史都是阶级斗争的历史。自由民和奴隶、贵族
和平民、领主和农奴、行会师傅和帮工，一句话，压迫者和被压迫者，始终
处于相互对立的地位，进行不断的、有时隐蔽有时公开的斗争，而每一次斗
争的结局都是整个社会受到革命改造或者斗争的各个阶级同归于尽。"② 从
封建社会的灭亡中产生出来的现代资产阶级社会并没有消灭阶级对立。它只
是用新的阶级、新的压迫条件、新的斗争形式代替了旧的。马克思恩格斯认
为，现代资产阶级是"一个长期发展过程的产物，是生产方式和交换方式
的一系列变革的产物。"③ 从中世纪农奴中产生了初期城市的市民，从这个
市民等级中发展出最初的资产阶级分子。在工场手工业时期，最初的资产阶
级分子发展成为工业的中间等级。到了大机器工业出现以后，工业中的百万

---

① ［德］马克思、恩格斯：《共产党宣言》，《马克思恩格斯选集》第 1 卷，人民出版社 1995 年版，
第 284 页。

② ［德］马克思、恩格斯：《共产党宣言》，《马克思恩格斯选集》第 1 卷，人民出版社 1995 年版，
第 272 页。

③ ［德］马克思、恩格斯：《共产党宣言》，《马克思恩格斯选集》第 1 卷，人民出版社 1995 年版，
第 274 页。

富翁就代替了中间等级，而成为现代资产阶级。

资产阶级，由于开拓了世界市场，使一切国家的生产和消费都成为世界性的。由于一切生产工具的迅速改进，由于交通的极其便利，把一切民族甚至最野蛮的民族都卷到文明中来了。它的商品的低廉价格，是它用来摧毁一切万里长城、征服野蛮人最顽强的仇外心理的重炮。它迫使一切民族——如果它们不想灭亡的话——采用资产阶级的产生方式；它迫使它们在自己那里推行所谓的文明，即变成资产者。"一句话，它按照自己的面貌为自己创造出一个世界。"① 随着资产阶级经济实力的增强，它的政治力量也不断增长，最终推翻了封建统治，建立了资本主义统治。而资产阶级在它的不到 100 年的阶级统治中所创造的生产力，比过去一切时代创造的全部生产力还要多，还要大。自然力的征服，机器的采用，化学在工业和农业中的应用，轮船的行驶，铁路的通行，电报的使用，整个大陆的开垦，河川的通航，仿佛用法术从地下呼唤出来的人口，过去哪一个世纪也没有料想到社会劳动里蕴藏有这样的生产力。由此可见，资产阶级赖以形成的生产资料和交换手段，是在封建社会里造成的。在这些生产资料和交换手段发展到一定阶段上，封建社会的生产和交换在其中进行的关系，封建的农业和工场手工业组织，封建的所有制关系，就不再适应已经发展的生产力了。这种关系已经在阻碍生产而不是促进生产了。它变成了束缚生产的桎梏。起而代之的是自由竞争以及与自由竞争相适应的社会制度和政治制度、资产阶级的经济统治和政治统治。

然而，历史的发展似乎在进行着类似的运动。资产阶级的生产关系和交换关系，资产阶级的所有制关系，"这个曾经仿佛用法术创造了如此庞大的生产资料和交换手段的现代资产阶级社会，现在像一个魔法师一样不能再支配自己用法术呼唤出来的魔鬼了。"② 几十年来的工业和商业的历史，只不过是现代生产力反抗现代生产关系、反抗作为资产阶级及其统治的存在条件的所有制关系的历史。

其二，马克思恩格斯依据历史唯物主义的方法，揭示了资产阶级在其每

---

① ［德］马克思、恩格斯：《共产党宣言》，《马克思恩格斯选集》第 1 卷，人民出版社 1995 年版，第 276 页。

② ［德］马克思、恩格斯：《共产党宣言》，《马克思恩格斯选集》第 1 卷，人民出版社 1995 年版，第 277—278 页。

一个进步作用的后面，都隐藏着深刻的社会矛盾。马克思恩格斯认为，在资产阶级发展的每一个阶段，都伴随着相应的政治上的进展。它在封建主统治下是被压迫等级，在公社里是武装的和自治的团体，在一些地方组成独立的城市共和国，在另一些地方组成君主国中的纳税的第三等级；后来，在工场手工业时期，它是等级君主国或专制君主国中同贵族抗衡的势力，而且是大君主国的主要基础；最后，从大工业和世界市场建立的时候起，它在现代的代议制国家里夺得了独占的统治地位。然而，资产阶级在它已经取得了统治的地方把一切封建的、宗法的和田园诗般的关系都破坏了。它使人和人之间除了赤裸裸的利害关系，除了冷酷无情的"现金交易"，就再没有任何别的联系了。它撕下了罩在家庭关系上的温情脉脉的面纱，把这种关系变成了纯粹的金钱关系。资产阶级除非对生产工具，从而对生产关系，从而对全部社会关系不断地进行革命，否则就不能生存下去。

生产的不断变革，一切社会状况不停的动荡，永远的不安定和变动，成为资产阶级时代不同于过去一切时代的地方。一切固定的僵化的关系以及与之相适应的因素被尊崇的观念和见解都被消除了，一切新形成的关系等不到固定下来就陈旧了。一切等级的和固定的东西都烟消云散了，一切神圣的东西都被亵渎了。人们终于不得不用冷静的眼光来看他们的生活地位、他们的相互关系。随着生产力的发展，社会化大生产和资本主义生产资料私人占有制之间的矛盾日益尖锐，必然导致周期性经济危机的加深和无产阶级同资产阶级矛盾的激化。社会所拥有的生产力已经不能再促进资产阶级文明和资产阶级所有制关系的发展；相反，生产力已经强大到这种关系所不能适应的地步，它已经受到这种关系的阻碍；而它一着手克服这种障碍，就使整个资产阶级社会陷入混乱，就使资产阶级所有制的存在受到威胁。这表明"资产阶级的生产关系已经太狭窄了，再容纳不了它本身所造成的财富了……资产阶级用来推翻封建制度的武器，现在却对准资产阶级自己了。"① 这是人类历史发展的自然规律，也是阶级斗争的必然进程。

其三，马克思恩格斯在考察了资产阶级产生发展进程的基础上，进一步

---

① ［德］马克思、恩格斯：《共产党宣言》，《马克思恩格斯选集》第 1 卷，人民出版社 1995 年版，第 278 页。

揭示了资产阶级发展的历史趋势和无产阶级的历史使命。马克思恩格斯指出，资产阶级时代有一个特点："它使阶级对立简单化了。整个社会日益分裂为两大敌对的阵营，分裂为两大相互直接对立的阶级：资产阶级和无产阶级。"[①] 而随着资产阶级即资本的发展，无产阶级即现代工人阶级也在同一程度上得到发展。也就是说，"资产阶级不仅锻造了置自身于死地的武器；它还产生了将要运用这种武器的人——现代的工人，即无产者。"[②]

现代的工人只有当他们找到工作的时候才能生存，而且只有当他们的劳动增值资本的时候才能找到工作。这些不得不把自己零星出卖的工人，像其他任何货物一样，也是一种商品，所以他们同样地受到竞争的一切变化、市场的一切波动的影响。无产阶级经历了各个不同的发展阶段，但它反对资产阶级的斗争则是同它的存在同时开始的。随着工业的发展，无产阶级不仅人数增加了，而且它结合成更大的集体，它的力量日益增长，它越来越感觉到自己的力量，并逐渐觉醒，有了阶级意识，组织成为政党，为争取自身的地位和权利而斗争，成为一个真正革命的阶级，并且代表着运动的未来。对此，马克思恩格斯评价说："过去的一切运动都是少数人或者为少数人谋利益的运动。无产阶级的运动是绝大多数人的、为绝大多数人谋利益的独立的运动。无产阶级，现今社会的最下层，如果不炸毁构成官方社会的整个上层，就不能抬起头来，挺起胸来。"[③] 所以，马克思恩格斯总结指出，至今一切社会都是建立在压迫阶级和被压迫阶级的对立之上的。但是，为了有可能压迫一个阶级，就必须保证这个阶级至少有能够勉强维持它的奴隶般的生存的条件。而资产阶级生存和统治的根本条件，是财富在私人手里的积累，是资本的形成和增殖；资本的条件是雇佣劳动。雇佣劳动完全是建立在工人的自相竞争之上的。资产阶级无意中造成而又无力抵抗的工业进步，使工人通过结社而达到革命联合代替了他们由于竞争而造成的分散状态。于是，随

---

①　［德］马克思、恩格斯：《共产党宣言》，《马克思恩格斯选集》第 1 卷，人民出版社 1995 年版，第 273 页。

②　［德］马克思、恩格斯：《共产党宣言》，《马克思恩格斯选集》第 1 卷，人民出版社 1995 年版，第 278 页。

③　［德］马克思、恩格斯：《共产党宣言》，《马克思恩格斯选集》第 1 卷，人民出版社 1995 年版，第 283 页。

着大工业的发展,资产阶级赖以生产和占有的基础本身也就从它的脚下被挖掉了。它首先生产的是它自身的掘墓人——无产阶级。于是,马克思恩格斯断言:"资产阶级的灭亡和无产阶级的胜利是同样不可避免的。"①

与"代替论"相联系的"革命论",是早期马克思主义者关于如何实现社会主义代替资本主义的方法途径的主要思想,其内容极为丰富,不仅包含对革命的必要性和重要性的阐述,而且还探讨了革命的条件、方法、途径和目的等问题。具体内容可概括为以下几个方面:

其一,革命是历史的火车头,是社会进步和政治进步的强大发动机。马克思认为,革命是历史发展的一种必然现象,是生产力与生产关系矛盾运动的必然结果。当"社会的物质生产力发展到一定阶段,便同它们一直在其中运动的现存生产关系或财产关系(这只是生产关系的法律用语)发生矛盾。于是这些关系便由生产力的发展形式变成生产力的桎梏。那时社会革命的时代就到来了。"② 在革命的日子里,社会上各种矛盾充分暴露和激化,利益不同的社会力量迅速分化和重新组合,人民群众的思想就以平时不可想象的速度觉醒起来,转化为巨大的物质力量,从而推动历史迅速发展。革命可以冲破反动的压抑和罗网,使人民昂首挺胸,发挥革命的积极性和创造精神。"革命是历史的火车头"③,是社会进步和政治进步的强大推动力,它可以使一个民族在"剧烈的震动时期5年就走完普通环境下100年还走不完的途程。"④ 历史上,1648年革命是17世纪对16世纪的胜利,1789年革命是18世纪对17世纪的胜利。这两次革命不仅反映了它们发生的地区即英法两国的要求,而且在更大的程度上反映了当时整个世界的要求。"它们宣告了欧洲新社会的政治制度。"⑤ 1871年3月18日巴黎公社革命爆发后,马克思

---

① [德]马克思、恩格斯:《共产党宣言》,《马克思恩格斯选集》第1卷,人民出版社1995年版,第284页。

② [德]马克思:《〈政治经济学批判〉序言》,《马克思恩格斯选集》第2卷,人民出版社1995年版,第32—33页。

③ [德]马克思:《1848年至1850年法兰西阶级斗争》,《马克思恩格斯选集》第1卷,人民出版社1995年版,第456页。

④ [德]恩格斯:《德国的革命与反革命》,《马克思恩格斯选集》第1卷,人民出版社1995年版,第512页。

⑤ [德]马克思:《资产阶级和反革命》,《马克思恩格斯选集》第1卷,人民出版社1995年版,第318页。

于 4 月 17 日给路·库格曼的信中对巴黎人民的革命给予了高度赞扬，强调"工人阶级反对资本家阶级及其国家的斗争，由于巴黎人的斗争进入了一个新阶段。不管这件事情的直接结果怎样，具有世界历史意义的新起点毕竟是已经取得了。"①

其二，无产阶级的战斗口号是不断革命。马克思恩格斯不仅阐述了革命的重大作用，而且还通过对各个阶级的状况以及对待革命的态度的分析，提出了无产阶级的战斗口号是不断革命的思想。马克思恩格斯认为，无产阶级"为了要达到自己的最终胜利，首先还必须依靠他们自己的努力：他们应该认清自己的阶级利益，尽快采取自己独立政党的立场，一时一刻也不能因为听信民主派小资产者的花言巧语而动摇对无产阶级政党的独立组织的信念。他们的战斗口号应该是：不断革命。"②"直到把一切大大小小的有产阶级的统治全部消灭，直到无产阶级夺得国家政权，直到无产者的联合不仅在一个国家内，而且在世界一切举足轻重的国家内都发展到使这些国家的无产者之间的竞争停止，至少是发展到使那些有决定意义的生产力集中到了无产者手中。"③

其三，共产主义革命就是同传统的所有制关系实行最彻底的决裂。马克思恩格斯指出："工人革命的第一步就是使无产阶级上升为统治阶级，争得民主。无产阶级将利用自己的政治统治，一步一步地夺取资产阶级的全部资本，把一切生产工具集中在国家即组织成为统治阶级的无产阶级手里，并且尽可能快地增加生产力的总量。"④ 要做到这一点，当然首先必须对所有权和资产阶级生产关系实行强制性的干涉，也就是说，"共产主义革命就是同传统的所有制关系实行最彻底的决裂。"⑤ 无产阶级在推翻资产阶级之后，

———————————

① ［德］马克思：《马克思致路德维希·库格曼》，《马克思恩格斯全集》第 33 卷，人民出版社 1973 年版，第 210—211 页。

② ［德］马克思、恩格斯：《共产主义者同盟中央委员会告同盟书》，《马克思恩格斯选集》第 1 卷，人民出版社 1995 年版，第 375 页。

③ ［德］马克思、恩格斯：《共产主义者同盟中央委员会告同盟书》，《马克思恩格斯选集》第 1 卷，人民出版社 1995 年版，第 368 页。

④ ［德］马克思、恩格斯：《共产党宣言》，《马克思恩格斯选集》第 1 卷，人民出版社 1995 年版，第 293 页。

⑤ ［德］马克思、恩格斯：《共产党宣言》，《马克思恩格斯选集》第 1 卷，人民出版社 1995 年版，第 293 页。

必须建立自己的政治统治，即我们现在所说的无产阶级专政，作为向共产主义过渡的条件。马克思恩格斯预言，当阶级差别在发展进程中已经消失而全部生产集中在联合起来的个人的手里的时候，公共权力就失去政治性质。原来意义上的政治权力，是一个阶级用以压迫另一个阶级的有组织的暴力。如果说无产阶级在反对资产阶级的斗争中一定要联合为阶级，如果说它通过革命使自己成为统治阶级，并以统治阶级的资格用暴力消灭旧的生产关系，那么它在消灭生产关系的同时，也就消灭了阶级对立的存在条件，消灭了阶级本身的存在条件，从而消灭了它自己这个阶级的统治。

其四，无产阶级革命的途径和手段包括暴力的与和平的多种形式。早在《共产党宣言》中马克思恩格斯就曾提出了"无产阶级用暴力推翻资产阶级而建立自己的统治"[1] 的思想。1848 年欧洲革命失败后，马克思在总结革命的经验教训时进一步指出："法国革命的下一次尝试不应该再像以前那样把官僚军事机器从一些人的手里转到另一些人的手里，而应该把它打碎，这正是大陆上任何一次真正的人民革命的先决条件。"[2] 而 1871 年巴黎公社成立的首要条件就是建立革命武装和掌握武装，革命的特点在于"人民组成了公社，从而把他们这次革命的真正领导权掌握在自己的手中，同时找到了在革命胜利时把这一权力保持在人民自己手中的办法，即用他们自己的政府机器去代替统治阶级的国家机器、政府机器。"[3] 而巴黎公社失败的一个重要原因则是使用暴力不够彻底。对此，马克思曾明确指出："工人阶级不能简单地掌握现成的国家机器，并运用它来达到自己的目的。"[4] 打碎旧的国家机器是无产阶级掌握政权的第一个条件，因为"奴役他们的工具不能当成解放他们的政治工具来使用。"[5]

———————————

① ［德］马克思、恩格斯：《共产党宣言》，《马克思恩格斯选集》第 1 卷，人民出版社 1995 年版，第 284 页。

② ［德］马克思：《马克思致路·库格曼》，《马克思恩格斯选集》第 4 卷，人民出版社 1995 年版，第 599 页。

③ ［德］马克思：《法兰西内战》，《马克思恩格斯选集》第 3 卷，人民出版社 1995 年版，第 107 页。

④ ［德］马克思：《法兰西内战》，《马克思恩格斯选集》第 3 卷，人民出版社 1995 年版，第 52 页。

⑤ ［德］马克思：《法兰西内战》，《马克思恩格斯选集》第 3 卷，人民出版社 1995 年版，第 117 页。

　　历史的进程表明，奴役人民的国家政权必须被打碎，并且为无产阶级政权所代替。至于通过什么方式夺取政权，马克思恩格斯认为，"必须考虑到各国的制度、风俗和传统；我们也不否认，有些像美国、英国……工人可能用和平手段达到自己的目的。但是，即使如此，我们也必须承认，在大陆上的多数国家中，暴力应当是我们革命的杠杆；为了最终地建立劳动的统治，总有一天正是必须采取暴力"。① 随着资本主义的发展和阶级力量对比状况的变化，特别是资本主义由自由资本主义向垄断资本主义过渡后，晚年的恩格斯面对新情况，曾对无产阶级夺取政权的策略问题提出了一些新见解：一是强调要坚持把原则的坚定性与策略的灵活性结合起来。一方面，策略必须有原则性，任何灵活性的策略都必须以党的无产阶级性质不致因发生问题为前提，这是绝对的界限。另一方面，策略必须有灵活性。无产阶级政党在夺取政权、争取社会主义胜利的战略目标下，"一切达到目的的手段都是可以使用的，不论是强制的，或者是看起来最温和的。"② 二是强调必须从实际出发，要根据当时当地的历史环境，因地制宜地决定具体的策略。"对每一个国家来说，能最快、最有把握地实现目标的策略，就是最好的策略。"③恩格斯还通过总结德国社会民主党利用普选权进行合法斗争的经验，认为在和平发展时期，工人阶级政党必须把合法斗争与非法斗争结合起来，学会使用普选权这件新的最锐利的武器。提出并创立了把议会斗争与议会外斗争相结合的方式，强调无产阶级革命的胜利将是多数自觉者领导少数不自觉者革命的新思想。

　　其五，共产党的领导是无产阶级革命胜利的保证。马克思恩格斯早在《共产党宣言》中就明确把无产阶级先进分子所组成的政党正式称为共产党，强调共产党的性质是无产阶级的阶级组织，是无产阶级根本利益自觉代表者，它没有任何与整个阶级利益不同的特殊利益。共产党人同其他无产阶

---

　　① 〔德〕马克思：《关于海牙代表大会》，《马克思恩格斯全集》第18卷，人民出版社1963年版，第179页。

　　② 〔德〕恩格斯：《恩格斯致格·特里尔》，《马克思恩格斯选集》第4卷，人民出版社1995年版，第686页。

　　③ 〔德〕恩格斯：《致弗·维森》，《马克思恩格斯全集》第39卷，人民出版社1974年版，第47—48页。

级政党不同的地方只是："一方面，在无产者不同的民族的斗争中，共产党人强调和坚持整个无产阶级共同的不分民族的利益；另一方面，在无产阶级和资产阶级的斗争所经历的各个发展阶段上，共产党人始终代表整个运动的利益。"① 因此，在实践方面，共产党人是各国工人政党中最坚决的、始终起推动作用的部分；在理论方面，他们胜过其余无产阶级群众的地方在于他们了解无产阶级运动的条件、进程和一般结果。共产党人的最近的目的是使无产阶级形成阶级，推翻资产阶级的统治，由无产阶级夺取政权。其最终目的是彻底消灭私有制，消灭阶级对立和阶级本身的存在条件。共产党始终注意"教育工人尽可能明确地意识到资产阶级和无产阶级的敌对的对立。"② 共产党人到处都支持一切反对现存的社会制度和政治制度的革命运动，到处都努力争取全世界民主政党之间的团结与协调。共产党的性质、任务和特点决定了只有它才能领导无产阶级革命取得胜利。

历史上正反两方面的经验教训充分证明了这一点。俄国十月和中国革命的胜利无疑是与共产党的正确领导分不开的，而巴黎公社失败的一个重要原因则是缺乏一个以科学社会主义理论为指导的无产阶级革命政党的领导。在公社委员中，占主要领导地位的是蒲鲁东派和布朗基派及其支持者。虽然他们都自命为社会主义者，但都不是科学社会主义者。在巴黎公社委员中，布朗基派主要负责军事政治方面的领导，蒲鲁东派主要负责财政经济方面的领导。他们虽然在无产阶级革命群众运动的推动下，在各自负责的部门中做出了积极的贡献，但由于他们都不是马克思主义者，不可能摆脱他们各自宗派错误理论的羁绊，不懂得社会发展规律和阶级斗争规律，因而也就不会制定出统一的马克思主义的政治路线，也就不可能领导革命取得最终胜利。当时布朗基派主张建立强大的革命权威，加强对敌人的专政，但他们所理解的专政则是少数英雄人物的专政，容易走上专制主义老路；蒲鲁东派则主张绝对的民主和自由，反对集中和专政。这样他们就难以正确处理民主与专政的关系。由于他们思想政治观点的分歧，不但不能保持政治上、组织上的团结一

---

① 〔德〕马克思、恩格斯：《共产党宣言》，《马克思恩格斯选集》第1卷，人民出版社1995年版，第285页。

② 〔德〕马克思、恩格斯：《共产党宣言》，《马克思恩格斯选集》第1卷，人民出版社1995年版，第306页。

致，而且发展到闹分裂的地步，这必然削弱革命力量，公社最终的失败就成了不可避免的。

其六，联合的行动是无产阶级获得解放的首要条件。早在《共产党宣言》中，马克思恩格斯就阐述了无产阶级的联合行动问题。指出："共产党人到处都支持一切反对现存的社会制度和政治制度的革命运动……共产党人到处都努力争取全世界民主政党之间的团结和协调。"① 强调"联合的行动，至少是各文明国家的联合的行动，是无产阶级获得解放的首要条件之一"。② 由于资本压迫的国际性，决定了无产阶级解放事业的国际性。无产阶级的国际团结，是无产阶级夺取政权、争取统治的需要，是保卫无产阶级的成果、巩固无产阶级专政的需要，是实现共产主义和无产阶级最终解放的需要。正因如此，"全世界无产者，联合起来！"③ 的战斗口号至今仍在全球回响。

（二）"代替论"与"革命论"的现实思考

纵观马克思恩格斯关于"代替论"与"革命论"的思想阐述，结合当今时代的发展变化，我们可以得出如下几点思想认识：

其一，"代替论"与"革命论"作为历史逻辑的论证其依据已经被资本主义的发展历史和当今全球资本主义危机的事实所验证。根据马克思主义诞生后世界资本主义160多年的发展历史来看，其周期性的危机从未间断，并且由于其危机的深化先后导致了第一次世界大战和第二次世界大战，战争引起了革命，俄国、中国以及东欧和东亚等一些国家相继通过革命走上了社会主义道路，在很大程度上验证了"代替论"与"革命论"思想的历史必然性。当今由美国次贷危机而引发的全球资本主义的危机持续两年多时间仍在蔓延，其破坏性和危害性远远超出以往任何一次危机。造成这场世界经济危机的原因，已不仅仅是资本主义私人占有资本与生产越来越社会化之间这个固有基本矛盾激化的结果，是多重体系危机的综合，还凸显了经济金融化、

---

① ［德］马克思、恩格斯：《共产党宣言》，《马克思恩格斯选集》第1卷，人民出版社1995年版，第307页。

② ［德］马克思、恩格斯：《共产党宣言》，《马克思恩格斯选集》第1卷，人民出版社1995年版，第291页。

③ ［德］马克思、恩格斯：《共产党宣言》，《马克思恩格斯选集》第1卷，人民出版社1995年版，第307页。

金融虚拟化和自由化、金融生产品泡沫化等全球化的弊端。据美国学者统计，整个美国金融行业在 2004 年所创造的利润为 3000 亿美元左右，而美国国内所有非金融行业所创造的利润为 5340 亿美元。即美国金融行业创造了美国所有国内企业利润的 40% 左右。不仅如此，20 世纪 90 年代以来，美国金融虚拟化、泡沫化急剧蔓延，非金融公司的金融资产与实体经济资产之比已接近 90%。随着人们对这场金融危机原因和特征研究的深入，越来越看清了当代资本主义体系的脆弱性和危机的多重性，以致使有些学者喊出了除了社会主义别无选择的呼声，强调"狂野资本主义全球化时代在全球金融危机的冲击下正加速终结。"① "一旦寡头们、寡头们的盟友们以及他们的奴仆们的权力被终结，人类作为一个整体将只能全面走向社会主义道路，这是人类避免混乱的唯一选择。"②

其二，在何时"实现代替"以及"如何代替"的问题上需要与"两个决不会"思想联系起来考察。如前所述，马克思恩格斯关于"代替论"和"革命论"的思想是随着历史的发展和实践的检验而不断丰富和发展的。他们不仅阐述了社会主义代替资本主义的必然性和无产阶级革命的必要性，而且还阐述了社会革命将在何时发生以及如何发生的问题。马克思指出："社会的物质生产力发展到一定阶段，便同它们一直在其中运动的现存生产关系或财产关系（这只是生产关系的法律用语）发生矛盾。于是这些关系便由生产力的发展形式变成生产力的桎梏。那时社会革命的时代就到来了。随着经济基础的变更，全部庞大的上层建筑也或慢或快地发生变革。"③ 马克思认为，在考察这些变革时，必须时刻把下面两者区别开来：一种是生产的经济条件方面所发生的物质的、可以用自然科学的精确性指明的变革；一种是人们借以意识到这个冲突并力求把它克服的那些法律的、政治的、宗教的、艺术的或哲学的，即意识形态的形式。也就是说，判断这样一个变革时代不

---

① ［英］彼得·诺兰：《美国：站在资本主义全球化的十字路口》，李群英译，《国外理论动态》2011 年第 5 期，第 25 页。

② ［埃及］萨米尔·阿明：《理解世界金融危机的本质》，希桐、李楠译，《国外理论动态》2010 年第 2 期，第 8 页。

③ ［德］马克思：《〈政治经济学批判〉序言》，《马克思恩格斯选集》第 2 卷，人民出版社 1995 年版，第 32—33 页。

能以它的意识为根据；相反，这个意识必须从物质生活的矛盾中，从社会生产力和生产关系之间的现存冲突中去解释。并由此得出了"无论哪一个社会形态，在它所能容纳的全部生产力发挥出来以前，是决不会灭亡的；而新的更高的生产关系，在它的物质存在条件在旧社会的胎胞里成熟以前，是决不会出现的"①，即"两个决不会"的论断。

在马克思恩格斯看来，资产阶级的灭亡和无产阶级的胜利，不能是空穴来风，必须是资本主义社会形态已经无法容纳现实的生产力发展的时候，无产阶级反抗资产阶级的斗争达到了非常激烈的时候，即"只有在现代生产力和资产阶级生产方式这两个要素相互矛盾的时候，这种革命才有可能。"②这就是说，"两个必然"的实现是有条件的。在这里我们需要清醒的是：既是马克思恩格斯在论述资本主义灭亡时，也是指资本主义作为一种生产方式，最终将会被更高级的生产方式所取代，但究竟什么时候被取代，并没有一个固定的时间表。同时，马克思在研究资本主义运动规律时，还注意到了资本主义的发展潜力，认为资本主义利润率虽然存在下降的趋势，但也仅仅是一个趋势，并不代表一定下降。即使下降，也是一个漫长的历史过程。至于这个过程有多远，需要从马克思"两个决不会"思想中寻找他的答案。包括当今资本主义金融危机虽然演变成了一场金融风暴，并且在西方国家罢工浪潮持续不断，资本主义遭受了重创，但在世界范围内还尚未形成社会主义变革的主体力量，资本主义还会继续存在下去。

其三，革命的具体形式需要随时代的发展变化不断予以创新。纵观马克思恩格斯关于"代替论"，特别是"革命论"的思想，尽管他们强调了暴力革命的意义，但并没有完全拘泥于暴力革命单一的形式。根据马克思恩格斯对资本主义生产的社会性与生产资料私人占有之间矛盾的分析，认为经济危机是资本主义的不治之症，因为市场的扩大永远赶不上生产的扩张，冲突不可避免。对此，恩格斯在《反杜林论》中做了深刻阐述。他指出："自1825年第一次普遍危机爆发以来，整个工商业世界，一切文明民族及其野蛮程度

---

① ［德］马克思：《〈政治经济学批判〉序言》，《马克思恩格斯选集》第2卷，人民出版社1995年版，第33页。

② ［德］马克思：《〈资本论〉第三卷（节选）》，《马克思恩格斯选集》第1卷，人民出版社1995年版，第470—472页。

不同的附属地中的生产和交换，差不多每隔10年就要出轨一次。交易停顿，市场盈溢，产品大量滞销积压，银根奇紧，信用停止，工厂停工，工人群众因为他们生产的生活资料过多而缺乏生活资料，破产相继发生，拍卖纷至沓来。停滞状态持续几年，生产力和产品被大量浪费和破坏，直到最后，大批积压的商品以或多或少压低了的价格卖出，生产和交换又逐渐恢复运转。步伐逐渐加快，慢步转成快步，工业快步转成跑步，跑步又转成工业、商业、信用和投机事业的真正障碍赛马中的狂奔，最后，经过几次拼命的跳跃重新陷入崩溃的深渊。如此反复不已。"① 而这种循环往复的经济危机不仅会导致统治阶级与被统治阶级之间矛盾的激化，而且还会引发各资本主义国家之间的恶性竞争，甚至爆发战争，而战争又会引起革命。对此，马克思1853年6月在《纽约每日论坛报》发表的《中国革命和欧洲革命》中作了具体阐述。他指出："欧洲从18世纪初以来没有一次严重的革命事先没发生过商业危机和金融危机。1848年的革命是这样，1789年革命也是这样……战争也好，革命也好，如果不是来自工商业普遍危机，都不大可能造成全欧洲的纷争"。② 所有这些表明，马克思恩格斯关于"代替论"与"革命论"的理论论证是符合他们所处时代的现实条件的。

而历史发展到21世纪，资本主义已经历了资产阶级革命、自由资本主义和垄断资本主义三个发展阶段，步入了"社会资本主义阶段。"③ 就发达资本主义国家内部情况来看，其社会化程度越来越高，国家的社会职能大大增强，社会主义因素也在逐步增长；从世界范围来看，无论是现实中的社会主义国家，还是民主社会主义以及不同色彩的社会主义流派所倡导的社会主义的实践，其社会化程度、社会福利水平以及政治民主化程度等还没有达到或超过"社会资本主义阶段"的水平，特别是在当今全球金融危机爆发以来，在危机的核心美国，既是发生了迅猛的"占领华尔街"示威活动④，却

---

① ［德］恩格斯：《反杜林论》，《马克思恩格斯选集》第3卷，人民出版社1995年版，第626页。

② ［德］马克思：《中国革命和欧洲革命》，《马克思恩格斯选集》第1卷，人民出版社1995年版，第696—697页。

③ 高放：《从世界经济危机看社会主义的前景》，《科学社会主义》2009年第3期，第39页。

④ 江涌：《金融资本主义正在穷尽其存在的一切理由——从"占领华尔街"示威活动谈起》，《红旗文稿》2011年第20期，第4页。

没有爆发革命的迹象。因为当代资本主义社会化程度已经很高，国家的社会职能大为增强，社会主义因素已逐步增长，福利政策比较完备，在危机过程中难以糊口者可以凭食品券去领取食品。

也就是说，在全球化时代，社会主义代替资本主义的方式将是多样性的，我们应该以更加开放的思想和更加宽容的姿态去关注不同国家通往社会主义道路的有益探索。例如：当今的日本共产党已成为议会中的第四大党，但它倡导的是和平过渡到社会主义。摩尔多瓦共产党、塞浦路斯劳动人民进步党、尼泊尔共产党（毛主义）尼泊尔共产党（联合马列）的执政，就是在资本主义国家进行不断改良的有益试验。同时，我们需要牢记的是马克思恩格斯提出的"全世界无产者，联合起来！"这一口号的深刻内涵，特别是在全球金融危机蔓延的背景下，我们更应该关注社会主义的世界性进程。如同希腊共产党中央政治局委员吉厄戈斯·马瑞诺斯所说："共产党人要制定详尽的、共同的反帝战略，要在全球范围内建立独一无二的联合，通过在国家、地区和全球层面与其他反帝力量合作，在共同斗争中推动这一联合。"[①]这无疑是我们在重新反思马克思恩格斯关于"代替论"与"革命论"思想时应该汲取的宝贵经验。

二、"共处论"与"交往论"辨析

从实践上来看，实际处理"两制关系"是从十月革命后正式开始的。列宁作为十月革命的缔造者，不仅创立了社会主义一国胜利的理论，不失时机地领导俄国人民取得了十月革命的胜利，使社会主义由理论变成了活生生的现实，而且开始了一国建设社会主义的伟大尝试，积累了社会主义在初创时期处理与资本主义关系的经验。其"共处论"与"交往论"的有机统一思想，无不充满着有效处理"两制关系"辩证思维的光辉，对当今全球化进程不断加剧条件下正确处理"两制关系"有着重大的启发意义。

（一）"共处论"与"交往论"的基本思想

早在十月革命之前，列宁在《论欧洲联邦口号》、《无产阶级革命的军

① ［希腊］吉厄戈斯·马瑞诺斯：《资本主义的危机与共产党的任务》，戈铭、陈人江译，《国外理论动态》2010 年第 2 期，第 33 页。

事纲领》等文章中阐述"社会主义可能将首先在少数甚至在单独一个资本主义国家内获得胜利"① 理论的同时，就预见到社会主义革命成功后，必然出现不同社会制度国家的长期并存问题。所以，在十月革命胜利后起草的《和平法令》、《致美国工人》的信等系列文章中，相继提出了"社会主义要想在资本主义世界体系中生存下去，就要与资本主义和平共处"、"同资本主义的关系联系起来"②、"同它们做生意"③ 等关于"共处论"与"交往论"的思想，具体内容包括：

其一，不同社会制度国家间应和平共处。如何处理不同制度国家间的关系问题，是十月革命胜利后以列宁为代表的苏维埃俄国面临的首要任务，也是马克思主义发展史上面临的新课题。因为在此之前，马克思主义者一直把资本主义与社会主义看成是前后相继的纵向关系，并没有预测到世界会出现"两制并存"的局面。十月革命的胜利和社会主义苏维埃政权的建立，标志着人类历史上第一个消灭了人剥削人、人压迫人的新社会制度的诞生。但新生的苏维埃政权面对的是世界战争的历史环境。在此，列宁从时代和国情的实际出发，高举和平旗帜，明确阐述了不同制度国家间和平共处的思想。面对世界战争，列宁明确指出："苏维埃政权将向各国人民提议立即缔结民主和约，立即在各条战线上停战。"④ 强调"俄罗斯社会主义联邦苏维埃共和国希望同各国人民和平相处，把自己的全部力量用来进行国内建设，以便在苏维埃制度的基础上搞好生产、运输和社会管理工作"⑤。多次申明要求和平的愿望，再次向英、法、美、意、日各协约国建议，与它们全体或单个地立刻开始和平谈判；并责成全俄中央执行委员会、人民委员会和外交人民委员部始终如一地继续执行和平政策，采取使这一政策获得成功的一切必要

---

① ［苏］列宁：《论欧洲联邦口号》，《列宁选集》第 2 卷，人民出版社 1995 年版，第 554 页。

② ［苏］列宁：《在全俄工会中央理事会共产党党团会议上关于租让问题的报告》，《列宁全集》第 41 卷，人民出版社 1986 年版，第 167 页。

③ ［苏］列宁：《论苏维埃共和国所处的国际和国内形势》，《列宁全集》第 43 卷，人民出版社 1987 年版，第 4 页。

④ ［苏］列宁：《全俄工兵代表苏维埃第二次代表大会文献》，《列宁选集》第 3 卷，人民出版社 1995 年版，第 338 页。

⑤ ［苏］列宁：《全俄苏维埃第七次代表大会文献》，《列宁全集》第 37 卷，人民出版社 1986 年版，第 394 页。

措施。

我们需要指出的是，列宁强调的不同国家间的和平共处，是以尊重主权和互不干涉内部事务为前提的。1922年，列宁在《全俄中央委员会关于出席热那亚会议代表团的报告决议草案》中明确地表示，希望资产阶级国家承认苏维埃共和国主权，只有这样才能同各国资产阶级进行经济和贸易往来。强调"应规定国际会议或大会不干涉各民族内部事务的原则……大会的宗旨不是对少数实行强制，而是充分协商。"[①] 列宁认为，尊重主权，互不干涉内政，是和平共处的前提。只有真正达到相互尊重和互不干涉内政，才能实现平等互利、和平共处。

其二，用和平方式解决国际争端。十月革命胜利后的第二天，列宁起草的《和平法令》就严厉谴责了帝国主义为瓜分世界而进行的战争，主张"立即签订和约，终止这场战争"，并且声明，"愿意考虑任何其他和平条件，而只坚持任何交战国都要尽快提出这种条件，条件要提的极端明确，没有丝毫的含糊和秘密。"[②] 列宁在《关于和平问题的报告的总结发言》中还进一步补充说："我们拒绝一切关于掠夺和暴力的条款，但是我们乐于接受一切关于睦邻关系的条款和经济协定，这些是我们不能拒绝的。"[③] 为了赢得一个和平的国际环境，以便把注意力转向国内进行政权巩固和国民经济恢复，苏俄在做出了重大让步的条件下，于1918年3月与德国、奥匈帝国、保加利亚、土耳其等国签订了《布列斯特和约》；1919年8—9月苏维埃政府提出了与爱沙尼亚、立陶宛、拉脱维亚和芬兰政府开始和平谈判的建议，并于1920年先后与四国签订了和约；1921年3月签订了英俄贸易协定，5月签订了苏德贸易协定，并于同年很快与挪威、奥地利、意大利、丹麦和捷克斯洛伐克相继签订了贸易协定，10月28日苏维埃政府发出致英、法、意、日、美等国的照会，指出苏维埃政府自成立之日起就把同各国进行经济

---

① 〔苏〕列宁:《在格·瓦·契切林信上的批注》,《列宁全集》第43卷,人民出版社1987年版,第37页。

② 〔苏〕列宁:《全俄工兵代表苏维埃第二次代表大会文献》,《列宁选集》第3卷,人民出版社1995年版,第341页。

③ 〔苏〕列宁:《全俄工兵代表苏维埃第二次代表大会文献》,《列宁选集》第3卷,人民出版社1995年版,第346页。

合作作为自己政策的基本目的之一。1922 年 3 月底，苏维埃俄国同波罗的海沿岸三国（拉脱维亚、波兰、爱沙尼亚）举行了会谈，达成了在热那亚会议上一致行动的协议。4 月初，苏维埃代表团在柏林同德国总理和外交部长就建立两国正常的外交关系进行了谈判。4 月 10 日，以契切林为代理团长的苏维埃代表团参加了热那亚会议，这是有史以来第一次有不同社会制度的国家代表参加的国际会议。尽管由于苏俄与其他资本主义国家间的意见分歧较大，正式会议期间没有达成一个协定，但苏维埃政府代表团利用第一次正式出席大规模国际会议的时机，阐述了和平共处与经济合作的外交政策，利用德国与协约国的矛盾，与德国代表团在拉巴洛（热那亚郊区）进行了谈判，并在 4 月 16 日签订了苏德《拉巴洛条约》。条约规定立即恢复两国的外交关系并按最惠国待遇原则发展两国的经济关系，双方放弃对战争费用以及因战争损失而要求的赔偿。

其三，学习和利用资本主义国家的文明成果。学习和利用资本主义国家的一切文明成果建设社会主义，是马克思主义关于"两制关系"的一贯思想。早在 19 世纪 80 年代，马克思在设想俄国有可能"不通过资本主义制度的卡夫丁峡谷"[①] 而直接过渡到高级形式的社会时，也是以"占有资本主义制度所创造的一切积极的成果"[②] 为前提的，强调的是"假如俄国革命将成为西方无产阶级革命的信号而双方互相补充的话，那么现今的俄国土地公有制便能成为共产主义发展的起点。"[③] 因为"俄国的革命还会给西方的工人运动以新的推动，为它创造新的更好的斗争条件，从而加速现代工业无产阶级的胜利；没有这种胜利，目前的俄国无论从公社那里还是从资本主义那里，都不可能达到社会主义的改造。"[④] 很显然，马克思恩格斯关于吸收和借鉴资本主义的文明成果是建

---

① ［德］马克思：《给维·伊·查苏里奇的复信（初稿）》，《马克思恩格斯选集》第 3 卷，人民出版社 1995 年版，第 770 页。

② ［德］马克思：《给维·伊·查苏里奇的复信（初稿）》，《马克思恩格斯选集》第 3 卷，人民出版社 1995 年版，第 770 页。

③ ［德］马克思、恩格斯：《共产党宣言（1882 年俄文版序言)》，《马克思恩格斯选集》第 1 卷，人民出版社 1995 年版，第 251 页。

④ ［德］恩格斯：《〈论俄国的社会问题〉跋》，《马克思恩格斯选集》第 4 卷，人民出版社 1995 年版，第 450—451 页。

立在把社会主义与资本主义看成前后相继基础上的，至于社会主义在一国胜利后如何处理与资本主义国家的关系，如何学习和利用资本主义的文明成果问题则没有预测。

列宁则是在这种没有前人经验的条件下，不仅阐述了学习和利用资本主义文明成果的必要性和重要性，而且对如何学习和利用提出了崭新的思路：（1）努力引进和吸取资本主义国家的先进科学技术。列宁指出，进行社会主义建设，应该立足于自己的力量和本国人民的艰苦奋斗，同时要十分重视引进和吸收资本主义国家的先进的科学技术。在苏维埃俄国还面临着帝国主义的包围、封锁的岁月里，列宁就反复强调，要"向德国人学习"，"向托拉斯的组织者学习"，并千方百计地同一些资本主义国家建立经济和科技文化的联系。布列斯特和约签订不久，列宁在起草他的著名的经济建设纲领《苏维埃政权的当前任务》所拟的大纲中，提出了一个著名的公式："乐于吸取外国的好东西：苏维埃政权＋普鲁士的铁路秩序＋美国的技术和托拉斯组织＋美国的国民教育等等等等＋＋＝总和＝社会主义。"① 列宁批判了那种"不向资产阶级学习也能够实现社会主义"的错误心理，明确指出："我们不能设想，除了建立在庞大的资本主义文化所获得的一切经验教训的基础上的社会主义，还有别的什么社会主义。"② 所以，"我们应该利用资本主义（特别是要把它纳入国家资本主义的轨道）作为小生产和社会主义之间的中间环节，作为提高生产力的手段、途径、方法和方式。"③ （2）共产党人要善于向一切有专长的人学习。列宁号召共产党和全体人民要努力学习，善于吸收和利用人类创造的全部文明成果，掌握建设社会主义的本领。他说："不要害怕让共产党员去向资产阶级专家'学习'，其中也包括向商人，向办合作社的小资本家，向资本家'学习'……为了学习要不惜破费，只要能学到东西就行。"④ 列宁还

---

① ［苏］列宁：《〈苏维埃政权的当前任务〉一文的几个提纲》，《列宁全集》第34卷，人民出版社1985年版，第520页。

② ［苏］列宁：《在全俄中央执行委员会会议上关于苏维埃政权的当前任务的报告》，《列宁全集》第34卷，人民出版社1985年版，第252页。

③ ［苏］列宁：《论粮食税》，《列宁选集》第4卷，人民出版社1995年版，第510页。

④ ［苏］列宁：《论粮食税》，《列宁选集》第4卷，人民出版社1995年版，第525页。

说，如果共产党人不能利用资产阶级世界留给我们的材料来建设社会主义的大厦，那就不是共产党人，而是空谈家。列宁认为向资产阶级专家学习，不光学习先进科学技术，而且还要向他们学习管理大生产的知识和经验。例如，他要求在俄国研究、传播、有系统地试行资本主义的泰罗制。1921 年春天，他建议苏维埃政府同美国的汽车工人团体和缝纫工人团体签订租借合同，请他们向俄国工人传授高度熟练的劳动技能；他要求在国有企业实行经济核算，采用工资制；等等。（3）要充分发挥知识分子和专家的作用。列宁认为，进行社会主义建设，不能离开知识分子。因为知识分子掌握着科学、技术和艺术，他们既是人类创造的全部文化的继承者，又是科学文化知识的传授者。即使是对资产阶级的知识分子，也必须尊重和信任他们，同他们一起合作共事，争取他们为社会主义建设服务。列宁指出："我们从来没有想用纯洁的共产主义社会中产生和培养出来的纯洁的共产党人的纯洁的手来建设共产主义社会，那是童话。我们要用资本主义的破砖碎瓦来建设共产主义，而且只有在反资本主义斗争中受过锻炼的那个阶级才能做到这一点。"① 为了争取资产阶级专家为苏维埃政权服务，列宁主张给他们创造较好的工作条件和生活条件，甚至主张不惜付出高额报酬来吸引国内外专家参加苏维埃国家的社会主义建设。

其四，积极发展同西方资本主义国家的经济贸易关系。积极发展同西方资本主义国家的经济贸易关系，是列宁"共处论"与"交往论"的核心内容。列宁认为，为了巩固新生的苏维埃政权，在俄国建设社会主义，苏维埃俄国必须十分重视加强同世界各国的经济文化联系。列宁曾把对外贸易与苏俄经济的发展关系概括为："贸易关系和对外关系＝我国大工业的振兴。"② 强调要加强同世界各国的经济文化交往，同资本主义国家做生意。1920 年11 月苏俄政府还颁布了《关于租让的一般经济和法律条件的法令》，以保证给予来苏俄从事开发经营的外国资本家以特惠。12 月 21 日列宁《在俄共（布）党团会议上关于租让问题的报告》中进一步强调"抓住时机，尽一切

① ［苏］列宁：《俄共（布）第八次代表大会文献》，《列宁选集》第 3 卷，人民出版社 1995 年版，第 782 页。

② ［苏］列宁：《在全俄苏维埃第九次代表大会上〈关于共和国的对内和对外政策〉的报告的提纲》，《列宁全集》第 42 卷，人民出版社 1987 年版，第 513 页。

力量，哪怕以最大的让步为代价，建立起贸易关系"，① 以便使我们能够尽快地买到实现恢复国民经济的庞大计划所需要的机器。正是在这一思想指导下，1921 年 3 月在伦敦签订了苏英《临时贸易协定》，从而为苏俄同英国及其他资本主义国家发展互利的经济联系开辟了广阔的前景。1922 年 4 月苏俄政府派代表团以商人的身份参加了热那亚会议，其目的是扩大贸易，为最广泛最顺利地发展贸易创造条件。列宁非常重视这次会议，并亲自准备参会资料，拟订谈判纲要，制定斗争策略。针对当时社会上存在的一些争论，列宁明确指出："对于共产党人说来，尤其是对我们这些经历过 1917 年以来的严酷岁月、见过自那以后各种严重的政治局面的共产党人说来，热那亚会议并不是什么大的困难……因为在共产党人看来，这里并没有什么可争论的——尽管他们中间有各种微小的差异。我再说一遍，我们是以商人身份去热那亚的，是为了寻求发展贸易的最有利的形式，这种贸易已经开始，正在进行，即使有人强行使之中断一个时期，但过后它必然还会发展起来。"②

（二）"共处论"与"交往论"的辩证思维

综观列宁"共处论"与"交往论"的思想内涵可见，在认识和处理不同社会制度国家关系问题上，列宁始终保持清醒头脑，在阐述不同社会制度国家要和平共处、积极交往的必要性和现实性的同时，对其如何共处、如何交往的前提条件和保障措施等战略策略问题也作了深刻阐述。他用富有远见卓识的战略眼光，从历史和逻辑的统一中阐述了两种不同社会制度共存、共处与斗争的辩证思想，从而把社会主义理论与实践带入了全新的境界。

其一，不同社会制度国家和平共处与交往的前提是保证社会主义国家的生存和发展。列宁关于不同制度国家要和平共处思想的直接目的是考虑苏维埃俄国生存的需要。如前所述，十月革命胜利后的第二天，列宁起草的《和平法令》就阐述了社会主义和平外交政策，并向英法德三国的觉悟工人呼吁，希望他们"从各方面奋力采取果敢的行动，帮助我们把和平事业以

---

① ［苏］列宁：《全俄苏维埃第八次代表大会文献》，《列宁全集》第 40 卷，人民出版社 1986 年版，第 104 页。

② ［苏］列宁：《俄共（布）第十一次代表大会文件》，《列宁选集》第 4 卷，人民出版社 1995 年版，第 659 页。

及使被剥削劳动群众摆脱一切奴役和一切剥削的事业有成效地进行到底。"①
但同时列宁也意识到这项和平建议将会遭到帝国主义国家的阻挠，不想在这
一点上欺骗自己。所以，列宁在《关于和平问题的报告的总结发言》中进
一步指出："我们既不用条约来束缚自己，也不让别人用条约来束缚我
们。"②"如果别国政府都不同意，我决心用革命的手段为争取公正的条件而
斗争"。③ 事实正如列宁所料，自 1918 年夏始，协约国悍然发动了对苏维埃
俄国的武装干涉，并支持俄国境内的反动势力叛乱，妄图颠覆新生的苏维埃
政权。在此，列宁明确指出："不武装保卫社会主义共和国，我们就不能生
存。"④ 正是在这一思想指导下，苏维埃俄国在政治、经济、军事等方面采
取果断措施，将全国转入战争轨道，奋勇抗敌，经过 3 年浴血奋战，粉碎了
国内外反动势力的武装进攻，迫使帝国主义国家不得不考虑接受苏俄的和平
共处主张。但连年的战争则使得年轻的苏维埃俄国面临严重的经济困难，工
厂开工严重不足，设备陈旧，工人失业，粮食和燃料匮乏，货币贬值，人民
生活困苦不堪。在这种历史环境下，列宁清醒地认识到"社会主义共和国
不同世界发生联系是不能生存下去的，在目前的情况下应当把自己的生存同
资本主义的关系联系起来。"⑤ 并且强调："我们的目的只有一个，就是要在
资本主义包围中利用资本家对利润的贪婪和托拉斯之间的敌对关系，为社会
主义共和国的生存创造条件。"⑥ 由此可见，列宁关于不同制度国家和平共
处的前提是保障社会主义国家的生存和发展，学习和利用资本主义文明成果
的目的是为了更好更快地发展社会主义，但一旦威胁到社会主义的生存和发

---

① 〔苏〕列宁：《全俄工兵代表苏维埃第十二次代表大会文献》，《列宁选集》第 3 卷，人民出版社
1995 年版，第 342 页。

② 〔苏〕列宁：《全俄工兵代表苏维埃第十二次代表大会文献》，《列宁选集》第 3 卷，人民出版社
1995 年版，第 346 页。

③ 〔苏〕列宁：《全俄工兵代表苏维埃第十二次代表大会文献》，《列宁选集》第 3 卷，人民出版社
1995 年版，第 345—346 页。

④ 〔苏〕列宁：《俄共（布）第八次代表大会文献》，《列宁全集》第 36 卷，人民出版社 1985 年
版，第 125 页。

⑤ 〔苏〕列宁：《在全俄工会中央理事会共产党党团会议上关于租让问题的报告》，《列宁全集》第
41 卷，人民出版社 1986 年版，第 167 页。

⑥ 〔苏〕列宁：《在全俄工会中央理事会共产党党团会议上关于租让问题的报告》，《列宁全集》第
41 卷，人民出版社 1986 年版，第 167 页。

展，当资本主义国家发动武装干涉，决不放弃斗争手段。对此，列宁的观点是非常明确的，他指出："我们将用一切力量来维护和平，我们将不惜作出巨大的让步和牺牲来保住和平。但这有一个限度，超过限度是不行的。我们决不允许嘲弄和约，决不允许破坏我们的和平建设。我们无论如何也不容许这样做，我们要团结得像一个人一样保卫自己的生存。"① 列宁强调，尊重苏维埃共和国的主权，是不同性质国家和平共处的基本前提。和平政策应该是双方的、相互的政策，不仅苏维埃国家执行这一政策，而且资本主义国家也应该执行这一政策，它应成为两个体系和平共处的基本出发点。

　　其二，国际关系的"均势"是实现不同社会制度国家间和平共处和交往的现实基础。回顾列宁的"共处论"与"交往论"形成和发展的历史进程，一个清晰的事实是：不同制度国家真正的和平共处，是以国际关系的"均势"为其现实基础的。所谓均势，是指在一定时期内对立双方或多方所处的一种僵持状态。这种均势并不是说各方力量完全均等、均衡，只是谁也没有能力把对方摧垮。人们不会忘记，在十月革命胜利初期，尽管新生的苏维埃政府颁布了《和平法令》，提出了和平的外交政策，但并没有阻止住帝国主义国家的武装干涉和经济封锁，直到 1920 年 1 月，协约国最高委员会才宣布撤销对苏维埃俄国的封锁。对此，列宁曾深刻地指出："我们不止一次地向欧洲帝国主义老爷们说过我们同意媾和，但是，他们却幻想奴役俄国。现在他们懂得他们的幻想确实是无法实现了。"② 经过 3 年的艰苦战争，苏维埃俄国彻底粉碎了帝国主义的武装干涉和国内的白匪叛乱。此时，资本主义国家内反对进攻苏维埃俄国的反战活动风起云涌，各帝国主义国家之间的利害冲突也日益尖锐，而东方被压迫民族亿万人民的革命运动蓬勃发展。国际上的反共势力不得不同苏维埃政权"谈判"，被迫走上与苏维埃国家建立和平关系的道路。于是，国际力量对比"出现了一种均势……是资产阶级社会即整个国际资产阶级与苏维埃俄国之间的均势。当然，所谓均势，也只是从一定的意义上说的。我认为，仅仅是在军事斗争方面国际形势中出现

---

　　① ［苏］列宁：《全俄苏维埃第九次代表大会文献》，《列宁全集》第 42 卷，人民出版社 1987 年版，第 326 页。

　　② ［苏］列宁：《在全俄党的农村工作第一次会议上的讲话》，《列宁全集》第 37 卷，人民出版社 1986 年版，第 306—307 页。

了某种均势。"① 所以，这种均势是相对的，不稳定的。事实发展的逻辑显然是，国际资产阶级无法消灭社会主义，才产生两种不同社会制度的"共存"，在此基础上，两种不同社会制度的共处才有了现实性。

其三，世界经济发展的客观要求是不同社会制度国家间和平共处与交往的内在动力。列宁指出："有一种力量胜过任何一个跟我们敌对的政府或阶级的愿望、意志和决定，这种力量就是世界共同的经济关系。正是这种关系迫使它们走上这条同我们往来的道路。"② 列宁的这句名言，无疑深刻地揭示了不同社会制度国家共存、共处与密切交往的内在动力，那就是世界经济发展的客观要求。早在 19 世纪 40 年代，马克思就曾阐述过世界经济发展的这一客观趋势，指出："资产阶级，由于开拓了世界市场，使一切国家的生产和消费都成为世界性的了……过去那种地方的和民族的自给自足和闭关自守状态，被各民族的各方面的互相往来和各方面的互相依赖所代替了。"③世界市场的形成在经济上把各个国家联合成了一个整体。在这样的时代条件下，不同社会制度国家的发展不可避免地要相互交往。对此，列宁明确地指出："经济问题，如果不是从国际的角度，而是从个别国家或一些国家的角度来考察，那是不可能解决的。欧洲没有俄国，便不能恢复元气。而欧洲衰弱了，美国的情况就会危机起来。"④ "俄国有小麦、亚麻、白金、钾碱和很多矿产，这些都是全世界迫切需要的，世界终究会到我们这里来要这些东西，不管我们这里实行的是布尔什维主义或者不是布尔什维主义。"⑤

在列宁看来，不同社会制度国家之间的相互交往是世界经济发展的必然要求，社会主义国家的发展离不开同世界的经济联系。所以，苏维埃俄国不但不应拒绝同资本主义国家的经济贸易往来，恰恰相反，应该争取同资本主

　　① ［苏］列宁：《共产国际第三次代表大会文献》，《列宁全集》第 42 卷，人民出版社 1987 年版，第 38 页。

　　② ［苏］列宁：《全俄苏维埃第九次代表大会文献》，《列宁全集》第 42 卷，人民出版社 1987 年版，第 332 页。

　　③ ［德］马克思、恩格斯：《共产党宣言》，《马克思恩格斯选集》第 1 卷，人民出版社 1995 年版，第 275—276 页。

　　④ ［苏］列宁：《同美国〈世界报〉记者林肯·埃尔的谈话》，《列宁全集》第 38 卷，人民出版社 1986 年版，第 166 页。

　　⑤ ［苏］列宁：《同美国〈世界报〉记者林肯·埃尔的谈话》，《列宁全集》第 38 卷，人民出版社 1986 年版，第 166—167 页。

义国家建立经贸关系。但在交往中要讲究策略,坚持原则。因为国际资本自恃是世界强大的力量,手中又掌握着一切技术设备,它总是想扼杀苏维埃政权,只有同它进行坚决的斗争,使它因此吃了更大的苦头后"才不得不考虑现实的政治生活和经济生活,于是它说:'需要做生意。'这就是我们最伟大的胜利。"①

其四,平等互利是不同制度国家间和平共处与交往的根本出发点和落脚点。在与不同社会制度国家的交往中,列宁坚持的原则是平等互利。列宁认为,在社会主义与资本主义国家共存的时期,我们愿意在合理的条件下让出一定的经营权,作为从技术上比我们先进的国家取得技术帮助的一种手段。但同时,他也明确地指出,无论如何不能接受对我们不利的东西,赔本的买卖我们是不干的。强调"我们要给自己定一个规矩:如果国际资产阶级不向苏维埃俄国或同资本主义作斗争的其他国际无产阶级队伍作大致等价的让步,我们就决不向国际资产阶级作政治让步。"② 列宁的平等互利思想,对刚刚建立的苏维埃共和国的外交产生了重大而深远的影响。正是在这一思想指导下,1921 年 3 月才签订了苏英《临时贸易协定》,1922 年苏德两国签订了《拉巴洛条约》。《拉巴洛条约》是第一个在事实上肯定两种社会制度国家和平共处的国际条约,是西方资本主义大国第一次在法律上承认社会主义苏维埃俄国,并在完全平等、和平共处的基础上建立正常的政治经济关系的条约。这不仅为两国经济迅速复兴发挥了重要作用,也促进了苏俄同其他国家经济文化交往关系的恢复与发展。

其五,不断积累社会主义战胜资本主义的物质力量是共处和交往的目的。在列宁的"共处论"和"交往论"思想中,一个明确的目的就是要不断积累社会主义战胜资本主义的物质力量,坚决抵制资本主义腐朽东西的侵蚀,时刻防备帝国主义国家破坏和平共处的局面。列宁认为,加强与各国的经济文化交往,学习和借鉴外国的好东西,是苏维埃俄国恢复和发展经济,取得社会主义成功的必要途径。在和平共处的大前提下,通过和平的经济竞赛,积累社会主义生存和发展的物质条件,推动社会主义的全面进步,显示

---

① [苏]列宁:《俄共(布)第十次代表大会文献》,《列宁选集》第 4 卷,人民出版社 1995 年版,第 453 页。

② [苏]列宁:《我们的代价太大了》,《列宁全集》第 43 卷,人民出版社 1987 年版,第 137 页。

社会主义优越于资本主义的强大生命力。列宁明确地提醒大家说："我们现在已由战争转向和平，但是我们并没有忘记，战争还会死灰复燃。只要存在着资本主义和社会主义，它们就不能和平相处，最后不是这个胜利，就是那个胜利；不是为苏维埃共和国唱挽歌，就是为世界资本主义唱挽歌。"① 可见，列宁的和平共处思想，清晰地体现了他关于利用资本主义，巩固社会主义，最终战胜资本主义的战略思维。

（三）"共处论"与"交往论"的当代意义

在马克思恩格斯"两制关系"的理论中，资本主义与社会主义是一种前后相继两种社会形态的关系，社会主义代替资本主义是其"两制关系"的主旋律。并且为了实现这种代替，他们更多强调的是"社会革命"、"阶级斗争"、"暴力革命"等。而在列宁"两制关系"的理论和实践中，除了强调社会主义与资本主义的代替关系外，更多地强调了"共处"、"交往"、"均势"、"学习"、"利用"等思想内容。在全球化进程不断加剧的当今时代，深刻领会列宁处理"两制关系"的辩证思想，至少可以得到以下三点启示：

其一，加强"交往"是当今有效处理"两制关系"的前提条件。如果说列宁当年倡导的"共处论"与"交往论"是以保障苏维埃政权的生存和发展为前提的话，那么，我们今天探讨"两制关系"则应该是以加强双方的"交往"为前提。这一方面是因为，世界经济的发展，特别是经济的全球化是不以人的意志为转移的客观进程，它不可避免地要把世界各国卷入世界经济的洪流之中，使得各国、各地区、各民族之间的共生性愈来愈强。一个国家和民族要生存和发展，就不能孤立于世界之外，否则就会走向衰败。另一方面，从社会主义与资本主义两种社会制度国家从冷战、对峙转向对话、交往的历程来看，冷战、对峙只能是两败俱伤，对话与交往才能双赢。马克思的"世界历史"理论早就指出，人类社会的发展是从低级到高级、从野蛮到文明、从封闭到开放、从传统到现代、从国别到国际的历史，而这一过程反映的就是人类历史全球化的过程，世界各国、各地区、各民族并由此形成了立体交叉、纵横联系的网络。列宁也把世界经济关系比作为一种胜

---

① ［苏］列宁：《在俄共（布）莫斯科组织积极分子大会上关于租让的报告》，《列宁选集》第4卷，人民出版社1995年版，第330页。

过任何一个国家和政府的愿望和决定的力量。

中国改革开放30多年的最大经验就是不能脱离世界，要积极融入世界交往关系之中。开放是全球化的重要特征，各国都试图在世界范围内为自身的发展开拓出更新、更广阔的空间，自觉融入全球化以激发自身活力已成为各国的普遍追求。当然，我们强调加强与外交往，必须是以双方的平等互利、相互尊重为前提。社会主义国家要在此基础上进行广泛的交往，让世界了解社会主义爱好和平、真诚推进人类进步事业的立场。

其二，集中精力发展综合国力是实现社会主义与资本主义"和平共处"的现实基础。综观列宁关于不同社会制度国家和平共处的思想，其首要条件是以其中任何一方都不可能消灭另一方，并形成特定的"均势"为前提的，这是双方同时存在的必要条件。历史发展到今天，"两制并存"的现实表明，无论是社会主义还是资本主义到目前为止还都不可能战胜对方，在总体上处于一种"均势"状态。但从综合实力来看，当今的资本主义国家仍然优势于社会主义国家，和平共处的局面还经常遭遇霸权主义和强权政治的挑战。所以，作为弱势的社会主义国家必须集中精力发展自己，不断增强自己的综合国力和世界影响力，才能从根本上维护"和平共处"的局面。

其三，大胆竞争、勇敢博弈是社会主义最终取代资本主义的必要途径。列宁的"共处论"与"交往论"的落脚点和归宿强调的是社会主义在斗争中求发展，在与资本主义的和平共处中不断吸取有利于自身发展的因素，学习和利用资本主义的同时，不忘记与国际资本主义的斗争，牢记最终战胜资本主义的历史使命。而历史发展到今天，社会主义与资本主义的斗争更多的是体现在双方的长期共存，竞争博弈上。一方面，社会主义面对强势的资本主义要充满信心，不卑不亢，大胆竞争，勇敢博弈；另一方面，还要看到当代资本主义国家内部的调整和新变化，改变斗争策略，促使资本主义内部社会主义因素的发展；再一方面也是必须要引起重视的就是要认识到当今世界范围内社会主义因素与资本主义因素的相互交织。特别是随着现实社会主义国家市场经济机制的建立和运行，全球化进程的不断深化，社会主义和资本主义的历史使命和发展趋势越来越取决于双方的博弈能力和博弈水平。实际上，中国自20世纪80年代实行改革开放以来，坚持在世界范围内弘扬"平等、公正、效率、和谐和人的全面自由发展"的社会主义价值原则，"始终不渝走和平发展道路，始终不渝奉行互利共赢的开放战略"①，积极促进国际合作，既增强了中国的综合国力，提高了中国在世界上的影响力，又维护了世界的和平与发展，从而也大大提高了社会主义在世界范围内的感召力。

所以，当我们今天在重温列宁的"共处论"与"交往论"的理论时，不仅要完整掌握其思想内涵，更要深刻领会其思想所蕴涵的辩证思维方法，正确把握两种不同社会制度之间的统一性和斗争性，创新对应方式，契合时代发展潮流，争取国际道义制高点，推动人类社会朝着社会主义的目标迈进。

三、从"合作论"转向"两个平行的
世界市场"理论的悖误

在"两制关系"理论的反思中，"两个平行的世界市场"理论是不得不认真思考的问题。但纵观斯大林认识和处理"两制关系"的思想，并不是从开始就奉行"两个平行的世界市场"理论的，有一个从"两制合作"转向"两个平行的世界市场"理论的过程。

（一）合作并不需要各国人民具有同样的制度

列宁去世后一段时间里，斯大林曾继承了列宁的"和平共处"思想，强调"合作并不需要各国人民具有同样的制度"②，并且认为"美国的民主制同苏维埃制度可以和平共处和竞赛……如果我们彼此不吹毛求疵，我们是可以和平共处的"。③ 斯大林认为，苏联与西方资本主义国家之间力量上出现某种暂时的"均势决定了当前苏维埃国家和各资本主义国家间的'和平共处'阶段。"④ 同时，斯大林还阐述了合作的愿望与可能性之间的关系，

---

① 胡锦涛：《在庆祝中国共产党成立90周年大会上的讲话》，人民出版社2011年版，第28页。

② ［苏］斯大林：《和美国共和党人士哈罗德·史塔生的谈话的记录》，《斯大林文集（1934—1952）》，人民出版社1985年版，第525页。

③ ［苏］斯大林：《和美国斯克里浦斯——霍华德报系总经理罗伊·霍华德先生的谈话》，《斯大林文集（1934—1952）》，人民出版社1985年版，第93页。

④ ［苏］斯大林：《中央委员会的政治报告》，《斯大林全集》第7卷，人民出版社1958年版，第218页。

指出："如果有合作的愿望，那么，尽管经济制度不同，合作是完全可能的。"①

在斯大林看来，合作的可能性总是存在的，但是合作的愿望并不总是存在的。二者比较，斯大林更注重合作的愿望对于实现和平共处所发挥的作用。强调"只要双方有合作的愿望，决心履行所承担的义务，遵守平等和互不干涉别国内政的原则，资本主义和共产主义的和平共处是完全可能的。"② 然而，在斯大林看来，苏联与西方国家的和平共处是由社会主义国家与资本主义国家之间力量均衡造成的一种"脆弱的国际和平"状态，是未来两种社会制度之间不可避免的战争"间歇期"和"准备期"，由此也就决定了他在实践上不可避免地把这种合作或共处当成一种权宜之计，一旦脆弱的均衡状态被打破，合作与共处也就不复存在。

（二）两个平行的也是相互对立的世界市场

战后东西方冷战的爆发，斯大林随即提出了"两个平行的世界市场"理论，其主要思想体现在其《苏联社会主义经济问题》一书中。斯大林指出，第二次世界大战及其在经济方面的最重要的结果，"是统一的无所不包的世界市场的瓦解。这个情况决定了世界资本主义体系总危机的进一步加深。"③ 斯大林认为，第二次世界大战本身就是由资本主义体系总危机产生的。在战争期间互相厮打的两个资本主义同盟，其中每一个都指望粉碎敌方，而获得世界霸权，它们都想从这里寻找摆脱危机的出路。美国指望击溃自己最危险的竞争者德国和日本，夺取国外市场、世界的原料资源，并取得世界霸权。但战争则使这些指望落空了。尽管作为美、英、法三个主要资本主义国家竞争者的德国和日本被击溃了，但同时，中国和欧洲各人民民主国家却脱离了资本主义体系，和苏联一起形成了统一的和强大的社会主义阵营，而与资本主义阵营相对立。"两个对立阵营的存在所造成的经济结果，

①　[苏] 斯大林：《和美国共和党人士哈罗德·史塔生的谈话的记录》，《斯大林文集（1934—1952）》，人民出版社1985年版，第523页。

②　[苏] 斯大林：《答美国一些地方报纸编辑提出的问题》，《斯大林文集（1934—1952）》，人民出版社1985年版，第673页。

③　[苏] 斯大林：《苏联社会主义经济问题》，《斯大林选集》下卷，人民出版社1979年版，第561页。

就是统一的无所不包的世界市场瓦解了，因而现在就有了两个平行的也是互相对立的世界市场。"① 一个是以美国为首的加入"马歇尔计划"② 体系的世界市场；一个是以苏联、中国和欧洲各人民民主国家的经济合作与互助。

在"两个平行的世界市场"理论中，斯大林把资本主义总危机的加深狭隘地理解为"市场的缩小"，强调"各主要资本主义国家（美、英、法）夺取世界资源的范围，将不会扩大而会缩小；世界销售市场的条件对于这些国家将会恶化，而这些国家的企业开工不足的现象将会增大。世界市场的瓦解所造成的世界资本主义体系总危机的加深就表现在这里。"③ 在斯大林看来，统一的世界市场的瓦解和两个平行的世界市场的形成，既是资本主义总危机的必然结果和表现形式，同时又进一步加深了这一总危机，并且将一直推动资本主义世界走向灭亡。因此，资本主义各国对社会主义阵营的经济封锁实际上是它自身灭亡的加速器，社会主义国家不仅不应当试图打破这种封锁，而且要把自己严密地封闭起来，决不允许资本主义国家插足其间。

（三）"两个平行的世界市场"理论悖误

斯大林关于"两个平行的世界市场"理论，尽管有其产生的特殊历史背景，但从其主观上来看，无疑存在着严重片面性，特别是对战后资本主义剥削方式的认识还仍然停留在掠夺原料和市场的狭隘范围内，没有考虑到资本主义生产关系自我调节的能力。这在实践上对苏联以及其他社会主义国家战后经济的发展造成了极大危害。

首先，这一理论无视战后世界经济发展国际化的趋势，以意识形态差异把世界范围内进行商品交易的场所人为地分割为社会主义和资本主义两大块，并把这种违背客观经济规律的主张作为社会主义国家的共同准则，使苏

---

① ［苏］斯大林：《苏联社会主义经济问题》，《斯大林选集》下卷，人民出版社1979年版，第561页。
② 即《欧洲复兴方案》，由美国国务卿乔·凯·马歇尔于1947年6月5日在哈佛大学演讲中提出。1948年4月3日美国国会通过的《美国对外援助法》是这个计划的法律形式。计划规定美国拨款援助西欧各国复兴战后经济，但受援国必须购买一定数量的美国货，尽快撤除关税壁垒，取消或放松外汇限制，接受美国对使用美援的监督，把本国和殖民地出产的战略物资供给美国，保障美国私人投资和开发的权利等。西欧绝大多数国家按照这些条件分别同美国签订了双边协定。
③ ［苏］斯大林：《苏联社会主义经济问题》，《斯大林选集》下卷，人民出版社1979年版，第562页。

联和其他社会主义国家禁锢在封闭的市场内，搞社会主义范围内的自给自足，进一步拉大与资本主义发展水平的差距。

其次，从实践上看，尽管苏联同其他社会主义国家的贸易额的增长会在一定程度上缩小西方商品输入苏联和社会主义国家市场，但这并没有使西方国家遭到惨重损失，引发它们之间爆发争夺市场的战争。因为西方国家正处于战后恢复重建时期，国内市场容量很大。相反，同样处于战后恢复时期的苏联则因此而限制了从西方国家引进技术的可能性。两个平行市场的隔绝必然导致社会主义国家与世界先进科技的隔绝，加剧了社会主义国家的封闭和落后。

很显然，斯大林"两个平行的世界市场"理论不仅其理论本身不合乎逻辑，而且在实践上还误导了"两制关系"的处理，导致了社会主义国家的封闭落后，成为我们总结"两制关系"理论的一个深刻教训。

纵观斯大林"两个平行的世界市场"理论产生的背景及其实施，值得我们深思的是，战后东西方的冷战，无疑是促使或者说是刺激斯大林思想发生转变的主要原因；其主观上对苏联一国能够建成社会主义的判断，及其对社会主义从一国胜利走向多国胜利的坚信，无疑是支撑斯大林提出"两个平行的世界市场"理论的精神动力。对此，我们需要具体问题具体分析，不能简单地予以肯定或否定。更不能因"两个平行的世界市场"理论的错误，就看不到其"和平共处"的思想火花，特别是他关于两制国家之间合作的可能性与合作愿望关系的论述，对我们今天处理"两制关系"无疑仍有着借鉴意义。

也就是说，斯大林对两个平行的互相对立的市场的论述，一定程度地反映了第二次世界大战后初期世界经济与政治关系中资本主义与社会主义两大不同社会制度的基本格局，但由于斯大林始终把社会主义放在与资本主义相对立的位置上，对世界范围内社会主义与资本主义两大社会制度并存的长期性认识不足，因而割裂了具有有机联系的统一的世界市场，简单地把两个市场与两大阵营相互对立的政治格局联系起来，从而认为两个市场也是对立的、互不相干的，在实践上就导致了社会主义国家的对外开放只限制在社会主义阵营内部，削弱了与其他资本主义国家在经济技术和贸易等方面的交流与合作，其结果必然影响社会主义事业的健康发展。这其中的错误是显而易见的。

当然，这也从反面警示我们：在"两制并存"的条件下，即使遇到了恶劣的国际环境也不能人为地自我封闭，政治上的对立不能扼杀经济上的交往和相互依赖，而经济上的相互依赖也不能代替政治上的独立和经济上的自立。

四、从"学习借鉴论"转向"东风压倒西风论"的偏差

马克思恩格斯关于"两制关系"的理论从纵向纬度为我们认识和处理社会主义与资本主义的关系提供了科学指南；列宁的"共处论"与"交往论"为"两制并存"条件下，从横向维度为我们认识和处理社会主义国家与资本主义国家的关系提供了方法指导；而斯大林关于"两个平行的世界市场"理论则为我们总结现实社会主义国家处理与资本主义国家关系提供了深刻的经验和教训。在中国，以毛泽东为代表的中国共产党第一代领导集体在认识和处理"两制关系"问题上虽然走了一条曲折的道路，但它却从纵向横向、对内对外两个层面为我们全面认识和处理"两制关系"积累了宝贵的思想财富。

（一）消灭资本主义又搞资本主义

以毛泽东为代表的中国共产党第一代领导集体早在领导中国革命的过程中，就坚持把马克思列宁主义普遍原理与中国实际相结合，从纵向角度对中国革命中的"两制关系"作出了较为清晰的分析。

毛泽东认为，中国在资产阶级民主革命胜利后，不是建立资产阶级专政的资本主义社会，但也不能马上进入社会主义社会；社会主义共和国是一切工业先进国家的统治形式，而半殖民地半封建的中国，距离先进工业国家的水平还很遥远。因此，"中国革命不能不做两步走，第一步是新民主主义，第二步才是社会主义"[①]。经过新民主主义走向社会主义，就意味着中国在进入社会主义之前，必须要经历一个对资本主义的一切文明成果加以借鉴、吸收、消化的阶段，从而为社会主义奠定必要的物质条件。所以，新民主主义的经济纲领规定，允许和保护有利于国计民生的私人资本主义的发展。毛泽东指出："新民主主义革命所要消灭的对象，只是封

---

① 毛泽东：《新民主主义论》，《毛泽东选集》第 2 卷，人民出版社 1991 年版，第 683—684 页。

建主义和垄断资本主义，只是地主阶级和官僚资产阶级（大资产阶级），而不是一般地消灭资本主义"①，我们的"方针是节制资本主义，而不是消灭资本主义"②。

在毛泽东看来，在当时中国的条件下，没有新民主主义的国家经济的发展，没有私人资本主义经济和合作社经济的发展，没有民族的科学的大众的文化即新民主主义文化的发展等，要想在半殖民地半封建的废墟上建立起社会主义社会来，那只是完全的空想。对当时有人不理解共产党人为什么不但不怕资本主义，反而在一定条件下提倡它的发展，毛泽东明确指出："拿资本主义的某种发展去代替外国帝国主义和本国封建主义的压迫，不但是一个进步，而且是一个不可避免的过程。它不但有利于资产阶级，同时也有利于无产阶级，或者说更有利于无产阶级。现在的中国是多了一个外国的帝国主义和一个本国的封建主义，而不是多了一个本国的资本主义，相反地，我们的资本主义是太少了。"③ 所以，在新民主主义的国家制度下，除了国家自己的经济、劳动人民的个体经济和合作社经济之外，一定要让私人资本主义经济在不能操纵国计民生的范围内获得发展的便利，才能有益于社会的向前发展。

在上述思想主导下，毛泽东非常重视对外资的引进和利用，提出了"可以消灭了资本主义，又搞资本主义"的"新经济政策"。④ 强调"只要社会需要，地下工厂还可以增加。可以开设私营大厂，订个协议，十年、二十年不没收。华侨投资的，二十年、一百年不要没收。"⑤ 毛泽东这一思想创造性地解决了在中国这样的落后国家如何正确对待资本主义、通过何种途径走向社会主义的问题，因而得到了中国共产党其他领导人的赞同。这充分表明了中国共产党人在革命转变和社会转变问题的探索中，对"两制关系"理解的深刻程度。

---

①　毛泽东：《目前形势和我们的任务》，《毛泽东选集》第 4 卷，人民出版社 1991 年版，第 1254 页。

②　毛泽东：《论人民民主专政》，《毛泽东选集》第 4 卷，人民出版社 1991 年版，第 1479 页。

③　毛泽东：《论联合政府》，《毛泽东选集》第 3 卷，人民出版社 1991 年版，第 1060 页。

④　薄一波：《若干重大决策与事件的回顾》上卷，中共中央党校出版社 1991 年版，第 434 页。

⑤　毛泽东：《同民建和工商联负责人的谈话》，《毛泽东文集》第 7 卷，人民出版社 1999 年版，第 170 页。

（二）一切国家的长处都要学

新中国成立后，以毛泽东为代表的中国共产党人以更加宽阔的视角、从横向角度分析阐述了如何处理"两制关系"的问题。明确指出为了和平和建设的利益，"我们愿意和世界上一切国家，包括美国在内，建立友好关系。"① 并提出了向外国学习的口号，强调"我们的方针是，一切民族、一切国家的长处都要学，政治、经济、科学、文学、艺术的一切真正好的东西都要学。"②

毛泽东认为科学本身是没有国界的，特别是在自然科学、技术和企业管理方面。他特别强调的是：一要重视学习具体的科学技术知识，也要向外国学习科学的原理，比如医学，细菌学、生物化学、解剖学、病理学，这些都要学；二要学习西方国家的管理方法；三是对那些我们尚没有的科学技术要先搬过来，照着办，然后去消化；四是对"已经清楚的那一部分，就不要事事照办了。"③

在毛泽东看来，向外国学习是有分析有批判地学，不能盲目地学，不能一切照抄，机械搬运。"外国资产阶级的一切腐败制度和思想作风，我们要坚决抵制和批判。但是，这并不妨碍我们去学习资本主义国家的先进的科学技术和企业管理方法中合乎科学的方面。工业发达国家的企业，用人少，效率高，会做生意，这些都应当有原则地好好学过来。"④ 强调"我们是愿意按照平等原则同一切国家建立外交关系的……关于同外国人做生意，那是没有问题的，有生意就得做，并且现在已经开始做，几个资本主义国家的商人正在互相竞争。我们必须尽可能地首先同社会主义国家和人民民主国家做生意，同时也要同资本主义国家做生意"。⑤ 即使对美国那样拒不承认新中国的西方资本主义国家也不放弃"和平共处"的努力，毛泽东指出："我们希望同美国也采取和平共处的政策，美国这样的大国如果不要和平，我们就不得安

① 毛泽东：《同兄弟国家团结一致，同一切国家建立友好关系》，《毛泽东外交文选》，中央文献出版社、世界知识出版社 1994 年版，第 246 页。
② 毛泽东：《论十大关系》，《毛泽东著作选读》下册，人民出版社 1986 年版，第 740 页。
③ 毛泽东：《论十大关系》，《毛泽东著作选读》下册，人民出版社 1986 年版，第 742 页。
④ 毛泽东：《论十大关系》，《毛泽东著作选读》下册，人民出版社 1986 年版，第 742 页。
⑤ 毛泽东：《在中国共产党第七届中央委员会第二次全体会议上的报告》，《毛泽东选集》第 4 卷，人民出版社 1991 年版，第 1435 页。

宁，大家也不得安宁；如果美国愿意签订一个和平条约，多长的时期都可以，五十年不够就一百年，不知道美国干不干，现在的主要问题就是美国。"① 为此，中国政府从 1955 年 8 月开始同美国进行了马拉松式的大使级会谈。

应该说，这一时期我们党对"两制关系"的认识和处理是清醒的理智的，为我们探索中国特色社会主义发展道路奠定了基础，积累了经验。

（三）"东风压倒西风论"的偏差

人有旦夕祸福，天有不测风云。20 世纪 50 年代末国际形势的急剧变化，特别是东西方的冷战与对峙以及美国和平演变战略的实施、中苏关系的破裂、国内形势的复杂化，促使毛泽东改变了学习借鉴资本主义的看法，否定了资本主义的合理性，并且把国内形势的变化同国际形势的变化联系起来。对内开始改变利用资本主义发展社会主义的看法，1957 年 10 月，毛泽东在党的八届三中全会上提出了"无产阶级和资产阶级的矛盾，社会主义道路和资本主义道路的矛盾，是当前我国社会的主要矛盾"的思想；1958年的人民公社化运动中，自留地收归集体经营，零星果树、股份基金等一两年后也变为公有，使生产关系大大改变，各种形式的私有经济遭到剿灭；1962 年毛泽东在党的八届十中全会上进一步提出了"千万不要忘记阶级斗争"的口号，对"资本主义和资产阶级"的批判逐步升级，提出了"铲除资本主义"，"割资本主义尾巴"，"解决社会主义和资本主义的矛盾"，"警惕资本主义复辟的危险性"等等，直至发动"无产阶级文化大革命"。从上层建筑到经济基础，对一切与资本主义和资产阶级沾边的事物都要进行彻底革命。对外认为资本主义已进入帝国主义的没落时代，它是处在停滞、垂死阶段。完全否定了资本主义与社会主义共存的现实，扩大了两种制度之间的较量和斗争。

1957 年 11 月 18 日，毛泽东《在莫斯科共产党和工人党代表会议上的讲话》中提出了著名的"东风压倒西风"的论断。毛泽东指出："现在我感觉到国际形势到了一个新的转折点。世界上现在有两股风：东风，西风。中国有句成语：不是东风压倒西风，就是西风压倒东风。我认为目前形势的特

---

① 毛泽东：《国与国之间的合作必须是互利的》，《毛泽东外交文选》，中央文献出版社、世界知识出版社 1994 年版，第 167 页。

点是东风压倒西风，也就是说，社会主义的力量对于帝国主义的力量占了压倒的优势。"① 随后毛泽东讲了十件大事进一步论证了这一论断，从反法西斯战争、中国革命、朝鲜战争、越南战争、苏伊士运河事件，直到解除叙利亚危机、苏联卫星上天、英国退出亚洲和非洲、荷兰退出印尼、法国退出北非等。在这期间毛泽东还提出了一个概念，就是"西方世界被抛到我们后面去了。"② 并进而得出结论说："我看所有帝国主义国家都是下午六点钟的太阳，而我们呢，是早上六点钟的太阳。于是乎转折点就来了。就是说，西方国家被抛到后面了，我们大大占了上风了。一定不是西风压倒东风，因为西风那么微弱。一定是东风压倒西风，因为我们强大。"③ "我们的天上是一片光明，西方的天上是一片乌云。"④ 在此之前，11 月 17 日对中国留学生讲话时，毛泽东说得更为简明："现在，苏联有两个人造卫星上天，六十四个国家的共产党开会，又是一个大的转折点，这是世界上两个阵营力量对比的转折点。从今以后，西风压不倒东风，东风一定要压倒西风。"⑤

从 1957 年下半年开始，由于冷战的国际背景和资本主义国家对社会主义国家封锁的现实，加深了这一时期中国对西方国家的敌对情绪，但"东风压倒西风"的有关论述，无论是从理论上来分析还是从实践上来看，都存在很大的偏差：

其一，过高地估计了社会主义的力量。从历史的角度看，"东风压倒西风"论过高地估计了社会主义的力量，而对资本主义自我调节及生存发展的能力则估计不足，甚至人为地对资本主义发展的经济实力采取了蔑视态度。实际上，第二次世界大战后一系列社会主义国家的诞生，特别是苏联社会主义在二战中显示出的威力以及战后经济的快速增长，在提升人们对社会

---

① 毛泽东：《在莫斯科共产党和工人党代表会议上的讲话》，《毛泽东文集》第 7 卷，人民出版社 1999 年版，第 321 页。

② 毛泽东：《在莫斯科共产党和工人党代表会议上的讲话》，《毛泽东文集》第 7 卷，人民出版社 1999 年版，第 325 页。

③ 毛泽东：《在莫斯科共产党和工人党代表会议上的讲话》，《毛泽东文集》第 7 卷，人民出版社 1999 年版，第 327 页。

④ 毛泽东：《在莫斯科共产党和工人党代表会议上的讲话》，《毛泽东文集》第 7 卷，人民出版社 1999 年版，第 322 页。

⑤ 参见逄先知、金冲及主编：《毛泽东传（1949—1976）》上册，中央文献出版社 2003 年版，第 757 页。

主义信仰的同时，也加大了对资本主义的压力，使其对社会主义国家实行"冷战"的同时，也加强了自我更新和调整。在经济上，资本主义国家采取了国家政权与垄断资本相结合的政策，对经济和社会生活进行全面干预和调控，以实现社会总需求和总供给的平衡，避免出现大的经济危机；在政治上，通过发展资产阶级政治民主制，赋予人民部分权利；资本主义自我调节还超出了一国范围，建立了资本主义的国际调节机制，极大地增强了资本主义国家经济实力。而社会主义在过高估计自身力量的同时，过分强调了与资本主义的对立和斗争，结果是把很大的精力用于备战，错失了发展机遇，不仅没有在短期内实现社会主义对资本主义的代替，反而与资本主义国家的差距越拉越大。

其二，片面强调了社会主义和资本主义的较量和斗争，忽视甚至否定了社会主义与资本主义并存共处的合理性与长期性。如前所述，马克思恩格斯设想的社会主义是在资本主义充分发达的基础上建立起来的，资本主义与社会主义是前后相继的替代关系，是两种对立的体系。而中国革命则是在帝国主义、封建主义和官僚资本主义统治下爆发的，革命胜利后建立的社会主义制度外部环境依然是资本主义的包围，内部基础一穷二白，且是多种经济并存。这种客观历史条件决定了社会主义与资本主义将在一个较长时间并存于一个世界。然而，毛泽东在阐述"不是东风压倒西风，就是西风压倒东风"的理论时，则否定了社会主义与资本主义并存共处的客观现实，忽视了对资本主义文明成果的学习和利用。而事实上，由于资本主义较强的发展势头和社会主义力量的弱势状况表明，两者并存共处是大势所趋。西方资本主义国家出于自身的需要，在有条件地与社会主义国家发展政治、经济和文化关系；而社会主义国家为了摆脱经济文化相对落后的局面，实现国民经济现代化，也需要引进资本主义国家资金、技术。彼此在政治上既对立又对话，在经济上既竞争又协作，意识形态上既交锋又交流，从激烈的军事对抗转向长期并存、竞争共处。然而，当时在"左"倾错误思想的指导下，排斥一切资本主义的东西，关起门来搞建设，结果错失了第三次科技革命所带来的先进成果，丧失了追赶西方发达国家的发展机遇，使中国的发展比西方国家落后了几十年。

20 世纪社会主义实践的一大缺憾就是对资本主义文明成果的漠视和抵

制，其结果错失了追赶和超越资本主义的历史机遇。历史和现实都告诉我们，任何国家的发展都离不开世界，关起门来搞建设是不成功的。在全球化日益发展的今天，社会主义国家必须不断丰富对外开放的形式和内容，积极参与国际经济技术合作和竞争，进一步开阔视野，提高水平。大胆吸收资本主义文明成果，非但不会使社会主义变为资本主义，反而会使社会主义更加完善，更加充满生机活力。

　　其三，从实际效果看，在"东风压倒西风"论的指导下的中国内政外交一度陷入艰难处境。20 世纪 50 年代后期，在"东风压倒西风"论的指导下，毛泽东发起了向"腐朽的美帝国主义"的挑战，号召全世界人民起来反对帝国主义、殖民主义，促使资本主义尽快灭亡，共产主义尽早实现。在国际上，中国坚决支持亚非拉人民争取民族独立的斗争，并给予无私的援助。在中苏分歧加剧后，中国主动担负起"世界革命中心"的重任，大力推行反帝反修、积极备战和输出革命的政策。相继向柬埔寨、印尼、新加坡、菲律宾、马来西亚以及非洲和拉丁美洲等国家搞革命输出，建立了毛泽东思想的游击队，并针对党内在对外方针上主张的"三和一少"政策（对帝、修、反和气一点，对世界革命少援助一点），毛泽东提出了"三斗一多"的方针，并且批评"三和一少"与国内的"三自一包"相关联，与苏联的"三和两全"相呼应。[①] 实际上，这种革命输出付出了巨大的牺牲，并没有达到实现世界革命的目的。反而使很多国家走上了极"左"道路，造成了极端不良的后果。

　　与此同时，在国内为了"跑步进入共产主义"，毛泽东先后发动了"大跃进"和"人民公社化"等"左"倾运动，不仅没有促进社会生产力的迅速发展，反而给国民经济带来了严重的问题，给人民的生活造成了重重困难。直到 1978 年，中国农村还有 2.5 亿人口没有解决温饱问题。对此，中国共产党在自我深刻反思的基础上，对国际形势和国内发展进行了重新审视，做出了改革开放的英明决策，进而开辟了"两制关系"理论与实践的新境界。

---

　　① 参见程映红：《向世界输出革命——"文革"在亚非拉的影响初探》，《当代中国研究》2006 年第 3 期。

五、"对外开放论"与"一国两制论"的思维创新

党的十一届三中全会后，以邓小平为核心的党中央第二代领导集体作出了改革开放的英明决策，强调当今世界是一个开放的世界，任何国家的发展都不能脱离世界，都需要同世界其他国家合作，尤其是要与发达资本主义国家交流合作，并且从时代特点和具体国情的分析出发，阐述了利用和借鉴资本主义文明成果的必要性、可行性及其方式方法和原则等问题，创造性地发展了马克思主义的国家理论，提出并实施了"一国两制"的科学构想，开创了有效处理"两制关系"的新境界。

（一）坚持对外开放，重新认识社会主义与资本主义的关系

以邓小平为核心的中国共产党第二代领导集体，根据中国社会发展的历史状况和现代化建设的实际要求，以及国际政治、经济发展的新形势，勇敢地打破禁区，冲破传统观念的束缚，阐述了对外开放的必要性和长期性，提出了中国的发展离不开世界的著名论断。他清醒地分析了 20 世纪 70 年代末 80 年代初的国际局势，认为超级大国的霸权主义仍在扩张，而世界上的和平力量也在增长，并且超过了霸权主义的扩张。因此，世界大战不再是不可避免的，和平与发展已成为时代的主题。随着生产力和科学技术的发展，国际间的经济联系和交流更为密切，对外开放已经成为世界性潮流。明确指出："现在的世界是开放的世界。中国在西方产业革命以后变得落后了，一个重要的原因就是闭关自守。建国以后，人家封锁我们，在某种程度上我们也还是闭关自守，这给我们带来了一些困难。三十几年的经验教训告诉我们，关起门来搞建设是不行的，发展不起来。"[1] "现在任何国家要发达起来，闭关自守都不可能。我们吃过这个苦头，我们的老祖宗吃过这个苦头……历史经验教训说明，不开放不行。"[2] 中国的发展离不开世界。当然，

---

[1]　邓小平：《建设有中国特色的社会主义》，《邓小平文选》第三卷，人民出版社 1993 年版，第 64 页。

[2]　邓小平：《在中央顾问委员会第三次全体会议上的讲话》，《邓小平文选》第三卷，人民出版社 1993 年版，第 90 页。

说中国的发展离不开世界，并不意味着中国对世界是单向依赖关系，而是一种双向的相互依存的关系，因为世界也需要中国。在国际经济联系日趋密切的情况下，任何一个国家都离不开其他国家而孤立地存在和发展。"帮助是相互的，贡献也是相互的。"① 这种开放不是局部的、暂时的战术方针和策略原则，更不是一时的权宜之计，而是建设中国特色社会主义的一个战略方针，是一项长期的基本国策，必须长期不变，坚定不移地贯彻下去。基于这种开放性思维，以邓小平为核心的中国共产党第二代领导集体，重新审视社会主义与资本主义相互关系的历史和现实，阐述了新时期处理"两制关系"的战略和策略。

其一，阐述了社会主义与资本主义长期共存的历史进程。邓小平认为，社会主义与资本主义经过长期的较量与冷战，既没有摧毁对方的能力，又影响了自身的发展。历史的发展表明，按社会制度和意识形态的异同划分阵线、决定亲疏的做法实不可取，只有超越社会制度和意识形态，在和平共处五项原则基础上，发展正常的国家关系，才能更好地维护国际利益。特别是自 20 世纪 70 年代以来，世界形势发生了巨大而深刻的变化，和平与发展取代了战争与革命成为时代主题。在和平与发展的时代主题下，世界经济全球化的趋势越来越明显，不同社会制度国家间的经济联系日益密切，各国之间在相互交往中形成的共同点和互补点不断增多，社会主义与资本主义长期共存已成为历史的必然，二者需要和平共处，取长避短。而从中国的国情来看，我们是在经济文化较落后基础上进入社会主义的，在一个相当长的历史时期内还处于社会主义初级阶段，经济文化发展水平远远落后于发达的资本主义国家。中国要想在短期内缩短与发达国家的差距，"社会主义要赢得与资本主义相比较的优势，就必须大胆吸收和借鉴人类社会创造的一切文明成果，吸收和借鉴当今世界各国包括资本主义发达国家的一切反映现代社会化生产规律的先进经营方式、管理方法。"② 只有这样，才能大力推动社会生产力的发展，才能充分显示社会主义的强大生命力和优越性。

---

① 邓小平：《我们的宏伟目标和根本政策》，《邓小平文选》第三卷，人民出版社 1993 年版，第79 页。

② 邓小平：《在武昌、深圳、珠海、上海等地的谈话要点》，《邓小平文选》第三卷，人民出版社 1993 年版，第 373 页。

　　其二，邓小平从国情与世情的分析入手，阐述了利用和借鉴资本主义文明成果的必要性和重要性，并从经济、政治、文化等方面阐述了学什么以及如何学的问题。具体包括：（1）在经济领域要学习资本主义国家的先进科学技术和经营管理方法。邓小平认为，我们要向资本主义发达国家学习先进的科学、技术、经营管理方法以及其他一切对我们有益的知识。因为"科学技术是人类共同创造的财富。任何一个民族、一个国家，都需要学习别的民族、别的国家的长处，学习人家的先进科学技术。我们不仅因为今天科学技术落后，需要努力向外国学习，即使我们的科学技术赶上了世界先进水平，也还要学习人家的长处。"① 由于"资本主义已经有了几百年历史，各国人民在资本主义制度下所发展的科学和技术，所积累的各种有益的知识和经验，都是我们必须继承和学习的。我们要有计划、有选择地引进资本主义国家的先进技术和其他对我们有益的东西。"② "我们要学会用经济方法管理经济。自己不懂就要向懂行的人学习，向外国的先进管理方法学习。不仅新引进的企业要按人家的先进方法去办，原有企业的改造也要采用先进的方法。"③ 为发展我们的经济、技术、教育，我们不仅要引进和吸收物的形态的生产力，科技知识、管理方法等知识形态的生产力，而且要吸引和吸收人的形态的生产力，这就是要"利用外国智力，请一些外国人来参加我们的重点建设以及各方面的建设。"④ 邓小平认为国外的资金、资源、技术、人才、经营管理方法以及作为有益补充的私营经济，都应当而且能够为社会主义所利用。（2）在政治领域应大胆地学习和借鉴资本主义民主法制形式中的成功经验。邓小平认为由于旧中国留给我们的封建专制传统比较多，民主法制传统很少。因此，在社会主义民主法制建设中，我们应当大胆地学习和借鉴资本主义民主法制形式中的成功经验，批判地吸收资本主义民主法制中

---

　　① 邓小平：《在全国科学大会开幕式上的讲话》，《邓小平文选》第二卷，人民出版社1994年版，第91页。

　　② 邓小平：《坚持四项基本原则》，《邓小平文选》第二卷，人民出版社1994年版，第167—168页。

　　③ 邓小平：《解放思想，实事求是，团结一致向前看》，《邓小平文选》第二卷，人民出版社1994年版，第150页。

　　④ 邓小平：《利用外国智力和扩大对外开放》，《邓小平文选》第三卷，人民出版社1993年版，第32页。

的合理内核，充分利用资本主义民主法制的有效形式。另外，资本主义国家
在长期的发展过程中，已经逐步形成了一整套管理国家的经验和方法，构建
了功能齐全、效率较高的行政决策、执行、监督系统，行政管理走上了法制
化、高效化的轨道。对此，我们需要合理吸收和借鉴其好的经验和做法，以
推动社会主义民主政治的发展。（3）在思想文化领域要积极吸收和借鉴资
本主义的优秀文化成果。邓小平突破了过去把资本主义国家的思想文化一概
视为腐朽、没落和反动的传统观念，提出向资本主义发达国家学习一切对我
们有益的知识和文化。邓小平强调建设有中国特色社会主义的文化要面向现
代化、面向世界、面向未来，要积极吸收和借鉴资本主义文化中的优秀成
果，把它熔铸于有中国特色的社会主义文化之中。在分析、鉴别和批判的基
础上，充分吸收和借鉴资本主义的一切优秀文化成果和体现时代精神的思想
观念，如效率观念、竞争观念、信息观念、人才观念等，以推进我们自己的
社会主义思想文化建设。（4）在社会发展领域采取多种形式的学习。邓小
平在领导中国改革开放的伟大实践活动中，创造性地提出了一系列实事求
是、行之有效地利用资本主义的具体途径和方式，解决了在经济文化落后国
家建设社会主义如何充分利用资本主义的问题。具体包括：实行全方位、多
层次、宽领域的对外开放，加强中国与世界的联系；兴办经济特区，开放沿
海城市，为利用资本主义建设社会主义创造条件；积极倡导适当发展个体经
济、私营经济和外资经济等非公有制经济，以扩大就业、活跃市场、促进生
产发展，增强国家的综合国力；实行"一国两制"，充分利用港、澳、台地
区的资本主义发展我国的社会主义。

其三，揭示了社会主义经历一个长过程发展后必然代替资本主义的历史
趋势。邓小平在倡导大胆吸收和借鉴资本主义一切文明成果的同时，强调了
"以我为主，为我所用"的原则，坚信"社会主义经历一个长过程发展后必
然代替资本主义"。① 邓小平始终坚持唯物辩证法思想，一方面强调要积极、
充分地利用资本主义的一切先进文明成果来发展社会主义，而不能片面地排
斥和反对。强调只要是反映现代社会化生产规律，只要是有利于发展社会主

① 邓小平：《在武昌、深圳、珠海、上海等地的谈话要点》，《邓小平文选》第三卷，人民出版社
1993 年版，第 382—383 页。

义社会的生产力，有利于增强社会主义国家的综合国力，有利于提高人民生活水平的一切优秀成果，都可以大胆吸收、引进和借鉴。另一方面还明确指出，学习和利用资本主义必须要有标准和原则，不能盲目崇拜，更不能“全盘西化”，要坚决抵制资产阶级腐朽思想的侵蚀，应根据中国现代化建设的社会主义方向和中国社会主义建设实践的需要来加以利用。邓小平明确提出了“三个有利于”的衡量标准，确立了利用资本主义必须坚持社会主义方向、坚持“独立自主、自力更生”、“以我为主、为我所用”的原则。强调我们对内搞活经济，对外开放是在坚持社会主义原则下开展的。我们吸收资本主义国家的资金和技术，为的是发展社会主义的生产力，是社会主义建设的一个补充，而不能偏离社会主义方向。他明确指出：“我们要有计划、有选择地引进资本主义国家的先进技术和其他对我们有益的东西，但是我们决不学习和引进资本主义制度，决不学习和引进各种丑恶颓废的东西。”① 闭关自守、盲目排外、拒绝吸收和借鉴西方资本主义文明来建设社会主义的做法固然是错误的，但是，幻想不通过自己的努力，而把中国发展的希望完全寄托在依赖西方资本主义文明上也是不对的。对此，邓小平明确指出：“中国的事情要按照中国的情况来办，要依靠中国人自己的力量来办。独立自主，自力更生. 无论过去、现在和将来，都是我们的立足点。”② 一定要坚持“以我为主，为我所用”的原则，不能主次不分、本末倒置。不能盲目地无计划无选择地引进，更不能不对资本主义的腐蚀性影响进行坚决的抵制和斗争。坚信“社会主义经历一个长过程发展后必然代替资本主义”③，这是社会历史发展不可逆转的总趋势。

（二）实行“一国两制”：一国范围内处理“两制关系”的伟大创举

“一国两制”是中国政府解决香港问题正式实施的，就其由来则是从解决台湾问题开始考虑的。台湾问题，是历史遗留下来的问题。台湾自古以来就是中国的神圣领土，是我们中华民族不可分割的一部分。台湾海峡两岸被

---

① 邓小平：《坚持四项基本原则》，《邓小平文选》第二卷，人民出版社1994年版，第168页。

② 邓小平：《中国共产党第十二次全国代表大会开幕词》，《邓小平文选》第三卷，人民出版社1993年版，第3页。

③ 邓小平：《在武昌、深圳、珠海、上海等地的谈话要点》，《邓小平文选》第三卷，人民出版社1993年版，第382—383页。

人为地造成的分裂状况，不仅给台湾同胞而且给整个民族带来了不幸。为了结束这一不幸的局面，自1949年新中国成立开始，中国共产党和中央人民政府就一直在积极探寻实现祖国统一的途径和办法，但由于国际形势的恶劣和国内"左"倾思想的影响，祖国统一问题一直未能完全解决。直到20世纪70年代，随着国际局势的缓和，中国政府逐步确立了对台"和平统一"的方针，其主要内容反映在邓小平与外宾的一系列谈话和访问演讲中，包括1978年10月8日会见日本文艺评论家江藤淳、11月14日会见缅甸总统吴奈温、11月27日会见美国作家罗伯特、1979年1月30日在美国参众两院发表的演说等等。邓小平提出，我们主张用和平方式来解决台湾回归祖国的问题，但不承诺不使用非和平方式解决问题的保证。如果台湾与大陆实现统一，我们在台湾的政策将根据台湾的现实来处理，如台湾的某些制度、生活方式可以不动，美、日在台湾的投资可以不动。1979年12月6日，邓小平在会见日本首相大平正芳时进一步指出，对台湾，我们的条件是很简单的，那就是，台湾的制度不变，生活方式不变，台湾与外国的民间关系不变，包括外国在台湾的投资、民间交往照旧。这就是说，外国可以照旧对台湾投资。即使台湾与大陆统一起来后……台湾作为一个地方政府，可以拥有自己的自卫力量，军事力量。条件只有一条，那就是，台湾要作为中国不可分的一部分。它作为中国的一个地方政府，拥有充分的自治权。1981年9月30日叶剑英委员长发表了关于大陆和台湾实现和平统一的"九条"声明，虽然没有概括为"一国两制"，但实际上已阐述了这一思想。1984年5月15日，全国人大六届二次会议通过的《政府工作报告》，明确提出了用"一个国家，两种制度"方式来实现国家统一的构想。同年6月23日、24日邓小平在会见香港工商界访京团和香港知名人士钟士元等的谈话中进一步阐述了"一个国家，两种制度"的思想内涵，10月初，邓小平把"一个国家，两种制度"的提法又加以理论概括，简称为"一国两制"。

所谓"一国两制"，就是"在中华人民共和国内，十亿人口的大陆实行社会主义制度，香港、台湾实行资本主义制度"。① 具体包括以下几方面的内涵：一是强调一个中国。就是在承认中华人民共和国是中国唯一合法政府

---

① 邓小平：《一个国家，两种制度》，《邓小平文选》第三卷，人民出版社1993年版，第58页。

这个大前提下实现祖国的统一。所谓"一个国家",即是指中国的主权和领土必须完整而不容分割。中国是一个统一的国家,中华人民共和国是中国唯一合法的代表。"一个国家"是实行"一国两制"的根本基础。二是两种制度并存。在一个中国的前提下,大陆的社会主义制度和香港、澳门和台湾的资本主义制度实行长期共存,共同发展,谁也不吃掉谁。三是高度自治。按照"一国两制"的设想实现祖国统一后,作为特别行政区的港澳和台湾的历史实际和现实状况有别,因而对其实行的具体政策也有所不同。回归祖国后的香港、澳门作为特别行政区,享有高度的自治权。包括:特别行政区享有行政管理权、立法权、独立的司法权和终审权;保持财政独立,可自行制定适用于本地区的经济、贸易、文化、教育等方面的政策;现行的社会、经济制度和生活方式不变,法律基本不变,私人财产、企业所有权、合法继承权、投资以及居民享有的各种权利和自由均受法律保护;特别行政区的法定货币继续流通,自由兑换,保留原有的货币金融制度;其自由港和单独的关税地区不变;特别行政区除悬挂中华人民共和国国旗和国徽外,还可使用区旗和区徽,除使用中文外还可使用其他本地正式语言。而对台湾地区实行"一国两制"属于中国内政问题,不容许任何外国插手和干涉。台湾作为特别行政区,虽是地方政府,但可以有其他省、市、自治区所没有而为自己所独有的某些权力,包括:"台湾还可以有自己的军队……大陆不派人驻台,不仅军队不去,行政人员也不去。台湾的党、政、军等系统,都由台湾自己来管。中央政府还要给台湾留出名额。"[①]但是,台湾享有这样的高度自治权,不同于台湾当局鼓吹的"完全自治"。邓小平指出:"我们不赞成台湾'完全自治'的提法。自治不能没有限度,既有限度就不能'完全'。"[②]四是和平谈判。通过接触,以和平方式实现国家统一,是全体中国人的共同心愿。和平统一,有利于全民族的大团结,有利于台湾社会经济的稳定和发展,有利于全中国的振兴和富强。我们一贯主张和平统一,但是如果遭到国际上的干涉、入侵,或是台湾岛内分裂主义势力搞"台湾独立",我们不能

---

① 邓小平:《中国大陆和台湾和平统一的设想》,《邓小平文选》第三卷,人民出版社1993年版,第30页。

② 邓小平:《中国大陆和台湾和平统一的设想》,《邓小平文选》第三卷,人民出版社1993年版,第30页。

排除采取非和平手段的可能性。

"一国两制"构想,是充分尊重历史和现实、照顾到各方面的不同利益、实现祖国完全统一和民族复兴的科学构想。它创造性地发展了和平共处五项原则的内容,体现了超越意识形态分歧和政治制度差异实现国家统一的政治气魄和战略勇气。正是根据这一构想,中国先后同英国、葡萄牙政府谈判,达成了解决香港、澳门问题的协议,并在 1997 年和 1999 年顺利实现了香港和澳门的回归。"香港、澳门回归以来,走上了与祖国内地优势互补、共同发展的宽广道路,'一国两制'实践取得举世公认的成功。"① 大陆和台湾虽然尚未统一,但两岸同属一个中国的事实从未改变,国家领土和主权从未分割,也不容分割。"一国两制"构想在理论与实践上的结合上丰富和发展了马克思主义"两制关系"理论。第一,"一国两制"构想,创造性地把和平共处原则应用于解决一个国家的统一问题。和平共处是处理国际关系必须遵循的普遍准则,"一国两制"构想将这一原则精神,应用于解决一个国家内部不同社会制度地区之间的关系,以解决祖国和平统一问题,无疑是个伟大创举。第二,"一国两制"构想,创造性地发展了马克思主义的国家理论。马克思主义认为,国家是一个历史范畴,是阶级矛盾不可调和的产物。从这个意义上说,一个国家一般只能是代表统治阶级利益的一种社会制度存在。而"一国两制"的构想,则突破了这一传统的思维模式,使国家结构形式既不同于传统的单一制结构,又不是通常意义上的复合制国家结构,而是在单一制国家结构下带有某些复合制形式的特点,容纳了两种性质不同的经济、政治和社会制度,开创了和平与发展时代条件下实现祖国统一的新途径。第三,"一国两制"构想,体现了既坚持祖国统一、维护国家主权的原则坚定性,又体现了关照历史和现实可能的策略灵活性。按照"一个国家,两种制度"的构想实现祖国统一,既适应了中国现代化建设的实际需要,也充分照顾到了港澳台地区的历史和现实情况,同时也有利于世界其他国家在这里的利益,保障了社会发展的稳定有序。第四,"一国两制"构想,有利于营造社会主义现代化建设所需要的国际国内环境。实行"一国两制",

---

① 胡锦涛:《坚定不移沿着中国特色社会主义道路前进 为全面建成小康社会而奋斗——在中国共产党第十八次代表大会上的报告》,人民出版社 2012 年版,第 43 页。

首先是中国的主权只有一个，就是在承认中华人民共和国是唯一合法政府的前提下，中国的主体坚定不移地实行社会主义制度，在港澳台地区继续实行资本主义制度。这样既推动了祖国的和平统一进程，又有利于港澳台地区的稳定和发展，有利于中国人民专心致志地搞社会主义现代化建设。第五，"一国两制"构想，为解决国际争端和历史遗留问题提供了新的思路。"一国两制"的理论和实践，不仅为中国探索了一条行之有效的实现祖国和平统一的发展道路，而且为解决国际争端和世界遗留的类似问题提供了新的思路和途径，为维护世界和平与发展做出了积极贡献。

总之，"一国两制"的理论和实践，创造性地把处理国与国之间的关系运用于处理一个国家的内部关系，并明确指出这种内部关系是社会主义制度和资本主义制度的关系，不仅可以直接利用资本主义的资金和人才、技术设备和管理经验，而且在社会主义国家内部允许资本主义制度包括经济基础和上层建筑的存在，无疑是一个伟大创举，其意义已远远超出了实现祖国统一的美好愿望本身，而且对解决国际争端、开创世界和平新局面提供了光辉的范例。

六、"共同发展论"与"和谐世界论"的宽阔胸怀

世纪之交，面对风云变幻的国际局势，以江泽民为核心的党中央第三代领导集体和胡锦涛为代表的党中央，坚持邓小平关于和平与发展时代主题的科学判断，以"三个代表"重要思想全面审视世界格局的变化，深刻分析了国际社会各种力量和矛盾的交互运动，坚持奉行"维护世界和平，促进共同发展，努力构建和谐世界"的外交理念，从而奠定了冷战后时代科学处理"两制关系"的理论基础与现实基础。

（一）维护世界和平，促进共同发展

以苏联东欧剧变为标志，国际格局急剧变化，世界社会主义运动迅即陷入低谷。而与此同时，霸权主义、强权政治则猖獗起来，民族矛盾、宗教冲突、地区危机、局部战争频频发生，恐怖主义开始泛滥，国际局势动荡不安。在此，以江泽民为核心的党中央第三代领导集体，坚持以宽广的眼界观察世界，从国际战略高度科学把握世界发展的大趋势，在复杂多变的国际局

势中，从政治、经济、文化、军事等方面主动布局，着眼于世界战略格局运筹大国关系，着眼于地缘战略态势积极筹划周边关系，着眼于扩展战略空间，大力开展多边外交，营造有利战略态势，增强国家战略能力。

在党的十四大、十五大和十六大政治报告中，江泽民一再强调：和平与发展仍是当今时代的主题，"要和平、求合作、促发展已经成为时代的主流"①。冷战结束以来，虽然恐怖主义、强权政治、民族矛盾、宗教冲突、领土纷争、贫富差距等影响和平与发展的不确定因素有所增加，但维护和平，促进发展，事关各国人民的福祉，是各国人民的共同愿望，也是不可阻挡的历史潮流。江泽民指出："不管国际风云如何变幻，我们始终不渝地奉行独立自主的和平外交政策。中国外交政策的宗旨，是维护世界和平，促进共同发展。我们愿同各国人民一道，共同推进世界和平与发展的崇高事业。"② 强调建立一个多极世界，符合世界发展的客观规律，有利于体现各国和各国人民的共同意愿和利益，有利于推动建立公正合理的国际政治经济新秩序，有利于促进世界政治、经济、文化的协调平衡发展。

针对经济全球化的发展趋向，江泽民在肯定经济全球化是生产力发展的必然结果的同时，强调我们需要的是世界各国平等、互惠、共赢、共存的经济全球化，国际社会应共同努力，趋利避害，正确引导全球化朝着有利于世界经济平衡、稳定和可持续发展的方向前进。因为世界是丰富多彩的，和而不同是各类文明协调发展的真谛。"各国文明的多样性，是人类社会的基本特征，也是人类文明进步的动力。世界各种文明和社会制度，应长期共存，在竞争比较中取长补短，在求同存异中共同发展。"③ 江泽民认为，当今世界是一个普遍联系和相互依存的世界。各国在安全上应相互信任，共同维护，树立互信、互利、平等和协作的新安全观，通过对话和合作解决争端，而不应诉诸武力或以武力相威胁。新安全观的核心是互信、互利、平等、协作。互信，是指超越意识形态的差异和社会制度的异同，摒弃冷战思维和强

① 江泽民：《高举邓小平理论伟大旗帜——把建设中国特色社会主义事业全面推向二十一世纪——在中国共产党第十五次全国代表大会上的报告》，人民出版社 1997 年版，第 47 页。

② 江泽民：《全面建设小康社会——开创建设中国特色社会主义事业新局面——在中国共产党第十六次全国代表大会上的报告》，人民出版社 2002 年版，第 47 页。

③ 江泽民：《论"三个代表"》，中央文献出版社 2001 年版，第 184 页。

权政治，互不猜疑，互不敌视。互利，是指在实现自身安全利益的同时，尊重对方的安全利益，为对方安全创造条件，实现共同安全。平等，是指国家无论大小强弱，都是国际社会的一员，应相互尊重，平等相待，不干涉别国内政，推动国际关系的民主化。协作，是指以和平谈判的方式解决争端，并就共同关心的安全问题进行广泛深入的合作，从根本上减少不安全因素，维护全球战略平衡和稳定。

这种"互信、互利、平等和协作"思想，契合和平与发展的时代主题，适应了世界要和平、人民要合作的时代发展要求，以各国人民的根本利益为重，超越社会制度和意识形态的差别，在"和平共处五项原则"基础上，扩大不同制度国家共同利益的汇合点，妥善解决分歧，从而开辟了当今时代科学处理"两制关系"的新境界。

（二）高举和平、发展、合作、共赢旗帜，努力构建和谐世界

进入新世纪后，随着国际格局的变化，以胡锦涛为核心的党中央，更是把和平、发展与合作、共赢联系起来，强调中国将始终不渝地"高举和平、发展、合作的旗帜，坚持独立自主的和平外交政策，走和平发展的道路，永远不称霸"[1]，并逐步提出了"构建和谐世界"的新理念。

"和谐世界"的概念，是 2005 年 4 月 22 日胡锦涛在雅加达亚非峰会上首次提出来的。胡锦涛指出，亚非国家应"推动不同文明友好相处、平等对话、发展繁荣，共同构建一个和谐世界"。2005 年 9 月 15 日，胡锦涛在联合国成立 60 周年首脑会议上又发表了题为《努力建设持久和平、共同繁荣的和谐世界》的讲话，全面阐述了"和谐世界"的深刻内涵，倡导"以平等开放的精神，维护文明的多样性，促进国际关系民主化，协力构建各种文明兼容并蓄的和谐世界"[2]。2006 年 4 月胡锦涛在耶鲁大学的演讲中进一步强调："中国坚持实施互利共赢的对外开放战略，真诚愿意同各国广泛开展合作，真诚愿意兼收并蓄、博采各种文明之长，以合作谋和平、以合作促发展，推动建设一个持久和平、共同繁荣的和谐世界。"[3] 2007 年 10 月胡锦

---

[1]　《中共中央关于加强党的执政能力建设的决定》，人民出版社 2004 年版，第 28 页。

[2]　胡锦涛：《努力建设持久和平、共同繁荣的和谐世界——在联合国成立 60 周年首脑会议上的讲话（2005 年 9 月 15 日，美国纽约）》，《人民日报》2005 年 9 月 16 日。

[3]　胡锦涛：《在美国耶鲁大学的演讲》，《人民日报》2006 年 4 月 23 日。

涛在党的第十七次代表大会报告中再次声明"我们主张，各国人民携手努力，推动建设持久和平、共同繁荣的和谐世界"①。2008 年 9 月 24 日温家宝在第 63 届联合国大会一般性辩论中作了题为《坚持改革开放坚持和平发展》的发言，强调"中国发展靠改革开放。中国的发展是和平的发展。中国作为一个负责任的发展中大国，愿与国际社会一道，为推动实现世界的和谐与可持续发展贡献力量。"② 胡锦涛在 2010 年元旦又发表了题为《共创世界和平与发展的美好未来》的新年贺词，进一步指出，当今世界正处在大发展大变革大调整时期。中国坚持在和平共处五项原则的基础上同所有国家发展友好合作，同各国人民一道推动建设持久和平、共同繁荣的和谐世界。在我们共同生活的这个星球上，还有不少民众正蒙受着战争、贫穷、疾病、自然灾害等苦难的煎熬。中国人民深切同情他们的不幸境遇，将一如既往向他们提供力所能及的帮助。2012 年 11 月 8 日，胡锦涛在党的第十八次代表大会报告中再次指出："人类只有一个地球，各国共处一个世界。历史昭示我们，弱肉强食不是人类共存之道，穷兵黩武无法带来美好世界。要和平不要战争，要发展不要贫穷，要合作不要对抗，推动建设持久和平、共同繁荣的和谐世界，是各国人民共同愿望。"③ 主张在国际关系中弘扬平等互信、包容互鉴、合作共赢的精神，共同维护国际公平正义。强调中国将继续"高举和平、发展、合作、共赢的旗帜，坚定不移致力于维护世界和平、促进共同发展。"④

"和谐世界"的构想，包含政治、经济、文化、生态等各方面，内容十分丰富。在政治上，"和谐世界"理念强调坚持民主平等，实现协调合作，建立一个法制世界；在经济上，强调坚持公正互利，共同发展，共赢、共荣；在文化上，坚持包容开放，实现文明对话，主张不同文明求同存异，相互学习。在这里，我们需要指出的是，"和谐世界"的理念与近年来国际上

---

① 胡锦涛：《高举中国特色社会主义伟大旗帜　为夺取全面建设小康社会新胜利而奋斗——在中国共产党第十七次全国代表大会上的报告》，人民出版社 2007 年版，第 46 页。

② 《温家宝出席联合国大会　阐述后奥运中国政经走向》，新华网 2008 年 9 月 25 日。

③ 胡锦涛：《坚定不移沿着中国特色社会主义道路前进　为全面建成小康社会而奋斗——在中国共产党第十八次全国代表大会上的报告》，人民出版社 2012 年版，第 46—47 页。

④ 胡锦涛：《坚定不移沿着中国特色社会主义道路前进　为全面建成小康社会而奋斗——在中国共产党第十八次全国代表大会上的报告》，人民出版社 2012 年版，第 47 页。

热议的"中美国"（Chimeric）、G2 等概念是完全不同的。"和谐世界"的构想，倡导的是用"和而不同"的观点观察、处理问题的新思维，体现了中国共产党人从谋求自我发展到视世界共同发展为己任的宽阔胸怀和全球意识，彰显了中国特色社会主义追求和平、发展、公平、正义的价值目标与人类社会发展总体目标的一致性。"和谐世界"新理念的目标是建立持久和平、共同繁荣的世界。在和谐世界中，各国内部的事情由各国人民自己决定，世界上的事情由各国平等协商解决，发展中国家在国际事务中享有平等参与权与决策权。各国互相尊重，平等相待，不将自己的意志强加于人，不将自身的安全与发展建立在牺牲他国利益基础之上。

"和谐世界"构想的提出，一方面向世界表明，中国将坚定不移地走和平发展道路，不会妨碍和威胁其他任何国家。中国现在不称霸，将来即使强大了也永远不会称霸。中国的发展对世界来说是机遇不是威胁，是和平之福而非冲突之患。另一方面也表明，随着中国的发展，中国将承担更多的国际责任，为促进世界的和平与发展作出更多的贡献。胡锦涛总书记曾用 8 个字描述了"和谐世界"的美好图景，那就是：持久和平、共同繁荣。具体来说，"和谐世界"是一个民主平等的世界，和睦互信的世界，公正互利的世界，包容开放的世界。各国相互尊重、平等相待是和谐世界的基本前提。人不分种族、肤色、语言、信仰，都生而平等；国家不分大小、贫富、强弱，都是国际社会大家庭的平等一员，都享有自主、自立的权利和应有的尊严。各国平等相待，尊重彼此选择的社会制度和发展模式，各国的内部事务由本国人民自己决定。国际事务应由各国通过平等协商解决，而不是由一两个大国说了算，特别是发展中国家的声音应得到重视，发展中国家的正当利益也应得到维护。各国互信合作、和睦相处是和谐世界的重要保障。各国普遍发展、共同繁荣是和谐世界的坚实基础。不同文明平等对话、共同发展是和谐世界的鲜明特征。文明多样性是人类社会发展的客观现实，是当今世界的基本特征，也是人类进步的重要动力。

"和谐世界"构想，将中国自身发展与世界的发展前途以及实现这一目标的途径、方式公布出来，对于消除疑虑、遏制敌对势力的歪曲和诋毁具有非常重要的现实意义，对营造和平的国际环境和客观、友善的舆论环境必将产生关键性的作用。"和谐世界"构想体现了中国共产党人携手世界共同发展的美好意愿,是新的历史条件下对马克思主义国际关系理论的创新和发展,也是处理"两制关系"理论和实践的一种历史性飞跃,其意义和影响深刻而久远。

纵观不同时代条件下马克思主义者认识和处理"两制关系"的理论和实践,尽管有成功也有失误,但其共同的价值在于从正反两方面启示我们:

其一,在"两制并存"条件下,"两制关系"的表现形态将是对立与斗争、共处与合作的互相交叉,并且这种状态将是长期的、复杂的。所谓长期,是指在短期内还不可能实现相互代替,需要制定长期共处的对策。所谓复杂,是指两种制度之间的对立与斗争、共处与合作是相互交叉的。历史的经验表明,在双方实力对比悬殊但一时还无法战胜对方的情况下,对立与斗争表现的将会突出;而在双方实力对比相当的情况下,合作与共处将是主要的。作为社会主义国家的执政党就需要根据不同时代特点和自身实力变化制定不同的对策,在对立与斗争中不放弃合作与共处的努力,在合作与共处的同时警惕资本主义的"和平演变"与不战而胜。

其二,在处理"两制关系"的政策和策略问题上,需要坚持理论逻辑的合理性、科学性与现实实践的适应性、可行性的统一。也就是说,对不同时代马克思主义者创立的认识和处理社会主义与资本主义"两制关系"的理论,既要从不同时代特点出发去分析研究其科学性和合理性,又要根据当今时代的特点深刻领会其思想内涵,不断发展创新,既不能拘泥于已有的思想而无视时代的发展变化,更不能为了强调时代的发展而对历史采取虚无主义的态度,要坚持理论联系实际,与时俱进,开拓创新。

其三,在"两制关系"的发展趋势上,社会主义代替资本主义的历史必然性毋庸置疑,这不仅是因为马克思主义者已经做出了深刻的理论阐述和逻辑推理,而且当今资本主义国家一轮深过一轮的经济危机已经预示着其历史命运开始走向黯淡。当然,在全球化时代,社会主义代替资本主义的方式和方法将是多种多样的,其代替的过程将是长期的渐变的。一方面,随着现实社会主义国家实力的不断增强和世界社会主义运动的复兴,在其强大的影响和感召之下,一些国家将会自觉选择社会主义道路;另一方面,随着资本主义国家内部社会主义因素的不断增多,有可能通过多种途径走向社会主义。对此,我们需要以开放的思想和宽容的姿态去关注不同国家的有益探索,契合时代发展脉搏,推动人类社会朝着社会主义的大目标迈进。

第　五　章

全球化视域下社会主义与资本主义
"两制关系"发展态势探析

　　自20世纪末开始的新一轮全球化浪潮在推动人类社会进入"一个相互依赖的时代"① 的同时，也进一步冲垮了资本主义和社会主义两种制度国家间的铜墙铁壁，使世界范围内的"两制关系"进入了一个全新阶段。在全球化的视域下审视冷战后的"两制关系"，其最大的变化就是资本主义与社会主义两大阵营对立的消融，"两制关系"由"遏制——对抗"为主转变为"接触——合作"为主，既对抗又合作成为当今资本主义和社会主义相互关系的基本态势。

一、经济全球化：两种制度国家经济交往与竞争剧增

　　在全球化浪潮席卷下，无论是资本主义国家还是社会主义国家，无论是主动进入还是被动卷入全球化进程的，均在统一的全球市场经济体系中彼此交往，经济上相互依存程度不断加深，人员往来和经济合作与日俱增，经济、金融、贸易以及现代科学技术领域的相互依存程度更加紧密。但与此同时，由于经济全球化发展的不平衡性以及资本主义在全球化现阶段中的主导地位，发达资本主义国家始终没有放弃通过各种手段加强对社会主义国家的

---

　　① ［美］罗伯特·基欧汉等：《权力与相互依赖——转变中的世界政治》，林茂辉等译，中国人民公安大学出版社1992年版，第1页。

经济控制和经济掠夺，两制国家间的经济竞争和摩擦也日益激烈。

（一）　两种制度国家间的经济合作与相互依存加深

在经济全球化条件下，不同的经济制度被纳入统一的世界经济体系之中，资本主义国家与社会主义国家间的经济交往与经济依存发展到了前所未有的水平，其互补性、关联性、依赖性进一步增强，两制国家经济关系正逐步走向互相渗透、广泛联合、全面合作的时代。两制国家经济上的交往与合作主要体现在市场经济、国际分工、跨国公司、国际贸易、世界金融以及区域经济合作六大领域。呈现了如下特点：

1. 两种制度国家共同参与世界市场。资本主义制度自建立以来，历经原始资本主义、垄断资本主义、帝国主义等发展阶段，并最终通过在全球占领殖民地的方式形成了早期的世界市场。但是，随着俄国十月革命的胜利和苏维埃社会主义共和国联盟的建立，以及后来建立的社会主义国家纷纷参照苏联模式建立起了高度集中的计划经济体制，随着两大阵营对垒格局的形成，世界范围内的两个平行市场随之建立，社会主义计划经济和资本主义市场经济两者之间基本上是互不交流、相对封闭和完全隔离的。在经历了一番艰难曲折的道路探索之后，同时也是受经济全球化的影响，社会主义国家逐渐认识到计划和市场都是发展经济的手段，而不是两种制度的根本区别。社会主义国家开始逐步放弃高度集中的计划经济体制，转而进行不同程度的经济体制改革和经济领域的对外开放。特别是冷战结束后，全球化浪潮进一步冲垮两制国家间的经济壁垒，两个平行的世界市场逐渐融合，真正统一的世界市场开始形成。在现实社会主义国家中，中国于1978年率先实行了经济体制改革和对外开放，逐步建立了社会主义市场经济体制，中国由计划经济向市场经济的战略转变取得了举世瞩目的经济成就，也起到了良好的示范效应，其他社会主义国家也纷纷走上了经济体制改革、调整和对外开放之路。越南于1986年拉开革新开放的帷幕，深入进行生产结构的调整和经济管理体制的改革，进入21世纪后开始建设"社会主义定向的市场经济"并取得了经济的快速发展。老挝也于1986年开始进行经济管理体制改革，建立了更加灵活、有效和完善的经济管理体制，在国家管理下发展市场经济。古巴1992年开始全面实行以吸引外资、建立合资企业和发展旅游为主要内容的对外经济开放政策。即使现存社会主义国家中最封闭和落后的朝鲜，在全球化浪潮的冲击下，也无法关起门来搞完全封闭的计划经济，特别是近年来在其自然灾害频繁、经济停滞不前、物质资料匮乏的状况下，使其对世界市场和国际贸易的依赖越来越强。进入21世纪以来，朝鲜领导人金正日多次访华并考察了中国改革开放的前沿地区，回国后在朝鲜也逐步发展了一些特区经济，进行了经济政策调改，市场经济的因素在朝鲜逐渐增多。

社会主义国家探索本国发展道路的历史进程表明，原先被认为只有资本主义才具有的市场经济因素在全球化的驱使下已经渗透到了包括社会主义国家在内的全球各个国家和地区，哪里有需求哪里就有市场。经济全球化加快了民族国家市场与世界市场的接轨，不同社会制度国家在全球范围内共同遵守统一的市场经济竞争规则，从而使国际经济交往中业已形成的由资本主义国家制定的一些准则和规范，逐渐得到了大多数社会主义国家的共同遵守，并分别制定出相应的开放、接轨政策，这无疑是两种制度国家经济融合的具体体现。在经济全球化条件下，市场经济的发展使得全球资源得以在不同社会制度国家范围内进行自由流动和优化配置，企业在全球范围内寻找价格低廉的资源，商家在全球范围内寻找利润高昂的商机，顾客在全球范围内寻找物美价廉的商品，资源的配置已不再受国界的限制。这种资源在全球范围内的优化配置使得不同制度国家的经济交往和交流合作日显必要和迫切，两种制度国家普遍实行不同程度的市场经济并共同参与世界统一市场竞争，促进了不同经济形态的密切融合，并进一步推进了经济全球化的深入发展。

2. 两种制度国家共同参与国际分工与合作。资本主义的国际分工经历了三个发展阶段：18世纪中期开始的第一次工业革命带来了生产力的空前提高，英、法等国凭借机器大生产迅速发展成为工业国，而其他广大落后国家则处于农业国、原材料国的地位；19世纪末开始的第二次工业革命使发电机、电动机、内燃机得到广泛应用，英、美、德等国凭借先进的电气化技术进一步推动了生产力的提高，从而在国际分工中继续占据优势，其他国家在引进技术与机器设备的推动下也发展了一些轻工业和采矿业，但从重要产业来看仍属于初级产品的供应国和原材料国；二战后进行的第三次工业革命导致了一系列新兴工业部门的诞生，原子能工业、电子工业、宇航工业等迅猛发展，虽然少数经济发达国家成为资本、技术密集型国家，而广大发展中国家成为劳动密集型国家，但是，各国内部以及相互之间又形成更加细致的分工。也就是说，国际分工从过去的国家间、部门间的专业分工日益向部门内专业化分工方向发展，不同规格型号产品的专业化、零部件和配件的专业化以及工艺制作流程的专业化决定了任何一个技术发达国家也不可能生产出本国所需的全部产品，这就必然产生了国家间分工和合作的需要。特别是伴随着新一轮科技革命浪潮的到来，国际分工进一步向前发展，不但在程度上更加细化和深化、在广度上涵盖的领域越来越多，而且在性质上已不完全是发达资本主义国家主导下的国际分工，广大发展中国家特别是新兴市场国家在国际分工的不同领域和不同层次上开始占有优势地位。在高新技术领域，各国间的分工合作不但是必要的，而且已成为不可或缺和不可替代的，不但是满足各国自身发展的需要，而且是在世界范围内优化合理利用资源、减少技术成本的需要。

以中国目前正在研发生产并计划 2014 年首飞的 C919 国产大型客机项目为例，该机整机制造由中国商用飞机有限责任公司全力打造，但各个分部件项目则通过多方合作模式来完成。截至 2010 年 7 月中旬，已经有 13 家外国企业先后与中国商飞签署合作意向书，其中，大飞机发动机系统由法美合资的 CFM 国际公司研制生产，综合监视系统由美国罗克韦尔柯林斯等公司合作研制，起落架系统由德国利勃海尔等公司合作研制，机轮系统由美国霍尼韦尔公司负责生产，航电核心处理、机载维护和飞行记录系统则由美国通用电气公司研制生产，其余飞机部件和组件则涉及了国内多家国有、民营企业以及 12 个省市的产业布局。通过这种合作模式，既可以利用国际顶尖飞机制造企业的技术与经验，提高性能、节约成本、缩短研发时间，同时又可以逐步提高国内飞机制造企业的研发实力。可见，在经济全球化条件下，各个国家共同参与世界性的国际分工已成为普遍现象，无论是发达的资本主义国家还是发展中的社会主义国家，都成为世界性生产的一个重要组成部分，都是商品价值链条中的一个重要环节，不仅发达资本主义国家从事工业化生产和高科技产业，包括社会主义国家在内的广大发展中国家也在逐步实现工业化的基础上大力发展高科技产业。在这种水平型国际分工日益细化的基础上，不同制度国家的合作成为必须，优势得以互补，全球化条件下的国际分工与合作越来越成为不同社会制度国家尤其是社会主义国家能否保持高速健康发展的一个关键性因素和基本前提。

3. 跨国公司横跨两种制度国家间的经营和投资显著增长。经济全球化
的主要特点就是生产和经营的跨国界，而跨国公司的跨国经营活动则成为经
济全球化的重要推动力和主导力量，"以世界为工厂，以各国为车间"的跨
国公司的迅猛发展成为经济全球化的一个重要标志。在经济全球化时代，超
级跨国公司大规模涌现和兴起，不但突破了民族国家的经济界线，也促使资
本进一步跨越国界、跨越不同的社会制度，促进了两种制度国家经济的合作
共存和协调发展。一方面，跨国公司出于扩张和逐利的需要不断开发和投资
于包括社会主义国家在内的新兴市场；另一方面，社会主义国家为适应经济
全球化需要发展本国经济而先后采取了对外开放政策，从而使跨国公司由西
欧、北美、日本等发达资本主义国家延伸到开放的社会主义国家。中国实行
改革开放后，截至 2010 年 8 月底，已有来自世界 210 多个国家和地区的外
商在华投资，全国累计批准设立外商投资企业 699956 家，实际使用外资
10113.98 亿美元。美国《财富》杂志评选出的全球 500 家大企业几乎都在
华设立了企业或机构，跨国公司在华设立的地区总部近 500 家。以 2009 年
为例，占全国企业总数 3% 左右的外商投资企业（约 29 万家）创造的工业
产值占全国的 28%，实现出口额占全国的 55.9%，进口额占 54.2%，缴纳
税收占全国的 22.7%，直接吸纳就业 4500 万—5000 万人。外资企业成为我
国经济建设的一支重要力量，对推动中国经济与社会的可持续发展发挥着不
可或缺的作用。① 除中国外，越南、老挝、朝鲜等社会主义国家境内的跨国
公司数量和规模也在不断增长。韩国现代峨山集团于 2003 年开始在朝鲜开
城地区投资建设开城工业园区，由朝鲜提供土地和劳动力，韩国则提供资
金、技术及能源，鼓励韩国企业到开城工业园投资办厂，从而将开城工业园
建设成为韩朝经济合作的窗口。尽管朝鲜半岛局势一度紧张，南北关系剑拔
弩张，但是开城工业园项目自投入建设后从未彻底停止，最多时入驻园区内
的韩国企业达 100 多家。跨国公司由发达资本主义国家向开放的社会主义国
家蔓延的过程，也是社会主义国家经济进一步融入全球经济一体化的过程，
跨国公司的跨国经营和投资活动进一步促进了两种制度国家在经济领域的融
合与合作。

① 何曼青：《跨国公司分享中国机遇》，《中国新时代》2010 年第 11 期，第 27 页。

4. 两种制度国家间贸易依存度日益提高。衡量经济全球化发展程度的一个重要指标就是考查一国的贸易量（出口加进口）与它的 GDP 和 GNP 的比重。在经济全球化的影响下，越来越多的国家开始放弃通过进口关税和非关税壁垒的措施来保护本国经济，使其不受外国竞争的影响，贸易保护主义不再受到欢迎，取而代之的是自由贸易政策。世界贸易组织（WTO）于1995 年取代"关税与贸易总协定（GATT）"正式开始运作，旨在全球范围内建立一个完整的，包括货物、服务以及与贸易有关的投资和知识产权等内容的多边贸易体系。经济全球化时代，各国积极参与自由贸易，给国家带来的主要益处在于生产者可以更容易进入更大的国际市场，享受国际分工带来的便利和贸易伙伴"溢出"的新技术。尽管自由贸易也给各国带来了更加激烈的国际市场竞争以及更大的行业风险和经济风险，但是，从全球自由贸易中获取的利益和利润仍促使各国不断发展国际贸易，对外贸易依存度持续不断提高。对外贸易依存度是指一国在一定时期（通常为一年）内进出口总额与其国内生产总值或国民生产总值的比率，对外贸易依存度越高，说明该国经济发展对国际贸易的依赖程度越大，也说明该国与其他国家经济联系越紧密。目前，世界各国对外贸易依存度平均水平约为 41%，中国自 2001年加入 WTO 后，参与经济全球化的步伐加快，对外贸易依存度不断提高，到 2009 年，中国的对外贸易依存度已达到 44.27%，高于世界平均水平。[①]即使在较为封闭落后的非 WTO 成员方朝鲜，也一定程度的发展了对外贸易。1991 年 12 月，朝鲜政府宣布开放罗津－先锋市为自由经济贸易区，此后又制定和颁布了一系列有关自由贸易区的政策和法规，自由贸易区为朝鲜政府赚取了大量外汇。近年来朝鲜对外贸易的对象和领域不断拓宽，进出口总额呈上升趋势，目前已经与 100 多个国家和地区建立了贸易关系，2006年的外贸总额达到 20 亿美元。2007 年 5 月，朝鲜在平壤举办了国际商品展销会，来自中国、俄罗斯、德国、意大利等 13 个国家和地区的 220 多家公司前来参展。经济全球化的加快发展，促进了世界多边贸易体系的形成，增强了国际贸易对世界经济的拉动作用，同时，两种制度国家在日益发达的国际贸易活动中形成了更加紧密的相互依存关系。

---

① 张智革等：《中国对外贸易依存度的趋势分析》，《国际经贸探索》2011 年第 10 期，第 20 页。

5. 两种制度国家国际金融合作日益频繁。经济全球化的原动力是资本的全球化，而金融领域则是资本全球化的关键枢纽，也是当前经济全球化进程中最为关键的一个环节，各国金融体系的国际化、自由化程度不断提高，促使全球金融体系逐渐形成并日益完善。全球金融体系主要是指金融体系在国际间的存在形式和金融资本在各国间流动的各种形式和渠道，包括银行、证券公司（投资银行）、保险公司、基金以及私人银行等。在经济全球化的冲击下，不同社会制度国家都开放了自己的金融市场，特别是包括社会主义国家在内的许多发展中国家，纷纷放松金融管制、开放国内金融资本市场，增强本币的可兑换性，实现金融自由化。早在 1979 年，外资银行就在中国开设了第一家代表处，并于 1982 年在深圳正式设立第一家外资银行，1996年 12 月，中国批准美国花旗银行等 4 家外资银行在上海设立分行，经营人民币业务。根据 WTO 协议，2006 年以后中国将取消所有对外资银行的所有权、经营权的设立形式和所有制的限制，允许外资银行向中国客户提供人民币业务服务，并给予外资银行国民待遇。中国银监会 2007 年 3 月发布的《中国银行业对外开放报告》指出，从 1980 年以来，中国银行业对外开放稳步推进，外资银行机构网络不断扩大，业务规模迅速增加，与中资银行广泛开展了业务合作和股权合作，外资银行已经成为中国银行业的重要组成部分。截至 2006 年 12 月底，在中国注册的外资独资和合资法人银行业机构共14 家，下设 19 家分支行及附属机构；22 个国家和地区的 74 家外资银行在中国 25 个城市设立了 200 家分行和 79 家支行；42 个国家和地区的 186 家外资银行在中国 24 个城市设立了 242 家代表处。外资银行经营的业务品种超过 100 种，115 家外资银行机构获准经营人民币业务。在华外资银行本外币资产总额 1033 亿美元，占中国银行业金融机构总资产的 1.8%，存款总额397 亿美元，贷款余额 616 亿美元。[①] 国际大银行除了进军中国外，也看好新兴社会主义国家越南的金融市场，花旗银行 1993 年登陆越南，最早开始提供企业和投资银行服务，2007 年越南政府发布新的银行业管理条例为外资银行大举进入越南开展业务创造了条件，汇丰与渣打两家外商银行于

---

① 《中国银行业对外开放报告》，中国银监会 2007 年 3 月 23 日发布。http：//finance. people. com. cn/GB/1040/59940/70861/5510573. html.

2008 年 8 月在越南设立独资的注册银行，韩国新韩银行 2009 年 10 月宣布在越南成立纯外资分行，花旗银行于 2009 年 10 月在越南设立首家零售银行，这也是美国金融机构首度在越南开办零售业务。广大发展中国家金融市场的日益开放，使发达资本主义国家主导的跨国金融机构得以在世界各地建立分支机构，各国金融领域的自由化、国际化趋势进一步促使全球金融市场的形成和完善，同时，各国都参与到全球金融市场体系之中，遵循统一的规则和标准，经营相同的金融业务，共同抵御金融风险，两制国家在金融领域的合作和交流日益加强，进一步促进了经济的融合。

　　6. 两种制度国家共同参与的区域经济一体化程度加深。全球化进程在经济领域的重要表现之一就是区域经济合作的加深和一体化趋势。在经济全球化条件下，经济因素越来越超越意识形态和社会制度在各国对外交往过程中的作用，在地缘政治的基础上，各国根据自身优势条件参与和建立了各种区域经济合作组织和经济集团，区域经济一体化趋势不断加强，社会主义国家也积极加入到这些区域性经济组织当中，各国在区域经济合作中实现本国发展和地区发展的双赢局面，两制国家在区域经济合作中进一步促进经济的交流、合作和融合。1967 年 8 月 8 日，马来西亚、菲律宾、泰国、新加坡和印度尼西亚 5 国发表《曼谷宣言》，正式宣告成立东南亚国家联盟，1984 年至 1999 年间，包括社会主义越南、老挝在内的其他 5 个东南亚国家相继加入东盟，东盟 10 国集团正式宣告形成。20 世纪 90 年代末，亚洲金融危机的爆发使东亚国家认识到"一荣俱荣，一损俱损"的利害关系，1997 年 12 月，东亚国家首次召开东盟——中日韩非正式首脑会议，后来这次会议制度化并形成了"10 + 3 合作机制"。2000 年 5 月 6 日在泰国清迈举行了第一次"10 + 3"财长会议，各国在会上就金融领域建立全面合作机制达成《清迈协议》，推动东亚 13 国建立货币互换协议以防范和减轻金融风险。2003 年，中国与东盟的关系发展到战略协作伙伴关系，成为第一个加入《东南亚友好合作条约》的非东盟国家。从东盟——中日韩区域经济合作机制来看，既有日本这样的发达资本主义国家，又有中国、越南、老挝等不同程度发展的社会主义国家，也有新兴市场国家，各种制度国家在区域经济一体化过程中不断加强合作和经济交往。此外，在诸多区域经济合作组织中都有社会主义国家广泛参与的身影，如中国、越南是亚太经合组织（APEC）的成员国，古巴是拉美一体化协会（LAIA）的成员国，中国、越南、老挝是大湄公河次区域合作组织（GMS）的成员国。一国一旦参加了国际性和区域性经济组织，并与他国达成某种合作协议，就必须执行这些组织的规章，区域经济一体化的发展促进了两制国家经济的合作交往，并逐渐推动形成了各国都能够接受的公平的竞争规则，为两制国家经济深化合作创造了条件。

世界经济发展的历史已经表明，世界各国的经济发展越来越离不开整个世界经济的发展，作为全球经济链条中的不同环节，任何制度国家的缺位，都会使全球经济发生问题，都会造成"一损俱损"的不利局面。全球化使得两制国家经济相互依存程度日益加深，不仅是"你中有我、我中有你"，而且日益呈现"一方的发展以另一方的发展为前提，二者不可或缺"的局面，发达资本主义国家如果失去了与现实社会主义国家及其他发展中国家的联系，其资本的投向、市场的扩展都会形成封闭状态；而现实社会主义国家如果失去了与资本主义国家的交往与合作，就难以改变技术、资金、管理等方面的较落后的状况，进而失去了后来居上的前提和契机。全球化不是"零和博弈"，而是一个可以导致全球福利增进的"正和博弈"。因此，对发达资本主义国家而言，全球化打破了各国投资边界，使资本得以在全球范围内追逐利润，共同贸易市场、共同金融体系、全球劳务输出则给发达资本主义国家的经济发展创造了机会和条件，尤其重要的是，由于资本主义生产关系的矛盾由一国扩展到全球，这在一定程度上缓和了生产的无限扩大和消费者购买力相对缩小之间的矛盾，使资本主义制度得以延续和发展。对现实社会主义国家而言，全球化促进了资源、技术、劳动力等生产要素在世界范围内的优化配置，有利于社会主义国家获得自身发展所需要的外部资金、先进技术和管理经验，以解决社会主义国家建设资金不足、技术设备落后、管理方式陈旧、产业结构不合理等问题，从而加快工业化和现代化的步伐，缩小其与发达资本主义国家的差距，提高自身的国际竞争力，实现跨越式发展。同时，经济全球化使世界范围内的产业结构调整进一步深化，社会主义国家可以利用这个契机，主动协调世界范围产业结构调整和国内产业升级关系，一方面从发达国家继续引进劳动密集型产业，充分发挥比较优势，增加国内就业，扩大出口，完成工业化进程；另一方面又要加大对发达资本主义国家先进技术的引进和学习，发展高新技术产业，在关键环节抢占优势地位，构造国际战略的制高点，加速国内的现代化进程。总之，在经济全球化的浪潮中，资本主义国家和社会主义国家可以实现互利双赢，特别是社会主义国家可以利用"后发优势"，使自身的发展获得一个较高的起点，增强与资本主义的竞争实力。

（二）两种制度国家间的经济竞争与摩擦日益激烈

全球化的发展也存在着不可忽视的负面效应，经济全球化无论在广度还是在深度方面都存在不平衡性，给各个国家带来的发展机遇也是不同的，各个国家由于先天的基础和境遇不同，参与全球化的程度不同，受益也具有非均衡性。经济全球化发展的不平衡性导致了两种制度国家间的经济不平衡和世界经济秩序的不合理，发达资本主义国家在经济竞争中占优势和主导的局面没有改变。

尽管全球化促进了世界经济的发展、国家财富的增长和国际贸易的繁荣，但这并不能保证所有国家都能平均分享到经济全球化所带来的红利，具体到不同的国家、企业和个人，其利益得失又表现出很大的不平衡性，因此，经济全球化在一定程度上导致了南北差距加大，一些国家正在不断被边缘化。全球化发展的不平衡性加剧了世界经济秩序的不平等，由于全球化进程是在西方发达国家的主导下发展起来的，少数发达资本主义国家掌握全球经济规则制定的主导权，对国际经济事务具有很大的发言权，在国际经济竞争中处于主导和有利地位。在西方主导的国际规则体系和国际体制下，发达资本主义国家可以极大地发挥其优势而将其劣势保护起来，从而可以分得更多的利益并承担更少的成本和风险。而包括社会主义国家在内的广大发展中国家在国际经济事务中缺少发言权，在市场分工和经济竞争中处于不利地位。

从总体上看，全球化的推进在世界范围内并非整体划一，而是存在着三种基本状态：发达国家内部广泛而深入的相互依存、欠发达国家对发达国家总的依赖、欠发达国家内部的"破碎"。[①] 由于这种经济秩序的不平衡和经济地位的不平等，在经济全球化过程中，发达国家将越来越多的劳动和资源

---

① 时殷弘：《论互相依赖的有限与国家政策对全球化影响的限制》，《国际问题研究》2002 年第 2 期，第 26 页。

密集型产业以及污染环境的企业向发展中国家转移，使发展中国家自然环境受到污染，生态平衡遭到破坏，资源浪费严重，无法或无力实现可持续发展的道路。随着金融全球化的快速发展，发达资本主义国家的国际金融投机活动也日益猖獗，成为攫取发展中国家财富的隐蔽手段。此外，全球化也为发达资本主义国家对外转嫁经济危机后果和金融风险损失提供了捷径，从而放大了经济风险的影响和潜在后果，加快了风险与危机在全球的传播速度。因此，全球化对一些发展中国家来说是贫困的全球化、落后的全球化、不发达的全球化，由于社会主义国家和广大发展中国家在市场体制、运行机制起步较晚，市场竞争力、风险抵御能力较弱，在全球性竞争中遭遇风险和危机的可能性大，往往更容易成为全球化的受害者。

全球化不但没有消除资本主义社会的固有矛盾，而且在世界范围内进一步加剧了劳动与资本、剥削者与劳动者、垄断国家与被掠夺国家之间的矛盾。不同社会制度国家综合国力较量日益激烈，经济竞争与贸易摩擦趋于表面化，经济上控制与反控制的斗争全方位展开。从两制国家所处的历史阶段与发展水平来看，社会主义国家与资本主义国家有着势位上的优劣之别。西方发达资本主义国家已逐步由工业社会向信息社会过渡，而社会主义国家仍处于现代化的初期阶段。西方发达国家依仗其经济和科技上的优势以及在国际间竞争的游戏规则中的主导地位，通过不平等的竞争、不合理的秩序、不公正的规则限制社会主义国家的发展，力图在经济上对社会主义国家进行控制，甚至把经济战、贸易战作为"遏制"战略的一种斗争形式。因此，全球化为社会主义国家的发展提供契机的同时，也为处于后发展状态的社会主义国家在经济上受制于人提供了可能。随着经济全球化的发展，各国综合国力较量中经济实力的分量更加突出，各国都把发展经济科技放在首位，以便在未来的国际政治经济格局中争得更加有利的位置。正是在这一背景下，社会主义与资本主义在经济领域的矛盾和斗争也日益突出。这场为掌握新的全球霸权而进行的全方位经济战旷日持久，内容广泛，包括科学技术、产业结构、国际贸易、货币金融以及资源、人才、综合国力等方面，给社会主义国家构成了新的巨大压力。中美之间的经济较量就是两制国家间经济控制与反控制的一个典型的缩影。20世纪90年代，美国国会把贸易最惠国待遇当作"经济大棒"在对华贸易中频频打牌，在具体贸易问题上，美国还经常利用其国内"301"条款代替国际法，动辄对中国实施经济制裁。在中国入世问题上，美国刻意将经济问题政治化，抬高中国入世门槛，致使中国入世谈判历经十几年。近几年来，美国政府一直压人民币升值，国会更有议员呼吁将中国列为汇率操纵国，但同时美国则实施量化宽松货币政策，这种对本国和他国实施双重标准的做法充分暴露了发达资本主义国家凭借在经济全球化中的优势和主导地位对发展中国家进行压制、掠夺的心态。经济全球化的开放性和渗透性还使社会主义国家经济安全受到来自发达资本主义世界的严峻挑战。如在金融安全方面，改革开放以来，中国正以越来越快的速度融入世界金融体系之中，国际金融对中国金融的影响日益加强，使国内金融安全环境更容易受到来自国际经济、金融风险与危机的影响以及国际投机资本的冲击。国际游资可能会大量进入中国，并在中国金融市场上兴风作浪，国际资本大量地流入或流出极有可能造成股市波动剧烈，物价暴涨暴跌，以及通货膨胀或通货紧缩，由此导致金融危机的产生。特别是在中国的国内金融市场尚不发达、不健全、不完善并且管理不够规范的条件下，金融领域的不断开放使中国遭受国际金融风险与危机冲击的可能性大大增加，同时加大了宏观货币政策的调控难度，并对国有商业银行形成很大的冲击，中国的金融政策也会受到许多外来限制和压力。

经济全球化为当代资本主义国家开拓了更广阔的发展空间，而现实社会主义国家则在资本主义包围下艰难发展，两制国家经济竞争和摩擦将长期存在。当今不平衡的世界政治经济秩序有利于资本主义的发展。经济全球化是资本主义的内在需求，资本主义是当代全球化的主要推动力量，而发达资本主义国家是当代全球化的最大受益者。全球化极大地扩展了资本主义国家资本活动的空间，资本的跨国运动，为西方资本提供了新的获取高额利润的机会，促进了资本主义的经济增长；经济全球化促使发达资本主义国家的经济向科技和资本密集型产业升级，在高新技术方面不断创新，研究、开发和生产出技术和知识含量高的新产品，并及时推向市场，在全球扩大生产和经营，在世界市场的竞争中获胜。经济全球化在促进跨国公司的发展和资本的全球扩张的同时，也导致国际垄断资本势力的加强，对社会主义国家产业结构的优化带来了不利影响，并严重威胁着落后国家的产业安全。必须承认，随着经济全球化趋势的加深和相互依存态势的不断深化，国际关系中的超国家因素不断增加，国家主权原则在国际关系实践中正受到来自各方面的冲击和侵蚀，在经济领域尤为明显。主权国家已经不是国际关系中唯一的行为主体，大量国际组织成立和国际规则的制定、跨国公司在世界各地大规模投资和经济影响力的日益增强、国际经济机制在各领域的广泛构建，都不断弱化着国家在经济政策、贸易、金融、服务、信息等方面的主权意志和主权能力。在经济全球化的浪潮中，资本主义发达国家可以凭借各自的优势和经济实力，积极活跃在世界经济舞台上，不断扩大经济势力范围，谋取最大经济利益。虽然资本主义的生产方式有其制度的局限性，资本的全球化已经引起并激化了资本主义各种矛盾和冲突，但在相当长的时期内资本主义还能够影响并继续推动生产力的发展，因此，资本主义还有一定的发展潜力，距离历史的尽头还有很远的距离。而社会主义建设是一项前无古人的事业，在经济文化落后的国家怎样建设社会主义，没有现成的答案。社会主义国家尽管都进行了不同程度的改革与创新，但是在总体实力上仍然处于劣势。社会主义还处于幼年期，经济体制、政治体制还不完善，自我完善的机制还不成熟，一些国家还未能找到符合本国国情和时代发展要求的社会主义道路。社会主义国家要维护自己的经济基础，必须加强自身经济安全体系建设，在坚持自身经济制度的前提下，对资本主义的经济控制进行"反控制"。可以预测：两种社会制度为掌握新的全球经济秩序主导权而进行的经济战、贸易战、货币战，将全方位展开。

二、政治民主化：两种制度国家政治对话与博弈增多

经济决定政治，政治是经济的集中反映，经济的全球化必然导致两制国家间政治上的联系与交流不断加强。重发展、求和平、要互利、促合作，已成为不同社会制度国家的共识和人民的共同愿望。

（一）两种制度国家双边政治外交深入发展

全球化时代，世界形势总体上趋于缓和，大规模的战争在一个可以预见的长时期内可以避免，不同社会制度的国家和平共处的现实性、可能性、必要性日益增大。

1. 中国与主要资本主义国家双边关系大发展。中国是最早抛弃"冷战"

思维的国家。早在 20 世纪六七十年代，中国就先后与法国、意大利、英国、日本、德国、西班牙、美国等主要发达资本主义国家建立了大使级外交关系。20 世纪 90 年代中期以来，中国作为社会主义大国与主要资本主义大国之间的双边关系不断深化和发展，层次不断提升、领域不断扩展。

中美两国自 1979 年建交以来历经艰难坎坷，在波动中曲折发展、稳步前进，中美双边关系的深入发展与中国改革开放政策的深化和日益融入经济全球化的进程是分不开的。克林顿政府 1994 年开始提出对华接触政策，美国宣布将人权问题同"最惠国待遇"脱钩，中美两国恢复高层互访活动；1995 年 10 月，江泽民在参加联合国成立 50 周年纪念会议期间，与美国总统克林顿在纽约举行了正式会晤，促使中美关系回到正常发展的轨道，并提出了"增加信任、减少麻烦、发展合作、不搞对抗"的处理中美关系的基本政策；1997 年 10 月，江泽民对美进行国事访问，成为 12 年来中国国家元首第一次正式访美，双方发表《中美联合声明》，确立了发展面向 21 世纪的"中美建设性战略合作伙伴关系"，决定建立两国元首定期会晤制度，为两国新世纪双边关系发展奠定了基础；1999 年 11 月，中美在北京签署关于中国加入世贸组织的双边协议，扫清了中国加入 WTO 的最大障碍；2000 年，中美关系进一步稳定发展，两国元首在联合国千年首脑会议和 APEC 峰会期间举行了会晤，两国恢复了安全对话和军事交流，美国国会通过了对华永久性正常贸易关系法案，中美建立永久正常贸易关系；2005 年 11 月，美国总统布什对中国进行正式访问，中美两国元首高度评价两国关系的发展，重申将共同努力推动中美建设性合作关系取得新成果；2009 年 11 月，美国总统奥巴马访华，中美达成更积极的伙伴关系，双方将共同努力采取调整国内需求和相关价格的政策，促进更加可持续和平衡的贸易与增长。中美双边关系作为当今世界最大的社会主义国家与最发达的资本主义国家之间的合作、交流、互利、友好关系，成为两制国家双边关系发展的典型代表。

除了中美关系之外，中国与其他资本主义国家的关系也稳步、全面发展。在中法关系方面，1994 年 1 月，中法政府发表《联合公报》，宣布双方在建交原则的基础上恢复传统的友好合作关系，排除了影响中法两国关系发展的严重障碍，推动中法关系在此基础上迅速恢复和发展；1997 年 5 月，法国总统希拉克应邀访华，两国元首共同签署了《中法联合声明》，宣布两国建立"全面伙伴关系",确定了两国关系长远发展的框架,两国政府高层建立了频繁的交往和接触机制,每年至少安排一次双边高层会晤和至少两次外长会晤;2004年1月,胡锦涛访问法国,两国确定互信互利、成熟稳定、面向全球的新型全面战略伙伴关系。在中日关系方面,1998年11月,江泽民对日本进行国事访问,双方发表《中日联合宣言》,宣布两国建立"致力于和平与发展的友好合作伙伴关系";2006年10月,日本首相安倍晋三访华,双方发表联合新闻公报,提出"努力构筑基于共同战略利益的互惠关系";2007年4月,温家宝对日本进行正式访问,实现了两国领导人的互访,中日双方就努力构筑"基于共同战略利益的互惠关系"达成一致;2008年5月,胡锦涛对日本进行正式访问,中日双方签署了第四个政治文件,成为21世纪初期两国关系发展的新的里程碑。在中英关系方面,1997年7月,中英顺利完成香港回归的政权交接,彻底解决了两国之间最大的历史遗留问题和双边关系发展的最大障碍;1998年,两国政府首脑成功互访,并建立了全面伙伴关系,此后两国国家元首和政府首脑之间的互访日益常态化;2008年1月,英国首相布朗正式访问中国,双方达成9项共识并签署了近8亿美元的合同;2010年11月,英国首相卡梅伦率领包括4位内阁大臣和50位工商界领袖的代表团访华,中英双边关系更加密切。尽管在中国与上述国家的双边外交关系发展过程中,也出现了许多波折和问题,但总体来看,中国近20年来与发达资本主义国家的双边外交呈稳步提高的态势,经济合作越来越密切,政治互信越来越增强,高层交往越来越频繁,这表明在全球化和多极化条件下,大国之间越来越倾向于达成一种不使用武力解决它们之间分歧的战略默契。

2. 其他社会主义国家与资本主义国家双边关系的发展。越南对外双边关系有了全面深入发展。1991年6月,在柬埔寨问题获得政治解决后,越共"七大"提出调整外交政策的新思维,开始了对外关系的战略调整,对华关系、同东盟关系以及越美关系被依次列为调整重点。在与东盟国家关系问题上,1992年7月,越南正式签署巴厘《东南亚友好合作条约》,成为东盟观察员;1993年越南应邀参加东盟地区论坛会议;1995年7月正式加入东盟组织。在与美国关系发展问题上,1991年11月,越南与美国就两国关系正常化举行正式会谈,之后双方关系改善步伐明显加快,1995年7月两国正式建立大使级外交关系。进入 2007 年，越南外交成果丰硕，越南总理阮晋勇访问了印度尼西亚、菲律宾、新加坡、缅甸和文莱等东盟 5 国，巩固了与东盟国家的外交关系，同时注重推进大国外交，越南国家主席阮明哲和总理阮晋勇先后访问了美国、日本、俄罗斯和法国，阮明哲对美国的访问是越战结束以来越南国家主席第一次访美，带回了 110 亿美元的经济合同和订单，而其对日本的访问也是两国 1973 年建交以来越南国家主席的首次访问，并签订了约 45 亿美元的经贸合同。

朝鲜不再对资本主义国家完全封闭和排斥。1994 年，美国前总统卡特访问平壤，在朝美关系发展史上写下了浓重的一笔。1994 年 10 月，朝鲜与美国在日内瓦签署核协议，国际社会在朝鲜许诺冻结核武器计划的前提下帮助其修建两座轻水反应堆。1999 年 5 月，美国国防部长佩里访问朝鲜并提出裁军建议。1999 年 9 月，美国总统克林顿同意放宽自 1953 年朝鲜战争结束以来对朝实施的经济制裁。2000 年 6 月，在金大中"阳光政策"的推动下，朝韩两国领导人实现了自半岛分裂以来的首次历史性会晤，2000 年 10 月，朝高级将领赵明禄在白宫与克林顿举行会晤，美国国务卿奥尔布赖特则实现了对朝鲜的历史性访问。2003 年 2 月，朝韩边界在封锁半个世纪后首次开放。2003 年 4 月，朝韩两国领导人在朝鲜首都平壤会面，双方就共同努力寻求和平解决朝核问题方案达成共识。

老挝不断改善同西方国家的关系。1991 年老挝党"五大"确定了独立、中立、自主的和平外交政策，主张在和平共处五项原则基础上同世界各国发展友好关系，改善和发展同西方国家关系。1991 年 11 月，老挝与美国升格为大使级外交关系。1997 年 7 月，老挝正式加入东盟，发展与东盟各国的友好合作关系。老挝与日本实现高层互访，两国的友好合作得到加强，日本成为老挝最大的援助国，年均援助数额超过 1 亿美元。

古巴受美国孤立和封锁的局面日益改善。1999 年 10 月，美国伊利诺伊州州长、共和党人乔治·瑞安访问古巴，成为 40 年来美国首位在职州长访古。1999 年 12 月，美国纽约直飞哈瓦那的航班开通，这是古美两国自 60 年代停止通航以来的历史性突破。2002 年 5 月，美国前总统卡特应古巴国务委员会主席卡斯特罗的邀请访问古巴，推进了美古关系的进一步改善。2009 年 3 月，美国参议院通过一项关于部分解除美国对古巴制裁的议案，允许美籍古巴人每年回古巴探亲一次，并放松向古巴出口食品和药品的限制，成为美国开始改变对古巴政策的一种积极信号。

除了政府之间双边外交，社会主义国家的共产党也与资本主义国家的共产党及其资产阶级政党展开了广泛而深入的交往。目前中国共产党已同世界上 166 个国家和地区的 528 个政党与政治组织建立并保持着不同形式的友好交往及联系①。其中，与东南亚国家 39 个政党，包括所有的执政党、多数参政党和主要的在野党建立了党际关系。同时还本着"超越分歧与差异，寻求理解与合作"的方针，以开明开放、平等对话、互利合作的建设性态度同西欧、北欧、大洋洲、北美等发达地区的各类政党广泛往来，努力寻求共同点和利益的汇合点，取得了显著效果。近年来，德国社民党、法国社会党、意大利左民党、英国工党、澳大利亚工党、马耳他工党、奥地利社民党、西班牙工社党等社会党的领导人都曾率团访华，一些党还与中国共产党建立了两党国际部定期会晤机制。可以说，在全球化趋势下，不同制度国家、不同性质政党之间的双边政治合作和交往进一步加强，制度和意识形态的敌对和隔阂日益消融。

（二）两种制度国家在多边外交中的合作与协商增多

多边外交是相对于双边外交而言的，指任何由两个以上的国家共同参与的处理相互之间的关系和共同关心的事务，以及解决共同面临的国际问题的一种外交方式。随着经济全球化和国际政治多极化的发展，国际关系民主化、世界事务平等化、各国发展多元化的趋势进一步增强。多极世界应该是一个没有"领导国家"的世界民主体系，世界上的事务不能由一个或几个强国、大国说了算，应由各国人民在平等协商的基础上共同管理，这种世界民主体系将多边外交视为各国平等交往的重要形式和途径，为广大中、小国家平等、自主地参与国际事务提供了可靠的保障。国际格局多极化促使各国在多边外交舞台的交流与合作日益加强，多边外交的重要性日益凸显，使国际社会中多种力量都发挥作用，使国际社会处理各种挑战的对策更为客观、公正与合理，从而更能反映广大发展中国家的利益和要求。在当代，多边外交尤其是指由主权国家组成的全球性或地区性的各类国际组织、国际条约或

---

① 王韶兴主编：《政党政治论》，山东人民出版社 2011 年版，第 527 页。

国际会议，这些国际组织、条约和会议或者以整体的名义，或者在内部成员国之间开展广泛的对话、协商和合作，推动国际事务的解决。多边外交的多边性决定了其为世界各国提供了一个相互沟通的多边平台，主权国家既可以通过国家行为主体也可以通过非国家行为主体在各种国际组织、国际条约和国际会议中宣传自己、了解他国、认识世界，更多的参与到国际社会中去。

多边外交借助国际组织、国际条约和国际会议的形式为各国之间的广泛交往提供了一个重要平台。从当今世界的政治现实来看，无论是资本主义国家还是社会主义国家，都纷纷参与到多边外交场合，借助多边外交实现双方的对话与协商，维护本国的国家利益，推动国际政治的进程。目前，最大、最重要、最具代表性和权威性的多边外交场合就是联合国（UN）及其相关机构，联合国是由主权国家组成的全球性国际组织，其宗旨是维持国际和平及安全，制止侵略或其他破坏和平的行为，调解国际争端，发展各国友好关系，促成国际合作等，近年来在维护世界和平、缓和国际紧张局势、解决地区冲突、协调国际经济关系以及促进世界各国经济、科学、文化的合作与交流方面，都发挥着积极的作用。目前，联合国已有正式成员192个国家，设有联合国大会、安全理事会、经社理事会、国际法庭等多个机关以及诸如联合国粮农组织、国际货币基金组织、教科文组织、世界卫生组织、世界贸易组织、世界银行集团、气候变化框架公约、联合国开发署等许多专门机构或附属组织，这些机关、机构和组织都是重要的多边外交场合。联合国安理会5个常任理事国中，既有社会主义国家中国，也有美、英、法等发达资本主义国家，联合国安理会10个非常任理事国由大会选举产生，任期两年，冷战后的社会主义国家古巴、越南曾分别于1990—1991年、2008—2009年当选联合国安理会非常任理事国。除联合国外，不结盟运动（Non-Aligned Movement）也是一个规模较大的松散的全球性国际组织，目前有120个成员国、17个观察员国家，奉行独立、自主和非集团的宗旨和原则，支持各国人民争取和维护民族独立、捍卫国家主权以及发展民族经济和民族文化的斗争，呼吁第三世界国家加强团结，主张国际关系民主化和建立国际经济新秩序。不结盟运动的成员国绝大部分是亚洲、非洲和拉丁美洲的发展中国家，社会主义的古巴、老挝、朝鲜、越南（后退出）都是该组织的成员国，中国于1992年成为其观察员国，同时该组织中也有如印度、菲律宾、新加坡、泰国等新兴资本主义国家。

除了全球性国际组织外，其他许多地区性合作组织、地区论坛、峰会也集中体现了两制国家之间的政治对话和协商。上海合作组织（SCO）是2001年正式成立的旨在维护和加强地区和平、安全与稳定，共同打击恐怖主义、分裂主义和极端主义、毒品走私、非法贩运武器和其他跨国犯罪的地区政治合作组织，中国、俄罗斯及中亚四国为其成员国，蒙古、伊朗、巴基斯坦和印度是上合组织观察员国家，白俄罗斯和斯里兰卡是对话伙伴国。东盟地区论坛（ARF）于1994年成立，是东亚地区规模最大、影响最广的官方多边政治和安全对话合作渠道，目前有26个成员，本地区的中国、越南、老挝、朝鲜四个社会主义国家都是东盟地区论坛的成员国。朝核问题六方会谈是于2003年成立的由中国、朝鲜、韩国、美国、日本、俄罗斯参加的旨在通过谈判和平解决朝核问题的多边磋商、谈判机制，截至2008年6月，六方会谈已进行到第六轮，在防止朝鲜半岛陷入战事、推进朝鲜半岛无核化方面取得了积极成果。两制国家通过这些国际组织、国际条约、国际论坛提供的多边合作平台，加强合作、解决争端、推进和平、增进互信，进一步促进了两制国家间的政治对话和协商。

（三）两种制度国家对话背后的政治冲突与博弈趋向复杂化

全球化是一个"二律背反"的发展进程，在体现趋同化的同时又伴随着多元化，虽然一些政治价值观念正成为人们的共同追求，但各个民族和国家依然保持着自己独特的民族文化和社会习惯。况且，全球化进程虽超越了主权国家的界线，但并没有消除国界，就目前全球化发展的程度和水平而言，全球化仍然是建立在主权国家的基础上，主权国家仍是国际关系的主体，各国虽然为了共同的命题而进行合作和协商的紧迫性日益加强，但是在涉及国家根本利益和核心价值的问题上必然坚持自己的原则主张毫不妥协。

在全球化时代，社会主义国家与资本主义国家的对立从根本上说依然存在，只不过斗争的具体形式和方式有了改变，两种制度发展能力和影响力的比较和竞赛成为两制国家斗争的主要的、表象的形式，即"共存竞争"、"和平威慑"，而两种制度国家的对立、争夺甚至冲突成为非主要的、隐形的斗争形式。同时，随着冷战的结束，冷战思维虽然一定程度上被摒弃，但冷战残余尚未从所有国家的思维中被彻底清除，特别是在一些涉及国际格局变化的战略问题上尤其明显。因此，全球化条件下国家间除了互利合作，还有分歧、竞争和争夺，也会爆发争端、冲突甚至国际危机，冷战思维的影响和霸权政治的膨胀，使得资本主义大国在政治上不断对社会主义国家进行颠覆，发达资本主义国家利用其在经济全球化中的支配地位推进政治上的"西化"、"分化"的战略图谋并未改变，两制国家间政治上的颠覆与反颠覆的斗争仍然存在，只不过是斗争的方式和手段由过去的表面化、直接性转变为表面下、迂回性。主要表现为：

1. 意识形态之争。长期以来，发达资本主义国家总是凭借其在经济全球化进程中的主导地位，企图利用经济全球化手段达到资本主义体系对全世界进行支配和控制的目的。在很大程度上，经济全球化从实质上说既是生产力发展的客观进程，又是资本主义向全球扩张的进程，这一进程中充斥着西方发达资本主义国家对落后的社会主义国家和广大发展中国家的"西化"和"分化"战略，充斥着西方发达资本主义国家的文化渗透、价值传播和制度推介。邓小平曾经指出："整个帝国主义西方世界企图使社会主义各国都放弃社会主义道路，最终纳入国际垄断资本的统治，纳入资本主义的轨道。"[①] 这无疑揭示了发达资本主义国家企图在全球化进程中把社会主义国家纳入资本主义发展轨道的本质面目。冷战虽已结束，但意识形态之争仍在分裂世界，正如陈乐民先生所说："意识形态在国际关系中的淡化，并不意味着西方的外交也因而摆脱了意识形态因素的影响；只不过针对的对象有了新的侧重。"[②] 冷战后，西方资本主义国家在为其"不战而胜"拍手称快、断言社会主义已经"终结"的同时，仍没有放弃在意识形态领域的斗争和渗透，而是更加侧重运用和平演变的方式推进对社会主义国家的"分化"、"西化"战略，并确立了后冷战时代的"民主扩展战略"，在全球范围内推广美国式的自由民主理念。美国前总统布什 2002 年 9 月在《美国国家安全战略》序言中说："今天，美国拥有无与伦比的军事实力和巨大的经济政治影响"，"我们寻求创立一种有利于人类自由的均势"，我们将利用"历史性机遇"、"最好机会"，"把自由的好处推广到全球各地，我们将积极致力于

---

① 邓小平：《第三代领导集体的当务之急》，《邓小平文选》第三卷，人民出版社 1993 年版，第 311 页。

② 陈乐民主编：《西方外交思想史》，中国社会科学出版社 1995 年版，第 14 页。

把民主、发展、自由市场和自由贸易的希望带到世界每一个角落。"① 美国的"民主扩展战略"认为，美国赢得了冷战的胜利，并拥有世界上最强大的军事力量和经济实力，美国成为当今世界的超级大国，现实中已不存在对美国安全的最大威胁，接下来，美国要做的就是谋求扩展民主，使美国的价值观念在世界上得到传播，以"扩大这个世界由市场民主制国家组成的自由大家庭"，即在美国领导下促使世界上更多的国家按照美国模式发展。这个战略有四个要点：一是加强市场民主的共同体；二是在可能的地方培育并巩固民主国家和市场经济；三是反击对民主国家的侵略，支持敌视民主的国家内的自由主义化；四是帮助民主政体和市场经济在人道主义存在严重问题的地区扎根。② 从冷战后历届美国政府的外交实践来看，推进美式民主这一战略目标已将世界上的国家划分为两类，即民主国家和非民主国家，而现存社会主义国家自然都被划入与民主国家对立的阵线，成为民主战略的进攻目标。布什政府将推进民主看作对外政策的最主要目标，反共政策更多的渗透在民主外交和人权外交中。2006 年美国发布的《国家安全战略报告》异乎寻常地强调推进民主，可以说，推进民主已经成为美国新国家安全战略的最重要的关键词。在短短两页篇幅的序言中，"民主"一词用了 7 次，"自由"一词也用了 7 次。在报告的总纲中强调说，在每一个民族和文化中寻求并支持民主运动和制度，以实现在我们这个世界中最终结束暴政的目标，是美国的政策。美国政治家们的目标就是帮助创建一个民主、治理良好的世界。为此，在原苏东地区，以美国为首的西方国家制造了一系列"颜色革命"，促使前社会主义国家按照美国的设计走上西方资本主义发展的轨道。不仅如此，美国还妄图对现存的社会主义国家继续发动颜色革命。与冷战时期所不同的是，美国所采取的主要渗透方式更加隐蔽，是在合作与接触过程中进行的一种"和平威慑"。

"冷战"结束以来，以美国为首的西方资本主义国家，总是以自由、民主、人权以及民族、宗教等问题为主要武器，通过经济合作、贸易往来、人员培训、文化交流等途径，利用因特网、媒体、影视节目、书籍等工具，全

---

① 参见万光：《布什全球战略及其背景》，《太平洋学报》2004 年第 7 期，第 12 页。
② 参见刘建飞：《美国与反共主义》，中国社会科学出版社 2001 年版，第 114 页。

方位、多渠道、无间断地向社会主义国家施加意识形态影响，在国际上对中国进行"丑化"、"妖魔化"，插手中国国内事务，利用中国国内社会问题和敏感人群制造事端，干扰中国的经济发展和政治稳定，妄图引发中国内乱。2008 北京举办奥运会的过程中，西方反华敌对势力不断进行干扰破坏，并将奥运政治化，借奥运会向中国施加压力，干涉中国内政，企图以奥运为契机按照西方的设想来改变中国的发展道路。针对 2008 年西藏"3·14 事件"、2009 年新疆"7·5 事件"，美国、法国等西方资本主义国家，对中国边疆自治区政府依法处置严重暴力犯罪事件进行无端指责，美国国会众议院，执意审议通过涉藏反华决议案，支持达赖集团的分裂活动。2010 年 11 月 8 日，挪威诺贝尔和平奖评审委员会又将本年度诺贝尔和平奖颁给中国"异见"人士刘晓波，此举引发国际舆论一片哗然，西方国家无疑想以此制造中国内乱，为中国国内所谓的"民主势力"鼓劲，迫使中国在外界干预下加快所谓的民主化进程，接受西方式的民主价值观。以美国为首的西方大国千方百计地通过一切机会和各种途径对中国实行渗透和颠覆政策，其目的就是希望通过"和平演变"实现"不战而胜"，实现对中国的"西化"、"分化"图谋。

2. 战略利益之较量。"冷战"后在西方发达资本主义国家极力推行"西化"、"分化"的战略背景下，现实社会主义国家在全球化进程中基本上是在夹缝中求生存，但却充分显示了其顽强的生命力和光明的发展前景。长期以来，资本主义为了搞垮社会主义，总是交替使用遏制与施压等多种手段。在渗透和民主扩张战略难以奏效的情况下就转而采取遏制战略，即利用各种手段从外部施加影响，控制社会主义国家的发展进程，遏制社会主义国家综合国力的壮大，使社会主义国家的经济发展、政治进程以及社会整体进步都在资本主义世界的可控范围之内。最突出的实例莫过于美国对古巴的封锁和制裁。据统计，美国 50 年来实施的经济制裁给古巴造成的损失超过 2360 亿美元，美国中央情报局制造的各种入侵、颠覆和恐怖行动给古巴造成的损失超过 540 亿美元。然而，英勇的古巴人民不仅没有屈服于这种打压，而且其持续不断的反美斗争在世界范围内造成了巨大的影响，并得到了其他社会主义国家和越来越多的发展中国家的广泛支持。2010 年 10 月 26 日，第 65 届联合国大会以压倒性多数通过了《必须终止美利坚合众国对古巴的经济、商业和金融封锁》的决议，要求美国立即结束对古巴实行的长达半个世纪的经济、贸易和金融封锁。这已是联大连续第 19 年通过此类决议，而且获得了联大 192 个会员国中 187 个国家的投票支持。

中美关系的博弈与较量更是凸显了两种制度国家遏制与反遏制斗争的激烈化程度。苏联解体后，中国作为最大的社会主义国家，自然成为西方资本主义国家的臆想对手。特别是随着中国经济的突飞猛进，社会稳步发展，国际影响力不断提升，中国的日益发展壮大无时无刻不冲击和挑战着资本主义世界的心理底线，以美国为首的西方发达资本主义国家显然不愿意看到中国作为一个社会主义大国的崛起。美国国内对华遏制派一反冷战结束时轻视中国的态度，转而过分夸大中国经济和军事实力的增强，认为用不了 20 年中国经济实力就会超过美国成为全球最大的经济体，那时它将成为美国面临的最大的挑战者。① 而且中国还是有核国家、是联合国安理会五个常任理事国之一，军事力量还在不断增加，今后一二十年内将成为地球上第二大军事强国。② 他们认为，一个正在崛起的大国，必然要对现存的国际秩序构成挑战，就像当年的德国一样，而中国在社会制度、意识形态、文明上与西方的差异，更使这种对资本主义世界的挑战不可避免。"人们看到，中国，一个幅员辽阔、终将变得十分强大的国家，而且是这个星球上尚存的最后一个共产党大国，正在以有违于美国利益、有悖于美国价值观的方式行事。"③

显而易见，在遏制派看来，苏东剧变后，中国"对未来的美国构成的挑战最大"，在美国诸多的双边关系中，与中国的关系"存在的问题也最多"，中国正处在历史性的转轨时期，未来的发展方向具有极大的不确定性。而随着中国的崛起，它们担心"中国模式"被越来越多的国家尤其是发展中国家认可和借鉴，担心中国搞模式输出；担心中国外贸出口恢复，对外直接投资扩大，境外资源能源采购增加，乃至整个经济扩张加

---

① 张蕴岭主编：《转变中的中、美、日关系》，中国社会科学出版社 1997 年版，第 129 页。
② ［德］理查德·伯恩斯坦、罗斯·芒罗：《即将到来的美中冲突》，隋丽君等译，新华出版社 1997 年版，第 17 页。
③ ［德］理查德·伯恩斯坦、罗斯·芒罗：《即将到来的美中冲突》，隋丽君等译，新华出版社 1997 年版，第 6 页。

快；担心中国军事现代化步伐加快而又缺少透明度，等等。基于这种判断，美国采取了种种措施以遏制、牵制、控制中国的发展：第一，构建对华战略包围的三重岛链，遏制中国的出海口，利用台湾岛作为"永不沉没的航空母舰"，积极调整部署驻日、驻韩美军，在军事战略上对中国加以遏制；第二，在台湾问题上加强对台军售，支持民进党统治台湾，确保台海两岸分离现状，在西藏、新疆问题上暗中支持并公开声援达赖、热比娅的民族分裂活动，企图通过干扰、破坏中国统一大局而影响中国的发展；第三，在国际问题上不断向中国施压，压人民币升值，在民主人权问题和民族宗教问题上施压，要求中国承担更多的国际责任；第四，在中国周边制造不稳定因素，暗中唆使南海区域国家就南海权益争端向中国联合发难，在中亚地区制造"颜色革命"，扶植缅甸、巴基斯坦等国的反政府势力等等。特别是近年来美国战略重心东移，实施"重返亚洲"① 战略，在强化、深化与日韩之间传统盟友关系的基础上，不断联合地区其他国家构筑对华战略包围圈，防止中国掌握东亚地区经济、政治事务的主导权，其遏制中国发展之心昭然若揭。然而，全球化进程发展到今天，不同制度国家之间的关系泾渭分明的时代早已不复存在，"合作共赢"代替"零和博弈"的思维已成为越来越多人的共识。

3. 两种制度国家间的冲突与危机管理博弈加剧。在全球化条件下，协商与对话成为两种制度国家间政治关系的主流，但是意识形态的对立和国家利益争夺有时也导致两种制度国家间矛盾的激化，外交冲突和国际危机时有发生，国际危机管理成为两制国家间政治关系的一项主要内容。朝核危机就是反映当代两制国家间政治冲突和危机管理的一个重要事件。第二次世界大战以及后来发生的朝鲜战争将朝鲜半岛一分为二，朝鲜半岛事实上分裂成为两个国家——朝鲜民主主义人民共和国和大韩民国。两国虽为同族同根，但互为敌人，在意识形态、政治制度以及军事安全领域严重对立，对抗和冲突持续不断，直到冷战结束 20 年后的今天，朝鲜半岛南北双方仍然没有结束战争状态。美国在韩国部署了美军基地，并承诺向韩国提供核保护伞，韩美

---

① 鲍盛刚：《美国制衡中国战略为何失败：美国应走出冷战思维》，中国新闻网 2010 年 12 月 22 日。

军事同盟成为朝鲜安全的重要威胁。社会主义朝鲜为了壮大自身实力，提高来自对美韩军事威胁的应对实力，一直在暗中研发核武器。20 世纪 90 年代初，美国卫星发现朝鲜有用于研制核武器的设施，从 1992 年 5 月到 1993 年 2 月期间，朝鲜接受了国际原子能机构（IEAE）的 6 次不定期核查，但双方对核查结论各执一词。1993 年 2 月，国际原子能机构理事会作出对朝鲜核设施进行强制性"特别检查"的决议，美韩辅之以联合军事演习施加压力，朝鲜则宣布退出《不扩散核武器条约》，从而引发了朝核危机。朝核问题从爆发至今不断在缓和、紧张中交错升级，2006 年 10 月和 2009 年 5 月，朝鲜先后两次宣布成功进行了核试验，朝核危机陷入僵局，使东北亚地区再度面临安全危机。朝核危机爆发以来，当事和相关各方围绕朝核问题展开了斡旋、谈判和博弈，在中国的斡旋下有关国家同意通过"朝核问题六方会谈"的方式解决朝核问题，并于 2003—2009 年先后举行了多轮六方会谈，在这期间，通过六方会谈这个多边平台并借助联合国安理会的作用，多次进行危机管理，推动朝核问题的解决。但是，由于朝核问题的复杂性和敏感性，既有民族统一问题，又有社会主义和资本主义意识形态的严重对立，既有大国之间的政治博弈，又有各国为在本地区安全机制构建过程中的利益较量，既涉及冷战遗留问题，又涉及核扩散等全球问题，所以，两制国家间的这次危机至今未能画上句号。

　　除了朝核问题之外，中日关系争端也是新世纪两制国家冲突和对抗的一个真实写照。由于二战侵华这一历史遗留问题，加之战后两国走上了不同的发展道路，导致中日两个民族之间缺乏足够的政治互信，在历史问题、钓鱼岛问题、东海权益等问题上不断发生争端和摩擦，有时也会激化、演变为外交冲突和国际关系危机。2010 年 9 月发生的中日"钓鱼岛撞船事件"以及 2012 年 9 月日本政府导演的"购岛"事件引发的两国国内针对对方的游行示威活动，成为两国外交关系史上最严重的外交危机之一，使中日关系跌至建交以来的最低谷。由于中日两国缺乏历史感情和政治互信，在现实中又是东亚地区利益争夺的两个大国，在民族感情、意识形态、历史问题、现实利益、主权争端等多种因素的交织下，可以预见，今后在双边关系交往中仍会不断发生冲突、摩擦甚至危机。

三、文化多样化：两种制度文明相互融合与冲突共存

在经济全球化进程中，跨国投资、劳务出口、商业贸易往来、外籍员工聘任等多种经济行为把不同国度、不同文化背景的人聚集到一起，从而促进了不同社会制度背景的文化交流与合作。经济全球化趋势将进一步导致人文精神方面的多元化，形成以人为本的全球文化认同，以及人与人、人与社会、人与自然之间和谐共存的多元文化精神。"全球化正在跨越国家边界推动思想和观念的传播，并导致世界上许多地区出现更加积极的公民。"① 伴随各国全球意识的增强以及全球公民文化认同的加深，文化在全球范围内进一步适应共同市场发展的需要，超越国界和社会制度，超越意识形态和价值观的全球文化已在形成。

可以说，经济全球化进程本身也是不同社会制度通过文化交流与合作创造新的"全球文化"的过程。经济全球化促进了人员的往来和文化的传播，两制国家间的文化有了跨国界的交流，国际文化交流进一步加强，两种制度文明、民族文化的相互渗透、相互影响空前加深，随着两制国家间的文化传播、文化交流活动日益频繁，文化、思想观念和价值观的融合逐渐加深，使彼此之间的文化更加丰富多彩。这无疑是全球化进程的一个积极影响。而从另一角度来看，在全球化和知识经济时代，文化越来越被视为国家实力的第一构成要素或首要资源，成为推动一国经济发展和社会进步的重要智力因素，各国在提升文化软实力的同时，也在极力维护本国文化的独立性和统治地位。因此，在全球文化得到普遍认同的同时，不同制度文化和文明之间也存在着分歧甚至冲突，两制国家间的文化冲突以及文化渗透也是当今两制国家间对立和斗争的一个重要内容。

（一）两种制度国家间文化传播与交流与日俱增

经济基础决定上层建筑，在经济全球化条件下，资本区域性特征的消除和跨国界发展的趋势，必然也会对经济和社会生活的各领域产生影响，随着全球化的加深，不仅经济、政治的合作交流日益加强，而且文化的"流动

---

① ［英］安东尼·吉登斯：《社会学》，赵旭东等译，北京大学出版社 2003 年版，第 542 页。

性"也逐渐取代"地域性"和"封闭性"。随着现代信息技术的高速发展，现代信息网络开创了人类社会文化交流、思想融合的新时代，计算机网络、通信系统、广播电视等其他电子媒体的广泛应用，更使得知识和信息跨国界、无国界流动，思想文化交往呈现鲜明的跨国界性质，高覆盖率的广播、卫星电视，四通八达的计算机网络在瞬间穿越时空，使各国人民在同一时间享受同一信息，并产生交流和互动，没有任何一个政府或组织能够完全阻断各国人民之间的思想交流和传播。正如托夫勒所说，"要想将某一特定的信息限制在国界之内或将其拒之于外已经变得更加困难了"，"讯息可以穿越严密防守的疆界。"① 在文化全球化趋势下，现代化网络通讯技术为资本主义、社会主义两种制度文明和意识形态的交融碰撞提供了重要的平台。

1. 两种制度国家单方面的文化传播。由于发达资本主义国家居于文化交往中的强势与主导地位，因而其文化传播往往随着商品和服务的全球扩展而传播到全球范围。发达国家积极推动本国文化的对外传播，一个重要途径就是利用各种媒介积极向其他国家的公众宣传本国的价值观念、展示本国形象，借此赢得更多关注和认同。美国曾专门设立从事对外宣传的机构——新闻署，其任务定位就是"了解、告知和影响外国公众，以增进美国国家利益的实现"。美国之音是世界上最大的国际广播电台之一，用包括英语在内的 52 种语言对外广播，其主要任务是对外宣传美国政府的政策、宣扬美国的价值观念和政治制度，并为美国向他国文化渗透和谋求领导世界的全球目标服务。美国有线电视新闻网（CNN）还向全世界 137 个国家和地区昼夜不停地传送新闻节目。目前，美国又紧紧抓住"国际互联网"这一新兴媒体，调整文化战略的实施，利用自己在互联网方面的语言、技术和信息优势，推销自己的价值观念。美国还有许多世界著名的私人基金会，如"洛克菲勒"、"卡耐基"、"福特"等，它们虽然独立于政府，却受到政府的一系列政策支持，在美国文化的对外交流传播中发挥了很重要的作用。日本则通过文化产业积极推动对外文化战略，通过文化交流向他国传播本国的价值观念。20 世纪 90 年代，在"文化立国"战略方针下，日本强力启动文化动漫产业，"口袋妖怪"、"皮卡丘"、"Kitty 猫"等动漫形象迅速攻占国际市场，

---

① ［美］阿尔温·托夫勒：《权力的转移》，刘江等译，中央党校出版社 1991 年版，第 354 页。

目前全球约有 70 多个国家和地区通过电视收看日本动漫。① 2004 年夏，日本外务省设立了"文化交流部"，把国际文化交流作为新世纪日本外交的一种重要手段，强化文化外交。2008 年 2 月日本"海外交流审议会"向高村正彦外相提交了《关于提高日本对外传播力度的措施与体制》的咨询报告，主要内容包括：强化电视对外播放；扩大日语教育；有效开展包括流行文化在内的日本现代文化的传播，加强对文化交流有功人士的表彰；着重加强日本与中国和韩国的青少年之间的交流，等等。日本正是通过文化产品的对外输出和文化价值观念的对外推介，成为仅次于美国的全球第二文化大国的。

当前，世界许多国家都十分重视文化传播对塑造国家形象和提高国家影响力的积极作用，后起的社会主义国家也积极借鉴发达资本主义国家的经验，积极开展对外文化传播和交流，塑造国际形象和国家品牌。近年来，中国政府也采取一系列措施推动文化的传播，通过各种形式的对外文化交流活动，向世界各国人民展示了中华博大精深的文化艺术，激起了全世界对中华文化的兴趣，扩大了中华文化的国际影响力。一是在世界各地举办了一系列文化年、文化节活动，如 2004 年中法互办文化年成为中欧文化交流史上的创举，"中国文化年"吸引了 100 多万法国人前来参观；此外，中国政府还在亚洲、非洲、拉丁美洲等地区开展了类似的文化交流活动，先后举办了第六届亚洲艺术节、"非洲主题年"、"中华文化非洲行"以及"国际文化政策论坛"第七届部长年会等活动。目前，中国已同世界上 160 多个国家和地区开启了文化交流，"中国文化节"走进 50 多个国家。二是在世界范围内开设了致力于汉语推广和文化传播的"孔子学院"和中国文化中心等，在推介中华文明和塑造国家文化形象方面取得了积极成效。截至 2012 年 10 月，中国已在全球兴办了 390 多所孔子学院、500 多个孔子课堂②，成为传播中国文化和推广汉语教学的全球品牌和重要平台，以致"学习汉语在全世界已经成为一种潮流。目前，接近 100 个国家的 8000 多所学校把汉语纳入了课程大纲"③。三是通过技术移民、投资移民、留学移民等，不断壮大海外群体力量，并逐步形成一个广泛分布于商业、金融、文化、教育、政治等多

---

① 吴咏梅：《浅谈日本的文化外交》，《日本学刊》2008 年第 5 期，第 93 页。
② 王斯敏、甄澄：《文化自信：推动文化大发展大繁荣》，《光明日报》2012 年 11 月 2 日。
③ ［美］约翰·奈斯比特等：《中国大趋势》，魏平译，中华工商联合出版社 2009 年版，第 152 页。

领域的全球华人网络，中餐馆、唐人街等中国文化元素经全球华人广泛传播并发扬光大，大大增强了中国在世界的影响力。

2. 双向多元的文化交流。单方面的文化传播离不开双方或多方的文化交流，各国的文化传播事实上也是建立在相互的文化交流基础上的，两制国家间的文化交流在冷战后得到了空前发展。大力开展对外文化教育交流活动是文化交流的一种主要方式，各国政府积极构建各种对外文化教育交流平台，通过人员和文化的交流加深了他国人民对本国的了解。1986 年，日本文部省斥巨资成立"国际日本文化研究中心"，搭建起对外交流、输出日本文化的国际平台。日本还十分注重向发展中国家派遣志愿人员，推动对外文化交流。目前，日本已与 80 多个国家和地区签订派遣协定，派出志愿人员2.7 万人。中日两国之间的文化交流活动往往在促进两国睦邻友好关系中发挥重要作用。如 2002 年是中日邦交正常化 30 周年，日本东京举行了"中日媒体合作交流成果图片展"及"中日友好之夜"大型音乐歌舞晚会活动，中日媒体合作交流成果图片展由中日两国最有影响的 20 余家新闻媒体参加，展出的近百幅珍贵照片反映了中日邦交正常化 30 年来两国在媒体交流方面所取得的丰硕成果。[①] 此外，2008 年 5 月 7 日，在日本进行国事访问的中国国家主席胡锦涛与日本首相福田康夫共同签订中日之间的第四个政治文件——《中日关于全面推进战略互惠关系的联合声明》，《声明》指出将在五大领域构筑对话与合作框架，积极开展合作，其中第二个领域就是促进人文交流，增进国民友好感情。《声明》指出："双方确认，不断增进两国人民特别是青少年之间的相互了解和友好感情，有利于巩固中日世代友好与合作的基础，为此，双方决定：广泛开展两国媒体、友城、体育、民间团体之间的交流，开展丰富多彩的文化交流及知识界交流。持之以恒地开展青少年交流。"[②]

人员交往对两制国家间文化传播和交流起到了极大地推动和促进作用。自 1973 年中国天津市与日本神户市结为中日间第一对友好城市以来，两国友好城市数量已发展到 200 多对。进入新世纪后，中日间的旅游发展迅速，

---

① 参见《北京娱乐信报》，2002 年 10 月 1 日，第 1 版。
② 《中日关于全面推进战略互惠关系的联合声明》，引自 2008 年 5 月 7 日新华网。

特别是日本成为中国公民旅游目的国之后，中国赴日旅游人数急速增长，到了2006年，中国赴日旅游的人数已达到250万人次，两国人员往来超过480万人次，而现在每天就有约两万人在中日两国间穿梭往返。"人口流动被证明是最重要和最有影响力的文化传播载体"。① 随着国际旅游业的发展和各类民间团体跨国交往的日益频繁，两制国家间大规模人员往来的经常化、日常化将进一步促进双方文化的传播和交流。

（二） 两种制度国家间文化融合加速发展

全球化不仅使人们的日常生活和休闲娱乐方式越来越相似，而且使人们的思维方式、价值观念和伦理道德标准也在不断接近。尽管社会主义与资本主义所反映的阶级利益在本质上是对立的，两制国家在政治、意识形态领域的矛盾和斗争不可能消除。但在全球化时代，两制国家关系中除了政治、意识形态的因素之外，还有其他一些因素，如经济、文化因素在发生作用，并且其作用越来越加强、甚至越来越发挥了主导作用。不同社会制度中的社会生活、社会习俗和社会文明在全球化大背景下日趋相同或相近。也就是说，在全球化进程中，两种制度国家的文化不断融合与整合，以致形成了某些全新的文化形态和表现形式，使得两制国家的文化发展更具生命力。

文化融合是不同文化形态之间相互交融、互动和促进的过程，是人类文化的各种具体形态逐步融入一个统一的整体框架之内而形成统一的世界文化新形态的过程。在全球化进程中，不同文化形态之间进行着广泛的交流与竞争，各种文化形态都可以从其他文化形态中借鉴和吸收那些对自身发展有益的文化成果，在扬弃中实现自身的发展。"在长期的互动和冲突中，历史上诸多文明和'原始社会'已融汇成为一些规模巨大的文明，如伊斯兰、印度、俄罗斯、西方、日本和中国等文明，而在当前的全球化浪潮中，这些巨大的文明正在迅速融汇成一个普世性的人类文明，尽管这个文明在可见的将来仍会因历史沿革而保留既有的区域性和国别性特征，或者说，普世文明的共性中仍将保留各国文明丰富的个性，普世文明的统一性中仍将蕴涵各国文明深刻的多样性。"② 在全球化进程中，资本主义和社会主义两种不同制度

---

① ［英］戴维·赫尔德等：《全球大变革：全球化时代的政治、经济和文化》，杨雪冬等译，社会科学文献出版社2001年版，第459页。

② 阮炜：《文明的表现》，北京大学出版社2001年版，第23页。

的文化形态，也在这种相互借鉴与吸收中具有了越来越多的共同特点，从而潜移默化地进行着文化上的融合。

　　当然，文化融合并不是简单的"由多而一"的文化形式的统一化、单一化，而是在包容原来若干文化形态和文化特点的基础上，形成诸多新的更加丰富多彩的文化表现形式。当前，两制国家间文化融合的最突出表现就是双方能够接受各自具有代表性的文化产品和文化理念，并在交融中形成了区别于原有制度的新的文化观念。比如说，社会主义国家在引进西方先进的机械设备和生产技术的同时也引进了大批的文化产品，以及诸如可口可乐、肯德基、麦当劳、好莱坞大片、迪斯尼、牛仔裤等颇具象征意义的美国文化元素，这些美国文化元素的输入不但改变着社会主义国家国民的生活方式和生活观念，同样也在输入目的地的新环境中受到当地文化的交融和糅合，从而改变了原有的形态，表现出一些新的特点或形式。这方面的例子最典型的莫过于肯德基在中国的连锁店售卖炸油条和豆浆，这并不是简单的迎合中国老百姓的市场需求，其背后蕴藏着深刻的文化内涵，体现了美国文化在改变中国老百姓生活方式的过程中也受到了中国本土饮食文化的改造，从而表现出两种制度国家文化的相互融合。当然，肯德基只是一个具体事例，如果从更加宏观的角度来分析的话，两制国家间文化的融合则主要体现在：资本主义制度文明的一些因素越来越被社会主义国家所接受，而社会主义制度文明的某些因素也在资本主义国家生活中找到身影，两者相互借鉴，扬长避短，在某些领域开始"用一个声音说话"。中国在改革开放进程中吸收和借鉴了资本主义的现代市场运行机制、先进的管理制度和理念以及企业精神，这些资本主义的制度文化经过社会主义中国的改造性运用对中国的经济和社会发展产生了极大的推动作用；而 2008 年爆发全球性经济危机后，美欧日等发达资本主义国家也在学习中国成功应对经济危机、保持经济增长的经验，从"华盛顿共识"到"北京共识"、"中国模式"一度被世界各国所津津乐道，尽管其背后暗含着西方国家为转嫁国际责任而诱使中国付出更多贡献的企图，但是客观上也说明中国的一些文明成果正在为西方国家的一部分社会阶层所接受和认同。"在当代世界，由于文化的交流与传播，全世界已联系成一个整体，不同文化形态的运动、发展与变化呈现出一种整体的相关性和一致性。"① 全球化进程拆除了政治文化交流的樊篱，人类在长期政治实践中孕育而生的、被反复证明作为人类政治公理的制度设计和价值理念，如民主、自由、法治、正义、平等、和谐等，也将随着全球化的推进而发扬光大，并进一步彰显其生命力。② 也就是说，任何个别群体（民族的、地域的或国家的）文化实践行为都离不开所处历史时代的文化整体的价值，受整个时代文化价值力量的统辖与制约。这种情形预示着人类文化发展将面临着一次空前的文化整合。全球化的深入发展使得社会主义国家能够充分借鉴和利用人类的一切文明成果，加快思想理论创新和制度创新，实现自我完善和升华，从而不断向更高的阶段迈进。

（三）两种制度国家间文化冲突与摩擦加深

全球化打破了不同文明交往的障碍，促进了人类社会普世价值观的传播，有利于两制国家文化的交汇融合，但由于其国家本质的不同又决定了这一文化交融过程将是一个长期的、艰难的历程。苏联东欧剧变后，美国哈佛大学教授塞缪尔·亨廷顿发表的《文明的冲突》由于其观点的偏颇，一度引起了全球学者们的广泛争论。但该文揭示了一个事实，那就是经济的全球化必然伴随着文化的冲突，文化融合与文化冲突是一对相互联系、对立统一的发展过程。人类文化融合过程中不可避免地会发生文化的冲突，而文化的冲突正是人类文化融合的推动力之一。经济全球化的一个必然后果，就是使得人与人、国家与国家、地区与地区之间在前所未有的深度和广度上发生着密切联系和交往，而这种交流范围的扩大则首先对原有的地域文化及其发展产生强烈冲击，本土文化不得不面对外来文化的竞争与挑战。

1. 发达资本主义国家的文化处于强势。在经济全球化时代，发达资本主义国家凭借自己雄厚的经济实力，更加肆无忌惮地推行西方的文化方式、拓展资本主义文化空间。而社会主义国家和广大发展中国家作为被输入地，其本土文化逐渐产生更加强烈的对抗意识，这就使得文化冲突在当前时代比以往任何时候都激烈、深入和广泛。在全球化深入发展的今天，尽管国际格局和力量对比发生了深刻变化，但两制国家间矛盾斗争的焦点并没有改变，

① 邹广文：《人类文化的流变与整合》，吉林人民出版社1998年版，第287页。
② 蒲国良等：《全球化进程中社会主义与资本主义的关系》，中国人民大学出版社2006年版，第71页。

那就是西方列强借助经济全球化变本加厉地维护自己的文化霸权和意识形态"话语权"地位，两种制度国家间的文化冲突以及文化领域的渗透与反渗透斗争将是一个长期复杂的过程。

冷战结束后，虽然经济因素成为国际关系的主导因素，意识形态的地位和作用相对下降，但社会主义和资本主义在意识形态的争夺和斗争并没有走向终结，而是以新的形式延续并显现出日益复杂的局面。全球化趋势尽管有利于世界经济的发展和多元文化的交融，但绝不是浪漫主义的"田园牧歌"式的东西方携手共进。它不仅是西方发达资本主义国家资本扩张的过程，而且是资本主义以自己的生产方式和制度观念整合世界的又一次努力。而且，由于超级资本主义大国美国历史的特殊性，使得美国历史进程中一直潜藏着一种美国例外和救世主义意识。这种潜意识认为美国模式是一种典范，是自由世界的"十字军"，有义务向全世界推广美国模式。对此，国际政治现实主义学派创始人汉斯·摩根索曾指出，"文化帝国主义"是最成功的帝国主义政策，其目的不在于攻占他国的领土，或控制其经济生活，而在于征服和控制人的头脑，作为改变两国权力关系的工具。征服者会不单单以军事力量为基础，而主要以控制被征服者的生活和统治其思想为基础来巩固他们的统治。① 美国学者弗朗西斯·福山也在其"历史终结论"中向人们宣告：西方的自由民主已是人类政治的"最佳选择"，也是"最后的形式"。种种"文化霸权"论调的目的就是为美国实现自身的全球战略利益提供合法性，在文化霸权观念和"软实力"战略的指引下，无论是"美国中心主义"，还是"民族国家终结论"、还是"文化新帝国主义"，都充分说明美国正是企图凭借强势地位逐步将本国文化和价值观念置于全球统治地位。"冷战"后的美国历届政府都将推广本国文化和价值观视为其外交战略的重要目标之一，布什把扩大美国政治价值作为国家安全的主要构成，克林顿则把推广美国式民主列为美国外交的三大支柱之一，小布什更是在苏联地区大面积诱导"颜色革命"。从 20 世纪 80 年代开始，伴随全球化浪潮的不断推进和国际间文化产业壁垒的逐步瓦解，在文化渗透战略目标下，美国文化产业在世界市场中异军突起，短短十几年的时间就稳稳登

---

① ［美］汉斯·J. 摩根索：《国家间的政治》，杨岐鸣等译，商务印书馆 1993 年版，第 90 页。

上了全球文化产业霸主地位，并不失时机地向外进行文化产品和服务的大倾销。美国的文化产品，尤其是好莱坞的电影、几大电视网的肥皂剧及娱乐节目、"自由"的无线广播等形成的媒介霸权和话语霸权，为美国在全球进行治理和统治扫除了思想障碍。如今，美国文化实力的影响可谓是无孔不入，对包括社会主义国家在内的广大发展中国家的文化渗透愈演愈烈。有数据表明，目前美欧占据世界文化市场总额的76.5%，亚洲、南太平洋国家19%的份额中，日本和韩国各占10%和3.5%。美国文化产业创造的价值早已超过了重工业和轻工业生产的总值，已经占美国 GDP 的25%左右。美国用三大片（薯片、芯片、影片）策略征服了世界。可以说，美国的文化国力无法回避，它时时都在传播其隐含的价值观及美国人信奉的自由市场和民主的观念，通过这种文化外交和文化输出，在思想意识和生活方式上实现对其他国家人们的"征服"或"改造"，从而实现其在全球范围内的文化霸权和"话语霸权"。

2. 社会主义国家的文化面临反霸斗争。伴随经济全球化而来的文化全球化，使得社会主义国家的民族文化时刻面临着以文化霸权主义为特征的西方强势文化渗透的危险。一方面，西方强势文化利用自身优势，借助其强大的物质技术力量将自己的文化价值观推向世界，企图用自己的文化去控制和占领他国思想文化阵地，消解别国的民族文化和民族精神。另一方面，由于社会主义国家对外文化传播的普遍滞后，加之社会主义国家文化资源还未得到有效的开发、保护和利用，还没有转化为实际的产业优势和经济优势，更缺乏现代化高科技优势，致使社会主义国家文化软实力的发展面临着严峻的挑战，与资本主义相比较总体上还处于弱势。在以前相对封闭的环境下，意识形态的渗透与反渗透大多是政府行为，但是随着冷战的结束和全球化时代的到来，文化等"软实力"越来越多的来自政府以外的社会力量，越来越依靠先进的技术手段，西方资本主义国家对社会主义意识形态和文化的渗透具有了新的特点。现代信息网络技术在促进各国经济联系和思想文化在世界范围迅速传播和普遍交流，有利于人们获得各种各样的新的知识信息的同时，也使得西方传媒舆论轻而易举地进入其他国家和地区，影响和干扰其他民族的舆论和情绪，影响其他国家民众的思想观念和价值观。可以说，现代社会，谁的宣传手段最先进、最现代化，谁的信息量最大，覆盖面最广，传播速度最快，谁的影响力最大，谁就能抢占思想舆论阵地的最高点。所以发达资本主义国家特别重视现代传媒在对社会主义国家进行意识形态渗透中的作用，美国的大众传媒借助全球化的东风不断扩大和强化美国文化在全球传播的范围和力度，它们凭借经济和技术优势，通过因特网向全世界全方位、全时空地推销自己的意识形态、价值观念、商务理念和社会文化等等。互联网发源于美国，无论在硬件和软件方面，美国一直处于领先地位，并掌握着核心技术，在网站数量、规模和影响方面也占绝对优势。在全球信息产业中，美国目前 CPU（中央处理器）的产量占全世界的 92%，系统软件产量占 86%，全球近 3000 个世界性大型数据库有 70% 设在美国。① 依仗在网络技术上的基础和优势，美国已正在因特网上发动一场抢占信息空间、争夺信息资源的战争，并通过"网络文化帝国主义"达到其独霸全球文化领域的战略目标。正是凭借强大的网络技术和通讯技术，美国对社会主义国家的文化渗透呈现多层次、高科技、宽领域的特点，而无论是社会主义国家的文化产业还是国内民众的思想文化观念、文化生活，无时无刻不受到美国文化的影响和渗透。

　　社会主义国家与资本主义国家在经济科技上的差距，必然造成信息资源的差距，掌握信息资源的不对称，又必然造成信息流动的不对称。一旦交流失去对等性和交互性，就必然会形成西方国家单向的文化灌输和观念渗透。美国凭借其强大的信息技术优势，在很大程度上建构了其在网络上的"信息霸权"地位，制定着信息化进程中的"游戏规则"。而社会主义国家无论在技术方面还是人才方面的实力都明显不足，声音比较弱小，影响的范围也有限，意识形态防御能力面临严峻考验。美国利用网络控制信息流动的能力，一方面对信息进行意识形态的"过滤"，一方面通过网络扩大其在社会主义国家的影响，通过网络进行信息传输，大肆进行信息网络扩张，不但构筑了以美国的好莱坞、迪斯尼为主导的影视娱乐体系，加上强大的知识、学术、教育体系的支持，开辟了向社会主义国家宣扬、兜售资本主义的价值观、政治思想、民主平等、人权自由等信息，尤其以美国的摇滚乐、唱片、好莱坞电影为利器，潜移默化地影响年轻人的生活方式和价值观念。随着经

---

① 参见甘满堂：《网络时代的信息霸权与文化殖民主义》，《开放导报》2002 年第 9 期，第 29 页。

济全球化趋势的进一步推进，社会主义国家改革开放的深入和经济的快速发展，社会主义国家与世界各国的经济、政治、文化、教育等领域来往、联系及合作日益加强。西方资本主义国家对社会主义国家意识形态的渗透将会由体制外的渗透发展到体制内的渗透，着重从内部瓦解社会主义。这是一场没有硝烟的意识形态战、文化争夺战，面对文化帝国主义的侵略，社会主义必然捍卫自身的文化价值立场，由此，两制之间围绕文化的渗透与反渗透，将在世界舞台上进行长期的较量。

四、科技发展高速化：两种制度国家科技成果共享与竞争并行

科学技术是第一生产力，也是全球化发展的动力。跨国公司以科技创新为先导，以追求最大利益为目标，在全世界范围内寻找最廉价的劳动力和资源，从而实现了全球资源的优化配置，促进了全球化；全球化为世界各国在各方面的相互交流带来了极大的方便，当然也促进了科学技术的进一步发展。在全球化大潮中，社会主义国家与资本主义国家之间的科技交流进一步加深，这种交流与合作有利于社会主义国家发挥后发优势，实现跨越式发展；同时，社会主义国家与资本主义国家在科学技术方面的竞争与博弈也有日益加剧的趋势，社会主义国家应积极应对，在竞争与博弈中提升自己，同时应采取措施，避免在两制竞争中处于更加不利的地位。

（一）现代科技的高速发展是全球化发展的不竭动力

经济全球化是伴随着资本主义的产生而产生的。资本为实现在全球范围内的利益最大化，不断提高科学技术的水平，新技术的发明推动了经济全球化的加速发展，科学技术与全球化总是相伴而生，如影随形。

马克思早在《德意志意识形态》一文中就指出：大工业"它首次开创了世界历史，因为它使每个文明国家以及这些国家中的每一个人的需要的满足都依赖于整个世界，因为它消灭了以往自然形成的各国的孤立状态。"①

---

① ［德］马克思、恩格斯：《德意志意识形态（节选）》，《马克思恩格斯选集》第 1 卷，人民出版社 1995 年版，第 114 页。

马克思在《资本论》中进一步分析指出："生产力的这种发展，归根到底总是来源于发挥着作用的劳动的社会性质，来源于社会内部的分工，来源于智力劳动特别是自然科学的发展。"[①] "现代工业的技术基础是革命的，而所有以往的生产方式的技术基础本质上是保守的。"[②] 马克思这些精辟论述，深刻揭示了经济全球化与科技发展的密切关系，即科技发展是引发经济全球化的基本因素之一，同时也是推动经济全球化的重要动力和手段。早期的经济全球化可以追溯到资本主义发展的早期，但那时的全球化可以说主要存在于资本主义世界，可以说，还不是完整意义上的全球化，只有当整个世界都卷入世界经济发展的潮流，才可以说是真正的全球化。历史发展到20世纪80年代末、90年代初，随着东欧剧变和苏联解体，社会主义国家也被卷入这一滚滚洪流，自此，一个真正意义上的全球化时代开始了。

当今的经济全球化不同于以往的最突出时代特点，就是高新技术特别是微电子技术、计算机网络技术以及航空航天技术和通讯技术的广泛应用及其产业的迅猛发展。微电子技术、计算机网络技术的高速发展和广泛应用，一方面拉近了世界各国的距离，加速了资本、服务、信息、技术等经济要素在不同制度国家之间的流动，使地球变小、时间变快，将广袤的世界变成了一个"地球村"；另一方面，运输和通信成本的大幅降低，扩大了资本、商品、服务、劳动、信息、技术、人才等经济要素的流动范围和规模，推动了国际贸易、跨国投资和国际金融的迅速发展，同时也促进了高新技术的扩散与辐射，将整个世界经济空前紧密地联系在一起。

在当代资本主义国家中，美国是运用现代科学技术发展自己的典型。众所周知，自20世纪70年代开始，美国经济的绝对优势开始下降，逐步失去了其在二战结束之初世界经济的绝对霸主地位。尽管美国在里根政府时期，在"重振国威"的政策指导下，其经济开始复苏，但由于日本、欧洲各国经济发展势头强劲，使之与日本、欧洲之间的优势反而进一步缩小。20世纪90年代初，当时的克林顿政府抓住世界迈入信息化时代的大好时机，先

---

① ［德］马克思：《〈资本论〉第三卷（节选）》，《马克思恩格斯选集》第2卷，人民出版社1995版，第411页。

② ［德］马克思：《〈资本论〉第一卷（节选）》，《马克思恩格斯选集》第2卷，人民出版社1995版，第212—213页。

后提出了《信息高速公路计划》和《为了国家利益发展科学》的科学政策报告，美国将通过多方投资，建设一个覆盖全国，连接世界的高速信息网络，把美国政府、大学、研究所、大公司乃至每个医院和家庭都连接在一起，共享全国大量的数据库。信息高速公路政策迎合并引领了世界经济发展的潮流，使美国经济在90年代克林顿时期出现了20世纪美国历史上第二个繁荣的时期。在信息技术部门的带领下，美国自1991年4月份以后，经济增长幅度达到了4%，而失业率却从6%降到了4%，通胀率也不断下降。如果食品和能源不计在内的话，美国1999年的消费品通胀率只有1.9%，增幅为34年间的最小值。这种经济现象当时被人们表述为"新经济"。正如美国《商业周刊》1996年年底的一篇文章所说，美国这种"新经济"，其主要动力是信息技术革命和经济全球化浪潮。此时的欧洲，由于难以应对人口老龄化、信息技术革命、经济全球化等诸多问题的挑战，经济发展长期缓慢。而同期的日本，在80年代末和90年代初持续51个月的繁荣之后，90年代初泡沫经济破灭，其后日本经济陷入了长期的低迷。1992年和1993年日本经济GDP增长率分别为0.4%和0.5%，而到1997年和1998年则出现了战后以来没有过的持续两年的负增长，分别为－0.4%和－1.9%。20世纪90年代美国经济的高速增长和欧洲、日本经济的持续低迷，重新拉大了彼此在80年代本已日益接近的差距，可以说，这与不同国家应对新科技革命的不同政策有着直接的关系。

美国经济的飞速发展把整个世界带入了全球化的快车道。在20世纪90年代里，世界经济增长率约为2.5%。而中国经济增长更令世界瞩目。1989年至2001年，中国国内生产总值年均增长9.3%。1990—1997年，在长达7年时间里，国内生产总值每年增长率都在10%左右，而且这一高速增长期是以"软着陆"的形式结束的。而随着中国作为社会主义大国和世界上人口最多的国家加入世界贸易组织，可以说，世界全球化的速度和广度都更加让人刮目相看了。

（二）两种制度国家间科技成果共享增多

跨国公司为了追求利益的最大化，总是不断追求科技进步和科技创新；而科技的发展又大大加速了全球化发展的步伐及其在全世界的蔓延；全球化的深入发展又进一步促进了科学技术在全世界的共享。这是同一过程的不同方面，在这一过程中，不同制度国家也在研究与开发、科技人才交流、科技成果、科技活动等方面加强了交流与合作。

1. 两种制度国家在科技研发方面的合作加强。为了节约研发成本，充分利用当地的人力、物力资源和良好的研发环境，各大型跨国公司纷纷在全球范围内配置研究开发资源，以求得研究开发产出的最大化，把研发公司开到了世界各地。在世界范围内，企业是工业研究与开发（R&D）的主要力量。根据经济合作与发展组织（OECD）的统计，在其成员国的工业 R&D 中，来自于跨国公司的投资占 75%，跨国公司掌握着世界 80% 的新技术和新工艺的专利权，控制着 80% 的高新技术开发项目，垄断了世界上 70% 的技术转让和 5% 的国际技术贸易。它以其拥有的专利技术、技术研究与开发能力等无形资产，通过组建全球性的研究与开发系统，从而推动了不同制度国家科技的研究与开发。

建立全球范围内的 R&D 网络是跨国公司占领技术制高点、开拓海外市场的重要策略。自 20 世纪 80 年代以来，一些跨国公司纷纷在海外建立各种 R&D 设施，如研究所、研究中心、工作实验室、研究开发公司等，从事产品开发、试验和科学研究活动。例如，IBM 在世界各国共有 30 个研究所，其中 1/3 设在美国以外的其他国家；微软公司在世界各地设立了许多研究机构，1999 年在中国也设立了研究院；欧洲跨国公司的国际化程度更高，一些著名的公司如壳牌石油、菲利浦等，都把 R&D 支出的 1/3 以上花费在海外子公司。

国际性的技术开发合作是研究开发全球化的另一表现。非营利性机构之间的合作有政府之间的合作和国际组织之间的合作。企业之间的全球技术合作更多地表现为跨国公司之间的战略性技术联盟。在现代科学技术日益复合的时代，一项科研项目的费用支出额巨大，技术战略联盟成为解决这一问题的有效途径。由于联盟中的合作伙伴优势互补，研究周期可能会缩短，成功率也将提高；即使失败，风险也是联盟成员共担，从而降低了 R&D 投资的风险性。例如，随着中美研发合作的不断开展，双方之间的合作越来越多地在新能源领域开展。中国科技部副部长曹健林在 2010 年 5 月的"中美战略与经济第二轮对话会"后向媒体透露，中美是目前世界上温室气体排放最大的两个国家，排放总和占世界的 40% 左右。气候变化与清洁能源问题，便是此次对话会的内容之一。因此，中美的研发活动主要集中在新能源的三个领域：第一个是新能源汽车，特别是电动汽车，因为中美两国都是汽车最大的生产国、最大的消费国。第二个是建筑节能技术，建筑节能技术对中美两国也都同样重要。中国现在有世界上最大的建筑领域，美国作为最大的国家之一，建筑耗能和建筑节能都是非常重要的。第三个是清洁煤领域。尽管煤的消耗在美国不是最大的能源之一，但同样也是非常大。目前，在所有这三个领域中，两国科学家已经进行了大量的交流与合作，特别是在中国这方面，这些科学家们都得到了中央政府和地方政府对他们研发工作的大力支持。

自 20 世纪 90 年代以来，随着中国市场在全球经济中地位的逐渐提高，随着世界一些著名跨国公司在中国投资的延伸及其全球研发战略的实施，越来越多的跨国公司在中国设立了研发机构。根据科技部"跨国公司在中国的研发全球化及其对中国的意义"课题组的调查，在《商业周刊》所列的1000 强企业中，1994 年仅有两家在中国设立了 2 个研发机构，但到 2000 年，已经有 28 家企业在中国设立了 32 家研发机构。不仅研发机构的数量增长很快，而且研发机构的规模和规格都迅速升级。诺基亚中国研究中心1998 年仅有 10 人左右，到 2000 年已经达到 100 人，而朗讯公司的研发人员则在 2001 年达到了 1500 人的规模。不仅如此，有些企业在中国设立的研发中心的规格也相当高，个别企业的中国研发中心是该公司除母国以外最大也是最重要的研发基地。例如，著名的微软公司自从 1999 年在中国设立研发中心，到 2010 年 1 月已经将其更名为微软亚洲太平洋研究与发展小组，它有微软亚洲研究院、微软高级技术中心、微软亚洲业务部、微软亚洲硬件中心、微软在线服务部（中国）、微软服务器和工具业务（中国）集团及其他战略伙伴关系产品开发小组。该集团的业务形成了从基础研究创新、技术创新和产品开发到当地生态系统的发展等的完整产业链。

设立国外研发中心是中国企业国际化的方向。正如博鳌亚洲论坛秘书长龙永图所说，随着全球制造业向中国转移，国内企业国际化的主流不是到国外投资建厂，而是在国外搞研发中心，购买销售渠道，吸收优秀人才，获得最新的技术和市场信息。龙永图认为，在全球化时代，一个企业不在于有多少资源，而在于能整合多少资源，对于中小企业来说，有能力的可以走出国门，整合国际资源，对大部分没有能力的中小企业要创造条件被整合，向大的跨国公司靠拢，被其整合、兼并、收购也是中小企业参与国际化的一种方式。到国外设立研发中心，吸收当地优秀人才，建立自己的销售网络是国内企业参与国际化的发展方向。2009 年，中国移动在美国硅谷设立了研发中心。这是中国电信业在重组之后的第一次海外研发行动，同时也是中国移动历史上的第一次海外研发行动。中国移动研究院有关负责人表示，一直以来，中国移动的大部分运营收入都来自于语音服务，但现在需要进行各种创新应用，而硅谷正具有这种得天独厚的环境。据有关负责人透露，目前中国移动已经在积极地与其他运营商接触和研究如何运营一个共同的移动平台，这其中也包括 Google 的手机操作系统 Android。这也是中国移动选择布局硅谷的另一个原因。

2. 两种制度国家科技人才的交流与互访频繁。由于历史的原因，世界各国的科技发展水平参差不齐，科技发展极不平衡，尤其是在两种不同制度国家之间。西方国家在长期的历史发展中，在科技发展的各个方面始终处于世界领先地位，而社会主义国家由于历史短暂和经济水平低下等原因，科学技术发展处于相对落后状态。虽然自新中国成立以来科技投入不断增加，科学技术日益受重视，经过了历代科学家的共同努力，在个别领域虽已处于世界领先水平，但总的来说与发达国家还有很大的距离。这就有了交流的必要，而发达国家也试图在与发展中国家的人才交流中吸引人才并为向发展中国家输出科技成果寻找潜在的市场和桥梁。因此，近年来，不同制度国家科学家通过互访、国际会议交流、项目合作等多种形式，加强了彼此之间的交流与合作。

每年出国的留学生数量反映的是一个国家潜在的科研能力，以及对他国科研人员的潜在影响力。根据美国国际教育协会公布的数据，2009 年，一共有 9.85 万名来自中国内地的学生赴美国留学，占所有留美学生总人数的 14.6%。2009 年，中国大陆留美学生数量比 2008 年增长 21%。而 2010 年有更多的中国学生涌入美国，据 2010 年 1 月 18 日《环球时报》报道，2009—2010 学年中国赴美学生增长近 30%，在美留学生近 12.8 万。另据《日本新华侨报》报道，2009 年中国赴日留学生也达到了创纪录的 79，082

人，比2008年同期增加6，316人，增长幅度达到8.7%①。与此同时，随着中国综合国力的不断上升和国际地位的不断增强，选择来中国学习汉语的留学生呈急剧上升趋势。新中国成立60年来，累计接受来自190个国家和地区的来华留学人员169万人次，现有24万外国留学生在华深造。②按国别统计，来华留学生人数名列前十位的国家是：韩国（64232名），美国（18650名），日本（15409名），越南（12247名），泰国（11379名），俄罗斯（10596名），印度（8468名），印度尼西亚（7926名），哈萨克斯坦（6497名），巴基斯坦（5738名）。可喜的是，越来越多的发达国家的留学生也把中国作为他们的留学目的国，连美国这样的长期以来的留学目的地国家也不例外。2009年美国现任总统奥巴马在访问中国时宣布，未来5年美国将派出10万名美国学生来中国留学。2010年教育部颁布的《国家中长期教育改革和发展规划纲要》提到要实施留学中国计划，扩大来华留学生规模。在留学中国计划启动后，我国将以更加开放、积极的姿态，推动来华留学工作快速发展，同时注重规范管理，保证质量，争取到2020年全国当年外国留学生数量达到50万，使中国成为亚洲最大的国际学生流动目的地国家。

此外，每年出国访问学者数量体现了一国目前成熟科研人员全球化的交流能力。全球前100名科学技术杂志中一国人员任主编数不仅体现一个国家科技人员的国际化程度，而且反映出一国科技全球化的权威性；研究开发机构中外籍研究开发雇员数则反映了一国企业的科技人员全球化的程度。目前，像中科院、清华大学、北京大学等科研院所和高等院校，有越来越多的科学家和教授有留学经历和访学经历，也有相当一部分人成为国际权威杂志和科研院所的主编或项目主持人，中国科学技术界的国际化程度正日益提高。

3. 两种制度国家科技成果的共享份额增多。国际技术转移是技术成果全球流动的主要途径，其最重要的形式是国际技术贸易。20世纪80年代以来，全球技术贸易额一直处于增长态势，包括技术许可、专利和商标出售、技术专家和智力服务在内的技术交易增长了大约3倍以上，而且通过设备进

---

① 于冬雪：《去年日本留学生人数中国最多》，《南方日报》2010年1月20日，第B05版。
② 刘延东：《新中国接受外国留学生60周年纪念活动的讲话》，《人民日报》2010年9月30日。

口所获得技术知识的重要性也呈不断增强趋势。另外，为了阻止竞争对手或其他企业入侵自己的（或第三方）市场领域，企业也常把其专利拓展至其并不经营的市场。调查表明，在经济合作组织（OECD）国家中，企业在国外专利数量与国内专利数量的比率呈上升趋势，这在一定意义上反映了技术全球化的深入发展。改革开放以来，中美、中日、中欧之间的科技成果合作呈现出日益繁荣的局面。中美之间的科学技术合作早在1972年《中美上海联合公报》发表后就开始了，至2012年已有40年。而1979年1月31日，邓小平在访美期间与美国总统卡特签署的《中美政府间科学技术合作协定》，则开启了两国交往中一个十分重要和富有活力的领域；1997年10月，江泽民主席访美，两国确定了利用空间对地球进行科学研究和实际应用的合作领域，并签署了《中美能源和环境合作倡议书》；1998年6月，美国总统克林顿访华，两国就签署《中美和平利用核技术合作协定》、《中美城市空气质量监测项目合作意向书》达成一致。《中美政府间科学技术合作协定》每5年续签一次，两国政府部门先后在高能物理、空间、环境保护、核安全、能源效率等30多个领域签署了30多个合作议定书或谅解备忘录。

中美科技合作在诸多方面都取得了极大的成功。例如：中科院物理所与美国橡树岭国家实验室组建"量子物理"实验室；中科院计算所与美国得克萨斯州农业机械大学建立"现代通讯技术"联合实验室；由中国科学院与美国密苏里植物园联合主持，有多国、多单位植物学家参加的合作编纂《中国植物志》等等。其中最典型的要数以下三个项目：第一项是中国数字化地震台网，这是中美科技合作最成功的典范之一。从追踪高新技术，占领科技前沿的意义来讲，利用美国的技术、资金、人力、物力，对于发展我国的地震研究和防震减灾事业都具有很大的意义。第二个项目是北京正负电子对撞机，这是中美双方通力合作、提前建成的具有世界先进水平的高科技工程，总投资2亿美元。1988年10月对撞机首次实现了正负电子对撞。仅仅4年时间，中国的高能加速器便从无到有，这一建设速度在国际加速器建造史上也是罕见的。北京正负电子对撞机被国际同行认为是该领域世界上最好的对撞机。第三个项目是1986年在北京建成的中国遥感卫星地面站，这个地面站具有世界先进水平，全部设备由美国引进，主要任务是接收、处理来自地球705公里高度上的美国陆地资源卫星的图像数据，可以覆盖中国

80% 的国土，图像分辨率为 30 米。该站接收到的数据广泛用于环境调查、测绘、城市规划、土地利用、农作物估产、水火灾害监测评估及资源勘探等众多领域。与此同时，中国在知识产权保护制度、核安全技术和管理规范、科技统计体系、科学基金、高新技术开发区、科技创业孵化器等方面都借鉴了美国的先进经验。

中美科技合作主要有三大特点：第一，中国通过合作培养了大批人才，学习了美国管理经验，极大地提高了我们的研究开发和管理水平，锻炼了研究队伍，缩短了相互间的差距。第二，双方合作基础广泛，双方除了一些共同感兴趣的科技合作领域外，美国还希望通过与中国合作达到 3 个目的：即为美国的技术和产品进入中国潜在的技术需求和市场创造条件；从美国国家安全和美国全球战略利益考虑，希望通过科技领域的合作对中国施加影响，取得中国的支持和配合；在基础科学领域中利用中国特有的资源、地理位置和条件，吸引中国优秀人才到美国从事研究工作。第三，在一些合作领域美对我实行封锁，特别是在一些高技术的研究领域美方不愿与我们合作，限制我科技人员对这些领域的重要试验和研究基地的访问，企图制约中国在这些领域的发展。[1]

近年来，国际科技界还经常运用一国科技论文被引用次数和与外国作者合著文章数量两项指标反映科技论文全球化程度，相较于单纯的国际论文发表数量更能反映科技共享的程度。1995 年统计表明，中国在 1990—1995 年被 SCI 收录的论文中，被引用 7869 篇，1.4 万次，被引证率为 0.25，即平均每 4 篇论文有 1 篇被引用。被引用论文平均每篇被引用次数 1.78 次。[2] 在 2000 年中国发表的 SCI 论文中，国际合作产生的论文 7038 篇，占中国发表总数的 23.1%，比上一年增加 701 篇，中国作者为第一作者的国际合著论文 2977 篇，其他国家作者为第一作者，中国作者参与工作的国际合著论文为 4061 篇。[3] 这一切都说明，中国科学家在科技成果方面越来越多地参与了

①　张孟军：《中美科技交流将有更大发展》，《科技日报》2002 年 12 月 5 日。
②　参见国家体改委经济体制改革研究院、中国人民大学综合开发研究院联合研究所：《中国国际竞争力发展报告（1999）——科技竞争力主体研究》，中国人民大学出版社 1999 年版。
③　中国科技论文统计分析课题组：2000 年度中国科技论文统计结果。http：//www. chinainfo. gov. cn/data/200112/1 - 20011203 - 23770. html.

国际合作，中国科学技术全球化的程度日益提高。

4. 两种制度国家科技活动规则与制度逐渐趋同。在全球化时代，科学技术要素的全球流动已经成为全球科技活动的常态。为了进行跨国学术交流，各国必须在统一的制度框架和标准下，按照共同的国际规则进行科技成果的交易并为科技成果的持有者提供知识产权保护；必须规定标准的学术语言；为了保证对科学家学术研究成果的承认和评判，必须确立适当的引文注释规范和相互认可的科学研究范式和相对稳定的标准；为了实现不同制度国家科学传统带来的思维扩张与交融，必须构建在继承与创新之间保持必要张力的精神气质。这就要求各国必须在统一的制度框架和标准下，按照共同的国际规则和标准进行科学技术的交流与合作，并为科技成果的持有者提供知识产权保护。因此，国际化的知识产权制度，为科技资源全球共享提供了重要的体制保障。各国为了实现对知识产权的国际保护，已经相继采取了一系列重要措施，如通过建立多边知识产权协议，实现对知识产权的保护；使国际知识产权保护行为政府化，通过国家之间知识产权保护协议的签署，加大对知识产权的保护力度；建立单一的高质量的检索和审查程序，实现专利制度的国际化，以避免多个国家的重复检索和审查。

中美两国在20世纪90年代曾经因为知识产权问题发生了三次激烈争端，每次都到了贸易战的边缘。知识产权问题成为90年代中美经贸关系中的一个突出问题。1992年，中美签订了《关于保护知识产权的谅解备忘录》，随后1995年2月、1996年6月中美又签署了两个双边知识产权协议，中美在知识产权保护方面取得了更多的一致。进入21世纪以来，中美经贸关系有了长足的发展。中美在知识产权保护方面虽然屡有争端，但双方总能通过正常的渠道加以解决，例如，中国加入世贸组织后，双方已经就知识产权保护问题举行了多次圆桌会议，通过谈判的形式化解知识产权争端。

科技引文模式的趋同也反映出不同制度国家科技活动规则的一致性。随着人类进入信息时代，科学著作、学术期刊在不同国家的翻译出版，以及网络对信息资源选择和流通所带来的便捷性和技术支撑，使不同制度国家的科学家可以广泛使用和引用来自各国的研究成果，真正置身于国际科技发展的潮流之中。这种引文模式不仅存在于社会主义国家对资本主义国家科技成果的引用，同样也存在于资本主义国家对社会主义国家的引用。这种超越语言、超越国界的资源共享，使得不同制度国家的科学家实现了知识背景、研究方式和科技创新思想的交融，促使科学家从单枪匹马的个体研究走向了群体合作，从而达到了科学研究的规模化和社会化。从我国对科学研究成果的评价体系来看，我国科学家日益看重在 SCI 期刊上发表文章的数量和质量，并且把国际通用的影响因子作为评价论文质量和影响力的重要指标，这是科技活动国际化的重要表现。

（三）两种制度国家间科技竞争加剧

两种制度国家在科学技术方面加强交流与合作的同时，摩擦和纷争也始终相伴而生，随着经济全球化的加速发展，这种摩擦与纷争不仅没有减少，而且有日益加剧的趋势。

1. 两种制度国家在知识产权保护方面的争端与摩擦不断。知识产权是一个国家对本国的科学技术以及创新产品所进行的保护，根据联合国世界知识产权组织（WIPO）的定义，知识产权指的是智力创造、发明、文学和艺术作品，以及商业中使用的标志、名称、图像以及外观设计。知识产权分为两类：工业产权，包括发明（专利）、商标、工业品外观设计及原产地地理标志；另一类是版权，包括文学作品，诸如小说、诗歌、戏剧、电影、音乐作品，艺术作品诸如绘图、绘画、摄影、雕塑以及建筑设计。在全球化时代，知识产品在全世界的流动促进了各国科学技术的交流与发展以及文化的相互交融与交流，但是，由于知识产品的创新在产生的过程中凝聚了原创者的智力投入和资金投入，而这些要素在市场经济时代都不是无偿的，而是有着自己的价格，使用者在使用这些产品的时候，就有必要付出一定的成本，只有这样，才能保护原创者的劳动，促进智力产品发展的良性互动。但是，由于知识产品的有偿使用对输入国来说是要付出较高的成本，于是，在市场规律的作用下，盗版、抄袭、仿冒等违背知识产权保护的行为就时有发生。这种知识产权保护方面的争端与摩擦在中国与美国之间最为典型，也最为激烈。

中美知识产权保护问题最早可见于 1980 年的《中美贸易关系协定》，该协定（第 6 条）规定，每一方提供的专利、商标和著作权的保护，应与对方给予自己的此类保护相适应。此后二十几年中，在中美经贸关系迅速发展的同时，两国在知识产权领域的争端也日渐浮出水面，并且已经爆发过多次，尤其自 20 世纪 80 年代中期以来，中美知识产权之争更是多次剑拔弩张，呈现愈演愈烈之势。

中美第一轮知识产权争端开始于 1988 年。1988 年 4 月，美国《综合贸易与竞争法》刚刚通过，美国政府就试图对中国适用"特殊 301 条款"，1989 年，美国便把中国列入该条款的观察名单。为此，1989 年 4—5 月，中美两国代表曾就如何保护美国知识产权的问题进行过磋商，并于 1989 年 5 月 19 日在华盛顿达成了一个《谅解备忘录》。在该备忘录中，中国政府承诺，中国将制定符合国际惯例的版权法，其中计算机程序将作为特殊种类的作品予以保护；中国将修改专利法，以延长专利保护期限和扩大专利保护范围；中国将参加一些保护知识产权的国际公约等。然而，1991 年，美国以中国缺乏对美国知识产权充分有效的保护、中国知识产权法律落后、缺乏对不正当竞争的制裁等理由，宣布将中国从美国贸易法"301 条款"的"重点观察名单"中，升至"重点国家名单"中。对于美国提出的种种问题，我国政府以理性的态度予以分析，并以积极的姿态同美国进行了谈判，终于在 1992 年 1 月 17 日达成协议，签署了《中美关于知识产权保护的谅解备忘录》。中国承诺全面修改知识产权法律，提高保护知识产权的水平，并于 1992 年下半年修订了"专利法"、"商标法"、颁布了"反不正当竞争法"，从而使中美两国避免了一场贸易大战。

中美第二轮知识产权争端开始于 1993 年。1993 年 11 月，美国贸易代表坎特再次宣布将中国列入美特别 301 条款的重点观察国名单，指责中国知识产权保护不力。从那时起，中美之间又进行了多次谈判，美国方面曾以中止中国加入 WTO 谈判以及贸易制裁为由相威胁，而中国方面据理力争，经过两轮艰苦的谈判，终于在 1995 年 2 月 26 日达成了《中美关于保护知识产权的协议》。美方承诺终止对中国的"特别 301 条款"的调查和撤销对中国的报复措施，并保证为中国知识产权的执法提供技术上的援助。中方也承诺采取有效执法措施，建立相应的执法制度以加强对知识产权的保护力度。

中美第三轮知识产权争端始于 1996 年。《中美关于保护知识产权的协议》达成后，美国贸易代表署密切注视中国的知识产权实际保护措施，即按"特别 301 条款"监控协议的执行情况。1996 年，中国再次被美方列为"301 条款重点国家"。1996 年 5 月，由于谈判未果，美国贸易代表宣布对华进行制裁，公布了价值高达 30 亿美元的初步报复清单，同日，中国外经贸部发表抗议声明，并宣布对美实施反报复清单。在一个月的激烈交锋之后，双方经过平等协商，终于在 6 月 17 日达成基本一致，宣布取消针对彼此的贸易报复措施，一场危机才又得以平息。

　　1996 年以后，中美之间的知识产权争端处于暂时平息的阶段，2001 年11 月，中美在经过长达 15 年的艰苦谈判后，终于以发展中国家的身份加入了 WTO。在 3 年过渡期内，中美知识产权争议有了暂时的平静，然而平静的下面是两国知识产权博弈的滚滚潜流。2004 年以来，美国又以各种贸易壁垒来实现其知识产权保护的目的，纺织品、电池、软件等争端不断。在美国商业界的推动下，美国贸易代表办公室在 2005 年的特别 301 报告中国部分（"非常规评估报告"）中决定将中国升格为"重点观察国家"，同时保持中国"306 条款监察国家"的地位。同年的"中国履行世贸组织义务报告"则称，美国政府准备采取一切必要、适当的措施，确保中国制订并实施有效的知识产权执法制度。"非常规评估报告"还称，2004 年查获的进入美国市场的中国假冒商品价值达 1.34 亿美元，比 1993 年上升了 47%，占到美国海关当年查获的知识产权侵权商品数量的 67%。"非常规评估报告"的出台表明美国对中国知识产权保护施压力度开始增加，中美知识产权争端在沉寂几年之后再次激烈起来。究其原因，主要在于：第一，利益之争。在全球化时代，国际产品竞争日趋激烈，为提高产品在国际市场的竞争力，先进技术便成为获取高额利润的重要工具，同时由于旧的国际经济秩序、经贸发展不平衡的存在，发达国家经常借助这种形式对广大发展中国家和不发达国家进行经济剥削。所以，发达国家对发展中国家知识产权保护的苛求的一个很重要的方面，就是保护这些技术的先进性、竞争性，从而带来更多的物质利益。第二，两国在知识产权保护问题上侧重点不同。中国国际地位的上升和竞争力的加强，使得美国一些别有用心的人一直在鼓噪中国"威胁论"，并把中国经济实力的增强原因部分归咎于保护知识产权不力。随着中国经济的发展及其竞争力的提高，特别是出口额的不断上升，使美国很不愿接受这一事实。有些美国人认为，中国工业化经济的发展在某种程度上归功于对外国技术的采用，是侵犯知识产权的结果。美国必须要求中国加强知识产权保护，以维护它的经济利益和经济地位。另一方面，尽管中国的经济建设取得了长足的发展，但在总体上还只是一个技术进口国，高水平的知识产权保护必须用大量的外汇来实现，这对于发展中国家来说是一个沉重的负担。正是因为两国在知识产权上的不同利益，使之对知识产权的保护问题存在着不同的要求。第三，中美知识产权争端往往是美国政治的牺牲品。每当到了美国的大选之年，各党派均欲聚力一搏，而在对外贸易问题上做文章是博获众彩的妙计。在一些年度根据美国国内舆论倾向，对华持强硬态度对获取公众选票有较大作用，某些政客为使自己这边加重砝码，便在中美经贸关系中寻找对华发动攻击的借口。同时，把对外贸易与国内政治混为一谈也是美国政府的惯常作风，例如，在美国总统的中期选举中，竞选双方民主党与共和党皆拿人民币说事，试图强压人民币升值从而拯救美国的贸易逆差，从而为自己的竞选捞取一定的政治得分。

总起来看，中美知识产权之争是一个复杂的问题，它总是与贸易逆差、市场开放等问题联系在一起。更深层的问题是因为两国在社会制度、意识形态、法律制度等方面的客观差异，中美经贸关系从来就不是一帆风顺的，摩擦与纠纷会不断产生并伴随中美关系的始终。

2. 两种制度国家在高科技人才方面的竞争加剧。科学技术是全球化的最终推动力，而科学技术的竞争说到底是科技人才的竞争。随着科学技术在生产力中的作用日益重要，全球经济竞争的重点也已从科学技术成果的交流上升到高端科技人才的竞争。这一方面促进了全球经济、政治各方面的飞速发展；同时，由于这种人才竞争的格局又是以人才从社会主义国家向资本主义国家流动为主，因而在某种程度上对社会主义国家的发展形成了更大的挑战。由于资本主义国家的工业革命已经完成300多年，在这一发展过程中，逐步建立了比较完备的科学技术体系，从而为资本主义国家带来了各方面的繁荣与发展，使之拥有占领科技发展高地的优势和资本，进而通过各种优惠政策吸引全球人才，由此引发的全球人才大战总是硝烟弥漫。

如前所述，中国不仅是美国最大的留学生输出国，而且这些留学生中的优秀人才大部分在毕业后选择了在美国创业，并通过移民成为美国公民。在与西方国家的人才交流方面，中国多年来存在严重的"人才赤字"。中国是世界上最大的人才输出国，而美国则是世界上最大的人才输入国。由于美国的一系列针对中端人才的职业技术移民和高端人才的"特殊人才"等移民政策，吸引了大量的外国留学生成为美国移民。其中中国的留美博士获得者是滞留美国比例最高的群体。根据资料显示，从 2002—2008 年，在美国获得博士学位的中国留学生共 25037 人，其中近 90% 的中国博士获得者有继续留在美国的意向①。2008—2009 年，获得美国 EB‑5 类签证移民总数，从 1443 人上升至 4218 人，其中七成左右来自中国。这两年的中国投资移民增长率近 3 倍。按照美国投资移民条件，投资 50 万美元即可移民美国，仅在 2009 年就有 15 亿美元通过投资移民流入美国。另据统计，2009 年加拿大来自中国的投资移民约为 1000 人，通过投资移民流入加拿大的财富为 3 亿美元（23 亿人民币）。除了资金流失之外，受过良好教育和富有工作经验的技术移民的"智慧流失"更为庞大，技术移民与投资移民的比例为 20∶1。按此比例计算，仅 2009 年加美两国就吸收了中国的技术移民近 8 万人。加上其他国家，可以估算，中国平均每年向海外输送投资和技术移民达 10 万人以上。根据以上文章的数据，目前约有 3500 万华人散居世界各地。②

　　当然，吸引世界各地的科技人才来中国创业，也是中国政府应对激烈国际竞争的主要措施。2008 年 12 月中央下发《关于实施海外高层次人才引进计划的意见》，《意见》发布以来，中组部已经分三批引进 662 名海外高层次创新创业人才。目前，第四批"千人计划"已近完成。在已引进的海外高层次人才中，创新人才 509 名，创业人才 153 名；取得外国国籍的 448 名，非华裔外国人 20 名。回国前在哈佛大学、麻省理工学院、贝尔实验室等一批世界知名大学和研究机构任教授的 293 名、副教授 9 名、研究员 72 名；在波音、通用、摩根斯坦利等跨国集团和金融机构任高级研发人员的 75 名、高级管理人员 43 名。在这批引进人才中不乏已经卓有成就的知名人士。北京大学引进的陈十一教授，是格子 Boltzmann 数值方法的创始人之一；北京航空航天大学引进的俄罗斯籍教授萨德罗夫是欧洲科学院院士、俄罗斯科学院院士、俄罗斯计算模拟科学研究所所长。除科技创新创业人才之外，"千人计划"还引进了金融领域等高级管理人才。"千人计划"的实施，有力推动了各地海外人才引进工作。除新疆、西藏外，其他省区市均已制定实

---

① 参见王耀辉：《爱"海归"也爱"海鸥"翩翩飞》，《羊城晚报》2010 年 9 月 14 日。

② 潘晓凌、阎靖靖：《多少精英正在移民海外，他们寻求什么》，《南方周末》2010 年 6 月 2 日。

施了本地区海外人才引进计划。① 2010 年 6 月，中国政府还颁布了《国家中长期人才发展规划纲要（2010—2020 年）》，其中把"海外高层次人才引进计划"作为"创新人才推进计划"、"青年英才开发计划"等 12 项重大人才工程之一，充分表明了中国在今后十年吸引高层次人才的决心。值得庆幸的是，近年来，中美人才竞争中人才倒流的现象开始显现，即越来越多的美国人才开始看好中国。多年以来，中国在世界科技人才竞争格局中一直扮演着"人才输出国"的角色。随着中国经济的迅猛增长，美国兴起了一股与往年截然不同的"中国热"：许多高学历、高技术人才都开始把到中国工作作为其职业发展的选择之一。这种现象在汽车和再生能源等领域尤为突出。而且这并非单纯的"逆向人才流失"（即中国高级人才回国），而是"土生土长"的美国顶尖人才正流向中国。正如《国际先驱论坛报》所认为的，中国之所以能够吸引如此多的高技术人才，除了来华工作能获得更好的职业发展外，也和中国政府为外国人才提供的子女教育等方面的优惠条件不无关系。而对于那些高科技公司来说，它们不仅被中国市场所吸引，也被这里庞大的技优价廉的工程师人才储备以及许多城市和地区所提供的补贴（特别是为绿色能源产业）所吸引。② 这说明，中美人才竞争中中方长期人才"赤字"的现象将有所改变。

　　总之，随着全球化的迅猛发展，两种制度国家在科学技术的研究与开发、科技人才交流、科学研究的成果以及科技活动的规则与制度等方面共享、交流与合作的趋势日益加速发展，这种交流与合作有利于世界范围内科学技术创新，有利于世界范围内科技人才的合理利用与整合，有力地推动了世界经济全球化的发展。而具体来说，它对资本主义发达国家和社会主义国家所起的作用又有所不同。对资本主义国家来说，有利于充分利用来自社会主义国家的人力、物力、财力，从而为资本主义国家的跨国公司及其母国贡献更大的财富；有利于发达国家科学研究成果向社会主义的梯级转移，有利于资本主义国家文化价值观、生活方式向社会主义国家的输出。而对社会主义国家来说，它的积极影响也是显而易见的：社会主义国家参与全球技术合

---

① 盛若蔚：《"千人计划"实施 3 批引进高端人才 662 名》，《人民日报》2010 年 5 月 25 日。
② 李立：《合同能源管理出新规，节能服务企业可享受五项优惠》，《法制日报》2010 年 4 月 7 日。

作带来了缩小与资本主义国家之间的科学技术差距的机遇。具体来说，主要体现在两个方面：一是可以促进社会主义国家科学技术的跨越式发展。由于技术资源的全球配置，先进的科学技术流向技术落后的国家和地区，从而使这些国家和地区原来的技术演进与产业更替进程被打破，从而为技术的跨越式发展提供了可能性。例如，我国在工业化发展的中期阶段，可以充分利用资本主义国家信息化发展的契机，越过传统的先工业化后信息化的老路，走出一条以传统工业为基础，以高新技术产业为支撑，以信息化带动产业化的新型工业化道路，推动产业结构的优化升级。这种跨越式发展可以为社会主义国家带来后发优势，在技术变革和新产业新技术的发展中，发达国家和先进企业由于沉没成本和退出障碍的存在，有时会表现得保守和滞后，而后进国家和企业则具有强烈的创新倾向。例如我国经过 30 多年的改革开放，科学技术参与全球化的程度日益提高，而在这一过程中，我国科学技术的某些领域经过了学习、消化、吸收、创新后，已经走在了世界的前列，技术全球化的后发优势已经有所体现。二是可以对社会主义国家产生技术溢出效应，这主要是指，先进科学技术的流入，迫使当地企业加强 R&D 以提高自身竞争力，这就加剧了技术引进国家的竞争力，技术能力薄弱的企业就被淘汰，在激烈的市场竞争中，企业的整体水平得以提高；跨国公司的人才本地化战略还使社会主义国家的人力资源水平得到提高，这些人力资源在企业间流动的同时也促进了技术的流动，从而促进了技术引进国先进科学技术的普及；跨国公司的进入还带来了相应的技术文化，尤其是难以在地区之间转移的隐性经验知识将逐步渗透到当地，从而对社会主义国家产生潜移默化的影响。

当然，在两种制度国家科学技术的博弈中，社会主义国家所处的劣势是显而易见的。由于以美国为首的资本主义国家在这场竞争中处于优势地位，它必然利用自己的优势通过知识产权保护、技术保密等手段防止社会主义国家获得先进技术，也必然利用自己优越的科研条件和生活环境吸引人才。这种竞争与博弈，在某种程度上说能够促进社会主义国家的科技创新意识，增强科研能力，促进科技进步，但也容易引发社会主义与资本主义国家在人才竞争方面的马太效应，即弱者愈弱，强者愈强，这对社会主义国家是极为不利的。在新的历史时期，社会主义主义国家应采取措施，留住人才，并吸引来自世界各地的人才，使社会主义在与资本主义的竞争中立于不败之地。

五、军事现代化：两种制度国家
军事交流与较量增强

20 世纪 90 年代初，国际形势发生重大变化。经济上，随着中国等社会主义国家市场经济体制的逐步建立，不同制度国家经济交往的日益频繁，全球经济一体化加速发展，随之而来的是经济因素在国际交往中越来越多于政治和军事因素，由此引发了世界范围内的军事变革浪潮，不同制度国家间的军事交流日益增多。但我们也应该清醒地认识到，军事交流的频繁并不能掩盖各国军事竞争与较量的事实，世界仍不太平。

（一）当今世界新军事变革迅猛发展

发端于 20 世纪六七十年代的世界新军事变革，到 20 世纪 90 年代，逐渐发展为席卷世界各国的军事变革浪潮，世界军事现代化进入新的发展阶段。

1. 世界新军事变革的起因。冷战的终结为世界新军事变革的开展提供了极好的时机。冷战结束后，相对稳定的国际环境，有利于经济的快速发展，从而为军事变革造就良好的社会环境和物质条件。而相对稳定的社会环境必然促使科学技术的飞速发展，从而为军事领域变革性发展准备充分的技术基础。相对稳定的和平发展时期，也极大地减少了军事变革的风险。

以现代信息技术为中心的现代高技术群的发展，为世界新军事变革提供了强大的技术支撑。现代信息技术，是为实现获取、交换、处理、运用信息等功能的所有技术的总称。它是以电子技术、特别是微电子技术为基础，集计算机技术、通信技术和控制技术为一体的总体综合技术。信息技术以它自己独特的魅力，渗透地球的各个角落和社会的各个行业，是战争制胜的首要因素。它改变了作战的样式，使传统的"火力摧毁"被"信息＋火力"的战法所取代；它提高了作战的层次，使传统的各作战单元的军事对抗变成了由信息网络连接在一起的高度整体化的系统对抗，战争的胜负不在于消灭对方的有生力量，而在于对信息的有效掌握和控制；它极大地扩大了作战的空间，信息技术使地理距离失去了传统的意义，只要是信息能够达到的地方，都有可能成为信息化战争的场所；它改变了军队的结构和组织体系，信息化使军队结构趋于一体化，传统的军兵种之间的界限日益模糊。此外，20 世纪90 年代以来，新材料技术、新能源技术、生物技术、航天技术、海洋技术也都有了长足的发展。高技术群的发展，预示着战争形态将发生根本性变革，只有通过新的军事变革，才能使各国迎接挑战，保护国家安全。

高技术局部战争的发生，直接推动了世界新军事变革的开展。20 世纪90 年代发生的海湾战争和科索沃战争，是高技术局部战争的集大成者。以信息技术为基础的现代高技术战争，作战手段、作战方式、战争形态发生前所未有的变化，使机械化时代的飞机舰艇等作战平台和战法显露无所适从的窘态。海湾战争，是人类历史上第一次有空间信息装备参战的高技术局部战争，表现出航天技术、电子战和远程精确打击的重要性。在这次高技术局部战争中，以美国为首的多国部队动用 60 颗军用和民用卫星，利用部署在空间高远位置上的卫星系统获取情报，进行通信与指挥。科索沃战争，是继海湾战争之后发生的又一场大规模高技术局部战争，在这场战争中，以美国为首的北约重点打击南斯拉夫联盟共和国的防空系统、空军基地、指挥控制中心和通信中心，以夺取制空权，削弱整个南联盟的军事指挥系统，北约几乎以"零死亡"取得了这场战争的绝对军事胜利。高技术局部战争的爆发及其结局，对第二次世界大战后形成的战争观念和军队建设模式产生强烈震撼，促使全球掀起研究未来信息化战争的热潮。高技术局部战争的结局宣告，不掌握高技术，就丧失战略主动权，就被动挨打，受制于人，军事上失利，经济上受损。

2. 各国竞相进行新军事变革。人们记忆犹新的是在海湾战争中，美国以及俄、美、英等国展示的最先进武器，改变了人们传统的关于战争的概念，由此引起了人们对现代战争的重新思索和对国防观念的重新审视。美国率先掀起新军事变革的浪潮，英国、俄罗斯、中国等相继跟进，从而在世纪之交形成了新一轮的军备竞赛。

在世界新军事变革的浪潮中，苏联最先提出新军事变革的概念，但解体前的苏联由于种种原因并没有展开这一雄心勃勃的计划。俄罗斯及其军界领导人重新重视军事变革，在理论上继续探索，但实际进展缓慢曲折。1992年，俄罗斯成立国防部，宣布建立俄罗斯武装力量，接收了苏联军队 75%的部队，50% 的军事技术装备、约 80% 的战略核力量、70% 的军事工业。

以此为契机，俄罗斯开始全面实施军事改革。俄罗斯军事改革先后历经 3 任总统、5 任国防部长和 4 次军事战略调整。在 20 世纪 90 年代，是俄罗斯军事变革的调整阶段。从初期的纯"防御"战略到 1993 年的"攻防结合"的战略，以及 1999 年后的"现实遏制"战略，俄罗斯军队完成了精简、改组、优化、调整等改革，为军事现代化打下了基础。2000 年以来，俄罗斯军事变革深入发展，普京担任总统后，全力加强军队建设，在以"核遏制为依托的战略机动性"军事战略指导下，军事改革涵盖国防领导体制、军队规模、军区区划、军兵种结构、兵役制度、部队教育体制、联勤保障体系、动员体制、社会保障体系、国防工业等诸多领域，是一次名副其实的军事建设综合工程。2003 年 10 月至今，俄罗斯武装力量信息化建设全面展开。根据《俄罗斯军队现代化方针》，确立打赢两场"非对称"反恐战争或高技术局部战争的作战思想，调整了编制体制，增设特种兵用于担负以反恐为主的空、地、海特种作战任务，全面调整海、空、陆军组成结构，以适应信息化战争要求，压缩部队员额，加快部队职业化改革步伐，完成主要作战部队的合同制转型工作，提升武器装备整体作战性能与现代化程度，全面提升武装力量信息化作战能力。

　　20 世纪 90 年代，随着冷战的结束，世界多极化进程加快，美国的超级大国地位受到冲击，美国为了维护其国际霸主地位，依靠自己世界头号军事强国的实力，以及在经济和科技方面拥有的优势，全面启动新军事变革。与以往由技术革新引起军事变革的思路不同，90 年代的军事变革是从国家安全战略理论的创新开始的。1993 年，克林顿政府在《美国国家安全战略报告》中，确立以"参与和扩展"作为国家安全战略。1997 年，克林顿连任总统，虽然对该战略做了修改，但基本内容未改变。小布什当选美国总统后，2002 年提交国会的《美国国家安全战略报告》把"先发制人"正式纳入美国 21 世纪国家安全战略之中。不论是"参与和扩展"战略还是"先发制人"战略，虽然内容有所不同，但维护美国的霸权地位、在全世界推广美国的自由、民主和价值观始终是美国军事变革的中心内容。在这些战略指导下，美国的战争理论、作战理论、军队建设理论都有所创新，武器装备信息化建设也全面展开，主要表现在：新式武器装备不断研制出来并投入使用，主要有"三叉戟"－2（D5）导弹、高功率微波武器、饱和式干扰武器、化学激光武器、全球定位系统、"科曼奇"RAH–66武装直升机、新一代无人直升机、海军攻击型核潜艇、用于单兵数字化装备的"陆地勇士"系统等等。为了加速推进武器信息化建设，美军还非常重视对原有装备进行信息化改造，例如，2006年8月美国空军开始对B–52H战略轰炸机进行升级改造，以使其具备"网络中心战"能力。2007年8月，美国空军为刚装备部队的F–22H、F–35战斗机加装"有源相控阵雷达"，这种雷达经改进后，能以很高的数据传输率发送和接收信息，使新一代战机不仅能够收集情报和目标数据，还可迅速地在战场上进行数据传送。此外，美军还十分重视不同武器系统之间的信息流动和共享，美军提出以信息管理为基础的综合C4I系统的概念，进行一体化建设，要实现互联、互通、互操作、资源共享的网络体系结构。除了军事武器方面的大幅度改革和更新外，美军还进行了军事训练、军事组织体制方面的全面改革以使其适应信息化时代战争的需要。为了支持军事现代化建设，美国军费开支连年增加，仅在2000—2007年之间就翻了一番，从2000年的不足3000亿美元到2007年的6261亿美元。2009年，美国的军费开支更是接近7000亿美元，占全世界军费开支的40%以上。可以说，世界新一轮军备竞赛与美国的新军事变革有着极为直接的关系。

在世界各大国纷纷调整军事战略的同时，中国也敏锐地认识到了军事变革的重要性，加快了军事现代化的步伐。首先，确立了新时期的军事战略方针。1993年1月，中央军委在坚持"积极防御"理论的基础上，确立了新时期的军事战略方针："以毛泽东军事思想、邓小平同志关于新时期军队建设的思想为指导，服从和服务于国家发展战略，立足打赢一场可能发生的现代技术特别是高技术条件下的局部战争，加速我军质量建设，努力提高我军应急作战能力，扬长避短，灵活应变，遏制战争，赢得战争，保卫国家领土主权和海洋权益，维护祖国统一和社会稳定，为改革开放和现代化建设提供强有力的安全保证。"[①] 这一新军事战略方针的实质是，由准备应付工业时代的战争向准备应付信息时代的战争转变，是人民解放军现代化建设由机械化向信息化迈进的开端。新军事战略方针，站在当代世界军事变革的制高

---

① 江泽民：《国际形势和军事战略方针》，《江泽民文选》第1卷，人民出版社2006年版，第290页。

点，反映当代世界军事变革的趋势和信息化条件下军队建设的规律，具有鲜明的时代特征。此后，又先后提出了"两个根本性转变"的战略决策、"三步走"的发展战略思路、"与邻为善、共同发展"的军事战略思维观。党的十八大再次强调，"国防和军队现代化建设，必须以毛泽东军事思想、邓小平新时期军队建设思想、江泽民国防和军队建设思想、党关于新形势下国防和军队建设思想为指导。要适应国家发展战略和安全战略新要求，着眼全面履行新世纪新阶段军队历史使命，贯彻新时期积极防御军事战略方针，与时俱进加强军队战略指导，高度关注海洋、太空、网络空间安全，积极运筹和平时期军事力量运用，不断拓展和深化军事斗争准备，提高以打赢信息化条件下局部战争能力为核心的完成多样化军事任务能力。"[1] 这些战略策略方针的确立，为中国国防和军队现代化建设指明了正确的发展思路。其次，研制开发了一系列新式武器装备。至 1998 年，中国的武器装备研制和生产取得阶段性成果。有些项目已经进入世界先进行列。航天技术已经从试验阶段全面进入应用阶段，卫星及运载火箭研制、生产、发射、测控形成体系，返回式卫星技术及发射测控水平居于世界前列。核技术和导弹技术取得重要突破，巩固了中国的国际地位。激光领域的技术研究和应用研究在创新中不断发展，军用电子装备全面走上自主研制的新阶段。电子信息装备向数字化、综合化、一体化方向发展，防空警戒装备整体水平有较大提高。战略导弹部队武器装备初步形成固体与液体并存，核导弹与常规导弹兼有，近程、中程、远程和洲际导弹齐备的武器系列。海军武器装备初步形成海上机动作战、基地防御作战的装备体系，海上机动编队开始具备立体反潜和超视距反舰能力。空军武器装备基本形成歼击机、对地攻击飞机、运输机和多种支援保障飞机相配套的装备体系，构成了高中低空、远中近程相结合的防空火力配系和与国土防空相适应的对空情报网。陆军武器装备在装甲突击、火力压制、野战防空、机动作战及支援保障等方面，都取得长足进步，基本形成比较配套的装备体系。[2] 至本世纪初，我国武器装备又取得长足发展，先后完成航天、激光等高技术领域的 1500 多项研究课题，在 100 多项重大关键技

---

① 胡锦涛：《坚定不移沿着中国特色社会主义道路前进　为全面建成小康社会而奋斗——在中国共产党第十八次全国代表大会上的报告》，人民出版社 2012 年版，第 42 页。

② 刘志青：《20 世纪 90 年代的中国军事变革》，《当代中国史研究》2007 年第 4 期。

术上获得突破。大批新型武器装备完成研制并交付部队，使人民解放军的精确打击、机动突击、远程压制、防空反导、夜战等能力得到了极大的提升。再次，中国还十分重视军队高技术人才的培养。人才是建军之本，是战争制胜的关键因素，在未来信息化战场上，敌对双方的较量将更加突出地表现为高素质人才的较量。无论武器装备如何发展，都不能改变人是战争胜负的决定因素这一法则。因此，在新军事变革中，对人民解放军的人才培养提出了更高的要求。国家先后出台了《关于抓紧培养教育青年干部的决定》、《1995—2000 年军队研究生教育改革和发展规划》、《关于建立依托普通高等教育培养军队干部的决定》、《高层次人才强军计划》、《实施军队人才战略工程规划》、《中国人民解放军专业技术人才奖励规定》、《关于加强士官人才队伍建设的意见》等一系列强军计划，军队的人才素质得到大幅度提升。此外，为适应现代战争的需要，中国还进行了军队体制编制的调整，从 20 世纪 80 年代到 2003 年，先后裁军 170 万，并调整了一些军种部队编组，其目的就是要把各作战要素紧密结合起来，充分发挥诸军兵种联合作战效能和国家战争潜力，具备遂行信息化战争的整体能力。

英、法、德、日等发达国家都追随美国进行了新军事变革，作为发展中国家的印度，虽然经济、科学技术还不十分发达，但也有选择地进行了军事变革并已初见成效。至今，世界新军事变革兴起已近 20 年，正在向深度和广度发展。正如全球化如水银泻地不可遏制一样，世界各国军事的现代化也正如一匹脱缰的野马，它究竟会把人类带入天堂，还是送进地狱，只有等待历史评说。

（二）两种制度国家间军事交流日益频繁

对外军事交流与合作，是一个国家对外工作的重要组成部分，是国防和军队建设的重要内容，也是全球化时代军队现代化建设的迫切需要，更是应对日益增多的全球性问题的迫切要求。

1. 中国对外军事交流与合作空前活跃。20 世纪 90 年代以来，随着两极格局的解体，两种制度国家的军事关系日益缓和，各国的对外军事交流与合作空前频繁与活跃，交往方式呈现多层次、宽领域、全方位的新特点。其中，中国作为最大的社会主义国家，对外军事交流与合作更是极为活跃，并且从过去的主要是同社会主义国家和第三世界国家的交往，发展为与大国、周边和发展中国家的全方位交流；由防务部门和军队领导人之间的友好交往为主，发展为高层互访、专业技术交流、维和救援、国际军控、公共外交等的宽领域、多层次交往；由双边交往为主，发展为多边交往并重。具体表现为：

其一，对外军事关系全面拓展。1978 年前，中国军队每年出访团组仅一二十批，来访团组三四十批，在华设有武官处的国家只有 20 来个。改革开放后，中国军队对外交往日益增多。至 2009 年，中国已经与 150 多个国家开展军事交往，在 109 个国家设立武官处，有 98 个国家在中国设立武官处，每年中国军队出访团组达到 150 个，接待来访团 200 多个，与大国之间的军事关系稳定发展，周边安全互信不断增强，与发展中国家的军事交流与合作更加深入。

其二，务实军事合作不断加深。一是加强了军事技术合作，中国同俄罗斯等国建立和完善了军事技术合作机制，通过机制交流和对话，推动了军事技术合作的深入发展。二是加强了专业领域的交流，通过开展与外军院校之间的校际交流，安排专家学者出席国际军事学术会议，组织中青年军官到外国参观学习，开阔了视野，增长了见识，借鉴了外军的成功经验。三是加大人才培养力度，配合人才战略工程，加大外派军事留学生力度，改善了中国军队干部结构，提高了现代化指挥与管理水平，军事理论研究、军事体育文化等方面的交流与合作也逐步展开。

其三，国际安全合作成果丰硕。一是联合军事演习影响深远。2002 年，中国军队首次与吉尔吉斯斯坦军队举行联合实兵演习，此后，在上海合作组织框架内，于 2003 年首次参加多边联合反恐演习；2005 年首次与外军举行战略性的联合战役演习；2007 年首次在异国举行多军种、成建制、较大规模的联合军事演习。此外，中国还同一些国家举行了陆上反恐联合训练和海上联合搜救演习。截至 2008 年 12 月，中国共与 21 个国家的军队举行了 25 次联合演习和 4 次陆上联合训练，提高了共同应对非传统安全威胁的能力。二是多边安全合作蓬勃发展。上海合作组织的成立，成功开创了不结盟、不对抗、不针对第三国的新型区域安全合作模式，有效遏制了"三股势力"的跨国犯罪活动，促进了地区安全。中国还积极参加东盟地区论坛框架下的安全政策对话，2003 年倡议发起的"东盟地区论坛"已经成为国防官员参与级别最高的对话机制。

其四，国际维和救援增多。一是积极参加联合国维和行动。自 1999 年第一次向联合国维和行动派遣军事观察员以后，中国先后参加了联合国 18 项维和行动，至 2008 年，累计派出维和官兵 11063 人。2009 年，中国共有 1949 名官兵在联合国的 9 个维和任务区执行任务，成为安理会常任理事国中派出维和官兵最多的国家之一，有力地促进了联合国维和事业。二是积极参加了国际救援行动。中国先后在印度尼西亚海啸、美国卡特里那飓风、南亚地震等 16 次重大自然灾害中，担负向受灾国提供紧急救援的任务。

其五，军队对外形象更加开放自信。随着中国改革开放不断深入，中国军队官兵与各国军队和人民的接触更加频繁，对外形象展示更加开放透明、成熟自信，树立了良好的国家形象。一是主动邀请外国军事人员观摩军事演习，参观开放部队和院校，举办国际学员周等活动，积极向国际社会展示中国军队和平合作的积极态度，二是建立国防部队新闻发言人制度，积极回应舆论关切，通过新闻发布会、发布书面文告、答复外媒问询、接受外国媒体采访等活动，为营造良好的舆论环境做出了积极贡献。

2. 其他社会主义国家的对外军事交往日益加强。中国的对外军事交往是不同制度国家军事交流与合作的一个缩影，除此之外，朝鲜、越南、古巴等社会主义国家也或多或少地加强了与不同制度国家的军事交流与合作。

随着经济全球化的发展，朝鲜或被动或主动地参与了与不同制度国家的军事交流与合作。这主要体现在朝鲜核问题的解决上。朝鲜核问题始于 20 世纪 90 年代初。当时，美国根据卫星资料怀疑朝鲜开发核武器，扬言要对朝鲜的核设施实行检查。朝鲜则宣布无意也无力开发核武器，同时指责美国在韩国部署核武器威胁它的安全。第一次朝鲜半岛核危机由此爆发。朝核问题自 2002 年 10 月再次凸显。为了朝核问题的和平解决，中国政府曾多方进行斡旋，最终促成朝鲜、美国、中国、韩国、俄罗斯、日本六国同意就政治解决朝核问题举行会谈，这就是关于朝核问题的六方会谈。在中国及有关各方的努力下，从 2003 年 8 月开始至今，六方会谈已进行到第六轮。2009 年 4 月 14 日，朝鲜外务省在平壤发表声明，宣布退出朝核问题六方会谈，并将按原状恢复已去功能化的核设施。7 月 27 日，朝鲜外务省发言人在平壤发表讲话，重申朝鲜将不参加朝核问题六方会谈，并认为还有其他对话方式可以解决问题。但他没有说明有何种对话方式。在退出两年后，2011 年 2

月 21 日，朝鲜军部提议朝美对话，并指出，如不对话可能引起核武惨祸。
2011 年 3 月 15 日，朝鲜外务省发言人表示，朝鲜将无条件参加朝核问题六
方会谈，且不反对在六方会谈中讨论铀浓缩问题。种种迹象表明，尽管朝鲜
对外军事交流的范围和程度十分有限，其对外交往或合作的行为有很大的被
动性，但毕竟是一个新的起点。

越南近年来也大大加强了同日本、印度、美国等国家的军事交流与合
作。根据越南国防部网站 2010 年 11 月发布的信息，越南国防部长冯光清接
见日本驻越南新任大使谷崎安明时，双方对国防合作问题进行了广泛讨论。
冯光清说，日本最近向越南提供多方面的支持与协助，已经为促进越南经济
发展做出重大贡献。在双方关系日益深化的背景下，国防关系也有了新发
展，越南希望继续强化两国之间的国防合作交流。冯光清高度评价两国之间
的海上军事合作潜能，建议与日方交换有关建设海军力量的经验。谷崎安明
则表示，未来日本将与越南进行各级军官互访、军事经验交流，同时协助越
南培训军官，增强双方海上国防合作。[①] 越南还积极与印度交好，以共同对
抗中国向南海扩张并显示自己的军事实力。越南近 10 年来一直在接受印度
援助，加强其海军和空军能力，以抵制中国在南海取得霸权地位。尽管越印
防御合作目前还远远没有达成，这些举措却强调了一个事实：中国的周边地
区安全形势正变得日益复杂。越南军方与美国的军事交流与合作近年来更是
频繁有加。自 1995 年越南与美国恢复外交关系以来，越美双方怀着各自的
目的，加强了彼此间的合作，对越南来说，加强和扩大在南海问题上的主动
权和发言权，扩展自己的海上领域，是其军事外交的主要目的，而对美国来
说，加强南太平洋地区的军事控制，巩固自己在南海的霸主地位，一直是美
国对南海问题特别关注的主要原因。于是，双方一拍即合。越南与美国在南
海地区多次进行了联合军事演习和海上搜救演练，美国航空母舰乔治·华盛
顿号于 2010 年拜访越南，并邀请越南高级军官上舰参观，越美军队双方的
文化交流与高层互访也日益增多。

近年来，古巴与外界的军事交流与合作也日益增多。古巴的多数军事装

---

① 朱盈库：《日本将与越南加强军事合作，帮其培训军官》，《环球时报》2010 年 11 月 29 日，引
自环球网：http://news.hsw.cn/system/2010/11/29/050698229.shtml。

备是俄罗斯的技术，包括坦克和米格飞机，尽管在苏联解体以后哈瓦那和莫斯科在政治上破裂，但是两军的交流和接触从来没有中断，谨慎而经常接触一直延续。苏联解体之初，俄罗斯一度冷淡了与古巴的军事交往，包括从古巴军事基地撤出军事人员等。进入 21 世纪以来，双方的军事交流又增多起来。莫斯科并不隐瞒它在与美国关系紧张的时候恢复与古巴的关系的兴趣。古巴也被加强与俄罗斯的关系所吸引，包括经济关系和军事关系。

总之，交流与合作，是当今世界各国军事交往的大趋势。但是，交流并不意味着没有摩擦，合作也并非没有竞争。实际上，交流与合作的背后，通过竞争和斗争维护本国的安全，才是各国军事交流与合作的实质。

（三）两种制度国家间军事较量趋向复杂

在全球化背景下，不同制度国家之间在加强军事交流与合作的同时，军事方面的明争暗斗也不断增强。这是因为，一方面，地球资源的有限性和国家发展的无限性决定了国家间关系存在着天然的竞争性，"零和博弈"法则依然在国际关系领域盛行。另一方面，国家之间的安全困境一直存在，即一国为了提高自己的安全系数便努力提高军备水平，从而增强别的国家的不安全感，而意识形态、宗教、民族、领土等方面的分歧、对抗与争端则是这种竞争性的催化剂。

尤其值得注意的是，"冷战"虽然结束了，但"冷战"思维依然存在，尤其是中美之间，除了战略竞争关系外，还存在着意识形态上的对抗性，美国一直对中国坚持走中国特色社会主义道路和共产党的领导地位耿耿于怀，并将这样的中国作为"推进民主"的重要对象。在美国看来，民主国家更倾向于接受美国的价值观和美国作为领导地位的事实，不易对美国产生敌意并威胁美国的安全，而共产主义是美国的天敌，正如布热津斯基所说"共产主义已经成了民主的反义词"[①]。意识形态上的对立性还促使美国的一些战略家们更倾向于将中国作为战略对手而不是伙伴。在美国的影响下，日本这个原本不太重视国家之间意识形态差异的国家，也开始强调意识形态因素。2006 年 9 月 29 日当时的日本首相安倍在给韩国总统卢武铉的电话中

---

① ［美］兹·布热津斯基著：《大失败——二十世纪共产主义的兴亡》，军事科学院外国军事研究部译，军事科学出版社 1989 年版，第 8 页。

称："日韩都把自由、民主、人权、法治等共同价值观视为基础。"也就是说，中国与韩国相比，日本更信赖韩国，因为它是所谓的"民主国家"。可见，意识形态因素在国家关系中仍然占有重要地位。正是基于以上原因，不同制度国家之间的军事较量有增无减，呈现范围日趋扩大，竞争日益激烈的趋势。

首先，两种制度国家竞相通过军事变革，抢占国家安全制高点。经济全球化加剧了发达国家与发展中国家的贫富差距，发达国家以强大的经济实力为后盾，积极开展新军事变革，通过改革，已经呈现出武器装备智能化、指挥控制自动化、作战样式体系化的特点。美国的军事变革再次提速，以确保长期的绝对优势；伊拉克战争使俄罗斯受到很大震动，从而加速了新军事变革的步伐；日本借助美日军事同盟，尽量不事张扬地加快推进"信息军事革命"；印度决心依托自己发达的信息业，加紧购进或研制新型武器装备，力争成为世界军事大国。此外，英、法、德、以、欧盟、巴西也在加速推进新军事变革。中国出于长远战略考虑，综合地发展武器装备，力争缩短与军事发达国家的差距。中国通过近 20 年的新军事变革，已经在信息化平台、信息化弹药、军事信息系统等方面有显著提高，大批新型武器装备完成研制并交付部队，使人民解放军的精确打击、机动突击、远程压制、防空反导、夜战等能力得到很大提升。

其次，两种制度国家军事较量的领域范围不断扩大。过去，国家之间的军事竞争主要集中在传统的陆战、空战领域；而现在，除了这些传统领域的争夺以外，各国在远洋作战、太空和对极地的争夺方面竞争更加激烈。在海洋争夺上，各国都充分意识到了海洋国土的重要性，发展海军成为拓展海洋利益的重要棋子，未来海军将从目前主要应对海上单一平面威胁，扩展到以应对陆、海、空、天、电（磁）多维立体威胁，从海上独立单个作战，扩展为以编队为主，整体作战效能将大幅度提升。在空中作战领域，未来各国的空中力量建设仍是重点，武器装备将嵌入更多信息化内核，但太空争夺已经成为新的竞争热点。在这方面，美国、俄罗斯早在 20 世纪六七十年代就已经开始了太空技术的研制和实施，而作为社会主义国家的中国的加入，更被舆论认为是加剧了太空领域的争夺。2003 年 10 月 5 日中国成功发射了"神舟 5 号"飞船，成为继美国和俄罗斯之后第三个具有独立载人航天技术的国家，2012 年 6 月 29 日，"神舟 9 号"载人飞船在实现了与"天宫 1 号"的成功对接与分离后已经成功返回地面。中国太空技术的发展，引起了国际社会的强烈关注，美国的反应尤其强烈。一时之间，"中美太空冲突论"观点颇为流行。姑且不论各国发展太空技术到底是和平利用或是军事目的，各国在太空领域的较量与争夺已经是不争的事实。另外，各国对极地的争夺也日趋激烈。随着全球气候变暖，极地冰雪融化加速，使相关国家深入勘探、开发极地以及商业运营极地附近的航道和海底资源成为可能，在巨大的利益面前，多国军事触角纷纷伸向南极和北极。各国竞相在南北极进行勘探、研究，以宣示对部分区域拥有主权和经济专属权。最近几年各国在北极地区的军事争夺更加引人瞩目。俄罗斯于 2009 年发表"北极战略规划"宣布将于 2020 年组建一支北极部队，以确保北极在"复杂政治、军事环境下的安全"。加拿大陆军司令部于 2009 年 3 月宣布，计划在近年内建成一支主要在北极地区执行军事任务的庞大的陆军兵团，此前，加拿大已经在北极地区进行军演，向外界宣示主权。美国在北极地区的活动也从未中断过，据美国《海军时报》报道，2009 年 3 月底，美国海军在北极举行为期 14 天的代号为"冰—2009"的演习，主要演练冰下反潜作战的战法，以及搜集情报，并探索北冰洋的潜在航道。我国也十分重视极地考察工作，目前，我国已经在南极地区建立了中山、长城、黄河、昆仑 4 个考察站，至 2010 年 3 月已经进行了 26 次科学考察活动，我国在北极地区的考察活动相对滞后，但从 20 世纪 50 年代开始就已经有科学家参与了一些国家的考察活动，1999 年我国开始独立组织科考队对北极进行科学考察，至 2010 年 8 月已经进行了 4 次。

　　总之，在当今世界，全球化已经成为维系国家间关系的强大纽带。在全球化时代，各国之间的相互依赖性增强，共同利益增多，一荣俱荣、一损俱损的时代特点决定了不同制度国家之间爆发大战的可能性越来越小，但国家利益和意识形态的分歧并没有消失，交流与合作掩盖不了竞争与较量的事实，为了维护本国利益而进行的军事斗争、摩擦将时有发生，对此，我们应该有清醒的认识。

六、全球性问题凸显：两种制度国家合作与纷争加深

全球化是一把"双刃剑"，它在给各国人民提供便利的同时也带来了很多负面影响，产生了很多人类历史上从未有过的全球性问题，如跨国犯罪、金融危机、国际恐怖主义、环境污染、走私贩毒、艾滋病的蔓延、核武器的扩散、全球温室效应等。这些全球性问题涉及全人类的长远利益和未来命运，是整个地球生存和世界可持续发展所不容忽视的重要问题。而这些全球性问题又不是凭某一个国家的力量所能解决的，应对和解决这些全球性问题的唯一途径只能是各国在全球范围内开展最广泛的协商和合作。由此，全球问题、全球意识与全球行动便应运而生，为应对和解决人类共同面对的问题，全球治理提上了各国议事日程，不同制度国家在多边外交舞台上的沟通与合作、矛盾与摩擦不断加深。

（一）全球化时代全球性问题凸显

20 世纪 70 年代初，罗马俱乐部的研究报告向世人昭示，人口问题、粮食问题、资源、能源与环境问题将是困扰人类未来发展的主要问题。进入 20 世纪 90 年代以来，随着经济全球化的加速发展，世界各国面临的共同问题日益增多，人口问题、粮食问题、资源、能源与环境问题、毒品问题、恐怖主义问题、气候问题、病毒传播等等对全球各地的人们都形成了一定的威胁。全球性问题的增多凸显全球治理的重要。

其一，人口爆炸造成的严重人口问题是当今世界最大的全球性问题。首先，全球人口持续激增对生态环境构成严重威胁。人类利用各种自然资源进行生产，以维持自身的生存和发展。随着人口的不断增长和生产活动的持续扩大，全球对各种资源的消费激增，淡水、耕地、石油、森林等日益紧缺，在有限的时间内，人类将把这些资源消耗殆尽。其次，发展中国家人口爆炸，导致贫困人口激增，南北经济鸿沟进一步扩大。发展中国家由于人口出生率高，占世界人口的比例正日益扩大。1950 年占 60%，1975 年占 72%，1979 年占 74.5%，1990 年已占近 80%，1995 年占 79.6%，预计到 2050 年

将上升到87.6%。① 再者，人口老龄化问题正日益困扰着世界各国。目前，多数发达国家已经进入老龄化社会，而发展中国家的老龄化问题也日益严重，老龄化将对世界各国的经济产生种种影响。

其二，粮食问题依然是困扰世界各国尤其是发展中国家的严峻问题。世界粮食供求关系严重失衡，多数发达国家粮食过剩，而相当一部分发展中国家却时时为粮食问题所困扰。发展中国家由于人口激增导致对粮食需求的急剧增长，而粮食产量增长的速度却低于人口增长，于是，发展中国家粮食进口就成为一种刚性需求。而一些别有用心的发达国家却趁机提高粮食价格或附加其他危害发展中国家利益的条件。

其三，资源、能源与环境问题日益突出。资源作为一个全球问题，与人口、环境、经济、社会问题紧密地联系在一起，并构成当代全球问题的基础。人口增长的压力使人类不断向大自然索取资源，自然资源迅速耗尽，人类淡水资源严重不足，动物物种面临灭绝，森林资源严重破坏，土地荒漠化日益加剧，生态环境日益破坏，气候变化异常，各类自然灾害增多。人类面临的已经是一个不堪重负的地球。

其四，非法毒品交易问题有增无减。"冷战"后，遍及世界的非法毒品交易日趋活跃，成为世界的一大公害。欧美国家的毒品消费一直是世界毒品消费的主要群体，值得注意的是，发展中国家有越来越多的消费者加入了毒品消费大军。毒品需求的持续增加极大地刺激了非法毒品的生产与走私。当今世界，毒品的生产主要集中在亚洲和美洲。"金三角"、"金新月"、"银三角"是世界三大毒品产地。冷战后，俄罗斯和一些中亚国家也成了世人关注的新兴非法毒品产地。毒品的暴利驱动是毒品交易的主要诱因，其交易额仅次于世界军火交易。为了保证毒品的"安全"走私交易，毒品犯罪集团的组织化、现代化和国际化的水平日益提高。毒品的走私及其犯罪成为世界上最严重的社会问题之一。在美国，约50%的谋杀案与毒品有关，澳大利亚在押犯中有80%涉及毒品，而在经济发展蒸蒸日上的墨西哥，毒贩们却掌握着国家30%的领土、超过10万人的步兵队伍。② 毒品肆虐已经严重危

---

① 王慧媞、韩玉贵主编：《当代世界政治经济概论》，山东大学出版社2001年版，第144页。

② 于海洋：《现代化"撕裂"墨西哥》，《中国经济周刊》2010年11月8日第43期，第23页。

害了国际社会的安定和正常的经济政治秩序。

　　进入 21 世纪以来，一些困扰人类发展的全球性问题依然存在，与此同时，一些新的问题也与全球化如影随形，对人类发展形成新的挑战。主要表现是：

　　其一，恐怖主义危害上升。恐怖主义是以非正常的暴力手段或以暴力相威胁，造成恐怖效果，以达到某种政治或社会要求的行为。进入新世纪，霸权主义愈演愈烈，民族、宗教矛盾有增无减，贫富差距日益扩大，腐败治理难如人意。种种矛盾的存在使恐怖主义有加剧之势。以 2001 年美国"9·11"事件为标志，全球恐怖袭击日益增多，劫持飞机、自杀性爆炸、劫持人质、黑客攻击等恐怖袭击手段层出不穷。人类在治理恐怖袭击上的投入越来越多，国际合作日益频繁，但往往效果却难如人愿。

　　其二，金融危机袭击全球。继 20 世纪末东南亚金融危机之后，2008 年从美国开始，又爆发了自 20 世纪 70 年代以来影响最为深刻的金融危机。这场危机使美国、欧洲、日本等发达市场经济国家遭到重创，中国等其他发展中国家经济也身受影响。危机发生两年后的今天，尽管各国政府采取了一系列挽救经济的措施，但失业、物价飞涨、经济低迷仍然是困扰各国的重要问题，何时走出困境仍然是一个未知数。以中国为代表的发展中国家虽然近期内复苏势头强劲，但危机对中国带来的破坏性影响却远远没有结束。

　　其三，病毒传播挑战严峻。发达的全球运输和旅游网络使病毒传播速度空前提高，全球经济时时处在病毒的威胁之下。1918 年流感病毒在世界各地传播用了几个月的时间，但今天穿梭世界各地的飞机可以在 24 小时之内把 SARS 病毒带抵世界每一个角落。SARS 事件表明，国际社会对应对病毒传播还没有非常有效的措施和机制，全球公共安全形势不容乐观。

　　其四，气候变化问题更加引人瞩目。根据联合国气候变化政府间会议（IPCC）预测，从 1990—2100 年全球气温将升高 1.4℃—5.8℃，将对生态环境和人类生存产生极大影响。为应对全球气候变暖，1992 年 6 月 150 个国家在巴西里约热内卢举行的联合国环发大会上签署通过了旨在控制全球温室气体排放的《联合国气候变化框架公约》，之后，87 个国家于 1997 年在日本京都召开的《气候框架公约》第三次缔约方大会上通过了为各国的二氧化碳排放量规定标准的《京都议定书》。越来越多的国家加入《气候框架公约》和《京都议定书》的谈判进程，2009 年 12 月 7 日在丹麦哥本哈根召开联合国气候变化大会已是《联合国气候变化框架公约》第 15 次缔约方会议暨《京都议定书》第 5 次缔约方会议。2010 年 12 月初，各国首脑和民间人士又一次聚首墨西哥城市坎昆，共商遏制气候变暖、加强国际合作之大事。各国通过加强全球合作和政府间谈判，旨在全面控制温室气体排放，应对全球气候变暖给人类经济和社会带来的不利影响。但由于各国在利益、责任问题上分歧，要达成高度一致、可操作性强的国际合作仍然举步维艰。

（二）全球治理危机犹存

很显然，"冷战"结束尤其是 21 世纪以来，困扰世界的各种全球性问题越来越多，这些问题的产生与蔓延暴露了人类在全球性问题治理方面存在着严重危机。

首先，冷战的结束并没有结束国家间和地区间的冲突，相反，这些冲突依然在全球范围内广泛存在，在个别地区甚至空前地激烈，成为威胁人类生存、破坏人类和平、践踏人权和人道主义的主要根源。对于日益肆虐的暴力冲突，国际社会不能熟视无睹，而应当采取积极的措施，进行调节和平息，以保护人类和平与安全。

其次，从经济全球化的角度来看，20 世纪 90 年代以来，随着经济全球化的加速发展，人们的经济生活、政治生活和文化生活也在发生着深刻的变化。经济全球化极大地改变了统治和治理的主体、结构、方式、过程和意义，对传统的民族国家、国家主权、政府体制和政治过程提出了严重的挑战，深刻地影响着人类的政治生活，有力地推动着人类的政治发展。全球化的重要特征之一，是民族国家的主权及政府的权力日益削弱，而跨国组织和超国家组织的影响日益增大，随着民族国家传统的政府权威的削弱，全球治理的作用日益增大。因为国际社会和国内社会在全球化时代同样需要公共权威和公共秩序，而传统的国家政府由于各自的国家利益而不可能承担起全球治理的重任，只能通过全球治理来完成。

再次，全球治理机制不完善。治理（governance）不同于统治（government），是 20 世纪 90 年代流行于西方学术界，特别是经济学、政治学和管理学领域的一个新名词。"治理"概念之所以引起学者的广泛关注，主要是因为在许多学者看来，随着全球化时代的来临，人类的政治生活正在发生重大的变革，其中最引人注目的变化之一，便是人类政治过程的重心正在从统治走向治理，从善政走向善治，从政府的统治走向没有政府的治理，从民族国家的政府统治走向全球治理（global governance）。因此，全球治理不仅引起了学者的关注，也为政治家和政治组织所关注。在前社会党国际主席、德国前总理勃兰特的倡议下，瑞典前首相卡而森等 28 位国际知名人士在 1992 年发起成立了"全球治理委员会"（Commission on Global Governance），并且在 1995 年联合国成立 50 周年之际，发表了题为《我们的全球之家》的行动纲领，目前该报告已经被翻译成 15 种语言在世界范围内广泛流传。该委员会在 1999 年再度发表了一份报告，进一步阐述了公民社会和改善世界经济管理对于全球治理的重要意义。2010 年 11 月 3 日，联合国现任秘书长潘基文在访问中国时参加了在中共中央党校举行的以"全球治理与和谐世界"为主题的圆桌会议，强调《联合国宪章》与和谐世界的理念有许多共同之处。这一愿景根植于这样一种认识：即真正的和平依赖于国家之间、社区之间的更深了解、经济和社会发展的实现以及对人权的尊重。① 可以说，加强全球治理虽已成为全球化时代全球有识之士的共识，但人们在全球治理内涵与外延的界定和理解上则是众说纷纭。约瑟夫·S. 奈在其主编的《全球化世界的治理》中把全球治理定义为："指导并限制一个团体集体行动的正式的和非正式的程序和机制"。② 全球治理理论创始人詹姆斯·罗西瑙在其代表作《没有政府统治的治理》和《21 世纪的治理》等文章中明确指出：治理指的是一种由共同的目标支持的活动，这些管理活动的主体未必是政府，也无须依靠国家的强制力来实现。换句话说，与政府统治相比，治理的内涵更加丰富，它既包括政府机制，同时也包括非正式的、非政府的机制。治理理论的另一位代表人物罗茨则认为：治理意味着统治的含义有了变化，意味着一种新的统治过程，意味着有序统治的条件已经不同以往，或以新的方法来统治社会。全球治理委员会则在《我们的全球之家》的研究报

---

① 汪闽燕：《潘基文参加中共中央党校举行以全球治理与和谐世界为主题的圆桌会议》，《法制网》2010 年 11 月 4 日，引自法制网：http：//www. legaldaily. com. cn/international/content/2010 − 11/04/content_2339687. htm? node = 20773.

② ［美］约瑟夫·S. 奈主编：《全球化世界的治理》，王勇等译，世界知识出版社 2003 年版，第 8 页。

告中对全球治理做了如下界定：治理是各种公共的或私人的个人和机构管理
其共同事务的诸多方式的总和。它是相互冲突的或不同的利益得以调和并且
采取联合行动的持续过程。它既包括有权迫使人们服从的正式制度和规则，
也包括各种人们同意或以为符合其利益的非正式的制度安排。它有四个特
征：治理不是一整套规则，也不是一种活动，而是一个过程；治理过程的基
础不是控制，而是协调；治理既涉及公共部门，也包括私人部门；治理不是
一种正式制度，而是持续的互动。根据上述全球治理的有关论述，我们可对
全球治理做如下几方面的理解：一是全球治理的价值即全球治理的目标。二
是全球治理的规制，就是维护国际社会正常的秩序，实现人类普世价值的规
则体系。三是全球治理的主体，指的是制定和实施全球规制的组织机构，约
瑟夫·S. 奈在《全球化世界的治理》一书中把它分成三类，即政府和政府
间组织；私人部门包括私人企业、企业联合体；第三部门包括非政府组织和
非政府组织联合会。四是全球治理的对象或客体，主要是指影响人类生活的
全球性问题。五是全球治理的效果，主要是指对全球治理绩效的评估。

　　从历史发展的角度来看，虽然全球治理概念的流行是近 20 年来的事情，
但全球合作问题则早以伴随着全球化的产生而产生，联合国、国际货币基金
组织、世界银行、关贸总协定等国际组织的成立，就是全球治理合作的重要
载体。但在冷战结束以前，这种合作由于缺少了中国等社会主义国家的参与
而显得不够广泛。虽然进入新世纪以来，参与全球环境治理层面的议程设定
及政策制定的行为体数量和组织种类都有了极大的增长，除了私营、公共以
及公民社会行为体之外，新型行为体也涌现出来，比如跨国行动网络、私营
决策机构、政府机构和公私伙伴关系等，原有的组织也承担了新的角色与责
任。但"多元化行为体的参与的增加并不必然保证有效性，也不保证多元
化的呼声能得到平等的对待。事实上，这经常使得西方发达国家通过强有力
的政府和非政府组织获得了双重的代理。"① 也就是说，当全球治理机制还
远远不能满足现实世界的需要时，一些超级大国便试图取而代之。美国在
"冷战"后的全球治理中便扮演着越来越重要的角色。无论是海湾战争还是

---

① ［英］戴维·赫尔德、安格斯·赫维:《民主、气候变化与全球治理》，谢来辉摘译，《国外理论
动态》2012 年第 2 期，第 66 页。

北约轰炸南联盟，无论是在国际货币基金组织还是在世界贸易组织，美国无时无刻不表现出其试图建立单极世界的梦想。尤其是进入21世纪以后，小布什政府单边主义色彩浓厚：美国反对《京都议定书》有关环境保护的条款导致全球行动放缓；美国鹰派的对外政策更加引发地区动荡；美国不顾国际社会的反对先后于2001年和2003年对阿富汗和伊拉克进行军事打击；美国还不顾俄罗斯的强烈反对力主北约东扩。然而，美国的单边主义受到了来自世界各国的反对。中国、俄罗斯、日本、欧盟以及一些地区性大国共同构筑了多极世界的新局面。要有效解决诸如保护环境、消除贫困、遏制国际恐怖主义、消灭跨国犯罪等人类共同面临的问题，以维护国际社会的正常秩序，就必须建立反映世界各国人民共同利益的全球治理新机制。

可见，在"冷战"结束后的全球化时代，一方面，全球性问题的增多呼唤着重建新的全球政治经济新秩序；另一方面，目前已有的国际性组织、政府间组织和民族国家都不能够凭借现存的力量达到全球治理的目的。在当下的全球性挑战面前，我们"比以往任何时候都更需要高效的、真正有代表性的全球治理。"①

（三）两种制度国家在全球治理中的合作与纷争同时并存

站在人类社会发展的大舞台来看，面对全球性问题，经济和社会制度不应再是国家间进行合作的唯一标准，而及时有效、务实规范的合作应成为国际社会应对时代性挑战的指导思想。但是，由于不同制度国家的利益和价值观互有异同，所处的内外形势也不断变化，以致使其在全球治理方面总是时而突出合作面、时而又增加竞争点，合作与纷争同时加深。

就全球治理的合作层面来看，在第二次世界大战时期两种制度国家的合作就开始了。苏联和美国在二战临近结束时，召开了著名的德黑兰会议、波茨坦会议和雅尔塔会议，会后形成和建立的雅尔塔体制，以及苏联和其他社会主义国家先后倡导成立的对以后的全球治理产生决定性影响的联合国，无疑是两制国家通过建立国际组织，制定共同遵守的国际规范，从而实现全球治理的典范。随着东欧等社会主义国家和中国在1972年加入联合国，社会

---

① ［加］罗黛琳：《全球治理迫切需要发展中国家发挥潜力》，张萌萌译，《国外理论动态》2012年第10期，第11页。

主义国家在联合国的力量进一步发展壮大，两制合作的主体和范围都得到进一步的拓宽。另外，两种制度国家之间还先后签署了《反导条约》、《核不扩散条约》等具有相当约束力的国际规则，对于维护二战后的国际秩序和世界和平起到了不可磨灭的作用。当然，两种制度国家真正在全球治理方面加强合作是在两极格局解体以后开始的。一方面，随着华约、经互会等国际组织的解散以及苏联的解体，使得两制国家之间交往的界限被打破，两种制度国家之间的意识形态界限才逐步淡化；另一方面，随着经济全球化进程的加速发展，全球性问题日益凸显，地球公民强烈呼唤全球治理合作；再一方面，以中国为代表的社会主义国家确立了建设社会主义市场经济体制的目标，国际姿态更加开放。所有这些因素，都促使以中国为代表的社会主义国家更加积极地参与了全球治理合作，尤其是进入 21 世纪以来，两制国家的国际合作日益加强。主要表现在：

其一，两种制度国家政府层面的双边合作日益频繁。一是两种制度国家首脑会议日益增多。在全球治理主体中，国家政府至今始终是全球治理的主体，而代表了国家政府的首脑会晤则属于政治精英的集聚，在全球治理中发挥着越来越重要的作用。中美之间的首脑会晤最早始于 1972 年尼克松访华，从 20 世纪 90 年代中美两国首脑在 1993 年 APEC 会议以后，中美两国的首脑会晤逐渐增多。但真正实现两国领导人的定期会晤机制是在 1997 年，江泽民主席与克林顿总统在举行会晤时，决定建立两国元首定期会晤制度。自此，两国首脑会晤进入机制化阶段，两国首脑之间还建立了热线联系。通过每年在多个场合的多次会晤，两国领导人就共同关心的问题广泛交换意见，对于全球治理起了很大的促进作用。进入新世纪以来，中欧和中日领导人之间的首脑会晤也日益频繁起来。自 1998 年中欧双方确立首脑定期会晤机制以来，中国与欧盟、德国、英国、法国等欧洲国家的首脑会晤也进入空前活跃的时期。中日之间在 1972 年实现关系正常化以后，首脑会晤也日益增多，但由于中日之间的历史原因，中日首脑会晤经常被中断，但总的来说，首脑会晤的成效也是很明显的。二是对话合作机制不断增强。为在多个领域加强交流与沟通，以化解矛盾和增进合作，中美之间建立了多个磋商机制。其中，中美战略对话和中美战略经济对话作为两国交流的重要机制，为促进双边关系发展和全球治理发挥了重要作用。

　　其二，两种制度国家在国际和地区性组织中的合作不断加强。历史上，中国曾将国际组织视为资本主义国家愚弄、操纵世界的工具，对西方国家占主导地位的国际组织存有强烈的不信任感。中国对联合国乃至大部分国际组织表现出来的不屑一顾的拒绝态度既反映了当时中国对外部世界的看法，也是当时东西方尖锐对立的国际关系所使然。直到中国在第三世界发展中国家的支持下恢复了在联合国的合法席位，局面才开始改观。但由于缺乏在国际组织内开展多边外交的经验以及旧思维的惯性作用，中国虽然参与了一些重要政府间国际组织的活动，却常常扮演着旁观者甚至批判者的角色。直到改革开放后，中国采取了全方位的对外战略，从而为参与国际组织的活动开辟了广阔的空间，逐步成为国际组织的积极合作者。冷战结束后，全球化的发展已使国际组织成为解决全球性问题的必要途径，参与国际组织的活动已成为所有国家外交不可拒绝的现实选择。随着中国综合国力的不断增强，中国不再仅仅充当国际组织被动的合作伙伴，而是以更加积极、开放的姿态，跻身于多边外交舞台，对国际规范的制定与修订发挥着具有建设性的影响力，努力塑造一个负责任的大国的国际形象。中国领导人在不同场合反复强调，占世界人口 1/5 的中国人可以为世界的和平与发展做出更大贡献，中国理应在国际事务中发挥更多作用。中国倡导并组织的"上海合作组织"，通过多边机制，与周边利害相关国家进行安全合作。随着中国在诸多国际组织中的作用日益活跃，中国与西方国家在全球治理问题上的合作意识不断增强，合作成果不断增多，在推动联合国维和、推动全球经济和贸易的发展以及金融秩序的稳定，妇女儿童问题、阻止气候变暖、维护地球生态等方面都起了不可替代的作用。例如：中国在金融危机应对上提出合作共赢、共克时艰的理念；在国际金融体系改革上提出增加发展中国家投票权的主张；在打击海盗问题上提出分区护航的建议；在全球气候变化问题上坚持的"共同但有区别的责任"原则；在伊核问题上通过外交解决的倡议；在缅甸问题、朝核问题上采取的积极负责的行动，等等，都赢得了国际社会普遍的认同。金融危机后中美两国已把相互关系提升到全球层次，把相互关系定位为"应对共同挑战的伙伴关系"，中美双方将通过双边和多边机制，协调好核心国家利益，在各种各样全球治理问题上全面合作。

　　其三，两种制度国家非政府组织合作日益活跃。全球政治经济的功能和结构转型改变着国家的作用，并且为非国家角色的发展创造了空间。自20世纪70年代中后期，特别是1989年以来，以非政府组织（NGO）为核心的公民社会在世界范围内获得了快速发展，在以国家、公民社会和市场为核心主体构成的治理体系中发挥着越来越重要的作用。近年来，国际非政府组织在消除贫困、减少温室气体排放、国际救援、反战、防止和救治艾滋病等诸多问题上与政府作用相得益彰，功不可没。尽管这并不意味着它们直接改变了民族国家政策和国际政策的走向，但至少促成了民族国家对特定问题的关注，并且在某种程度上改变了国家闭门决策的传统，影响着政策议程，推进了决策的民主化。更为重要的是，非政府组织的活动增强了更多人对全球公共事务的理解，促进了全球公民意识的生长和全球治理实践的发展。近年来，中国加入了越来越多的国际非政府组织，如：绿色和平组织、国际红十字会组织等非政府组织与国际社会有了越来越多的联系，在全球治理方面的作用日益增强。只是，与西方发达国家相比，中国的非政府组织还不很多，与国际社会风起云涌的全球社会运动相比，中国的非政府组织在全球治理合作方面所发挥的作用还十分有限。

总起来看，在国际社会的共同努力下，当下的全球治理取得了一些令人瞩目的效果。但我们也应当看到，全球治理还面临着许多现实制约因素，尤其是在两制国家之间，全球治理的纷争依然很深：

一是国家利益之争。主权国家、国际组织、全球公民社会各有自己的利益和价值追求，利益之争决定了不同治理主体在很多重大问题上难以达成共识，这是对全球治理最大的内在制约因素。例如，2008年国际金融危机后，为走出危机或转嫁危机，美国频繁挥舞经济制裁的大棒，不断逼迫人民币升值，制造贸易摩擦，这就严重妨碍了中美两国在世界贸易组织、国际货币基金组织等国际组织内的合作，增加了全球通过治理合作走出危机困境的难度。

二是国际地位之争。冷战结束后，随着两极世界格局的解体，各主权国家和一些重要的国际组织，都在通过各种努力，争取在世界政治格局中成为举足轻重的力量。美国作为世界上唯一的超级大国，冷战结束后继续奉行霸权主义和强权政治，奉行单边主义的外交政策，尽管奥巴马政府上台后修改了小布什政府咄咄逼人的外交政策，开始奉行"巧实力"外交，但仍掩盖不了其建立单极世界的图谋；以中国为代表的社会主义国家，随着冷战后综合国力的逐步上升，国际地位也逐步提高，中国提出了为逐步建立公正、合理的国际政治经济新秩序而斗争的口号，中国加入了越来越多的国际组织，争取了越来越多的发言权，力争在国际规则的制定和修改中听到越来越多的中国声音。这种不同声音的存在必然使之在全球治理中短时间内难以达成一致。

三是价值观之争。以美国为首的西方国家，一直以民主国家自居，认为只有自己的制度才是民主、自由和尊重人权的制度，总以宣扬普世价值为名，打着推行自由民主的旗号，到处干涉别国内政。一方面，他们力图把民主、人权等问题当作全球治理的主要对象；另一方面，在全球治理过程中又实行双重标准，把政治、意识形态问题和本来与此无关的全球性问题搅和在一起，极力推行他们的所谓普世价值，这就必然与社会主义国家的核心价值体系发生冲突，例如，美国连续十多次在联合国提出关于中国人权状况的反华议案，美国、欧盟等国至今拒不承认中国是完全市场经济国家等等。两制国家在价值观和意识形态上的差异，也使其在一些国际组织、重要会议中难以达成一致，从而对全球性问题的治理产生一定影响。

四是现有的全球治理机制不合理。现有的全球治理体系和机制既有冷战时期应对全球问题创立的制度因素，也有冷战后出现的非正式治理集团的内部协调机制。特别是"冷战"后新兴大国群体性的崛起以及对全球治理的参与，突破了一直以来全球治理中的西方独角戏，有助于推动全球治理民主化和均衡化发展。但是，在事关全球安全与繁荣的经济危机、气候变化、贸易平衡、减贫与发展以及防止大规模杀伤性武器扩散等问题上，大国依然是全球治理的主体，全球治理体系的演变还将是一个长期过程，不可能一蹴而就。在现有的国际治理体系中，穷国与富国、发达国家与发展中国家、社会主义国家与资本主义国家，不仅经济发展程度和综合实力存在巨大差距，而且在国际政治舞台上的作用也极不相同。西方发达国家仍是现有全球治理国际组织的创始者，它们既是国际规则的制定者，也是这些组织和制度的最大受益者，他们拥有最大的发言权。例如：联合国气候变化大会第十五次缔约方大会"由于发达国家与发展中国家之间分歧严重，大会被迫延长一天，最终达成的协议也不具法律约束力。没有规定发达国家到 2020 年的中期减排目标和到 2050 年的长期减排目标"。① 可以说，到目前为止，发达国家在很大程度上决定着全球治理的进程，全球治理更多地体现着发达国家的意图和价值观。

　　基于以上原因分析可见，两种制度国家在"冷战"结束后尤其是进入 21 世纪以来，在众多全球性问题的治理中尽管合作意识不断增强，双赢局面频繁出现，但摩擦与纷争也几乎无处不在。全球治理在"应然"与"实然"之间存在着巨大的鸿沟，逾越这一鸿沟仍需要不同制度国家、不同发展水平国家以及各种类型的国际组织的共同努力。

---

① 辛本健：《〈哥本哈根协议〉背后的国际政治较量》，《红旗文稿》2010 年第 3 期，第 34 页。

第　六　章

全球化视域下社会主义与资本主义
"两制关系"发展规律总结

　　我们在从静与动、纵与横等角度全方位梳理了社会主义与资本主义"两制关系"的发展进程和运行态势的基础上，可以从宏观、中观和微观三个层面得出如下几方面的规律性认识：一是从宏观角度，包括从两种思想价值体系、社会形态、社会制度的建立与发展趋势来看，"两个必然"与"两个决不会"的内在统一规律，是全球化进程中"两制关系"发展的根本规律；"运行过程"与"最终结果"相统一规律，是"两制关系"发展的必然规律。二是从中观角度，即从两种不同社会制度国家之间的关系来看，"本质对立"与"发展合作"辩证统一规律和"两制并存的自发性"与"两制博弈的自觉性"相统一规律，是全球化时代"两制关系"的特殊规律。三是从微观角度，即从处理"两制关系"的方法策略来看，"必然代替"与"必须利用"的有机统一规律和"时代特点"与"应对策略"相统一规律，是"两制并存"条件下"两制关系"发展的客观规律。

一、"两个必然"与"两个决不会"的内在统一

　　"两个必然"，即马克思恩格斯关于"资产阶级的灭亡和无产阶级的胜利是同样不可避免的"[①] 思想；"两个决不会"是马克思提出的"无论

---

　　① ［德］马克思、恩格斯：《共产党宣言》，《马克思恩格斯选集》第 1 卷，人民出版社 1995 年版，第 284 页。

哪一个社会形态,在它所能容纳的全部生产力发挥出来以前,是决不会灭亡的;而新的更高的生产关系,在它的物质存在条件在旧社会的胎胞里成熟以前,是决不会出现的"① 思想。"两个必然"与"两个决不会"的内在统一,是马克思恩格斯关于"两制关系"的完整思想,也是指导我们认识和处理"两制关系"的核心思想和战略制导,更是"两制关系"发展的根本规律。

(一)"两个必然":人类历史发展的必然趋势

通常说的"两个必然",是对马克思恩格斯 1848 年 2 月在《共产党宣言》中关于"资产阶级的灭亡和无产阶级的胜利是同样不可避免的"论断的简称。这是马克思恩格斯站在世界历史的高度,运用唯物主义的历史观和阶级斗争学说,在分析阐述资产阶级产生、发展进程的基础上,得出的一个思想论断,也是马克思恩格斯关于"两制关系"的首次明确表述。

马克思恩格斯认为,资产阶级是生产方式和交换方式的一系列变革的产物。从中世纪农奴中产生了初期城市的市民,从这个市民等级中发展出最初的资产阶级分子。在工场手工业时期,最初的资产阶级分子发展成为工业的中间等级。到了大机器工业出现以后,工业中的百万富翁就代替了中间等级,而成为现代资产阶级。随着资产阶级经济实力的增强,它的政治力量也不断增长,最终推翻了封建统治,建立了资本主义统治。资产阶级在历史上曾经起过非常革命的作用,但是在它每一个进步作用的后面,都隐藏着深刻的社会矛盾。一方面,随着生产力的发展,社会化大生产和资本主义生产资料私人占有制之间的矛盾日益尖锐,必然导致周期性经济危机的加深和无产阶级同资产阶级矛盾的激化。另一方面,随着资产阶级即资本的发展,无产阶级即现代工人阶级也在同一程度上得到发展。随着大工业的发展,资产阶级赖以生产和占有的基础本身也就从它的脚下被挖掉了。它首先生产的是它自己的掘墓人——无产阶级。于是,马克思恩格斯断言:"资产阶级的灭亡和无产阶级的胜利是同样不可避免的。"②

---

① [德]马克思:《〈政治经济学批判〉序言》,《马克思恩格斯选集》第 2 卷,人民出版社 1995 年版,第 33 页。

② [德]马克思、恩格斯:《共产党宣言》,《马克思恩格斯选集》第 1 卷,人民出版社 1995 年版,第 284 页。

很显然，马克思恩格斯关于"两个必然"思想的阐述，揭示的是人类历史发展的一般规律和社会主义代替资本主义的历史必然性，是我们认识和处理社会主义与资本主义"两制关系"的战略指导。也就是说，在马克思恩格斯看来，资本主义社会形态的灭亡和社会主义社会形态的产生，是不以人的意志为转移的，而是由资本的本质所决定的。马克思指出："从我们目前研究的角度来看，同资本相对立的，除了雇佣劳动和资本自身之外，没有任何其他的东西。"① 这也就是说，资本主义社会的本质是由两对矛盾构成的，即资本与雇佣劳动的对立和资本与资本的对立。而资本内部的两对矛盾是用资本扬弃的方法来解决的。也就是说，"两个必然"的现实基础"并不在于资本主义生产的自然规律所引起的社会对抗的发展程度的高低。问题在于这些规律本身，在于这些以铁的必然性发生作用并且在实现的趋势。"② 19 世纪后半叶，欧洲工人运动的蓬勃发展，特别是 1871 年巴黎公社的成立，无不验证了马克思恩格斯这一思想论断的科学性。当代资本主义的发展变化，特别是当今资本主义全球金融危机的蔓延，在很大程度上亦在验证着这一规律，只不过是其验证的过程更加曲折复杂罢了。

早在《资本论》出版之前，马克思就揭示了资本主义经济危机的复杂机制，指出："危机本身首先是爆发在投机领域中，而后来才波及生产。因此，从表面上看来，似乎爆发危机的原因不是生产过剩，而是无限制的、只不过是生产过剩之征兆的投机，似乎跟着而来的工业解体不是解体前急剧发展的必然结果，而不过是投机领域内发生破产的简单反映。"③ 典型的危机过程体现为实体经济危机——虚拟经济危机——实体经济危机联动的复杂机制。当下这场金融危机，正从投机领域波及生产领域，向实体领域蔓延。对此，有的学者已作出了"全球化正在逆转"④ 的判断。实

---

① ［德］马克思：《政治经济学批判（1857—1858 年草稿）》，《马克思恩格斯全集》第 46 卷（上），人民出版社 1959 年版，第 409 页。

② ［德］马克思：《〈资本论〉第一卷（节选）》，《马克思恩格斯选集》第 2 卷，人民出版社 1995 年版，第 100 页。

③ ［德］马克思、恩格斯：《国际评述（三）》，《马克思恩格斯全集》第 7 卷，人民出版社 1959 年版，第 492 页。

④ ［美］罗杰·阿尔特曼：《退却中的全球化——金融危机的地缘政治后果》，周岳峰译，《国外社会科学文摘》（沪）2009 年 10 月 11 日。

际上，在全球化进程中，资本主义的矛盾和危机不仅没有消除，反而进一步深化了，甚至形成了一个矛盾群，包括"原生矛盾"和"次生矛盾"。①"原生矛盾"是资本主义生产方式所固有的矛盾，是其他一切矛盾产生的总根源。这一矛盾在全球化背景下，则超出了资本主义的地域限制，在全世界范围内相互作用。这一方面表现在资本主义生产力与生产关系之间的矛盾运动逐渐成为带有普遍意义的矛盾运动；另一方面表现在这种矛盾运动在扩散的过程中不可避免地与各个民族国家固有的社会矛盾发生碰撞和冲突，从而使各个民族国家的社会矛盾运动与整个资本主义世界的矛盾运动相互激荡。

也就是说，全球化不仅没有改变资本主义的基本运动规律，资本主义各种矛盾依然存在并在不断积累和加深。全球化加速了资本关系的社会化、国际化，从而把资本关系推向顶点；资本主义生产方式的全球扩张，也将以不可抗拒的力量推动资本主义在全球范围内解体。全球化进程要求一种新的社会形态为自己开辟道路，这在客观上为社会主义的价值理念和价值取向发挥作用创造了条件。

（二）"两个决不会"：人类历史发展的客观进程

"两个决不会"，是马克思继《共产党宣言》发表十年后的 1859 年撰写的《〈政治经济学批判〉序言》中关于社会主义与资本主义两制关系的进一步阐述。马克思指出："社会的物质生产力发展到一定阶段，便同它们一直在其中运动的现存生产关系或财产关系（这只是生产关系的法律用语）发生矛盾。于是这些关系便由生产力的发展形势变成生产力的桎梏。那时社会革命的时代就到来了。随着经济基础的变更，全部庞大的上层建筑也或慢或快地发生变革。"② 在马克思看来，判断这样一个变革时代不能以它的意识为根据；相反，这个意识必须从物质生活的矛盾中，从社会生产力和生产关系之间的现存冲突中去解释。并由此得出了"无论哪一个社会形态，在它所能容纳的全部生产力发挥出来以前，是决不会灭亡的；而新的更高的生产关系，在它的物质存在条件在旧社会的胎胞里成熟以前，是决不会出现

---

① 徐艳玲：《全球化、反全球化思潮与社会主义》，山东人民出版社 2005 年版，第 191 页。

② ［德］马克思：《〈政治经济学批判〉序言》，《马克思恩格斯选集》第 2 卷，人民出版社 1995 年版，第 32—33 页。

的"①，即"两个决不会"的思想论断。

从思想内涵上来看，"两个决不会"是对"两个必然"思想的补充、深化和发展，它蕴含于"两个必然"思想之中，其核心是阐述了社会主义在什么条件下产生的问题。实际上，马克思恩格斯早在阐述空想社会主义产生的历史条件时就曾指出："在无产阶级尚未发展到足以确立为一个阶级，因而无产阶级同资产阶级的斗争尚未带政治性以前，在生产力在资产阶级本身的怀抱里尚未发展到足以使人看到解放无产阶级和建立新社会所必备的物质条件以前，这些理论家不过是一些空想社会主义者。他们为了满足被压迫阶级的需要，想出各种各样的体系并且力求探寻一种革新的科学。"② 马克思强调，社会主义革命的必备条件是社会发展已经达到这样的阶段：既有的生产力同现存的社会制度不能再继续并存。1848 年欧洲革命爆发后，马克思恩格斯积极参加了革命，并为无产阶级参加革命制定了具体的战略策略纲领。他们认为，1848 年的欧洲革命其性质是反封建的资产阶级民主革命，但无产阶级积极参加了这场规模大、持续时间长的革命运动。无产阶级已经开始成为一个独立的政治力量，在革命中发挥了突出作用。强调共产主义者同盟要指导工人阶级积极参加资产阶级民主革命，并把这一革命进行到底，进而为转变为社会主义革命创造条件。因为欧洲的形势已经发展到这样的程度：一旦资产阶级民主革命获得成功，必将成为"无产阶级革命的直接序幕"。然而，由于资产阶级的不彻底性和软弱性，这场革命很快失败了。革命高潮过后，马克思恩格斯在积极做好革命善后工作的同时，认真总结了革命经验，分析了欧洲的政治、经济态势及发展前景，认为引起欧洲革命的社会矛盾并没有解决，阶级斗争将不会停止，新的一轮革命高潮将很快就会到来，并对法国的无产阶级寄予了很高的厚望，认为法国发生任何一次新的无产阶级起义，都必然会引起世界战争。新的法国革命将被迫立刻越出本国范围去夺取欧洲地区，因为只有在这里才能够实现 19 世纪的社会革命。并由此提出了"革命死了，

---

① ［德］马克思：《〈政治经济学批判〉序言》，《马克思恩格斯选集》第 2 卷，人民出版社 1995 年版，第 33 页。

② ［德］马克思：《哲学的贫困》，《马克思恩格斯选集》第 1 卷，人民出版社 1995 年版，第 155 页。

革命万岁！"① 的战斗口号。但新的革命高潮并没有到来。对此，马克思加紧了对政治经济学的研究，研究发现资本主义新的工业繁荣在英国和美国发展起来，并且达到了很高的程度；英国和美国的繁荣很快影响到欧洲大陆，使德国和法国的工业也呈现出繁荣景象。"在这种普遍繁荣的情况下，即在资产阶级社会的生产力正以在整个资产阶级关系范围内所能达到的速度蓬勃发展的时候，也就谈不到什么真正的革命。只有在现代生产力和资产阶级生产方式这两个要素相互矛盾的时候，这种革命才有可能。"② 之后，马克思潜心研究政治经济学，并于 1859 年相继撰写了《政治经济学手稿》、《政治经济学批判》以及《〈政治经济学批判〉序言》等著作，进一步阐述了生产力与生产关系的矛盾运动是推动人类社会发展变革的根本动力的唯物史观，明确提出了"两个决不会"思想。

"两个决不会"的思想论断，揭示了社会主义代替资本主义的必然性归根到底是由生产力的发展水平决定的历史唯物主义原理，强调的是只有当生产力达到一定高度、资本主义生产关系无法容纳社会生产力发展的时候，社会主义代替资本主义才能够最终成为现实。很显然，"两个决不会"不仅在理论上进一步丰富完善和发展了"两个必然"的思想内涵，阐述了"两个必然"实现的前提条件；而且在实践上进一步揭示了资本主义的矛盾运动进程，阐述了社会主义在何时何地何种程度上才能代替资本主义的问题。这就为我们正确认识和处理社会主义与资本主义"两制关系"提供了坚定的科学指导。

众所周知，自马克思恩格斯《共产党宣言》发表 160 多年来，资本主义的发展经历了多次危机，也经历了新的发展和变化，在几次大危机中尽管也出现了一些革命的形势和革命的火焰，但都没有从根本上实现社会主义在全球范围内对资本主义的代替。究其原因，无不在于资本主义不断调整的生产关系容纳或促进了其生产力的发展。包括自 2007 年爆发的金融风暴以来，尽管在一些资本主义国家出现了工人罢工、政府更迭等现象，事实上宣告了

---

① ［德］马克思：《1848 年至 1850 年的法兰西阶级斗争》，《马克思恩格斯选集》第 1 卷，人民出版社 1995 年版，第 401 页。

② ［德］马克思：《1848 年至 1850 年的法兰西阶级斗争》，《马克思恩格斯选集》第 1 卷，人民出版社 1995 年版，第 470—471 页。

新自由主义理论的破产，但仔细观察和分析，就会看出这并没有从根本上动摇资本主义的经济基础，反而在很大程度上促进了资本主义国家的经济调整。例如：在美国，奥巴马政府上台以来，就采取了一系列经济政策举措，包括推进金融监管改革，提高金融机构的资本准备金比例，对资产支持证券实行严格监管，加强对消费者和投资人的保护，授权美联储负责大型金融机构的监督与管理，向大型金融机构收取金融危机责任费、限制金融机构经营范围和规模；支持和鼓励科技创新，计划未来 10 年将基础研究资助翻一番；推进绿色产业发展，在 2009 年的经济刺激计划中，投资 800 亿美元于清洁能源领域，把基础设施建设、医疗改革和教育改革等作为促进美国长期经济增长的优先领域，予以扶持；促进出口扩大，创造 200 万个就业岗位，推进"再工业化"① 等。尽管这些措施的实施以及生效还需要一个漫长而艰难的过程，但这些措施出台本身已经蕴涵了资本主义自身改革的欲望。

实际上，自二战以来，资本主义为了生存与发展，不断地进行自我改革，积极推动科技革命，不断调整生产关系和社会关系，甚至也借助社会主义因素发展完善自己，从而还不断地孕育了一些社会主义因素。早在 1848 年，马克思恩格斯在《共产党宣言》中就曾表达过在旧制度条件下孕育着新社会因素的思想。他们指出："当人们谈到使整个社会革命化的思想时，他们只是表明了一个事实：在旧社会内部已经形成了新社会的因素。"② 他们不仅分析了资本主义经济结构怎样从封建社会中产生，而且觉察到了资本主义社会发展中也进行着类似的运动。后来，马克思在《给"祖国记事"杂志编辑部的信》中进一步把资本主义生产的历史趋势归结成这样："资本主义生产本身已经创造出了新的经济制度的要素，它同时给社会劳动生产力和一切生产者个人的全面发展以极大的推动；实际上已经以一种集体生产方式为基础的资本主义所有制只能转变为社会的所有制。"③ 1871 年马克思在《法兰西内战》一书中又指出说："工人阶级不是要实现什么理想，而只是

---

① 参见甄炳禧：《美国经济结构的调整及前景》，《求是》2010 年第 15 期，第 56 页。
② ［德］马克思、恩格斯：《共产党宣言》，《马克思恩格斯选集》第 1 卷，人民出版社 1995 年版，第 292 页。
③ ［德］马克思：《给〈祖国记事〉杂志编辑部的信》，《马克思恩格斯选集》第 3 卷，人民出版社 1995 年版，第 341 页。

要解放那些由旧的正在崩溃的资产阶级社会本身孕育着的新社会因素。"①
马克思恩格斯这些论述中提到的"新社会的因素"、"新的经济制度的因素"
都是资本主义自行扬弃的结果和产物，即社会主义因素。列宁也曾指出：
"社会主义现在已经在现代资本主义的一切窗口中出现，在这个最新资本主
义的基础上前进一步的每项重大措施中，社会主义已经直接地、实际地显现
出来了。"②

　　所有这些思想表明，马克思主义者有关资本主义社会内部可以孕育和形
成社会主义因素的观点，指的是资本主义的一种扬弃。而这种自行扬弃过程
中释放出的新社会因素、新经济制度因素仍处在资本主义生产方式范围之内
的历史方位。需要明确的是，这种扬弃"是作为私人财产的资本在资本主
义生产方式本身范围内的扬弃"③，"是资本主义生产方式在资本主义生产方
式本身范围内的扬弃，因而是一个自行扬弃的矛盾，这个矛盾显然表现为通
往一种新的生产形式的单纯过渡点"④。这是资本主义变与不变的逻辑过程。
实际上，自二战以来特别是 20 世纪八九十年代以来，资本主义社会发生了
一系列新变化，从生产力到生产关系，从经济基础到上层建筑，从经济发展
模式的完善到政治民主制度的不断健全，从劳资之间的剑拔弩张到对话和谈
判，从引领科技革命的潮流到以其为主导的全球化触角向世界各地蔓延等，
这是资本主义变的逻辑，是其应对所面临的内外挑战和危机的必然结果。不
可否认的是，在这种变化的过程中，不自觉地孕育着社会主义因素。如前所
述，当代资本主义国家所实施的生产社会化、资本社会化、管理社会化、合
作经济、工人参与管理、社会保障、发展国民教育，既延缓了资本主义的寿
命，也为社会主义的孕育准备了条件。正如美国未来学家约翰·奈斯比特所

---

① ［德］马克思：《法兰西内战》，《马克思恩格斯选集》第 3 卷，人民出版社 1995 年版，第 60 页。
② ［苏］列宁：《自由派协会和社会民主党》，《列宁全集》第 11 卷，人民出版社 1987 年版，第 267 页。
③ ［德］马克思：《〈资本论〉第三卷（节选）》，《马克思恩格斯选集》第 2 卷，人民出版社 1995 年版，第 516 页。
④ ［德］马克思：《〈资本论〉第三卷（节选）》，《马克思恩格斯选集》第 2 卷，人民出版社 1995 年版，第 518 页。

说："美国正朝着美国特色社会主义演变。"① 高放教授也认为，现代资本主义发展到了"社会资本主义阶段"②。当然，关于当今资本主义所处的发展阶段及其特征问题，目前学术界存在着不同的观点，在国内除高放教授有关"社会资本主义阶段"的概括外，还有如下几种观点：一是国家垄断资本主义。该观点认为，二战后特别是 20 世纪 90 年代以来，资本主义已经处于国家垄断资本主义阶段，其实质性特征是国家对经济的调节。二是国际垄断资本主义。该观点认为，20 世纪 70 年代以来，各种形式的国际垄断资本已在资本主义的发展中据有支配地位。它是由私人垄断资本主义逐渐发展起来的，是垄断资本主义或帝国主义发展的新阶段。其实质是资本国际化或资本国际社会化，是资本在国际化运动中实现不断增殖。三是国际金融资本主义。该观点认为，同以往相比，当代资本主义发生的最深刻变化是在金融领域，金融垄断资本无所不在的事实使得资本主义发展到了新的国际金融垄断资本主义阶段。其基本特征是：经济加速金融化，金融资本成为经济乃至政治的主宰；金融虚拟化、泡沫化；金融资本流动、金融运作自由化；实体经济逐步空心化；劳动大众日益贫困化；经济乃至国家运行的基础债务化。在国际上，一些学者也从不同角度和层面对资本主义新阶段新特征做了深入探讨。如：美国学者阿道夫·德里克的"全球资本主义"，丹·希勒的"数字资本主义"，爱德华·勒特韦克的"涡轮资本主义"，英国学者苏珊·斯特兰奇的"赌场资本主义"，埃及学者萨米尔·阿明的"新帝国主义"，法国学者让·克洛德·德洛奈的"金融垄断资本主义"，等等。

可以说，国际金融危机爆发以来，有关国际金融资本主义的说法比较兴盛，似乎这种概括更能反映当今资本主义新变化的阶段性特征。因为近 30 年来资本主义最深刻的变化发生在金融领域，资本主义经济的金融化日趋明显，金融业在整个经济活动中日益上升为主导地位，金融对实体经济的控制和管理不断加强，金融资产在经济总资产中的份额上升，金融活动、金融市场、金融机构在国内和国际经济中扮演越来越重要的角色。应该说，这种分析和概括更侧重的是资本主义经济发展的层面，而从生产力与生产关系、经

---

① ［美］约翰·耐斯比特、［德］多利斯·耐斯比特著：《中国大趋势》，魏平译，中华工商联合出版社 2009 年版，第 144 页。

② 高放：《从世界经济危机看社会主义的前景》，《科学社会主义》2009 年第 3 期，第 39 页。

济基础与上层建筑、社会结构与社会生活、从内部关系到国际关系等综合方面来看，特别是金融危机爆发以后的各项调整来看，当代资本主义更凸显的变化是社会化程度越来越高，范围越来越广，层次越来越多，其社会主义因素将逐步增长。例如：在这场金融危机中，美国政府还接管了房利美和房地美两家公司，并将世界上最大的保险公司美国国际集团变相国有化，从而在很大程度上缓和了危机造成的各种矛盾。当然，我们需要清醒的是，资本主义这些变化的实质是在其根本制度框架允许的范围内所做的局部调整。始终未变的是资本增殖及自由扩张的本性，资本主义为了维护垄断资本利益而加强对本国及世界人民剥削的本性未变，资本主义的基本矛盾依然没有改变。但透过资本主义应对每次危机的经历来看，一个不可疏忽的问题是，资本主义矛盾的每一次激化都孕育着经济和社会的变革，都可能导致通过变革，渐进消解矛盾，使资本主义跃入新阶段。此次金融危机不是资本主义发展史上的第一次危机，也不可能是最后一次危机。如果仅凭这次危机就断言资本主义即将灭亡，那只能是我们的一厢情愿。相反，对危机的应战可能会开创资本主义发展的新模式、新理念，它无疑会对整个人类发展带来新的动因，我们的任务是要密切关注这些变化，以探寻对策。

（三）"两个必然"与"两个决不会"的有机统一："两制关系"发展的根本规律

回眸马克思恩格斯关于"两制关系"思想的发展，我们就会发现，其"两个决不会"不仅在理论上进一步完善了"两个必然"的思想内涵，阐述了"两个必然"实现的前提条件，而且在实践上进一步揭示了资本主义矛盾运动的本质和生产关系必须适合生产力发展的规律，彰显了马克思本人对自己已有思想的超越，充分体现了马克思主义与时俱进的理论品格和实事求是的科学态度。

"两个必然"与"两个决不会"的有机统一，揭示的是历史发展的必然性与曲折性的辩证统一规律，是我们认识和处理社会主义与资本主义"两制关系"须臾不可忽视的方法原理。过去很长一段时间，人们片面理解了"两个必然"思想，对"两制关系"只强调了其对立与斗争的一面，而忽视了其继承与发展的一面，从而导致了现实社会主义国家一度陷入了封闭落后状态。而改革开放以来，人们在充分认识马克思恩格斯"两个决不会"思想的同时，又产生了一股以此贬低"两个必然"思想、否定现实社会主义国家建立社会主义制度的历史必然性倾向。对此，我们需要反思的是，任何对二者的割裂都是对马克思主义"两制关系"理论的曲解。仔细研读马克思恩格斯的著作，我们就会发现："两个必然"揭示的是社会主义代替资本主义的历史必然趋势，是人类历史发展的普遍规律；"两个决不会"阐述的是社会主义何时何地代替资本主义的问题，强调的是社会发展的生产力基础，揭示的是生产关系必须适合生产力的发展规律。二者之间具有普遍性与特殊性、共性与个性的关系，是辩证统一的，既不能把二者对立起来，也不能把二者割裂开来。这是因为："两个必然"不仅在理论上揭示了资本主义必然被社会主义所代替的历史必然性，而且在实践上已被俄国革命、中国革命等系列社会主义国家的建立所验证，这里需要说明的是这种验证是超越国界的生产力与生产关系矛盾运动的结果，是资本主义的"中心"与"外围"之间矛盾运动的结果。同时，这种验证之后的历史发展也进一步证明，"两个决不会"所揭示的规律不可抗拒，无论是苏联社会主义模式的失败，还是中国社会主义初级阶段的发展定位，都从反正两个方面验证了这一规律的真理性。

历史上，一些社会主义国家都曾犯过超越阶段、盲目过渡的错误，其根本原因都是对"两个决不会"思想的忽视。早在1875年马克思在《哥达纲领批判》中就曾指出：共产主义社会"是刚刚从资本主义社会产生出来的，因此它在各方面，在经济、道德和精神方面都还带着它脱胎出来的那个旧社会的痕迹。"① 要清除这些旧社会的痕迹绝不是短期内完成的。因此，马克思又把无产阶级革命胜利直到共产主义社会的建成划分为从资本主义社会转向共产主义社会的革命转变时期、共产主义社会的第一阶段和高级阶段。由于社会发展阶段不同，其生产力的发展水平、生产关系的表现形式等也就有着程度不同的差别。而作为脱胎于半资本主义或前资本主义社会的现实社会主义国家，要建成合格的社会主义，更需要经过若干个较长时间的发展阶段。

---

① ［德］马克思：《哥达纲领批判》，《马克思恩格斯选集》第3卷，人民出版社1995年版，第304页。

然而，由于认识上的不清醒或正确认识的不牢固，社会主义国家大都犯了超越阶段的错误。在苏联，斯大林1936年就宣布建成了社会主义，后来赫鲁晓夫又宣布苏联人民生活在共产主义旗帜下。在中国，党的过渡时期总路线的执行中也过急、过粗、过快，企图一下子达到纯社会主义的发展阶段。与超越发展阶段相联系的是不顾生产力发展水平，企图通过人为的变革生产关系，建立纯而又纯的单一的所有制，跑步进入共产主义的盲目狂热。一个时期里，现实社会主义国家曾严重存在这样一种倾向：无视社会主义历史"跨越"的基础和条件，片面强调生产关系的反作用，盲目追求"一大二公"，过分夸大人的精神力量的作用，认为"社会主义制度加上群众运动将是万能的武器。"① 在这种思想指导下，中国曾发生了"大跃进"、人民公社化运动等。其结果不仅没有加快社会主义建设的步伐，反而使本来就不高的社会生产力遭到破坏，使社会主义与平均主义、自给自足、贫穷和不断的群众运动联系在了一起。更为严重的是还搞了阶级斗争扩大化。按照马克思恩格斯的设想，"在资本主义社会和共产主义社会之间，有一个从前者变为后者的革命转变时期。同这个时期相适应的也有一个政治上的过渡时期，这个时期的国家只能是无产阶级的革命专政。"② 也就是说，这个时期还存在着阶级和阶级斗争。而对经济文化较落后国家来说，由于历史"跨越"的特性决定，当无产阶级政党领导人民革命胜利后而建立的新社会的阶级状况和阶级斗争的因素则要比马恩设想的情况更为复杂。与超越阶段相联系，在我国过早地结束过渡时期后，当发现还有阶级斗争因素时却又沿用无产阶级夺取政权、争得民主的方式来对待社会主义条件下的阶级和阶级斗争，搞大规模的群众运动，甚至以"阶级斗争为纲"，强调"抓革命，促生产"，使社会经济工作打上了阶级斗争的烙印。同时，还大搞革命输出，在一些不具备建立社会主义制度的国家推行极"左"路线，相继向柬埔寨、印尼、新加坡、菲律宾、马来西亚以及非洲和拉丁美洲等国家搞革命输出，有的国家还走上了极"左"道路。例如：柬埔寨共产党（又称红色高棉，后又称民柬），曾实行"以不要城市、不要商品、不要工资、不要学校、全民实行供

---

① 胡乔木：《中国为什么犯20年的"左"倾错误》，《学习》1992年创刊号。
② ［德］马克思：《哥达纲领批判》，《马克思恩格斯选集》第3卷，人民出版社1995年版，第314页。

给制为特征的'社会主义'"①。结果则是 1979 年"亡国",1981 年"亡党",其后果是灾难性的。

当然,我们在纠正历史的过失时也要防止矫枉过正。实际上,前苏联东欧国家社会主义大厦的垮塌,在很大程度上无不是其改革矫枉过正的恶果。俄罗斯学者尼·伊·雷日科夫在《大国悲剧——苏联解体的前因后果》一书中就曾指出,无论是戈尔巴乔夫的"改革",还是盖达尔——丘拜斯——叶利钦的"激进改革",尽管就其目的、社会经济内容和政治推动力来说,它们存在很多对立的东西,但就其实质来说却都汇入了同样的过程,"那就是'改革'的失败和垮台创造了消灭苏联和改变苏联社会政治制度的有利条件。"② 任何一个社会制度,如果能全面发展,经常不断地回应时代的新要求,那它就是一个足够稳定的制度。但苏联在 20 世纪 80 年代中期的改革,最直接的结果则是彻底摧毁了当时存在的经济制度。众所周知,苏联的计划经济体制是 20 世纪 30 年代建立的,它顺利完成了工业化任务,并对战胜希特勒法西斯的进攻起到了保证作用,使得在战后难以想象的短时期内恢复国民经济成为可能,并在"冷战"年代,还建立了同西方的军事均势。但随着时代的不断往前发展,特别是新科技革命的兴起以及生产力的发展,苏联原有的经济模式则无法完全满足居民日益增长的社会经济需求,也无法解决国家发展所提出的一系列新任务。改革束缚生产力发展的旧体制就成为历史的必然。20 世纪 60 年代中期,苏联部长会议主席柯西金就搞过一次经济改革。但他并未触及社会体制的基础,仅仅是把一定的自由下放给企业,改革促使第八个五年计划(1966—1970)达到了最高的经济指标。遗憾的是 1968 年捷克事件之后,柯西金的改革逐渐自生自灭。后来在勃列日涅夫时期,虽然也曾在一定程度上试图对改革加以恢复和完善,却没有取得任何实际成效。到了 1983 年,新任总书记安德罗波夫公开下达任务,要求重新判定国内已有制度的本质以及其在人类历史上所处的地位。与此同时,安德罗波夫又委托政治局委员戈尔巴乔夫、中央委员会经济工作书记雷日科夫等

---

① 肖枫主编:《社会主义向何处去——冷战后世界社会主义运动大扫描》上卷,当代世界出版社 1999 年版,第 362 页。

② [俄]尼古拉·伊万诺维奇·雷日科夫著:《大国悲剧——苏联解体的前因后果》(修订版),徐昌翰等译,新华出版社 2010 年版,第 3 页。

深入研究经济领域出现的局势，并就经济改革提出建议。在整个 20 世纪 80 年代后半期，苏联政府始终紧张地进行着制定经济改革具体方案的工作。但在这一过程中，自由主义经济学家的观点逐渐占了上风，他们一心为私有制唱赞歌，坚持认为只有私有制才能自然而然地解决国家的所有社会经济问题，并抛出了"500 天"私有制计划，迅速将苏联推向了分崩离析的境地。尼·伊·雷日科夫在总结这段历史时痛心地指出："我们的悲剧就在于我们丢失了'苏维埃价值'，我们没有把过去的一切正面的东西带到新时期来。非但如此，许多对我们格格不入的、不为大多数人民所接受的教义也被强加给我们这个社会。我们的国家缺少一种起核心作用的思想，有的只是起瓦解作用的、外来的思想和价值。"①

　　历史是一面镜子，它不仅载录着过去，也映照着未来。我们回顾社会主义发展历史进程的目的，就是为了在汲取历史经验教训的基础上，提升思想认识水平，制定科学有效的改革方案，保障社会发展健康有序。而从认识和处理"两制关系"的角度来说，马克思恩格斯所揭示的"两个必然"与"两个决不会"的有机统一规律，将是贯穿于社会主义与资本主义"两制关系"纵向发展的根本规律，是我们研究"两制关系"必须坚持的首要原则和战略指导，具体说就是要充分认识社会主义代替资本主义的历史必然性与发展过程的长期性的有机统一规律。一方面，从资本主义发展的历史进程看，资本主义代替封建主义经过了几百年的反复较量才最终完成，其中充满着艰辛和曲折。作为剥削阶级的革命尚且要经过长期的、复杂的、曲折的斗争过程，而要创建一个没有人剥削人的崭新的社会主义制度，其任务的艰巨性是可想而知的。因为资本主义是人类历史上最后一个剥削阶级的社会形态，资产阶级决不会自动退出历史舞台，他们会为其自身的利益和长期存在而拼命挣扎，包括进行某些"调整"和"改良"，做出某些"让步"或"妥协"，以延缓和阻挠社会主义的历史进程等。另一方面，20 世纪出现的社会主义又大多是在经济文化比较落后的国家取得的胜利，历史虽然为这些国家不经过资本主义的充分发展直接进

---

　　① ［俄］尼古拉·伊万诺维奇·雷日科夫著：《大国悲剧——苏联解体的前因后果》（修订版），徐昌翰等译，新华出版社 2010 年版，第 19 页。

入社会主义提供了机遇，但却不能由此因为这些国家已进入社会主义就抹去应在资本主义阶段解决的历史任务，况且这些国家面对的是庞大的资本主义世界体系的封锁和遏制，从而又加大了其发展的艰难性。对此，中国改革开放的总设计师邓小平深刻地指出："巩固和发展社会主义制度，还需要一个很长的历史阶段，需要我们几代人、十几代人、甚至几十代人坚持不懈地努力奋斗，绝不能掉以轻心。"① 只有在这一思想指导下，才能科学认识社会主义在个别国家的胜利与世界范围内社会主义与资本主义"两制并存"的特殊形式，制定"两制并存"条件下正确处理"两制关系"的策略方针。

二、"必然代替"与"必须利用"的有机统一

按照人类历史发展的一般规律，社会主义作为比资本主义更高的一种社会形态，自然是在继承、吸取资本主义的文明成果的基础上产生与发展的。而由于历史发展的跳跃性，社会主义首先诞生于经济文化较落后国家的现实，使现实社会主义国家学习、利用资本主义积极因素发展社会主义的任务就更加迫切与严峻。可以说，社会主义只有积极主动地学习和利用资本主义的一切积极因素，才能创造出比资本主义更高的生产效率、更多的物质文化成果，才能更具生命力、感召力，直至实现代替资本主义。

(一)"必须利用"：社会主义代替资本主义的前提条件

马克思主义作为具有世界历史意义的无产阶级思想体系，本身就是在吸收和改造了人类思想和文化发展中的一切有价值的东西，包括资本主义的许多思想成果的基础上创立的。这种利用和吸收使得马克思主义从一开始就具有坚实的科学底蕴、丰厚的思想根基以及巨大的发展潜力。

其一，利用资本主义建设社会主义，是马克思主义的一个基本观点，也是社会主义建设成功经验的总结。马克思主义认为，社会主义必然代替资本主义，是对资本主义的否定，但是这种否定是辩证的否定，是在批判基础上

① 邓小平：《在武昌、深圳、珠海、上海等地的谈话要点》，《邓小平文选》第三卷，人民出版社1993年版，第379—380页。

的继承，是在吸收基础上的创新。比如，在讨论俄国的社会主义前途时，马克思就曾严肃地指出：俄国要想"不通过资本主义的卡夫丁峡谷"，就必须吸取"资本主义制度创造的一切积极的成果"①。马克思的这种观点具有极大的开创性意义和导向性效果，后来的社会主义革命首先在俄国、中国等生产力相对落后国家取得胜利后，各社会主义国家在学习和利用资本主义文明成果方面积累了正反两方面的经验。

伟大的革命导师列宁在成功领导俄国十月革命、取得政权后，就开始积极思考新生的社会主义国家与资本主义的关系问题。当时，在党内有相当一部分领导干部认为社会主义是资本主义的必然替代者，革命胜利后要继续以暴力革命和阶级斗争的方式保证替代进程的延续。但是，列宁则运用"观察的客观性"和"辩证思维"来反思"战时共产主义"和"新经济政策"，逐渐悟出了这样的道理：退却是为了更好地前进，直接过渡到纯社会主义的经济成分，俄国力不能及，一意孤行，有灭亡的危险。俄国的国情是生产力落后，多种经济成分并存而小农经济占优势，这就决定了俄国不能搞纯而又纯的社会主义，而必须采取利用国家资本主义向社会主义间接过渡的办法。毫无疑问，在俄国，新经济政策并没有改变社会主义，改变的只是建设社会主义的模式和方式。列宁认为，在那样一个时代，"社会主义共和国不同世界发生联系是不能生存下去的，在目前情况下应当把自己的生存同资本主义的关系联系起来"②。为此，就必须改变对资本主义的认知态度，必须学会利用资本主义，"对资本主义的西方在经济上要千方百计的加以利用"③；要把"学会欧美科学中一切真正有价值的东西"作为苏维埃共和国"头等的最主要的任务"④。当然，列宁也同时指出，利用是为了最终替代，强调"社会主义能否实现，就取决于我们把苏维埃政权和苏维埃管理组织同资本

①　[德] 马克思：《给维·伊·查苏利奇的复信》，《马克思恩格斯选集》第 3 卷，人民出版社 1995 年版，第 770 页。

②　[苏] 列宁：《在全俄工会中央理事会共产党党团会议上关于租让问题的报告》，《列宁全集》第 41 卷，人民出版社 1986 年版，第 167 页。

③　[苏] 列宁：《致阿塞拜疆、格鲁吉亚等共和国的共产党员同志们》，《列宁选集》第 4 卷，人民出版社 1995 年版，第 486 页。

④　[苏] 列宁：《白璧微瑕》，《列宁全集》第 43 卷，人民出版社 1987 年版，第 209 页。

主义最新的进步的东西结合得好坏。"① 他同时痛斥那种"不向资本主义学习也能够实现社会主义"的奇谈怪论是愚昧落后的"中非洲居民的心理"②。"我们不能设想,除了建立在庞大的资本主义文化所获得一切经验教训的基础上的社会主义以外,还有别的什么社会主义"③。

在中国,"十月革命一声炮响,给我们送来了马克思列宁主义"。④ 这一特点决定中国共产党从建党初期接受的就是当时马克思主义最新阶段列宁主义的指导,这保证了党在理论上的高起点和优势。也正是在此背景下,深受列宁必须利用和必然代替关系理论的影响,以毛泽东为代表的中国共产党的第一代领导集体很早就开始研究利用资本主义的问题。抗日战争时期,毛泽东就曾经指出:"战争结束后,恰当地对待资本是一件互利的事情。这不但适用于中国资本,而且也适用于外国资本。"⑤ 在党的七大上,毛泽东提到"广泛发展资本主义的问题"。他说:"拿资本主义的某种发展去代替外国帝国主义和本国封建主义的压迫,不但是一个进步,而且是一个不可避免的过程……现在的中国是多了一个外国的帝国主义和一个本国的封建主义,而不是多了一个本国的资本主义,相反地,我们的资本主义是太少了。"⑥ 在这个问题上,必须反对那种"直接由封建经济发展到社会主义经济,中间不经过发展资本主义的阶段"⑦ 的民粹主义思想。这就全面而且具体地论证了解放和发展私人资本主义的必要性和必然性,其理论和实践意义非常重大。新中国成立初期,虽然面临着资本主义国家政治上的孤立、经济上的封锁和军事上的包围,但中国共产党并没有放弃与资本主义国家进行友好交往的努力,并没有停止利用资本主义发展生产力的理论与实践探索,并取得了许多

---

① ［苏］列宁:《苏维埃政权的当前任务》,《列宁选集》第 3 卷,人民出版社 1995 年版,第 492 页。

② ［苏］列宁:《在全俄中央执行委员会会议上关于苏维埃政权的当前任务的报告》,《列宁全集》第 34 卷,人民出版社 1985 年版,第 252 页。

③ ［苏］列宁:《在全俄中央执行委员会会议上关于苏维埃政权的当前任务的报告》,《列宁全集》第 34 卷,人民出版社 1985 年版,第 252 页。

④ 毛泽东:《论人民民主专政》,《毛泽东选集》第四卷,人民出版社 1991 年版,第 1471 页。

⑤ 转引自［美］约瑟夫·W. 埃谢里克编著:《在中国失掉的机会》,罗清、赵仲强译,国际文化出版公司 1989 年版,第 260 页。

⑥ 毛泽东:《论联合政府》,《毛泽东选集》第三卷,人民出版社 1991 年版,第 1060 页。

⑦ 毛泽东:《在中国共产党第七次全国代表大会上的口头政治报告》,《毛泽东文集》第三卷,人民出版社 1996 年版,第 323 页。

成果，积累了宝贵的经验。（1）在利用的对象方面，中国共产党坚持不分姓资姓社、广学博用的原则。毛泽东曾经指出："我们愿意向世界上所有国家学习。如果美国人愿意的话，我们也愿意向他们学习。每个国家都有值得学习的长处。"① 一切国家的先进经验都要学。要派人到资本主义国家去学技术，不论英国、法国、瑞士、挪威，只要他要我们的学生，我们就去。（2）在利用的内容方面，中国共产党坚持不分领域、全面吸收的原则。毛泽东在《论十大关系》中指出："我们的方针是，一切民族、一切国家的长处都要学，政治、经济、科学、技术、文学、艺术的一切真正好的东西都要学。"② 在领导制定国家第一部宪法的过程中，毛泽东又多次强调学习资本主义国家宪法的重大意义，强调"讲到宪法，资产阶级是先行的……我们对资产阶级民主不能一笔抹杀，说他们的宪法在历史上没有地位"。③ 针对中国缺乏经济管理经验的弱点，毛泽东强调要"学习资本主义国家的先进的科学技术和企业管理方法中合乎科学的方面。工业发达国家的企业，用人少，效率高，会做生意，这些都应当有原则地好好学过来，以利于改进我们的工作"④。（3）在学习和利用的原则方面，中国共产党坚持批判继承、科学利用的原则。毛泽东认为："自然科学、社会科学的一般道理都要学。水是怎么构成的，人是猿变的，世界各国都是相同的。"⑤ 要把外国的先进的东西先学起来，就像小学生写模仿一样。而一旦我们有了、懂了，学会了，就要学会鉴别分析、深化吸收、为我所用。

很显然，中国共产党第一代领导集体在利用资本主义问题上进行的理论和实践探索，为中国特色社会主义道路的开辟奠定了基础、指明了方向。正如邓小平所指出的那样："从许多方面来说，现在我们还是把毛泽东同志已经提出、但是没有做的事情做起来，把他反对错了的改正过来，把他没有做好的事情做好。今后相当长的时期，还是做这件事。当然，我们也有发展，

---

① 毛泽东：《我们愿意向世界上所有国家学习》，《毛泽东外交文选》，中央文献出版社、世界知识出版社 1994 年版，第 234 页。

② 毛泽东：《论十大关系》，《毛泽东文集》第七卷，人民出版社 1999 年版，第 41 页。

③ 毛泽东：《关于中华人民共和国宪法草案》，《毛泽东文集》第六卷，人民出版社 1999 年版，第 326 页。

④ 毛泽东：《论十大关系》，《毛泽东文集》第七卷，人民出版社 1999 年版，第 43 页。

⑤ 毛泽东：《论十大关系》，《毛泽东文集》第七卷，人民出版社 1999 年版，第 41 页。

而且还要继续发展。"①

十一届三中全会以后，我们中国共产党作出了改革开放的重大战略决策，我们开始紧紧依托全球化平台抢抓发展的战略机遇期，积极利用资本主义的一切积极因素推进现代化建设事业。我们打开国门，同包括西方发达资本主义国家在内的一切国家发展关系，引进发达国家的资金、技术和设备，学习、利用国外先进的经营理念、管理经验等，中国特色社会主义事业因此充满了无限的生机和活力。

其二，利用资本主义建设社会主义，是和平发展时代主题的基本要求，也是现实社会主义发展的基本诉求。由于社会主义革命首先在经济文化相对落后国家发生并取得胜利的超常规性，必然会遇到一系列新的、超常规性的问题。从理论上讲，社会主义作为一种社会制度或社会形态是高于资本主义的社会，需要创造比资本主义发达的生产力，要具备现代化、社会化的物质基础，从而才能体现社会主义制度的优越性。但从现实来看，由于现实社会主义国家的起点低、底子薄，与资本主义国家相比，社会主义的生产力水平则处于总体的落后状态。以中国为例，虽然目前中国的 GDP 已经跃居世界第二，"但人均水平较低，只相当于发达国家的十分之一左右"，"沿海地区和一些大中城市呈现出现代化的繁荣，但中西部和广大农村的不少地方仍然相当落后"。② 2011 年，"中央决定将农民人均纯收入 2300 元（2010 年不变价）作为新的国家扶贫标准，这个标准比 2009 年提高了 92%。按照新标准，我国农村贫困人口将从 2688 万人增加到 1.28 亿人，占农村户籍人口的 13.4%。"③ 因此，中国仍然处于社会主义初级阶段，仍然属于发展中国家，积极向资本主义国家学习借鉴其一切文明成果，仍是现实社会主义发展的需要。

当代资本主义国家创造的文明成果，具体体现在经济、政治、文化三个

① 邓小平：《对起草〈关于建国以来党的若干历史决议〉的意见》，《邓小平文选》第二卷，人民出版社 1994 年版，第 300 页。

② 丁刚：《向世界敞开心扉——温家宝总理出席联合国系列会议纪实》，《人民日报·海外版》2010 年 9 月 27 日，第 2 版。

③ 林晖、周芙蓉：《扶贫标准大幅提高 上亿低收入人口受益》，《人民日报》2012 年 6 月 24 日，第 1 版。

层面。经济层面的文明成果是资本主义借以战胜封建制度，并在较长的历史阶段内保持生命力与吸引力的基础。资本主义从产生初期便表现出超越以往任何社会制度的创富力量，诚如马克思在《共产党宣言》里所述，资本主义在不到100年的时间里创造的生产力比历史上一切时代创造的生产力的总和还要多，还要大。后来，虽然其发展能力因生产关系日渐落后于生产力的发展要求而大大减弱，但凭借持续不断的自我调节，资本主义还是在经济层面创造了巨大的文明成果。经济层面的文明成果，多数属于人类社会共性成果，没有阶级属性，比如"技术问题是科学，生产管理是科学，在任何社会，对任何国家都是有用的"，还有股票、证券等金融工具以及市场经济等经济手段虽然伴随着资本主义而产生但也非资本主义所独有，对之要大胆地吸收和利用；对具有资本主义性质的东西，也不能一概排斥，只要它对社会主义有用，只要其对社会主义的威胁处于可控区间，社会主义就可以拿来使用。比如外资企业，本身是资本主义性质的东西，对企业员工有剥削性的一面；但是它也有为社会主义中国服务的一面，可以在中国社会主义大环境下积极利用引导。

文化层面的文明成果是资本主义借以扩张自身制度，并在较长的历史阶段内保持创造力与凝聚力的关键。资本主义文化相较于封建文化而言绝不仅仅是一种简单的继承延续关系，而是一种时代性的大跨越与飞跃。资本主义文化高举民主、科学、自由、博爱的旗帜，战胜了封建社会的专制、愚昧、迷信以及盲从。这些对于今天的社会主义来说同样具有进步意义和进步价值。因此，我们要向资本主义学习"一切对我们有益的知识和文化，闭关自守、故步自封是愚蠢的。但是，属于文化领域的东西，一定要用马克思主义对它们的思想内容和表现方法进行分析、鉴别和批判"[①]。

政治层面的文明成果是资本主义借以维持制度运作，并在较长的历史阶段内保持正当性与稳定性的根本。在当代发达资本主义国家，代议制度、选举制度、文官制度和舆论监督制度并称资本主义民主制的四大制度。尽管这些制度有其自身无法克服的虚伪性，但不可否认该制度在事实上确实推动了

---

① 邓小平:《党在组织战线和思想战线上的迫切任务》,《邓小平文选》第三卷,人民出版社1993年版,第44页。

资本主义社会广大人民群众民主权益的发展。社会主义政治文明虽然在文明演进意义上是一种比资本主义更高类型的文明，但不可否认现阶段的中国政治制度还有不完善的地方，还有不如西方资本主义的地方。我们要清醒地认识到这一点，在保持社会主义政治文明方向的前提下积极学习借鉴资本主义国家民主制度化法律化方面的经验、舆论监督方面的经验、人事制度和管理制度方面的经验，等等。中国的发展离不开世界，我们只有充分发挥我国作为发展中国家的"后发优势"，重视吸收和改造资本主义的文明成果，取人之长，补己之短，容纳百川，吸取精华，才能实现经济的跳跃发展，充分发挥自身的优越性。

其三，利用资本主义建设社会主义，是社会主义实现代替资本主义的前提条件。从人类社会的发展规律看，社会主义应当建立在人类文明高度发展的基础之上，必须依靠人类的所有文明成果来建设社会主义文明，学习运用整个人类创造的文明成果来建设社会主义。资本主义的文明成果是社会主义文明建设的前提和基础，特别是在资本主义的科技成果、经济成果和管理成果目前还是人类这方面最高成果的情况下，社会主义必须学习和继承资本主义创造的文明成果。正如邓小平所说："社会主义要赢得与资本主义相比较的优势，就必须大胆吸收和借鉴人类社会创造的一切文明成果，吸收和借鉴当今世界各国包括资本主义发达国家的一切反映现代社会化生产规律的先进经营方式、管理方法。"[1] 从两种社会制度的发展演进规律看，学习利用是发展超越的一条重要途径。况且现代资本主义在发展中也学习借鉴了社会主义的一些好东西。例如，1929 年资本主义大危机之后，资产阶级经济学家借鉴社会主义的做法，形成了凯恩斯主义，主张对市场经济进行国家干预。

二战以后，西方资本主义国家加大了学习借鉴和利用社会主义的力度，综合运用各种财政和货币政策调节国民经济的运行，实行一定的发展计划，建立社会福利和保障制度，在经济运营中让工人持有一定数量的股票，等等。于是，在当时的世界，社会主义就出现了这样奇特的并行扩张现象：一方面是社会主义制度在东欧和亚洲部分地区呈外延性扩张态势；另一方面是

① 邓小平：《在武昌、深圳、珠海、上海等地的谈话要点》，《邓小平文选》第三卷，人民出版社1993 年版，第 373 页。

社会主义因素在欧美等西方资本主义国家制度内呈内隐性扩张态势。社会主义因素在资本主义体制内快速衍生的情势引发了传统资本主义的部分质变，重新激活了资本主义的生命力。1958 年，克尔索和阿德勒在其合著《资本家宣言》中明确指出，近来一直被称为美国资本主义、现代资本主义或者人民资本主义者，实际已经成为资本主义和社会主义的混合物。如果社会主义化的进程在科技进步的巨大推力下继续前进，我们将被带到离完全的社会主义，也就是国家资本主义，越来越近的地方。除非发生资本革命，什么也不能阻止这一进程。正如西方资产阶级学者所承认的那样：《资本论》把资本主义描绘得千疮百孔，我们正是按照《资本论》的描绘来修补资本主义这条船，才使它没有沉没，照样在航行。

　　同样道理，中国特色社会主义道路之所以越走越宽，非常重要的一个方面就是我们学习借鉴了资本主义的一些好经验好做法，主要包括：资本主义社会先进的科学技术成果及其发展生产力的经验；资本主义的经济运行机制、管理经验及组织经营方式；资本主义文化中能为我所用的积极成果；资本主义政治文明的优秀成果与民主政治运行机制的经验。社会主义大胆吸收和借鉴资本主义社会的文明成果，非但不会使社会主义变成资本主义，反而会使社会主义朝着现代化的方向发展，从而更加完善、更加充满生机和活力。社会主义作为一种新的、更高级的社会形态和生产方式，最终必将取代资本主义，这是不以人的意志为转移的客观规律，是历史的大趋势。

　　（二）"必然代替"是社会主义利用资本主义的战略目标

　　马克思主义认为，发展是一个永恒的、无限的过程，其实质是新事物的产生和旧事物的灭亡。在这一过程中，存在着持续不断的生灭变化。从总的方面来看，新生事物战胜并取代旧事物是一个必然的趋势。社会主义作为一种新的社会形态，有着资本主义无可比拟的优越性，必然在利用资本主义的基础上超越资本主义并最终代替资本主义。

　　其一，社会主义代替资本主义是人类社会发展的大势所趋。马克思主义唯物史观告诉我们，社会的发展首先是生产力的发展，生产力发展到一定阶段，旧的生产关系便不能同它相适应了，于是人们便要改变旧的生产关系，当生产关系即经济基础变革后，上层建筑也要随之发生变革。人类社会就是这样从低级社会形态向高级社会形态发展的。因此，生产力是一切社会发展的最终决定力量，生产关系一定要适应生产力的性质和水平是人类社会发展的根本规律。在资本主义社会里，生产力与生产关系的矛盾，直接体现为生产社会化与资本主义私人占有之间的矛盾。资本主义生产力是社会化的生产力，具有无限扩大的趋势，它与资本主义私人占有之间的矛盾日益尖锐。用生产资料公用制代替生产资料私有制，用社会主义代替资本主义，是现代生产力发展的客观要求，是生产关系一定要适应生产力的性质和水平的根本规律作用的必然结果。苏联东欧社会主义的失败，是历史前进中暂时的曲折，并没有否定马克思主义历史唯物论、改变历史发展的方向。人类历史的发展是前进性与曲折性的统一。人类社会发展的基本趋势是前进和上升运动，但这种前进和上升并不是直线的，而是波浪起伏式前进，螺旋式上升的。人类社会每一个进步，社会主义制度每一次变革，无不经历曲折反复的斗争。对此，邓小平明确指出："封建社会代替奴隶社会，资本主义代替封建主义，社会主义经历一个长过程发展后最后必然代替资本主义。这是社会历史发展不可逆转的总趋势，但道路是曲折的。"[①] 曲折性是人类社会发展过程中的客观现象。"设想世界历史会一帆风顺、按部就班地向前发展，不会有时出现大幅度的跃退，那是不辩证的，不科学的，在理论上是不正确的。"[②]

历史上，资本主义代替封建主义的几百年间曾几经曲折，发生过许多次王朝复辟。从一定意义上说，一些社会主义国家出现曲折甚至倒退，也是难以完全避免的规律性现象。但这种曲折和倒退本身，又孕育着进一步更大发展的条件。历史向我们展示了这样一个发展过程：社会主义运动每前进一步，都是在曲折中实现的，每一次大的曲折之后，都伴随着社会主义发展的一次大的飞跃。苏东剧变20多年来，世界社会主义国家在数量减少的同时出现了质量提高的趋势，国际共产主义运动在低潮中有局部复兴，在大挫折中有小的发展。具体情况是：中国在世界风云变幻中冷静观察、沉着应对，在对传统社会主义实践失败的反思中认清当今"资强社弱"的世界大势，面对滚滚而来的以资本主义为主导的全球化大潮，更加积极地参与到其中，并以极大的理论勇气开辟了社会主义市场经济的新路，中国特色社会主义理

---

① 邓小平：《在武昌、深圳、珠海、上海等地的谈话要点》，《邓小平文选》第三卷，人民出版社1993年版，第382—383页

② ［苏］列宁：《论尤尼乌斯的小册子》，《列宁选集》第二卷，人民出版社1995年版，第694页。

论不断成熟，中国特色社会主义道路越走越宽。越南在探索中成功地找到了一条符合越南国情的发展路线，确定"社会主义定向的市场经济"作为基本经济体制，经济社会发展取得巨大成就。老挝人民革命党"有原则的全面革新路线"也取得了可喜成果。朝鲜坚持以主体思想为指导，沿着朝鲜式的社会主义道路前进。古巴实行经济改革和经济开放，在发展经济和打破美国封锁等方面取得很大进展。西方发达国家的共产党有一些在困境中坚持下来，在总结经验、调整政策和创新理论的基础上继续进行新的努力。苏东地区的左翼力量正在重新积聚力量，在部分国家出现较大发展。有些发展中国家的共产党在苏东剧变后不是更弱了，而是更强了。与此同时，西方国家出现了一波又一波的"马克思热"。在全球"千年思想家"、"最伟大的哲学家"等评选活动中，马克思以高票位居榜首；2008 年，当国际金融危机肆虐全球之时，马克思的鸿篇巨制《资本论》在欧洲销量成倍增长……这一切都表明，马克思主义经受住了时代的考验，其科学性和真理性，得到世界上越来越多人的认同。我们相信，经过苏东演变这次严峻考验的社会主义，必将走上健康发展的道路。认为苏东演变后马克思主义、社会主义就"消失了、没用了、失败了"，无疑是短视之见。

其二，金融危机彰显了资本主义的弊端，表明资本主义的固有矛盾正在各个层面深化。从 2008 年开始，由美国引发的金融危机开始在全球范围内蔓延，并连锁引发了欧债危机，国际金融市场急剧动荡，实体经济遭到重创，全球经济尤其是发达资本主义国家的经济呈现严重的衰退迹象。2012 年 5 月，美国财长盖特纳表示美国经济增长率预期仍为 2%—3%，要从金融危机的巨大破坏中恢复过来，美国仍有很长的路要走。2012 年 6 月，世界银行在其最新的经济展望报告中预测，欧元区 2012 年实际经济增长率为 -0.3%，同时由于欧债危机不断蔓延，2013 年欧元区经济增速预期则被下调 0.4— 0.7 个百分点。金融危机、欧债危机表明资本主义在经济层面问题重重，而这种危机根源于其自身固有的制度和政策偏好。

20 世纪 80 年代以后，新自由主义在资本主义世界占据了主导地位，它极力倡导自由化，推行全面私有化，主张国家干预最小化，给经济领域各项制度打上了"自由放任"的烙印。新自由主义的推广，不仅导致对市场的自由放任，而且使居民收入增长长期停滞，贫富差距迅速拉大，更加凸显了资本主义私有制的内在缺陷。以美国为例，在新自由主义理论的影响下，实施了一系列金融自由化的政策，其结果是：金融市场几乎没有监管、信息极不透明、欺诈成风。2002 年安然事件发生后，美国政府、媒体都强调安然等只是几个"坏苹果"，只要识别出来并进行处理就行。事实上，安然等公司当时几乎所有的做法和行为方式都是华尔街通行的，只是由于各种偶然因素遇到了无法控制的困难而被抛弃而已。同时，为保证资本回报率，美国统治集团采纳了一系列打击工人力量的措施（如直接打击工会、解除对劳动力市场的管制等），工人的实际工资下降，贫富分化加剧，社会消费能力下降。据美国经济学家保罗·克鲁格曼统计，在 20 世纪 70 年代美国大公司主管平均收入是普通全职工人平均工资的 40 倍，而进入 21 世纪扩大到了 367 倍。为了保持生活水平，在投入更多的劳动时间的基础上，美国家庭不得不大量借贷消费。其后果是美国家庭部门的欠债越来越多，超过了美国国内生产总值的 90% 和美国家庭部门可支配收入的 130%。正是这种脆弱的金融状况给这次金融危机的爆发和急剧发展奠定了基础。因而，时任澳大利亚总理的陆克文认为，国际金融危机是 30 年来推行新自由主义的恶果，也宣告了轰轰烈烈的新自由主义实践已经失败。美国学者弗朗西斯·福山也提出，金融危机使新自由主义经济模式走入了死胡同。不仅如此，危机还表明资本主义在政治层面矛盾四伏。美国马萨诸塞大学学者大卫·科兹指出："目前的美国金融危机，正是资本主义一种特殊制度形式的产物。"[①] 在资本主义社会，政治制度设计从根本上是为资本家利益服务的，这一点在金融危机中暴露无遗。

众所周知，资本主义生产的目的和动机是利润最大化，这种追求导致了资本主义从自由资本主义进入垄断阶段。在垄断资本主义阶段，银行资本和工业资本的结合形成了金融资本，国家形态和经济体系也发生了相应的质的变化，进入了虚拟资本主义阶段。国家经济管理的目标，已经从传统意义上的基于实体经济的生产价值创造转向更加虚拟化的财富净值管理，并推动财富存量的集中和财富净值的最大化。有学者分析，美国作为金融资本最发达

---

① ［美］大卫·科兹：《新自由主义之果　金融危机笼罩美国》，《中国社会科学院报》2008 年 10 月 16 日。

的地方，也正是政治制度为资本贪婪服务得最好的地方。危机爆发前，美国政府放松监管，促使金融资本无限扩张，使华尔街变成了一个疯狂逐利的"大赌场"，金融大亨们赚足腰包；危机爆发后，美国政府的救市努力，又是用所有纳税人的钱去维护金融资本家利益，而陷入困难的穷人没有得到多少救助，更有甚者，这些资本家一面出手向政府要钱，一面仍给自己发放巨额奖金。金融危机还表明资本主义在道德层面存有严重缺陷。在某种意义上说，金融是一种信用关系，而信用关系是以社会的道德基础为条件的。一些人见利忘义，损害公众利益，丧失了道德底线，正是金融危机的一个重要原因。世界计量经济学会主席、2007 年诺贝尔经济学奖得主罗杰·梅尔森教授直言不讳地指出："金融危机与道德风险失控紧密相关，在掌握他人财富并进行分配的金融体制中，道德风险是令人担忧的重要问题。"[①] 正因如此，温家宝严正指出："我们应该倡导：企业要承担社会责任，企业家身上要流淌着道德的血液。"[②]《纽约时报》某专栏作家呼吁："我们需要的不光是金融救援，我们需要的是道德救援。"[③] 2011 年 12 月，来自 59 个国家、78 个共产党和工人党的代表参加了在希腊雅典举行的第十三次国际共产党和工人党会议。会议的主题是"社会主义就是未来"。会议认为：问题正逐渐明朗——当前的危机就是体制的危机；问题并非出自体制内部而是源于体制本身，正是此错误的体制制造出了规律性和周期性的危机；危机产生于生产的社会属性和私有的资本主义分配方式之间不断加深的矛盾，而不是源于什么体制的经营政策，也不是源于什么银行家和资本家的失常行为或是缺乏有效的管理机制。这场危机表明了资本主义的历史局限，以及对加强反垄断、反资本主义的斗争力度和革命推翻资本主义的需求。

其三，资本主义世界体系的矛盾与危机终究会发展到其自身无法调和的程度。在当今世界，由美国领衔的新的信息技术革命，使资本雇佣的人数愈来愈少，但产品价格和质量却愈具竞争力，这就使得国际垄断资本在世界各地源源不断地获得超额垄断利润。另一方面，因为因特网的广泛使用，国际

---

① 姜澎：《金融危机源于道德风险失控》，《文汇报》（上海）2009 年 7 月 14 日。

② 温家宝：《企业家身上要流淌着道德的血液》，引自人民网 2009 年 2 月 3 日。

③ ［美］托马斯·弗里德曼：《美国应对金融危机需要道德救援》，《国际先驱论坛报》2008 年 12 月 19 日。

资本可以脱离实体经济和生产环节，在金融及其大量的金融衍生品领域，仅仅通过小小鼠标轻轻一点，在瞬间就能掠夺别国和他人的大量财富，从而实现自己价值的成几何级数的增长。正是基于上述两点原因，产品市场的全球化和国际金融的高度垄断，世界经济领域出现了既不合理又不可持续的经济现象：穷国、穷人愈来愈穷，富国、富人愈来愈富。现在世界上最富有国家的人均收入比最贫穷国家的人均收入高330多倍，世界上最富有的500人收入总和大于4.16亿最贫困人口的收入总和。放眼未来，经济全球化和高新科技革命的深入发展，不但不可能消弭反而会在全球范围内进一步加剧生产社会化和生产资料私人占有这一资本主义基本矛盾。随着这一矛盾的进一步加剧，资本主义生产和消费之间的矛盾、垄断资产阶级与无产阶级和劳动人民之间的矛盾、西方发达国家与广大第三世界国家的矛盾、发达资本主义国家之间的矛盾，以及全球范围内生态环境的进一步恶化等世界性难题，也将进一步趋向激化。

首先，资本主义条件下宏观调节具有局限性。众所周知，1929—1933年的经济危机曾促成了实践上"罗斯福新政"的开展和理论上由古典自由主义向加强国家干预的凯恩斯主义转变，标志着资本主义由一般垄断资本主义转向国家垄断资本主义。时至今日，资本主义国家的调控手段越来越多，调控层次也越来越丰富，不仅有国家垄断资本主义层面的调控，还有国际垄断资本主义层面的调控，但是这些手段上的调控则解决不了资本主义的全面性、全球性的实质性危机。国家对经济的干预，虽缓和了因自由竞争制度带来的周期性经济危机对资本主义生产过程的巨大破坏，维持了资本主义经济体系的继续存在，但资本主义条件下的宏观调节有其自身的局限性，这一局限主要不在于调节手段本身，而在于调节资本主义基础。因为资本永远是追求利润的，它不会超越这个目的去考虑整个社会的按比例协调发展，因而无法从根本上克服生产的无政府状态；资本永远是与劳动对立的，无偿占有剩余价值决定它无法从根本上解决生产过剩与消费不足的矛盾。这就决定了不同经济手段和政策的相互排斥性、不彻底性和短期行为特征。如实行扩张性财政政策和货币政策可以增加就业，却往往导致通货膨胀；用来解决通货膨胀的紧缩性政策则会带来加重衰退、增加失业的后果；增加货币供应量会刺激经济增长，但是增税又抑制经济增长。此外，由于市场机制在资本主义经济生活中仍处于支配地位，国家及国际调节机制最终不得不服从市场机制。生产的无政府状态作为资本主义私有制与市场调节机制的必然产物，无法被根本克服。正是由于这些经济手段和政策不能从根本上解决资本主义基本矛盾，也就不可能消弭资本主义的周期性经济危机。由此可见，资本主义经济不仅遭受生产过剩的周期性危机的袭击，而且还为结构性危机、体制性危机、国际债务危机、大规模结构性失业危机、国际金融体系危机、泡沫经济、福利国家危机、生态危机所困扰。连资本主义国家的经济学家都不得不承认，经济危机是资本主义制度的一个部分，最多只能减缓它的程度，而不可能被消除。而资本主义经济困难和危机又会引发种种社会问题和危机，20世纪90年代以来，西方社会危机明显加深，主要表现在失业、贫困和社会贫富差距的扩大；社会矛盾、民族矛盾激化；社会秩序混乱和犯罪活动增多等。资本主义的矛盾还突破单一领域的限制，将危机引向社会文化领域，成为一种综合性、普遍性的危机：经济危机、社会危机、政治危机、文化危机、意识形态危机，使全社会都陷入了布热津斯基所描述的"丰饶中的纵欲无度"之中，道德颓废、精神空虚、享乐主义、拜金主义横行，社会财富大量浪费以及民族和种族矛盾、排外主义乃至法西斯主义的复活等等问题层出不穷。布热津斯基在列举了困扰美国的20大难题后，无可奈何地叹道：这些涉及价值观和文化的问题，是"不大可能得到决定性矫正的"，而这些问题得不到解决，"这个社会就有解体的危险。"①

其次，资本主义条件下垄断资本具有狭隘性。当今国际范围内或地区范围内的经济调控机制主要是由少数发达资本主义国家主导和支配的，反映的主要是少数发达国家的意志，其目的是使世界资本主义生产能够按照国际垄断资产阶级的意志在世界范围内配置资源从而获取超额垄断利润，这往往又是以各种手段盘剥发展中国家来实现的。资本主义是建立在私有制基础上的社会形态，无论是资本主义国家的政府，还是由西方国家操作和控制的国际组织，其背后都受到垄断资本财团的左右。从本质上说，这些政府和组织是为资本家利益服务的，这就决定了他们采取的政策和协调措施有很大的局限

---

① ［美］兹·布热津斯基著：《大失控与大混乱》，潘嘉玢、刘瑞祥译，中国社会科学出版社1995年版，第125页。

性，他们既不会从国内劳动阶层的利益出发，也不会从发展中国家的利益出发对世界经济的运行进行控制和协调。而经济全球化最终只能进一步恶化当今资本主义世界体系的主要矛盾——国际垄断资本主义同受其剥削的发展中国家的人民群众之间的矛盾。这一基本矛盾进一步发展的趋势是国际垄断资本、跨国公司同各种国际性组织紧密结合，利用强权政治、资本输出、观念渗透等多种手段来维护国际垄断资产阶级对全世界人民的剥削秩序，与此相伴生的必然是广大发展中国家为维护自身利益与之展开针锋相对的斗争，目标是建立公正合理的国际政治经济新秩序和形成多极化格局。随着这场斗争的深入，国际垄断资本主义体系固有的主要矛盾必将激化，进而导致资本主义基本矛盾的最终解决。

再次，资本主义条件下国际协调具有特定局限性。资本主义的国际调节不能避免各发达资本主义国家之间矛盾的激化。资本家奔走于世界各地，其经济活动的目的是追求利润的最大化，追逐利润使其向外扩张，形成争霸和垄断局面。世界经济开放程度越高，各国之间的竞争与矛盾就越激烈。资本主义国家以各种国际调节方式协调各国的经济关系、经济政策，在一定程度上、一定范围内无疑可以缓和资本主义各国矛盾的冲突，减少国际经济的摩擦。然而，国际协调方式对国际关系的调节毕竟是有限的，它只能是一定条件下的暂时的协议和暂时的妥协，不可能有真正意义上的联合。只要资本扩张的本性还在，资本主义制度还在，资本主义生产方式在全世界范围内的扩张必然导致发达国家在世界范围内的矛盾冲突。

上述分析可见，当资本主义从自由资本主义到垄断资本主义再进入全球资本主义时，资本主义会面临越来越深入的危机。乔治·索罗斯在《全球资本主义危机》一书中明确指出："只要资本主义挂帅一天，对金钱的追求就会凌驾于其他的社会考量之上，经济和政治的安排就会产生偏差。"[①] 他认为全球资本主义体系有两大缺陷：一是市场的不稳定，二是非市场部门，即国家层次和国际政治的失败。市场的不稳定将导致国际资本体系的瓦解，而全球经济发展与社会发展的脱节则会形成核心国家与边缘地带的非均衡

---

①　［美］乔治·索罗斯著：《全球资本主义危机》，联合报编译组译，远方出版社1999年版，第102页。

化，由此产生的巨大政治压力最终会反过来影响经济体系。资本主义的全球体系是建立在完全竞争理论之上的，而这一理论恰恰是不符合现实的，以此为核心建立起来的体系越是庞大，结构越是复杂，其危机就越是深刻。法国前总理利昂内尔·若斯潘在《新观察周刊》上发表的看法也很有说服力，他认为，资本主义自 14 世纪产生以来发生了很大的变化，但是不管有怎样的变化，它始终保留的是自己的弱点，即一种为赚钱而赚钱的本性，"资本主义最坏的敌人可能就是资本主义本身"。美国经济学家莱斯特·瑟罗在《资本主义的未来》一书中也指出，资本主义在它的发展道路上出现了"裂缝"，这些"裂缝"孕育着地震，这场地震的爆发尽管不知具体时间，然而却必将发生，全球性资本主义的危机是不可避免的。可见，当代资本主义虽然遍于全球并仍有扩展生产的能力，但其非理性繁荣的病根已越来越明显，资本主义的历史合理性已经受到削弱。随着资本主义全球化的推进和资本主义矛盾的激化，马克思关于资本主义与社会主义历史命运的昭示将更明显地体现出来。

（三）片面强调"必然代替"忽视"必须利用"：社会主义建设艰难而困苦

"必然代替"与"必须利用"是辩证统一的关系，相辅相成，缺一不可。如果把二者割裂开来，片面强调"必然代替"而忽视"必须利用"，就容易导致用否定性取代继承性，继而形成历史虚无主义的错误结论，把本来是在社会联系中产生的制度归为"否定一切"的突发性产物；在实践中则会导致处处同资本主义划清界限，同资本主义"对着干"，甚至会出现"宁要社会主义的草，也不要资本主义的苗"的极端做法。这其中的教训是惨痛的。

原苏联就是因为没能把握好"必然代替"与"必须利用"的关系，导致社会主义建设出现艰难局面，社会主义事业遭到重创。1924 年，苏联的缔造者列宁去世后其继任者斯大林在当政初期，曾严格秉承列宁和平共处思想和开放政策，强调"以为社会主义经济是一种绝对闭关自守、绝对不依赖周围各国国民经济的东西，这就是愚蠢之至"。① 在这一思想指导下，苏

---

① ［苏］斯大林：《共产国际执行委员会第七次扩大全会　再论我们党内民主主义倾向》，《斯大林全集》第 9 卷，人民出版社 1954 年版，第 118 页。

联在"一五"期间利用西方资本主义经济危机之机，大规模从西方引进各种先进技术和设备，苏联的外贸也大幅上升。这一切，有力地促进了工业化的实现，并为卫国战争奠定了雄厚的物质基础。这一时期苏联党内围绕着能否建成社会主义和怎样建设社会主义的问题展开了两次争论，首先，针对托洛茨基提出的"世界经济分工论"，斯大林提出了各国经济相互依赖性和独立性相统一的原理，捍卫了一国建成社会主义的理论。但后来，斯大林在与布哈林就怎样建设社会主义问题的争论中却错误地否定了后者关于商品、关于充分利用世界市场的正确观点。从 20 世纪 30 年代中期，苏联逐步走上了闭关锁国之路。究其主观原因，无疑与斯大林"一国建设社会主义"理论有很大关系。1936 年斯大林宣布在苏联已建成社会主义，并反复强调，苏联在"没有外援"的情况下，能用自己的力量建成完全的社会主义。

在这里我们需要指出的是："一国建设社会主义"与"一国建成社会主义"是两个概念。前者在当时有其合理性，但后者显然具有盲目性，对苏联的社会主义建设产生了极大影响。一是对国内建设社会主义既有条件的估计过于乐观。认为俄国的"无产阶级已经为自己创造了建设社会主义所必需的环境"[1]，俄国人民将"和全世界无产者结成联盟来建设社会主义"[2]，忽视了列宁关于努力创造外部经济、物质条件的有关思想，把新经济政策理解为权宜之计。斯大林认为，当国营经济在国民经济中占据了统治地位、并能用工业品满足农民的需要时，就不应继续保留国家资本主义，也不再需要利用外资振兴经济了。在他的这种理论指导下，20 世纪 20 年代初俄国实行租赁制的工作很快被取消，坚信不利用外资和引进技术，也能实现国家工业化，甚至认为，"'一个国家内的共产主义'，特别是苏联这样的国家的共产主义，是完全可能的"[3]。二是对资本主义生命力的估计过于悲观。斯大林未能正确地估计社会主义国家在一定范围内与资本主义国家之间合作的可能

---

[1]　[苏]斯大林：《致苏联无产阶级大学生第一次全国代表会议》，《斯大林全集》第 7 卷，人民出版社 1958 年版，第 71 页。

[2]　[苏]斯大林：《共产国际执行委员会第七次扩大全会　再论我们党内民主主义倾向》，《斯大林全集》第 9 卷，人民出版社 1954 年版，第 123 页。

[3]　[苏]斯大林：《在莫斯科市斯大林选区选举前的选民大会上的演说》，《斯大林文选（1934——1952）》，人民出版社 1962 年版，第 478 页。

性、必要性和长期性，过分强调其对立性，认为"单是苏维埃国家的存在对帝国主义来说就已经是致命的危险了"，"只要苏维埃国家存在于世界上并且日益发展，帝国主义的任何成就都不会巩固"①。三是对两种制度的统一性认识不足。斯大林虽然有时也正确地指出苏联经济与资本主义"相互依赖"的观点，认为应把各国相互依赖与各国经济独立区别开来②，但他更多的时候却是把二者对立起来，认为加入世界经济体系会使苏联成为"世界资本主义体系附属品"③，因此，为使苏联不致被卷入资本主义发展的总体系中去成为它的辅助企业，应使社会主义国家作为独立的经济单位发展起来④；只有在欧洲革命胜利时，才把苏联从独立的经济单位"转到把我国纳入社会主义发展总轨道"。⑤ 随着冷战的进一步发展和社会主义阵营的不断巩固，斯大林更加强调帝国主义战争的不可避免性和两种制度对立与斗争的不可调和性。在此思想指导下，苏联虽是国际货币基金组织和世界银行的发起国之一，却因种种顾虑和疑虑而拒绝参加设立在美国的这两大国际金融机构。

　　以上种种片面的认识最终导致斯大林两个平行市场理论的提出。斯大林在《苏联社会主义经济问题》一书中指出：中国和欧洲各人民民主国家和苏联一起组成了与帝国主义阵营对立的社会主义阵营，两大对立阵营的存在所造成的经济结果，就是统一的无所不包的世界市场瓦解了，因而现在就有了两个平行的也是相互对立的世界市场。社会主义国家不仅不需要从资本主义国家输入商品，而且还会把自己多余的商品输往他国。斯大林的"两个平行市场"理论尽管反映了战后初期社会主义体系与资本主义体系严重对立的现实，但是夸大了社会主义国家的经济能力，把"冷战"造成的世界

---

　　① ［苏］斯大林：《论国际形势和共产党的任务》，《斯大林全集》第 7 卷，人民出版社 1958 年版，第 48 页。

　　② ［苏］斯大林：《共产国际执行委员会第七次扩大全会　再论我们党内民主主义倾向》，《斯大林全集》第 9 卷，人民出版社 1954 年版，第 118—119 页。

　　③ ［苏］斯大林：《联共（布）第十四次代表大会中央委员会的政治报告》，《斯大林全集》第 7 卷，人民出版社 1958 年版，第 247 页。

　　④ ［苏］斯大林：《联共（布）第十四次代表大会中央委员会的政治报告》，《斯大林全集》第 7 卷，人民出版社 1958 年版，第 246 页。

　　⑤ ［苏］斯大林：《联共（布）第十四次代表大会中央委员会的政治报告》，《斯大林全集》第 7 卷，人民出版社 1958 年版，第 247 页。

经济联系的断裂、国际贸易的隔绝当作两大社会体系的必然产物，这并不符合当代世界经济的特点和发展趋势，实际上是把自己排除在世界经济和资本主义最新科技进步成就之外。斯大林的这种在新的国际条件下实行闭关锁国方针的理论依据，对其他社会主义国家的对外经济政策也产生了负面作用。自第二次世界大战结束到20世纪50年代，斯大林不仅中断了苏联与资本主义的经济联系，而且也阻止其他社会主义国家与西方资本主义国家的经济往来，搞"封闭市场"。与此同时，在国内建设社会主义问题上，斯大林把社会主义与资本主义对立起来，夸大资本主义对社会主义的负面影响，提出向资本主义发动全面进攻，把资本主义社会的许多文明成果都看成同社会主义水火不相容的糟粕。例如，在经济方面：把市场经济等同于资本主义，把计划经济等同于社会主义，并将计划经济与市场经济对立起来。斯大林批评了布哈林市场"常态化"的理论，不少学者认为苏联已到了商品货币不断消亡的阶段了。随后，虽有一段时期，斯大林对市场经济的认识有所变化，提出了不能把商品生产和资本主义生产混为一谈，商品生产不会引导到资本主义，但又留下了生产资料不是商品，价值规律同有计划按比例发展规律是对立的、对生产没有调节作用等教条。在政治方面：把社会主义政治体制和资本主义政治体制完全对立起来，使苏联模式的政治体制出现种种弊端而难以得到革除。其中最突出的是监督机制薄弱，尤其是最高领导集团、最高领导人的权力集中，不受监督和制约。于是，最高领导人所犯的对国家和人民带来损失和灾难的错误，不可能得到及时的纠正和制止，如斯大林的一次又一次的大清洗，使国家和人民付出了惨重的代价，造成了难以弥补的损失。在赫鲁晓夫执政年代，基本上执行斯大林闭关锁国政策，推行"两个平行市场"理论，并将其进一步发展为"两个世界体系"论，主张逐步建立一个旨在加强对其他社会主义国家控制的按统一计划调节的世界共产主义经济。勃列日涅夫执政后，依然没有突破原有的框框。长期脱离实际并过分地强调代替资本主义而忽视利用资本主义，使苏联东欧国家的经济社会发展失去活力、陷入极大的困境之中，而且也封闭了人们对社会主义与当代世界的认识，看不到当代世界的新发展，看不到自身与欧美国家的差距，盲目自大，形成了僵化的社会主义模式，阻碍了社会主义的改革与发展。

　　苏联东欧的实践教训警示我们，必须把握好"必然代替"与"必须利用"的关系，坚持在辩证统一中形成政策导向、发挥优势，注重以政策导向带动社会主义建设上台阶。当然，在坚定利用资本主义的同时还要注意方式方法的运用和"度"的把握，"必须处理好扩大对外开放和坚持自力更生的关系，把立足点放在依靠自己力量的基础上。要引进先进技术，但必须把引进和开发、创新结合起来，形成自己的优势；要利用国外资金，但同时更要重视自己的积累。这样才能争取时间，加快缩小与发达国家的差距"①。

（四）单纯强调"必须利用"淡化"必然代替"：社会主义方向迷失

片面强调"必然代替"而忽视"必须利用"，会导致社会主义自我封闭，建设艰难；而单纯强调"必须利用"而淡化"必然代替"，则会导致社会主义建设方向迷失，中途夭折。

如前所述，二战以后一段时间里，苏联东欧各国在"两制关系"上长期采取"左"的政策，致使自身封闭落后；而上世纪80年代末和90年代初戈尔巴乔夫上台后，又开始从一个极端走向另一个极端：从闭关锁国到仰人鼻息，从夜郎自大到崇洋媚外，采取全盘西化政策，从害怕外来渗透到主动召唤西方"和平演变"，从而把改革变为"改向"，断送了社会主义的发展前景。据原苏共中央政治局委员、中央宣传部长雅科夫列夫在《一杯苦酒》中回忆：戈尔巴乔夫等几个所谓的改革派，在1985年12月密谋起草的一个文件中提出了一整套对苏联社会主义进行改革的思路。这个文件对马克思主义进行了恶毒攻击，说它是"魔王"、"空想"和新的宗教，要"结束意识形态的单一化"，经济上要实行私有化，政治上要结束党领导一切的做法，还力图论证把苏共分成两个党的必要性，以构成民主竞争的局面②。虽然这个文件在当时的历史条件下不敢公开发表，但实际上后来苏联的改革正是按照这个思路发展的，戈尔巴乔夫发表的《改革与新思维》也正是按照这条逻辑向下延伸的。在《改革与新思维》中，戈尔巴乔夫指出：直到最近以前，阶级斗争一直是社会发展的基础，在划分为阶级的国家里仍将如此，因此，从马克思主义的世界观来看，阶级手段曾支配……社会存在的主要问

---

① 江泽民：《正确处理社会主义现代化建设中的若干重大关系》，《江泽民文选》第一卷，人民出版社2006年版，第471页。

② ［俄］亚·尼·雅科夫列夫著：《一杯苦酒——俄罗斯的布尔什维主义和改革运动》，徐葵、张达楠、徐志文译，新华出版社1999年版，第177页。

题。人类利益这一观念被看作是工人阶级斗争的职能和结果，而这一斗争在解放工人阶级自己的同时，也将全社会从阶级对抗中解放出来。但是在今天，由于出现了大规模毁伤性武器……在国际舞台上出现了限制阶级对抗的客观条件。既不是理论上的，也不是暂时的，而是真正的不可推迟的人类利益第一次出现了。在戈尔巴乔夫看来，随着 20 世纪的结束，文明正在接近这样一条分界线，这条分界线与其说是各种制度、各种意识形态的分界线，不如说是以健全的头脑、人类自我保护意识为一方和以不负责任、民族自私主义、种种偏见为另一方的分界线。他甚至还对社会主义的概念进行了解读，认为社会主义的概念同样意味着社会结构的一种特定模式。它不仅能够适用于苏联和中国，也适用于其他自称是社会主义的国家。社会主义在印度、埃及、索马里和其他许多发展中国家被宣布为发展的目标。而按照一些颇有权威的学者和政治家们的说法，在西方一些民主国家里，同样存在着混合经济，除资本主义原则外，也在运用社会主义的原则。由此可见，阶级斗争的概念在戈尔巴乔夫那里消失了，以此为基点继续推导，社会主义就不再是资本主义的必然替代者，在人类的普遍利益面前，主义变得不再重要。戈尔巴乔夫单纯强调"必须利用"而淡化"必然代替"的舆论引导以及随之而来的积极推行的靠近西方、融入西方的实践行为，引发了苏联经济、政治、文化和社会层面的全面混乱，也给西方各国提供了向苏联灌输资产阶级思想的绝佳机会，于是从多个方面加强了对苏联的和平攻势，为苏联、东欧反社会主义的政治势力助威加油。1989 年，波兰进行大选，自由欧洲电台每天用 12 个小时进行干预选举的广播，不择手段地攻击非反对派候选人，指挥波兰人该投谁的票，不该投谁的票。美国还派出一大批社会心理学家充当团结工会的顾问团。苏联"8·19"事件发生后，"美国之音"自由电台秘密散布谣言，煽动群众，为反对派打气。戈尔巴乔夫在总结苏联解体的教训时写到，敌对势力不择手段，要尽诡计，抓住共产党犯过的错误加以夸大，制造流言，蛊惑群众，向共产党和社会主义制度发起攻击，他们用尖刻的、幸灾乐祸的口吻谈论过去的违法行为，搞的是攻击，使群众得出这样的结论，全都是社会主义制度的错，应该改变这种制度。

与苏联不同，中国特色社会主义在改革过程中既积极利用资本主义，又努力保持社会主义方向；既推进改革开放，又坚持四项基本原则，始终把发展经济和提高人民生活作为改革的起点和归宿，从而带动了经济发展，促进了社会进步，政治稳定，国家繁荣，得到人民的真诚拥护。

（五）"必然代替"与"必须利用"的统一："两制关系"发展的客观规律

从十月革命算起，"两制并存"已历经近一个世纪的沧桑，其间两种制度国家之间的力量对比和相互关系几经演变，世界无产阶级及其政党在领导社会主义建设的实践中，既有成功的经验，也有挫折和教训。放眼未来，"两制并存"在相当长的时间里仍是任何力量都无法改变的现实。邓小平指出："我们搞社会主义才几十年，还处在初级阶段。巩固和发展社会主义制度，还需要一个很长的历史阶段，需要我们几代、十几代人，甚至几十代人坚持不懈地努力奋斗。"[①] 这就告诉我们，社会主义赶超资本主义不仅需要坚定的必胜信心，而且需要理性的历史耐心。这是因为，马克思主义经典作家在揭示资本主义与社会主义的发展规律时，不仅阐述了"两个必然"，而且强调了"两个决不会"问题。只要当代资本主义还没有发挥完它所能容纳的全部生产力，社会主义就还得和资本主义在同一个地球上并存下去。人类社会从资本主义逐渐向社会主义过渡仍然是发展的趋势，两种经济形态和阶级斗争仍然是一个客观的存在，推动着当代历史的发展，构成历史冲突和社会斗争的内容；但另一方面，历史也是波浪式地曲折发展，过渡也存在着飞跃和渐进不同形式的变化，时代也经历着不同的发展阶段。因此，坚持"必然代替"与"必须利用"的有机统一仍是社会主义国家不能违背的一条规律。而在具体的实践层面，社会主义国家应注意处理好以下几个方面的关系：

其一，正确处理当前"利用"与长远"替代"的关系，坚持在两者的有机统一中推进社会主义事业健康发展。当前"利用"是长远"替代"的基础和前提，长远"替代"是当前"利用"的目标和牵引，而当前"利用"的水平、效用和质量标准决定长远"替代"的进程和节奏。历史的经验告诉我们，站得高才能看得远，谋在前才能走在前，这就启示我们利用资

---

① 邓小平：《在武昌、深圳、珠海、上海等地的谈话要点》，《邓小平文选》第三卷，人民出版社1993年版，第379—380页。

本主义抓建设谋发展的过程中，必须有前瞻思维、长远眼光，预见性地做好工作，正确处理当前"利用"与长远"替代"的关系，坚持在两者的有机统一中推进社会主义事业健康发展。

其二，正确处理主观愿望与客观条件的关系，坚持在两者的有机统一中保障社会主义事业稳步发展。唯物辩证法告诉我们，矛盾是客观存在的，是不以人的意志为转移的。推进社会主义现代化建设，就要坚持主观愿望与客观条件科学对接，坚持主观能动性和客观规律性相统一，坚持在两者的有机统一中保障社会主义建设事业稳步发展。

其三，正确处理依靠外部条件与挖掘自身潜力的关系，坚持在两者的有机统一中推动社会主义事业创新发展。事物的发展是内因与外因共同作用的结果。内因是事物变化发展的根据，是事物发展的根本原因。外因或环境是事物存在和发展的重要条件，对事物的进程起加速或延缓的作用。社会主义国家要学会统筹兼顾，最大限度地发挥内因和外因的综合效用。在独立自主、自力更生的基础上扩大对外开放，把立足点放在自己力量的基础上，把引进同开发、创新结合起来，把利用外资与重视积累结合起来，正确处理依靠外部条件与挖掘自身潜力的关系，坚持在两者的有机统一中推进社会主义建设创新发展。

其四，正确处理如何"利用"和如何"代替"的关系。一方面，在利用资本主义的问题上，要勇于破除畏惧情绪，消除利用资本主义会使社会主义改变颜色的认识误区，思想再解放一些，胆子再大一些，步子再快一些。我们是在经济文化比较落后的东方大国建设社会主义的，除了学习借鉴其他社会主义国家的成功经验之外，还要学习借鉴西方发达资本主义国家组织经济建设的成功经验，只有把我们的经济建设搞好了，生产力发展了，人民生活水平提高了，我们的社会主义制度才能得到巩固，才能在两种制度的竞争中赢得比较优势。另一方面，在"必然代替"的问题上，要勇于破除怀疑情绪，树立共产主义远大理想，眼光再远一些，信念更坚决一些。在战争与革命时代，"对马克思主义的信仰，是中国革命胜利的一种精神动力。"[①] 在

---

① 邓小平：《建设有中国特色的社会主义》，《邓小平文选》第三卷，人民出版社1993年版，第63页。

和平年代，"崇高理想，坚定信念，是凝聚人心、催人奋进的伟大旗帜，是战胜困难、赢得胜利的力量源泉。"①

在当今时代条件下，意识形态领域斗争依然尖锐复杂，西方国家中一些别有用心的势力千方百计想摧垮我们的信念。美国中央情报局的十条诫令就规定：一定要尽可能做好宣传工作，包括电影书籍电视无线电波和新式的宗教传布，只要他们向往我们的衣食住行娱乐和教育方式就是成功的一半。美国政府一个智囊团的研究报告讲，搞垮苏联靠西化、分化，要搞垮中国还要加"四化"：一是让中国的老百姓对政治淡化，二是使中国的党员干部腐化，三是把中国领导人丑化，四是让马列主义在多元的意识形态包围和冲击下融化。在当前极端复杂的情况下，我们一定要旗帜鲜明、坚持不懈地宣传马克思主义的共同理想，坚定社会主义必然代替资本主义的信念。破除"怀疑论"，从事物发展的可能性和现实性的关系中认识共产主义信念；破除"失败论"，从事物发展的前进性和曲折性的关系中认识共产主义信念；破除"超前论"，从事物发展的过程性和阶段性的关系中认识共产主义；在具体的社会实践中，实现远大理想同实际工作的紧密结合。

三、"时代特点"与"应对策略"的有机统一

在社会主义与资本主义竞争共处的近百年历史中，其相互关系经历了错综复杂的变迁，在不同时期呈现出了不同特点。这些特点的呈现，一方面取决于双方实力的对比状况，另一方面又受制于两制国家外交战略和策略的选择。主、客观分析的有机统一，既是我们总结以往"两制关系"发展规律的指导思想，也是我们把握未来"两制关系"发展趋势必须坚持的原则和方法。

（一）时代特点决定"两制关系"的表现形式

在社会主义与资本主义共处的历史进程中，既对抗又合作是双方关系的基本态势，只是有些时期双方更多地强调对抗，有些时期合作较多一些。这种对抗与合作的不同选择是基于彼此利益基础上多种因素综合作用的结果，

---

① 胡锦涛：《在纪念红军长征 70 周年大会上的讲话》，引自人民网 2006 年 10 月 23 日。

其中两种制度之间关系在不同时期的不同表现形式与其所处的时代紧密相关，是由各个阶段的不同时代特点决定的。

其一，"冷战"时期对立对抗是"两制关系"的主流状态。社会主义制度自诞生之日起，就遭到资本主义的疯狂遏制，资本主义将社会主义看作异类，采取武装干涉、经济封锁、政治施压等各种方法，欲将社会主义制度扼杀在摇篮里，社会主义也视资本主义为"洪水猛兽"，全面否定资本主义的一切，千方百计设置各种壁垒，防止资本主义的侵蚀。第二次世界大战爆发后，双方为了对抗法西斯，不得不进行短暂的战时合作，但这只是特殊时代下的无奈选择。战争结束后，资本主义力量遭到重创，社会主义力量迅速增强，社会主义阵营和资本主义阵营正式形成，双方展开了正面对抗，世界进入冷战时代。在这种状态下，社会主义国家不可能向资本主义国家学习，资本主义国家也不会主动帮助社会主义国家发展经济，对立对抗是这一时期"两制关系"的主流状态，其主要表现：一是政治上遏制与对抗。战后美国借助在战争中膨胀起来的经济和军事实力，成为资本主义世界的领导力量，为了联合欧洲对抗社会主义苏联以实现自己世界霸主的意图，美国提出并实施了杜鲁门主义，将遏制共产主义作为国家政治意识形态和对外政策的指导思想，以遏制苏联的扩张。面对美国的冷战进攻，针对杜鲁门主义，苏联组织建立了欧洲共产党和工人党情报局，与美国展开了针锋相对的斗争与对抗，并在此基础上提出加强社会主义在意识形态领域的斗争，要求欧洲各国共产党加强彼此联系，统一认识、统一步骤，共同对抗美国。二是经济上封锁与对立。战后美国为了从经济上全面控制西欧以进一步遏制苏联，抛出了复兴欧洲的马歇尔计划，大力援助欧洲的经济建设，以掌握欧洲事务的主导权。苏联严厉批评和谴责美国的马歇尔计划，与此相抗衡，1947 年 7 月至 8 月，苏联先后与匈牙利、捷克斯洛伐克、保加利亚等国签订了一系列的经济和贸易协定，这被西方称为"莫洛托夫计划"，初步形成了以苏联为首的东欧贸易圈。在此基础上，1949 年 1 月，苏联、保加利亚、匈牙利、波兰、罗马尼亚、捷克斯洛伐克六国代表在莫斯科举行经济会议，决定建立共同的经济机构——经济互助委员会（简称经互会），在经济上加强了社会主义国家之间的联系。苏联还要求社会主义国家统一行动，共同抵制西方资本主义强国的经济封锁和贸易禁运。三是军事上对抗与对峙。通过杜鲁门主义和马歇尔计划的实施，美国已经将西欧国家纳入冷战的全球战略体系中，但美国不满足于仅仅在政治、经济上控制欧洲，遏制苏联，而且还希望与欧洲建立军事上的联合体以适应其遏制战略的需要。为此，美国组织建立了北大西洋公约组织，要求西欧、北美主要发达国家与美国实现防务合作，以遏制苏联的扩张。与此相对应，苏联也组织了社会主义国家间的军事联合体即华沙条约组织，以对抗北大西洋公约组织。此外，美苏两国还在亚、非、拉地区进行势力范围的争夺。为此，美国提出实施第四点计划，以控制亚、非、拉落后国家，即要利用技术和资本输出，对亚、非、拉发展中国家进行政治、经济的渗透和扩张，并借机推行新殖民主义。苏联则通过在欧洲、亚洲国家广泛缔约联盟的方式与帝国主义进行斗争。1950 年 2 月，苏联与中国签订了为期 30 年的《中苏友好同盟互助条约》，其他社会主义国家也先后与苏联签订了一系列友好同盟互助条约，建立全面的结盟关系。

在两大阵营如此针锋相对的对立中，社会主义与资本主义国家在冷战初期冲突不断，有时甚至剑拔弩张，徘徊在战争的边缘，第三次世界大战几乎一触即发，如 1948 年、1958 年和 1961 年的三次柏林危机、1962 年的古巴导弹危机。两制国家在此期间也爆发了多次局部性的战争，如 1950 年的朝鲜战争、1965 年的越南战争等。此时，政治因素是双方关系的主导因素，双方一般坚持经济利益服从于政治利益的原则，甚至会为了政治利益牺牲经济利益。20 世纪 70 年代初，世界政治力量发生大分化大改组，社会主义与资本主义的力量对比出现了某种新的均势，世界已出现美、苏、中、日、欧五大力量中心。面对变化了的国际形势和美国势力的衰落，美国不得不放弃遏制政策，实行以"伙伴关系"、"实力"和"谈判"为主要支柱的尼克松主义，变进攻战略为防守战略。苏联新任领导人勃列日涅夫也将赫鲁晓夫时期与资本主义国家在经济方面的"和平竞赛"方针改为缓和战略和"全面的经济合作"。中国也调整对外战略，改善与西方国家的关系，实现了中美、中日关系的正常化。东欧部分国家也在改革中冲破传统观念的束缚向西方寻求合作。两大对立的阵营逐步从"冷战"走向缓和。但 70 年代中期以后，苏联军事力量大大增强，一跃成为世界军事超级大国，便打着"世界革命"、"国际主义"的旗号，在全球范围内与美国进行军事争夺，走上了公开与美国争夺世界霸权的道路。两种制度、两个体系的对抗演化为两个超级大国的对抗与争夺。20 世纪 80 年代，苏联被长期的军事战略拖垮，其他社会主义国家的改革也遇到各种困难，80 年代末，东欧剧变，苏联解体，两制间对立对抗落下帷幕。

其二，全球化时代"两制关系"的态势更多的是寻求合作与交流。冷战结束之后，社会主义国家和资本主义国家间虽然仍是对立竞争的关系，资本主义国家也没有忘记其颠覆社会主义的基本立场，但与冷战时期相比，时代特点已经发生了根本性的变化。首先，由于全球化进程的加剧，过去以意识形态画线的完全隔离、互不来往的两个平行的市场整合为一个统一的世界市场，不同经济制度的国家被纳入到统一的全球经济体系中，两制竞争的重点由军事对抗、意识形态冲突转变为经济实力的较量，经济因素逐渐代替政治因素成为影响国际关系的主导因素，经济利益成为外交政策选择的主要依据。其次，和平与发展成为时代主题，科技进步日新月异，世界性的军事对抗力度大大下降，大国之间发生大战的可能性逐渐消失。虽然矛盾依然存在，有时可能还会更加激烈，但相互协调与合作趋势不断加强，"两制关系"更多的寻求政治、经济、文化等各方面的合作。再次，在全球化时代，世界各国普遍实行市场经济，共同参与世界市场竞争，任何一个国家的发展都不可能孤立于世界市场之外，国际劳动分工由垂直型为主变为水平型为主，不同制度国家都在国际分工体系中占有一席之地，资本主义需要社会主义广阔的市场，社会主义也需要资本主义先进的技术和管理经验，双方已不再是简单的联系、合作关系，而是相互交织、相互融合的关系。重发展、求和平已成为不同社会制度国家人民的共同愿望，此时的两制关系呈现出了两方面的特点：一是"两制国家"之间的交流与合作趋向积极、主动。"冷战"后世界进入相对稳定时期，资本主义国家通过改革，不断调整生产关系以适应生产力的发展，逐步缓和了矛盾，资本主义的政治、经济体制进一步完善和发展，运行机制更加完善，管理经验和方法更加成熟，生产力持续发展，短期内不可能走向灭亡；社会主义虽然经历了苏东剧变的重重困境，在实力上与资本主义相差甚远，但社会主义中国迅速崛起，成为世界一极，并保持着蒸蒸日上的势头，力量不容小觑。在这个日益以经济和科技实力为主导的时代，对话、交流与合作成为两制国家关系的主旋律，谈判、妥协、调解、建立共同遵守的国际制度越来越成为各国间处理矛盾、摩擦的主要方式，"两制"间逐渐形成利益"双赢"的新格局。二是"两制国家"之间虽有矛盾和斗争但形式上更为隐蔽和间接。从总体上看，在全球化时代，社会主义和资本主义的矛盾和冲突比冷战时期大大减少，合作是两制间的主流状态。但社会主义与资本主义本质上的不同决定了它们在融合的过程中必然会有矛盾和斗争，但这种矛盾和斗争与冷战前相比，形式上更为隐蔽和间接，不再是直接的、面对面的对抗和斗争，而是在经济合作中隐含着政治渗透，资本主义凭借其经济和科技优势，将经济、商业和贸易战作为新的斗争方式融入"超越遏制"战略中，并借助现代化的通讯设备和网络媒体对社会主义国家人民的文化生活进行渗透和控制等。

总之，在全球化时代，社会生产力超越国家界限迅速发展，双方在政治、经济、文化等各方面的联系日益增多，两制国家间交流与合作居于主导地位，双方的斗争与对抗处于隐性状态。经济全球化将促进不同社会制度国家间的经济合作，并进而促进不同社会制度国家间的政治和军事合作。同时，世界制度性安排、国际市场与国际机构的协调将进一步消除不同制度国家和谐交往的障碍，各国的政治经济活动将愈益按照国际条约、相互协定以及规范和惯例来运作，区域化经济集团意识形态色彩愈加淡化，全球逐渐趋向一体化。

（二）实力对比状况影响"两制关系"的发展趋向

1917年俄国十月革命的胜利，开辟了社会主义取代资本主义的新时代，也开创了社会主义与资本主义共处的世界新格局。经过近一个世纪的时代变迁，"两制关系"经历了从武装较量到战时同盟、从"冷战"对峙到"和平演变"与反"和平演变"较量的巨大变化。影响两制关系发生变化的因素很多，如意识形态上的分歧，国际环境的变化等，但其中双方实力对比状况的变化是极为重要的影响因素。总体来看，当社会主义与资本主义力量相当时，双方对世界政治影响力、经济控制力和文化主导力等方面的争夺就会较为激烈一些；而当双方实力相差悬殊时，处于弱势的一方一般会降低姿态，采取较为保守的方式来应对"两制关系"的危机。

众所周知，社会主义苏联建国之初，在世界上孤掌难鸣，为恢复发展落后经济，巩固新生政权，苏联努力同资本主义国家改善关系。为此，苏联主张立即停止战争，而为了从战争中抽身出来，苏联不得不对帝国主义妥协：

1918 年 3 月 3 日，苏俄同德奥集团签订了《布列斯特和约》，正式退出了战争，根据这一条约使苏俄失去包括波兰、立陶宛、白俄罗斯和拉脱维亚的部分地区以及卡尔斯、巴统和阿尔达甘地区在内的大片土地；红军也从芬兰、乌克兰和爱沙尼亚撤离。[①] 同时，为了打破外交僵局，推进同资本主义国家关系的正常化，苏联放低姿态，对资本主义各国做出了友好举动，把和平共处原则作为苏俄处理与资本主义国家关系的基本原则，1921 年 12 月 28 日，苏维埃政府向英、法、美、意、日五国政府发出照会，表示愿意偿还 1914 年前沙俄政府所借的外债，条件是各大国承认苏俄，并与苏俄缔结全面和约向苏俄提供贷款。1922 年 4 月 10 日，热那亚会议召开，苏联代表契切林阐明了苏联的外交政策，即苏联愿意"在互利、平等和充分的、无条件的相互承认的基础上"，同所有国家的政府和贸易界建立务实的外交和商贸关系。在苏联的努力下，到了 1925 年，德国、英国、意大利等 25 个国家先后与苏联建立了外交关系，社会主义与资本主义之间的关系有所缓和，苏联获取了恢复和发展经济的喘息之机。此后，资本主义国家经历了一场大危机，1929 年 10 月，美国华尔街证券交易所崩溃，股价的暴跌引起了信用恐慌和金融危机，美国市场崩溃，美国经济持续萧条，这一萧条迅速席卷了整个资本主义世界，资本主义各国均发生了深刻的社会危机和政治动荡。苏联则利用西方经济危机之机大量引进和利用西方的资金、技术和人才，大力发展本国机器制造业，以重工业带动苏联经济发展，促进了国民经济的飞速增长，于 1936 年实现社会主义工业化。随着苏联经济实力的增强，资本主义各国感到了不同程度的恐慌。因此，当德日法西斯势力发动法西斯战争，资本主义国家意识到必须联合苏联共同对抗时，也仍然心存侥幸，希望借助法西斯的力量消灭苏联。因此，在战争初期，英法等欧洲国家对法西斯的侵略行径推行"绥靖"政策，将祸水东引。苏联为避免过早卷入战争，也调整了自己的外交政策，于 1939 年 8 月 23 日和 1941 年 4 月 13 日分别与德国和日本签订了《苏德互不侵犯条约》和《苏日中立条约》，为了构筑自己的"东方防线"，苏联还伙同德国瓜分了波兰、与芬兰开战、吞并波罗的海三国、占领多瑙河下游地区等。可以说，此时的社会主义苏联与资本主义国家各怀心

---

① 德国战败后，苏联宣布此条约无效。

事、各自为战。虽然后来面对法西斯这一强大的敌人而不得不寻求合作，但双方十分清楚，这种战时合作只是权宜之计，是一种既联合又斗争的暂时的妥协性政策。

第二次世界大战结束之后，资本主义与社会主义的力量均发生了巨大变化：从资本主义力量来看，昔日的强国德国、意大利和日本被彻底击溃；战胜国英法两国由于在战争中遭受巨大损失，沦为二流国家，不能再在欧洲和世界舞台上发号施令；唯独美国本土远离战场，还借机大发战争横财，国力得到空前加强，成为世界经济、军事强国，一跃成为资本主义阵营的霸主。从社会主义力量来看，反法西斯战争的胜利使苏联在国际上的地位和影响明显增强，社会主义的威望得到极大提高，社会主义由一国扩展到多国，社会主义阵营粗具规模。"两制关系"表现为两大阵营的关系，双方在政治、经济、军事等各个方面展开了全面争夺和对抗，世界进入冷战时代。在此后40多年中，社会主义和资本主义的实力互有消长，进入漫长的拉锯战状态，双方在你攻我守、你守我攻的状态中不断发生变化：20世纪60年代，社会主义力量相对较弱，社会主义阵营在此期间也发生了分裂，赫鲁晓夫提出了"和平过渡、和平竞赛、和平共处"的"三和"路线，在与美国的争斗中明显处于守势；20世纪70年代，经过长期的扩军备战，苏联成为世界军事超级大国，并进一步使国民经济军事化，军事实力大大增强，其称霸世界的野心也随之增长，在全球范围内与美国展开了全面争夺，双方在中东、南亚、印度支那、阿富汗、非洲等世界各地展开激烈争夺，美国受到来自苏联方面的强大压力，不得不进行战略收缩；20世纪80年代，苏联的疯狂扩军备战劳民伤财，国力大衰，其他社会主义国家的改革也不同程度的遇到了困难，资本主义国家则借第三次科技革命之力迅速发展经济，美国又从守势转为逼迫苏联在各个领域全面让步，直至东欧剧变、苏联解体，社会主义力量大大削弱，社会主义与资本主义之间的实力均衡状态被打破。

"冷战"结束之后，一些社会主义国家像多米诺骨牌一样纷纷瓦解，传统左翼受到巨大的冲击，世界上只剩下了中国、老挝、越南、朝鲜、古巴五个社会主义国家，社会主义力量被大大削弱，发达国家的共产党也大多改头换面，有的甚至偃旗息鼓，宣布解散，社会主义的发展陷入低潮期，在与资本主义的竞争中明显处于劣势。失去了社会主义力量的强大抗衡之后，西方国家的政治也出现了普遍的右倾之势，左翼力量难有作为。因此，在冷战后的 20 多年中，社会主义与资本主义之间多方合作居多，正面冲突较少，两制间关系相对较为缓和。在经济全球化条件下，两种制度之间的隐性矛盾更加复杂，在社会主义力量远不及资本主义力量强大的前提下，社会主义国家必须联合尽可能多的朋友，结成最广泛的统一战线，在与资本主义展开广泛合作的主基调下，与资本主义展开有理有利有节的斗争，争取社会主义建设和发展的有利形势。

（三）不同时代采取不同对策："两制关系"发展的基本策略

"冷战"结束后，两制并存、竞争共处成为"两制关系"的常态。社会主义和资本主义的这种长期共存、和平竞争、互相借鉴、共同发展的基本状况，将是 21 世纪人类历史发展的主线。但社会主义与资本主义毕竟是根本性质不同的两种社会制度，双方在政治、经济和意识形态上存在着根本的对立，在世界经济市场化、科技化、全球化的进程中，两制的这种对立、斗争依然存在，只是内容和形式发生了变化。社会主义国家要想在和平与发展为主题的全球化新时代取得对资本主义的优势，必须根据新的社会形势来广泛探讨社会主义与资本主义两种制度对立、斗争、共处、发展中的一些规律性问题，顺应时代潮流，确立新的战略和策略，以应对"两制关系"的新发展。

其一，经济上，在保证经济自主权的基本前提下，社会主义国家需要大胆吸收利用资本主义先进文明成果。资本主义经历了几百年的发展历程，形成了许多先进的文明成果，这是社会主义国家在建设过程中不可回避的，社会主义国家要想超越资本主义的发展阶段，必须自觉地有选择地利用资本主义，而且只有敢于和善于利用资本主义，才能更好更快地建设社会主义。社会主义要取得相对于资本主义的生产力优势，不借助世界市场的力量已经被历史证明是不能成功的。资本主义国家的资金、技术、现代的机器设备等硬件要素和适应现代化、社会化大生产的先进管理经验、管理方法、经营方式等软件要素，都是人类文明成果的一部分，这类成果无阶级性，不是区别基本制度的标志，不论是无产阶级、社会主义制度，还是资产阶级、资本主义制度，都可以利用，尤其是当代资本主义代表着人类进步的一个阶梯，是人类社会发展的重要阶段，西方发达资本主义国家积淀着迄今为止人类文明发展的丰厚成果。社会主义的坚固大厦只有在人类社会特别是资本主义社会所积累的文化遗产基础上才能建筑起来，而社会主义利用资本主义只是一种手段，目的在于赶上并超越资本主义。①

其二，政治上，坚持社会主义的基本立场与观点，反对霸权主义和强权政治。经济全球化的发展并没有使社会主义与资本主义之间的对立和矛盾消失，反而进一步加重了资本主义与社会主义讨价还价的砝码，资本主义国家往往将经济问题与政治问题挂钩，利用社会主义国家对资本主义国家的经济需求对其施加政治压力，迫使其做出让步，以达到资本主义相关的政治目的。资本主义国家仍然坚持颠覆社会主义的基本立场，继续实行对社会主义的"分化"和"西化"政策，尤其是近些年来，西方政要大谈"人权高于主权"、"人权无国界"、"主权有限论"和"主权过时论"等，以人权问题为借口对别国内政横加干涉。这种人权高于主权的意识形态已经变成西方国家干涉别国内政的冠冕堂皇的借口，事实上，"新干涉主义"只不过是给霸权主义和强权政治披上了一层迷惑人的外衣。这种新霸权主义和强权政治的存在，使社会主义国家的现代化建设仍然面临着来自国际上的各种干扰和挑战。

同时，经历了两次世界大战的洗礼之后，资本主义国家也逐渐认识到，用强硬的战争手段消灭社会主义几乎是不可能的，便转而对社会主义实行迂回包抄路线，即对社会主义实行和平演变战略，采用技术交流、文化交往等除战争以外的所有方式对社会主义国家进行经济、政治、文化、思想、宗教等各方面的渗透，尤其是利用其在全球化中的优势地位和工业化、现代化的示范效应来规范社会主义现代化进程，影响社会主义国家人们的心理、行为方式，进而用资本主义的多党制和议会制取代共产党的领导和人民民主的国家制度，最终在无形中消灭社会主义，"打一场没有硝烟的战争"，实现资本主义一统天下的局面。这种政治图谋使本来就处于防御状态的社会主义国家在前进中遇到了更多的困难。

新中国成立以来，我们提出了和平共处五项原则、独立自主的和平外交政策、建立国际政治经济新秩序等主张，一贯主张在求和平、促发展的前提

---

① 李明斌：《冷战时期社会主义国家处理两制关系的经验教训》，《社会主义研究》2009 年第 1 期，第 132 页。

下与资本主义国家发展友好合作关系，反对一切形式的霸权主义和强权政治。如今，中国作为世界上最大的社会主义国家，既是维护世界和平的重要力量，也是促进共同发展的积极因素，为世界的和平与发展做出了巨大的贡献。但自 1989 年以后，西方国家把中国视为社会主义的"最后一个堡垒"，将中国列为"和平演变"的重点和难点。西方许多国家协调一致，找各种借口对中国进行指责和刁难，甚至对中国实行经济"制裁"，阻碍中国经济的发展和政治影响力的提升。面对如此严峻的形势，我们要想在这场"没有硝烟的战争"中取得胜利，就必须首先坚持社会主义的改革方向，转变发展方式、优化产业结构、增强自主创新能力，搞好经济建设，发展社会主义的生产力，强化反"和平演变"的物质条件，使人们切实体会到社会主义优越于资本主义不是只停留在口头上，而是让人们能真正从中获益。其次要加强党的自身建设，提高党的执政能力和执政水平，这是防止"和平演变"的关键。另外，对党的各级干部和广大人民群众应当经常地、深入地进行马克思主义的宣传和教育，把反渗透、反颠覆、反"和平演变"作为思想政治工作的内容，作为社会主义精神文明建设的战略任务来抓，这是防止"和平演变"的重要思想武器。

其三，文化上，大力发展和繁荣社会主义先进文化，坚决反对资本主义的文化侵蚀。随着时代的发展，文化已经成为推动经济与社会全面发展的精神动力和智力支持，成为综合国力的重要组成部分。一个国家与民族强大与否，既取决于其经济、科技、军事等硬实力，也取决于以文化和意识形态吸引力体现出来的"软实力"。"文化实力和竞争力是国家富强、民族振兴的重要标志。"① 在信息时代，"软实力"正变得比以往更为突出。正因如此，两种性质不同国家之间在文化上的竞争不可避免。在资本主义国家看来，西方的民主、自由和人权的价值观具有"普世性"，西方有责任和义务来维护和捍卫这种价值观，世界文明应当以西方为中心。在此基础上，资本主义国家还提出了"文明冲突论"，即认为世界冲突的根源在于不同文化之间存在着冲突，异文明间的种族暴力冲突升级是十分危险的，一旦失控还有可能导

---

① 胡锦涛：《坚定不移沿着中国特色社会主义道路前进　为全面建成小康社会而奋斗——在中国共产党第十八次全国代表大会上的报告》，人民出版社 2012 年版，第 33 页。

致世界大战，为维护世界和平，应当用西方的先进文明代替其他国家的落后文明。而为将资本主义的思想、道德和教育、文化、艺术等精神文明成果向全世界广泛推广，资本主义各国不惜采用包括使用武力在内的各种手段，对社会主义国家人民的文化生活进行系统的渗透和控制，试图动摇人们对社会主义的理想信念，占领社会主义国家的思想阵地，最终实现资本主义的思想文化、价值观念和生活方式一统天下的局面，很多资本主义国家更是将这种文化扩张与经济活动直接结合在一起，如在世界各地发展零售业、快餐店；将其文化产品，如电影、电视、音乐、书籍和电脑软件等大量销往社会主义国家等，以影响社会主义国家人民的生活方式和生活观念，进而影响其政治和经济生活。而信息网络技术的发展又为资本主义文化的传播插上了翅膀，资本主义利用其雄厚的财力和系统的组织，通过其在多媒体、互联网、卫星电视等现代化通信工具上的强大优势，在全球广泛宣扬资本主义的思想文化，将资本主义的民主主义和市场经济作为普遍原理在全球广泛推广。此外，资本主义国家近些年来还十分注重通过人员的交流来传播资本主义的生活方式和意识形态，设立各种优惠条件吸引大批社会主义国家的优秀人才出国留学，以增强他们对资本主义文化的认同感和向往度，动摇其对社会主义的信心和决心。

作为发展中的社会主义大国，中国也采取了系列措施以推动文化外交，相继在全球各地建立了390多所孔子学院、500多个孔子课堂，与160多个国家和地区开启了中外文化交流，"中国文化节"走进50多个国家。[①] 既立足本国实际，又要放眼世界，既坚持与时俱进，又不忘记优秀文化传统。在批判中吸收古今中外一切优秀文化成果，形成既有民族特色又富有时代精神的中华文化，在文化外交中扩大中国在世界文明中的影响力，不断消解西方发达国家文化霸权对我国文化发展的消极影响，保障文化安全，为中国的和平发展创造有利条件。

其四，超越意识形态，在全方位合作中寻求共赢。以社会主义和资本主义两种制度的矛盾斗争为主要标志的意识形态的对立，是20世纪人类历史发展的一大特点。然而，不论是资本主义国家还是社会主义国家都为此付出

---

① 王斯敏、甄澄：《文化自信：推动文化大发展大繁荣》，《光明日报》2012年11月2日。

了重大的代价，尤以社会主义国家为甚。① 历史上，社会主义国家曾把意识形态置于国家利益之上，拒绝向资本主义学习，认为向资本主义学习就是崇洋媚外，极大地阻碍了社会主义国家经济的发展。社会主义与资本主义近百年的关系史表明，社会制度和意识形态的不同，以及发展战略和生活方式的差别，是当今国际社会的客观存在，而且将是一个长期存在的历史现象，它不应该成为发展国家间关系、开展相互交往的障碍。因此，在全球化时代，制定对外政策时，既要坚决放弃以社会制度和意识形态画线的做法，又要坚决反对别的国家以社会制度和意识形态画线的做法。要尊重世界的多样性，坚持求同存异，不搞社会制度和意识形态争论，不干涉别国所选择的社会制度，也反对别国干涉自己国家对社会制度的选择。考虑国与国之间的关系，要坚持"以自己的国家利益为最高准则"，"主要应该从国家自身的战略利益出发。着眼于自身长远的战略利益，同时也尊重对方的利益，不去计较社会制度和意识形态的差别。"② 即社会主义国家和资本主义国家在追求各自利益的同时，要考虑到对方的利益，当双方利益有所冲突时，应当摒弃意识形态上的分歧，通过谈判、妥协，相互做出必要的让步，最终达成双方都能接受的、具有全局利益和长远利益的协议和共识，以促进全球的共同发展。

如今，经济全球化的加速发展为社会主义与资本主义和平共处提供了稳定性和长期性的客观条件，对社会主义国家来说应该是和平建设的难得机遇。社会主义国家应当抓住机遇，迎头赶上，拥有赶超资本主义的旺盛生命力，才能赢得相对于资本主义的比较优势。在这个崭新的全球化时代，不同制度的国家间存在着越来越多的共同的或相关的利益，两大社会制度、两种意识形态由相互封锁、排斥变为相互开放、学习，寻求利益"双赢"的新格局，在这一背景下，需要各国抛却意识形态束缚，在相互学习和相互借鉴中获取各自的最大利益。在这一过程中，任何一个国家也不应该自行其是，或将自己的意志强加给别的国家，要在尊重对方合理利益和要求的基础上，做出妥协，尽可能地达到双方寻求的目的。

---

① 李昭公：《世界经济发展新趋势与一球两制关系的新变化》，《当代世界与社会主义》2000 年第三期，第 30 页。

② 邓小平：《在武昌、深圳、珠海、上海等地的谈话要点》，《邓小平文选》第三卷，人民出版社1993 年版，第 348 页。

世界经济发展的实践已经表明，世界各国的经济发展越来越离不开各国的通力合作与努力，世界经济形势的变化将在越来越大的程度上影响各国经济形势的变化。作为全球经济链条中的不同环节，任何国家的缺失，都会使全球经济发生变异，都会造成"一损俱损"的不利局面。发达资本主义国家如果不与社会主义国家联系，其资本的投向、市场的扩展都会无所依托；社会主义国家如果不与资本主义国家交往，就难以改变技术、资金、管理等方面的落后状况，失去后来居上的前提和契机。全球性问题的愈益严重也要求不同社会制度的国家用新的思维模式重新认识世界并达成相关全球性共识，真诚合作，采取共同行动。因此，各国都应当摒弃冷战思维，通过公平、有效的安全机制，以协商、谈判的方式和平解决国际争端或地区冲突，才能有效维护世界的和平与安全，也只有世界各国携起手来，加强合作，才能成功应对恐怖主义、传染病、环境污染、自然灾害等人类面对的共同课题。各国应把国家利益作为对外关系的最高准则，不以社会制度和意识形态画线，我们"应尊重各国的历史文化、社会制度和发展模式，承认世界多样性的现实。世界各种文明和社会制度，应长期共存，在竞争比较中取长补短，在求同存异中共同发展。"① "以各国人民的根本利益为重，不计较社会制度和意识形态的差别，在和平共处五项原则的基础上，扩大共同利益的汇合点，妥善解决分歧。"②

当今世界，和平与发展虽然已经成为时代的主题，但世界上仍然存在着许多不稳定因素，旧的不合理的经济政治秩序还在发挥作用，西方国家凭借经济科技方面的领先地位，继续推行霸权主义和强权政治，"冷战"时期社会主义与资本主义两种政治制度和意识形态的对立已经转化为冷战后和平发展与民主人权之间的对立，各国之间的发展竞争越来越激烈，民族、种族、宗教矛盾凸显出来。尤其是近些年来，以美国为首的西方资本主义大国肆无忌惮地搞"新干涉主义"，大肆以各种冠冕堂皇的借口干涉别国内政，给世界安定与和平带来了巨大的威胁，作为世界上最大的社会主义国家，我们

---

① 江泽民：《在庆祝中国共产党成立八十周年大会上的讲话》，《中国教育报》2001 年 7 月 1 日，第 1 版。

② 江泽民：《全面建设小康社会，开创中国特色社会主义事业新局面——在中国共产党第十六次全国代表大会上的报告》，《人民日报》2002 年 11 月 8 日，第 1 版。

"将长期面对西方敌对势力西化、分化的政治图谋。"① 资本主义各国还把社会主义中国作为最大的敌人，我们需要作出及时应对：政治上要加强执政党建设，提高党的执政能力和执政水平，建立一个廉洁、高效的政府；经济上要转变经济增长方式，加大科研投入力度，促进经济快速发展；意识形态上要及时调整，牢牢掌握意识形态斗争的主动权。

　　总之，经过近百年的磨合，资本主义与社会主义两大社会制度之间的关系已经进入了一个新的历史发展阶段，在这一阶段，两大制度的依存性增强，竞争性隐性化、复杂化。双方都应综合考虑时代的特点和彼此的实力对比状况，采取相应的应对策略，社会主义国家更要审时度势，在坚持自身政治、经济自主权的前提下，大胆与资本主义国家全面合作，在全球化浪潮中趋利避害，充分利用两个市场、两种资源，在与资本主义的竞争中取得最后的胜利。

四、"本质对立"与"发展合作"的辩证统一

　　在总结社会主义与资本主义"两制关系"发展规律时，有一个规律不可忽视，那就是"本质对立"与"发展合作"的辩证统一。这一方面是由于社会主义与资本主义双方的价值目标和运行机制的不同使之对立与生俱来；另一方面，由于历史发展的跳跃性，社会主义首先诞生于经济文化较落后国家，无论是在生产力发展水平上还是在社会发展的完善程度上都还比较落后，在"两制并存"条件下，双方之间的合作不可逾越。对此，忽视任何一个方面，都会导致社会主义自身发展的曲折和艰难。

（一）跨越资本主义制度的"卡夫丁峡谷"："两制关系"本质对立与发展合作的历史渊源

　　社会主义与资本主义"本质对立"与"发展合作"的辩证统一规律，源自社会主义发展进程中对资本主义制度"卡夫丁峡谷"② 的跨越。我们这

---

① 胡锦涛：《在省部级主要领导干部学习贯彻"三个代表"重要思想专题研讨班上的讲话》，《求是》2004 年第 1 期。

② ［德］马克思：《给维·伊·查苏利奇的复信（初稿)》，《马克思恩格斯选集》第 3 卷，人民出版社 1995 年版，第 770 页。

里所说的"跨越",包含理论和实践两个层面的内涵。

从理论层面来说,跨越资本主义制度的"卡夫丁峡谷"是1881年马克思在《给维·伊·查苏利奇的复信(初稿)》中提出来的。在马克思看来,当时的俄国是在全国范围内把"农业公社"保存下来的欧洲唯一国家。其发展趋势有两种选择:或者是它所包含的私有制因素战胜集体因素,或者是后者战胜前者。对于其中任何一种,都必须有完全不同的历史环境。而就当时俄国的"农业公社"来说,土地公有制使它有可能直接地、逐步地把小土地个体耕作变为集体耕作,成为构成集体生产和集体占有的自然基础。一方面,土地公有制使它有可能直接地、逐步地把个体耕作转化为集体耕作,俄国土地的这种天然地势适合于大规模地使用机器。农民习惯于劳动组合关系,这有助于他们从小地块劳动向合作劳动过渡。另一方面,与控制着世界市场的西方生产同时存在,就使"俄国可以不通过资本主义制度的卡夫丁峡谷,而把资本主义制度所创造的一切积极的成果用到公社中来"。① 而能否实现这一跨越,在马克思恩格斯看来,必须具备下列条件:第一,俄国农村公社不被破坏,能在全国范围内继续保存下来,并使集体劳动在农业本身中能够代替小地块劳动。即"首先必须排除从各方面向它袭来的破坏性影响,然后保证它具备自然发展的正常条件"。② 第二,必须有俄国革命,使农村公社不再受专制国家的压迫,并给西方的工人运动以新的推动,为它创造新的更好的斗争条件,从而加速现代工业无产阶级的胜利。第三,必须有西欧资本主义国家无产阶级革命的胜利以及与之俱来的以社会管理的生产代替资本主义生产,这是俄国公社上升到同样的阶段所必需的先决条件。

从理论上分析,马克思恩格斯关于俄国公社能否实现"跨越"资本主义制度"卡夫丁峡谷"的设想,是有明确的前提条件和具体环境限定的。其内涵与他们早年关于社会主义"同时胜利"的理论设想的前提条件是一致的,不同的只是由早期的西方发达国家的同时胜利发展为东西方无产阶级革命的互相补充。早在1847年恩格斯在《共产主义原理》中曾指出:"共

---

① 〔德〕马克思:《给维·伊·查苏利奇的复信(初稿)》,《马克思恩格斯选集》第3卷,人民出版社1995年版,第765页。

② 〔德〕马克思:《给维·伊·查苏利奇的复信(初稿)》,《马克思恩格斯选集》第3卷,人民出版社1995年版,第775页。

产主义革命将不是仅仅一个国家的革命，而是将在一切文明国家里，至少在英国、美国、法国、德国同时发生。"① 在他们看来，"现代社会主义，就其内容来说，首先是对现代社会中普遍存在的有财产者和无财产者之间、资本家和雇佣工人之间的阶级对立以及生产中普遍存在的无政府状态这两个方面进行考察的结果。"② 随着资本主义社会化的发展，生产力与生产关系、经济基础与上层建筑之间矛盾的激化，阶级斗争的尖锐，爆发革命将不可避免。促使马克思恩格斯思想发生变化的因素主要有两个方面：一方面，马克思恩格斯晚年通过对人类学、历史学等资料的研究，使他们发现了东方的"亚细亚生产方式"与西方私有制社会长期并存、独立发展的特殊性，认识到在前资本主义社会历史发展的进程中，存在着"自由的小土地所有制解体，以及以东方社会为基础的公共土地所有制解体"③ 两条不同的社会发展道路。当西方的原始公社瓦解后，大体上经历了奴隶制、封建制、资本主义制社会的时候，在东方社会却保留着农村公社的土地公有制，并与西方社会同时并存。这种特殊性就预示着东方近代有可能走一条不同于西方社会的发展道路。另一方面，晚年的马克思清楚地看到，西方资本主义殖民活动给东方国家带来的并不是多大的进步，而是使它陷入深重苦难。同时西方的资本主义正经历着危机，"不论是在西欧，还是在美国，这种社会制度现在都处于同科学、同人民群众以至同它自己所产生的生产力本身相抗争的境地。"④ "这种危机只能随着资本主义的消灭，随着现代社会回复到'古代'类型的公有制而告终"。⑤ 而俄国的农村公社"是俄国社会新生的因素和一种优于其他还处在资本主义制度奴役下的国家的因素。"⑥ 因此，从理论上说，俄

---

① ［德］恩格斯：《共产主义原理》，《马克思恩格斯选集》第 1 卷，人民出版社 1995 年版，第 241 页。

② ［德］恩格斯：《社会主义从空想到科学的发展》，《马克思恩格斯选集》第 3 卷，人民出版社 1995 年版，第 719 页。

③ ［德］马克思：《政治经济学批判（1857—1858 年草稿）》，《马克思恩格斯全集》第 46 卷（上），人民出版社 1980 年版，第 471 页。

④ ［德］马克思：《给维·伊·查苏利奇的复信（初稿）》，《马克思恩格斯选集》第 3 卷，人民出版社 1995 年版，第 762—763 页。

⑤ ［德］马克思：《给维·伊·查苏利奇的复信（初稿）》，《马克思恩格斯选集》第 3 卷，人民出版社 1995 年版，第 763 页。

⑥ ［德］马克思：《给维·伊·查苏利奇的复信（初稿）》，《马克思恩格斯选集》第 3 卷，人民出版社 1995 年版，第 762 页。

国农村公社"可以通过发展它的基础即土地公有制和消灭它也包含着的私有制原则来保存自己；它能够成为现代社会所趋向的那种经济制度的直接出发点，不必自杀就可以获得新的生命；它能够不经历资本主义制度（这个制度单纯从它可能延续的时间来看，在社会生活中是微不足道的），而占有资本主义生产使人类丰富起来的那些成果。"①

　　问题探讨到这里我们需要强调的是，在马克思恩格斯看来，如果没有西方无产阶级革命的胜利和先进生产力的援助，"目前的俄国无论从公社那里还是从资本主义那里，都不可能达到社会主义的改造。"② 在他们看来，高度发达的社会生产力是未来新社会的物质前提，如果没有生产力的发展，"那就只会有贫穷、极端贫困的普遍化；而在极端贫困的情况下，必须重新开始争取必需品的斗争，全部陈腐污浊的东西又要死灰复燃。"③ 由此我们可以推论，理论上马克思恩格斯关于"跨越"设想实现后的社会主义与其早年"同时胜利"实现的社会主义的特征和内涵是一样的，两种设想达到的目标是共同的。由此而建立起来的社会主义与资本主义的关系，理应是纵向的前后相继的扬弃与发展的关系，不存在横向的"本质对立"与"发展合作"的复杂关系。

　　而通过无产阶级革命或人民战争相继在俄国、中国以及东欧等国家建立的人民民主政权，及其后来建立的社会主义制度，都是在没有经过资本主义的充分发展基础上走上社会主义道路的。对此，我们可以称之为实践上的"跨越"。这种实践上的"跨越"与理论上的"跨越"最大的不同在于：这些国家无产阶级革命的起点和终点都不同于马克思恩格斯"跨越"设想的前提条件和内容规定。一方面，革命前无论是俄国还是中国，都不存在马克思恩格斯"跨越"设想所说的那种俄国公社土地所有制形式。十月革命前，俄国已"进入了资本主义时代，从而也进入了土地公有制迅速灭亡的时

　　① ［德］马克思：《给维·伊·查苏利奇的复信（初稿）》，《马克思恩格斯选集》第3卷，人民出版社1995年版，第767页。
　　② ［德］恩格斯：《〈论俄国的社会问题〉跋》，《马克思恩格斯选集》第4卷，人民出版社1995年版，第451页。
　　③ ［德］马克思、恩格斯：《德意志意识形态（节选）》，《马克思恩格斯选集》第1卷，人民出版社1995年版，第86页。

代"①，成为小农土地私有制的汪洋大海。近代中国则是一个以封建地主私有制和极其分散的个体农民为主的社会。这就缺乏理论"跨越"设想所说的"直接过渡到高级的共产主义的公共占有形式"②的内在基础和前提。另一方面，革命胜利后并未得到西方无产阶级革命胜利的互相补充以及与之俱来的以公共管理的生产代替资本主义生产所提供的向社会主义过渡的必要条件。

在这种情况下，社会主义对资本主义的一切优秀成果的吸收和利用就异常艰难。因为就其本质来说，社会主义是资本主义的替代物，资本主义视社会主义为异端，两者势不两立，这已经被十月革命胜利后资本主义国家对苏维埃俄国的武装包围以及第二次世界大战后资本主义阵营与社会主义阵营冷战对峙的事实所证明；但就现实社会主义诞生的环境和条件来看，其经济文化落后的状态以及其实践上的"跨越"与理论上的"跨越"之差距，又决定了它要想生存和发展，就必须要积极吸取人类社会创造的、包括资本主义社会创造的一切文明成果。从这个角度考虑，与资本主义的合作又是必需的。

（二）全球化条件下的"两制并存"："两制关系"本质对立与发展合作的现实基础

现实社会主义与资本主义"两制关系"本质对立与发展合作的辩证统一规律，不仅根源于社会主义诞生的历史条件，还存在和发展于全球化条件下"两制并存"的现实之中。

就其本质对立来说，由于历史发展的跳跃性，社会主义首先诞生于经济文化较落后国家后，实践上对资本主义制度"卡夫丁峡谷"的跨越并没有出现理论上"跨越"所设想的东西方无产阶级革命互相补充的局面，世界形成了"两制并存"的局面，并且居于强势的资本主义国家还一度联合起来对社会主义国家进行武装干涉，此时两种制度、两种意识形态的对立和斗争表现得异常剧烈。并且这种对立与斗争的动因又是来自于两个方面：

---

① ［德］恩格斯：《〈论俄国的社会问题〉跋》，《马克思恩格斯选集》第4卷，人民出版社1995年版，第444页。

② ［德］马克思、恩格斯：《共产党宣言》，《马克思恩格斯选集》第1卷，人民出版社1995年版，第251页。

　　一方面来自于资本主义体系。当社会主义运动刚刚萌芽时就被视之为"幽灵",并且"为了对这个幽灵进行神圣的围剿,旧欧洲的一切势力,教皇和沙皇、梅特涅和基佐、法国的激进派和德国的警察,都联合起来了"。[①]十月革命胜利后,欧洲资本主义国家更是视社会主义为洪水猛兽,14 个国家联合对苏维埃政权进行了武装围剿,试图把社会主义扼杀在摇篮之中。第二次世界大战后,社会主义由一国发展到多国的局面,更使资本主义世界恐慌不安,从而使之交替采用了冷战和局部热战的手段,以遏制所谓的"共产主义"的扩张。从 1946 年 3 月丘吉尔的"铁幕演说"以及 1947 年 7 月乔治·凯南在美国《外交季刊》上发表题为《苏联行为的根源》正式提出"遏制理论"后,英、美等资本主义国家为遏制社会主义的发展无不用尽冷战思维和伎俩。可以说,"在整个 20 世纪,没有任何一个资本主义国家不把对付马克思主义及其政党作为自己的重要任务。第二次世界大战之前,德国资产阶级政府曾对德国共产党进行过疯狂的镇压。第二次世界大战之后,美国政府开始在国内到处搜捕共产党分子,并把此作为关系国家安全的重要任务。后来还推出国门,把数十万美国士兵送往大洋彼岸"[②],相继发动了朝鲜战争和越南战争。尽管时至今日,国内外关于朝鲜战争和越南战争的评论仍意见不一,但历史上两种制度、两种意识形态激烈对抗的事实已载入史册。不仅如此,当资本主义国家对社会主义国家的军事围攻和经济封锁相继失效后,又抛出了所谓"和平演变"战略,采取战争以外的方式,通过政治的、经济的、思想的、文化的以及宗教的各种途径,运用资产阶级的民主、自由和人权对社会主义国家进行渗透和干涉,试图改变这些国家的社会制度和政治发展方向,逐步实现经济私有化、政治多元化、文化和价值观念西方化,从社会主义国家内部搞演变,以达到推翻共产党的领导、搞垮人民政权为目标的策略,即把"和平演变"作为对付社会主义国家的主要策略原则。[③] 从杜勒斯的"解放政策"到肯尼迪的"一手抓橄榄枝、一手抓箭"

---

　　① ［德］马克思、恩格斯:《共产党宣言》,《马克思恩格斯选集》第 1 卷,人民出版社 1995 年版,第 271 页。

　　② ［英］梅格纳德·德赛:《马克思的复仇——资本主义的复苏和苏联集权社会主义的灭亡》(译者前言),汪澄清译,中国人民大学出版社 2008 年版,第 3—4 页。

　　③ 李崇富:《〈美国之音〉的表演与"和平演变"策略》,《人民日报》1989 年 7 月 9 日。

的"和平战略"，再到卡特的"人权外交"、尼克松的"不战而胜"、老布什的"超越遏制"等等，无不凝聚着资本主义国家的政治精英们千方百计搞垮社会主义国家的险恶用心，也昭示了社会主义与资本主义对立与斗争的尖锐性和复杂性。"和平演变"的惯用手段一是攻击社会主义制度，渲染夸大社会主义的困难和曲折，煽动对社会主义的失望感和对共产党的不满情绪；二是鼓吹"经济自由化"、"政治多元化"、"民族自治化"，以挑起社会主义国家内部动乱。人们记忆犹新的苏联解体、东欧剧变的悲剧，在很大程度上无不是西方国家"和平演变"推波助澜的结果。

　　另一方面，从社会主义体系来看，在其创始人马克思恩格斯的经典著作里，社会主义是作为资本主义的对立面出现的，在他们看来，"共产主义是私有财产即人的自我异化的积极的扬弃，因而也是通过人并且为了人而对人的本质的真正占有；因此，它是人向自身的、向社会的（即人的）人的复归，这种复归是完全的、自觉的而且保存了以往发展的全部财富的……它是人和自然界之间、人和人之间的矛盾的真正解决，是存在和本质、对象化和自我确证、自由和必然、个体和类之间的斗争的真正解决。"① 也就说，马克思把共产主义视为资本主义积极扬弃的结果。因为"在资产阶级社会里，活的劳动只是增殖已经积累起来的劳动的一种手段。在共产主义社会里，已经积累起来的劳动只是扩大、丰富和提高工人的生活的一种手段。因此，在资产阶级社会里是过去支配现在，在共产主义社会里是现在支配过去。"② 所以，"共产主义革命就是同传统的所有制关系实行最彻底的决裂"③，消灭剥削和压迫，消灭阶级对立存在的条件，"代替那存在着阶级和阶级对立的资产阶级旧社会的，将是这样一个联合体，在那里，每个人的自由发展是一切人的自由发展的条件。"④ 在马克思恩格斯看来，共产主义（社会主义）

---

　　① ［德］马克思：《1844 年经济学哲学手稿》，《马克思恩格斯全集》第 42 卷，人民出版社 1979 年版，第 120 页。

　　② ［德］马克思、恩格斯：《共产党宣言》，《马克思恩格斯选集》第 1 卷，人民出版社 1995 年版，第 287 页。

　　③ ［德］马克思、恩格斯：《共产党宣言》，《马克思恩格斯选集》第 1 卷，人民出版社 1995 年版，第 293 页。

　　④ ［德］马克思、恩格斯：《共产党宣言》，《马克思恩格斯选集》第 1 卷，人民出版社 1995 年版，第 294 页。

社会是对资产阶级社会的辩证否定，并且认为这种否定是一种历史的必然。因为，生产力与生产关系的矛盾运动是推动人类社会发展的基本动力。而在资本主义社会，生产力与生产关系的矛盾则表现为生产资料的私人占有与社会化大生产的矛盾。生产的不断变革，一切社会状况不停的动荡，永远的不安定和变动，是资产阶级时代不同于过去一切时代的地方。资产阶级日甚一日地消灭生产资料、财产和人口的分散状态。它使人口密集起来，使生产资料集中起来，使财产聚集在少数人的手里。建立了自由竞争以及与自由竞争相适应的社会制度和政治制度、资产阶级的经济统治和政治统治。但随着大工业的发展，资产阶级的生产关系和交换关系，资产阶级的私有制关系，这个曾经仿佛用法术创造了如此庞大的生产资料和交换手段的现代资产阶级社会，则像一个魔术师一样不能再支配自己用法术呼唤出来的魔鬼了。此时，"资产阶级的灭亡和无产阶级的胜利是同样不可避免的。"① 而通过无产阶级革命建立起来的共产主义（社会主义）社会与资产阶级社会，无疑是水火不容的对抗关系。从实践上来看，无论是在苏联一国建设社会主义时期，还是在二战后一系列社会主义国家诞生之后，社会主义国家与资本主义国家都曾一度处于激烈的对立状态，这既有人们对两种性质不同制度判断的思想意识方面的原因，也与当时的国际环境相关。特别是二战前后，社会主义制度的存在和发展，给资本主义的生存以极大的压力和挑战；而资本主义的危机又刺激着社会主义国家急切盼望资本主义总危机的到来以及世界无产阶级革命总爆发的激情。在这两方面因素的驱使下，两种制度国家之间的对立与斗争尤为激烈，围剿与反围剿、遏制与反遏制、演变与反演变，就成了这一时期"两制关系"的主要表现形式。

　　然而，在全球化进程中，两种制度国家之间的对立和斗争无论采取何种形式，到目前为止仍未能实现谁战胜谁、谁取代谁的目标，"两制并存、竞争共处"成为其相互关系的常态。众所周知，全球化是个历史范畴，源自于经济领域，萌芽于16世纪的地理大发现和新航路的开辟，经过17世纪、18世纪的殖民主义扩张到19世纪中叶的欧洲工业革命，以及二战以来的资

---

① ［德］马克思、恩格斯：《共产党宣言》，《马克思恩格斯选集》第1卷，人民出版社1995年版，第284页。

本跨国运动，经济活动冲破国家疆界在全球范围内扩张、拓展和交融，经济全球化全面展开。20 世纪 80 年代以来，随着经济全球化和新科技革命，尤其是信息技术革命的步伐加快，各国经济的相互依存和互动加深，国际资本的积累过程加快，发达资本主义国家的产业发展、金融增殖迅速而全面地演化为世界性的活动。生产布局、投资走向、金融往来、科技开发、人才培养、劳务贸易、环境保护等跨越国界，各种物流、人流、资金流、信息流在世界范围内融为一体，各国之间的经济联系日益加深加快。而经济的全球化进程使越来越多的经济活动超越了民族国家和社会制度的界限，把不同性质的国家、不同的经济制度纳入了一个相互依赖、相互影响的统一的全球经济体系之中。

尽管目前世界各国的人们对全球化的性质和趋向抱有不同看法，反全球化运动也此起彼伏。有的认为，全球化在逆转；有的认为，全球化在衰退中；更多的是认为全球化有着"自上而下的全球化"和"自下而上的全球化"之区别。前者反映世界强国和资本形成机构的合作，即资本主义的全球化，新自由主义所宣扬的全球化；后者则试图构造一个建立在多元文化基础上的没有贫困、压迫、屈辱和团体暴力的人类社会。反全球化运动反对的是前者性质的全球化，对后者，即"自下而上的全球化"非但不反对而且还要致力于实现①。从这个意义上来说，当今的金融风暴宣告的是"自上而下的全球化"的逆转或衰退，而"自下而上的全球化"以及各国之间的联系不仅没有停止，反而在不断加深加快，社会主义与资本主义呈现了多层次多形式的相互交织与融合，同时其相互争夺与摩擦更加复杂而激烈。

"冷战"后中美两国关系的不断调整以及目前的矛盾与摩擦、共识与利益并存的现状就充分说明了这一点。就是说，在全球化时代，"两制关系"更多的是通过两种不同社会制度国家之间的关系来体现的，其"本质对立"与"发展合作"相统一规律更加凸显。因为全球化是一个包容着差异、矛盾与多样性的实践进程，社会主义与资本主义两种不同社会制度国家在同一

①　陈学明：《驶向冰山的泰坦尼克号——西方左翼思想家眼中的当代资本主义》，人民出版社 2008 年版，第 331 页。

时空的存在，既丰富了全球化的内容，又包含了全球化进程中的复杂性。实际上，自20世纪80年代以来，两种社会制度在经济全球化条件下已经改变了以往单纯以意识形态画线、相互封闭封锁的状态，而是相互开放和交流，相互依存和彼此影响，其互补性、关联性、依赖性进一步增强，经济关系逐步走向相互渗透、横向联合、广泛合作的时代。民族国家的经济界限被打破，资本跨越了不同社会制度，使经济、科技向全球化发展，促进了经济制度差异的协调共存，不同社会制度国家一道参与国际分工，共同遵守国际规则和国际惯例及全球化运作规程。不同社会制度国家都可以在全球经济的密切交往中实现市场、资源、技术等需求方面的互补。经济联系的增多和经济合作的加强，必将导致两类国家经济发展相互依存性的加强和共同利益的增多。随着经济全球化的不断发展，社会主义和资本主义国家不仅在经济上走向对话，相互之间在思想、政治、文化领域的交流也日益频繁，多种思想、文化的交融与碰撞，已经成为世界多样性的表现。

（三）本质对立与发展合作的辩证统一："两制关系"发展的特殊规律

按照历史发展的一般规律，社会主义是建立在资本主义高度发达基础之上的高级社会形态，但由于历史发展的跳跃性，经济文化较落后国家先于发达资本主义国家走上社会主义道路的现实，则使社会主义与资本主义成了"同时并存"的两种社会制度。本质对立的双方经过长期的对立与斗争至今谁也没有彻底战胜谁，反而在全球化条件下双方在发展上的合作越来越凸显。

历史地看，资本主义开启了全球化进程，而全球化进程又孕育了社会主义的发展。但全球化发展到现在，则使人类面临了一些新的问题，包括生态问题、犯罪问题、恐怖问题、贫困问题、传染病问题、经济秩序问题等等。所有这些问题都具有全球性、超意识形态性和挑战性等特点，单靠一个国家、一个民族不可能解决。也就是说，在面对全球性问题的威胁时，社会主义与资本主义原来你死我活的对抗性关系逐渐缓和，开始寻求合作与帮助。近年来资本主义金融危机的爆发、蔓延以及二十国集团的共同应对，无不表明了这一点。经过金融危机，资本主义在反思与社会主义的关系，逐渐认识到全球性问题的解决离不开与社会主义国家的合作。美国总统奥巴马一改美国历任总统上台两年后访问中国的传统，在上任伊始就展开对中国的国事访问，并指出中美一定是对手的想法不应该一成不变，美国期待与中国在能源、环境保护、核问题等方面展开合作，共同应对全球性问题。

应该说，在认识"两制关系"本质对立与发展合作辩证统一规律问题上，社会主义国家比资本主义国家更有自觉性，积累了一些经验和教训。早在十月革命胜利后，列宁就曾从全球化进程与俄国当时的实际出发，及时实现了由"战时共产主义"向"新经济政策"的转变，并曾设想以市场、商业为基础，通过发展国家资本主义来建设社会主义，提出了一系列学习利用资本主义文明成果发展社会主义的思想和措施。遗憾的是列宁去世后，斯大林错误地判断了国际形势，在处理与资本主义的关系问题上，只重视对立的一面，而忽视两者互相联系的一面，推行了"两个平行的世界市场"理论，采取与资本主义经济相隔绝的政策。在我国曾一度盛行"宁要社会主义的草，不要资本主义的苗"，甚至因市场机制、股份制、证券、投资渠道多元化等与资本主义相联系而予以否定。其结果无不导致了现实社会主义国家发展的缓慢。20 世纪 80 年代中期后，苏联开始改革，调整了与西方的对抗战略，但又矫枉过正，抛弃了社会主义基本原则，在盲目汇入全球化浪潮的同时，忽视了国家利益之间的矛盾和冲突，陷入了西方国家设计的所谓"现代化"的陷阱而无法自拔，导演了 20 世纪最大的一场悲剧——苏联解体。而中国特色社会主义之所以没有遭遇苏联、东欧国家的命运，一方面是因为中国主动地、深入地融入了全球化进程的各个领域，积极吸取和利用资本主义的一切文明成果，坚持对外开放，兴办经济特区，大力引进外资、技术和人才；另一方面在加强改革开放的同时，坚持四项基本原则，明确了中国在全球化进程中"后来者"的位置，注重依靠自己的力量和能力探索适合中国特色的社会主义发展道路，从而使中国的现代化建设有效契合了全球化的进程。中国国家统计局发布的报告显示，自 2009 年中国对世界经济增长的贡献率已位居世界第一，中国的 GDP 已跃居世界第二。尽管在社会转型期，中国也遇到了腐败、就业难、贫富差距拉大、自然环境恶化等棘手问题，但这并没有改变中国人民对社会主义的信念，没有中断改革开放的基本进程。

目前，中国特色社会主义的发展，得到了世界上越来越多不同类型国家和人民的理解和肯定，甚至以反共而著名的美国政治理论家布热津斯基也认为"中国很可能会被许多发展中国家和人民、特别是被苏联各共和国的人民，看成是一个越来越有吸引力的替代选择模式，可以用它来代替已宣告失败的共产主义制度和西方建立在自由市场基础的民主制度。"① 美国未来学家约翰·奈斯比特在《中国大趋势》一书中也描述说："中国正在创造自己的新社会、自己的政治体制，它从借鉴马克思列宁主义出发，但是很快就根据自己的思想和现实需要对这些学说进行了调整。中国借鉴资本主义来实现自己的经济目标，但是政治立场没有动摇。"② 这无疑是对目前中国处理"两制关系"正确做法的一种解读。

　　社会主义学习和借鉴资本主义，是为了更好更快地发展社会主义；坚持发展与合作，并不能忽视本质上的对立与斗争；资本主义与社会主义合作解决全球性问题，是由于在资本主义制度内无法解决全球性问题，是资本主义的一种无奈之举，其本质出发点是源于资本主义国家利益的需要。对此，我们需要保持清醒的认识，决不能成为资本主义政治经济秩序的牺牲品，更不能为资本主义发展所造成的恶果买单。美国前副财长罗杰·阿尔特曼在美国《外交》杂志 2009 年 7/8 月号刊登的《衰退中的全球化——金融危机对地缘政治的进一步影响》一文就指出，长期以来认为的在单一的世界市场中人人共赢的观点已经逐渐削弱。而中国无疑是个赢家，其独特的政治经济模式成功地经受住了考验。应该说，无论是在应对全球金融危机的对策方面还是在推动全球化进程朝着公正合理的方向发展方面，中国都做出了举世瞩目的积极贡献，但这并没有消除不同社会制度国家之间的对立和矛盾。自 2009 年以来，中美之间在朝核问题、伊核问题、东亚区域合作问题、气候变化问题、汇率争端问题、对台出售武器、互联网自由等问题上的矛盾和摩擦都在增多和增强。2010 年夏季以来，美国先是在夏威夷搞了两年一度的"环太平洋"多国联合军事演习，7 月底又在日本海举行了 34 年来最大的美韩联合军事演习，投入了 20 艘舰船、200 架飞机以及 8000 名军方人员参演，并扬言以后还要举行 9 次类似的军演。与此同时，美国国务卿希拉里在东盟对话会上插手南海纷争，总统奥巴马宣布恢复与印尼某军事集团的接触等。

---

① 参见［美］布热津斯基著：《失去控制：21 世纪前夕的全球混乱》，潘嘉玢、刘瑞祥译，中国社会科学出版社 1994 年版，第 208 页。

② ［美］约翰·奈斯比特、［德］多丽斯·奈斯比特著：《中国大趋势》，魏平译，吉林出版集团、中华工商联合出版社 2009 年版，第 29 页。

一时间，"围堵中国论"①再次泛起。美国国防部发表的2010年度《涉华军事与安全发展报告》继续渲染"中国威胁论"。

　　虽然我们在如何对待"围堵中国论"和"中国威胁论"等问题上需要冷静、谨慎，但凡此种种现象，无不警示我们：在全球化时代，相互依存的世界依然充满着矛盾和斗争，竞争与合作同在，摩擦与妥协并存。虽然国际形势总体趋向缓和，但两种制度之间的斗争并没有因此消失。因为社会主义与资本主义国家维护的阶级利益在本质上是对立的，只要两者同时并存，斗争就不可能从根本上消除。只是在不同时期、不同条件下，其表现形式和作用方式有所不同。在全球化条件下，社会主义与资本主义之间的对立和斗争并不会因两者在经济方面依存度的提高而不复存在。相反，它们的对立和斗争在深度上将进一步发展，甚至在某些时候更加隐蔽、更加复杂和激烈。当然，从总体上来看，矛盾和斗争还不至于达到对抗的地步，其合作与发展仍占主导地位。历史的辩证法就是如此。人类历史的发展将是在对立统一的斗争中推动社会主义替代资本主义的历史进程。

五、"两制并存的自发性"与"两制博弈的自觉性"的辩证统一

　　"两制并存的自发性"与"两制博弈的自觉性"的辩证统一，是社会主义与资本主义"两制关系"发展中的隐形规律，这是由于社会主义首先诞生在经济文化较落后国家的特殊性所决定的。在已有的研究成果中，人们在分析社会主义与资本主义"两制关系"时，多是从吸取教训的角度去阐述两制之间的对立和斗争，从总结经验的角度去揭示两制之间的竞争与合作。实际上，由于人类历史发展的跳跃性，社会主义首先诞生于经济文化较落后国家以及"两制长期并存"的现实，还蕴涵了一个"两制并存的自发

---

　　①　最早提出"围堵中国论"的是美国国际战略学者查尔斯·克劳桑莫。1995年7月31日，克劳桑莫在美国《时代》周刊上撰文，提出了"我们必须围堵中国"的观点。克劳桑莫的"围堵论"大致有三个层面：从政治空间上围堵中国，防止中国输出新型意识形态；从军事上对中国构成C型包围，强化与日同盟，优化与印度的关系；从经济上围堵中国，拒绝中国加入世贸组织，拒绝中国产品以优惠待遇进入欧美市场。

性"与"两制博弈的自觉性"相统一规律，需要我们去认识和把握。

（一）半途夭折：两制并存的自发性

"两制并存"的自发性源自于两个方面：一方面源自于社会主义由理论变为现实的基础，即多数社会主义国家诞生于经济文化较落后的基础上，没有经过资本主义的充分发展，是资本主义"半途夭折"的结果；另一方面源自于一些现实社会主义国家在跳跃性发展的过程中，还没有能够实现社会主义代替资本主义的目标就"半途夭折"。前苏联从十月革命到解体变质的历史进程就是典型实例。

众所周知，俄国十月革命的爆发，曾打破了帝国主义一统天下的局面，开辟了社会主义由理论变为现实的新纪元。但由于十月革命诞生于第一次世界大战之中的现实，作为俄国历史与世界历史交互作用的复杂产物，使之与生俱来具有一种特殊性和自发性，认识不到或忽视这种特性，违背规律去发展，必然导致欲速则不达或半途夭折的恶果。

按照马克思主义的观点和人类历史发展的一般规律，社会主义是资本主义高度发展的产物。随着资本主义生产社会化的发展，生产力与生产关系、经济基础与上层建筑之间矛盾的激化，阶级斗争的尖锐，爆发革命将不可避免。根据马克思主义创始人的预测，这种革命将首先在一切文明国家里同时发生。尽管后来马克思恩格斯通过对 19 世纪七八十年代俄国农村公社的发展状况及其所处历史环境的考察，提出了俄国有可能不经过资本主义制度的"卡夫丁峡谷"而直接进入社会主义的设想，但历史的发展并没有出现马克思恩格斯所设想的那种俄国革命与欧洲革命的相互补充，而是自 1861 年改革后俄国开始了资本主义的历史进程，农村公社逐渐趋向解体。

然而，俄国的资本主义并不是像西欧资本主义国家那样，通过革命手段的冲击，震撼封建关系，而是通过封建统治阶级一步一步地让步和改良，促进资本主义成分逐步壮大起来的。俄国资产阶级的萌芽，部分地是银行家和进口商，其中主要是德国人和俄罗斯化了的德国人或者是他们的后裔；部分地是那些靠国内贸易发了财的俄国人自己，其中主要是靠损害国家和人民而发了财的酒税承包人和军需供应商；还有一些工厂主。在俄国通过国家的慷慨帮助、津贴、奖励金和逐渐提高到极限的保护关税，来真正地培养这个资产阶级，特别是工业资产阶级。而俄国农民的农奴依附关系的垮台却不是像普鲁士那样慢慢地废除人身依附关系和徭役制的方法，而是一切都要在几年之内完成。因此，为了击败大土地占有者的反抗，必须向他们做出比普鲁士国家及其贪官污吏当时向地方老爷所做的让步还要更大的让步。俄国的农民必须交纳比以前更重的税，使之处于活不成也死不了的境地。很显然，在俄国不仅资产阶级的产生方式不同于西欧国家，而且还存在沙皇专制制度。在这种情况下，年轻的俄国资产阶级要把国家完全掌握在自己的手中，国家在所有重要的经济问题上都不得不屈从于它的意志，就成为一个极其困难的事情。这就使俄国的资本主义的发展打上了封建专制军事帝国主义的烙印。

应该说，如果世界历史一帆风顺地向前发展的话，俄国的资本主义能够像西欧国家那样，在发展资本主义经济的同时，也能建立起一套资产阶级民主制度，且外部环境相对和平稳定的话，俄国的历史将会按照世界历史的一般顺序（沿着资本主义）向前发展。然而，俄国的资本主义发展不仅不同于西欧国家，而且在19世纪末20世纪初，世界资本主义发展到帝国主义阶段后，不仅在经济上垄断代替了自由竞争，在政治上争夺世界霸权的斗争日趋激烈，帝国主义列强为了扩张势力，展开了争夺殖民地的浪潮，据统计，到1910年，非洲面积的90.4%，亚洲的56.6%，美洲的27.2%，沦为列强的殖民地，许多国家成为帝国主义的半殖民地或附属国。争夺殖民地的浪潮进一步激化了各列强之间的矛盾，先后爆发了1898年的西美战争、1899—1902年的英布战争、1904—1905年的日俄战争，这些局部的矛盾冲突和战争以及各国军费的增长，导致整个世界的危机，1914年爆发了第一次世界大战。战争的爆发，不仅破坏了世界经济的正常发展，导致了更加深刻的经济政治危机。各交战国为了重新瓜分殖民地，在战争中相互残杀，进一步加剧了帝国主义各国之间政治经济的不平衡，削弱了帝国主义阵线的力量，使得经济文化相对落后国家成了帝国主义统治链条中的薄弱环节，为社会主义革命的爆发提供了可能和突破口。在这种历史条件下，以列宁为代表的布尔什维克党进一步分析了当时的国际国内局势，提出了社会主义"将首先在一个或者几个国家中获得胜利"①的论断。列宁指出："帝国主义的资本主

---

　　①　［苏］列宁：《无产阶级革命的军事纲领》，《列宁选集》第2卷，人民出版社1995年版，第722页。

义，已经由原先反封建主义斗争中的民族解放者，变为最大的民族压迫者了。资本主义已经由进步变为反动，它使生产力发展到了这种程度，以致使人类面临这样的抉择：要么过渡到社会主义，要么一连几年、甚至几十年地经受'大'国之间为勉强维持资本主义（以殖民地、垄断、特权和各种各样的民族压迫作为手段）而进行的武装斗争。"① 而由于"资本主义的发展在各个国家是极不平衡的。而且在商品生产的条件下也只能是这样。由此可以得出一个必然的结论：社会主义不能在所有国家内同时获得胜利。它将首先在一个或者几个国家内获得胜利，而其余的国家在一段时期内将仍然是资产阶级的或资产阶级以前的国家。"② 列宁还根据帝国主义时代资本主义国家工人运动发展的实际情况，提出了与马克思主义创始人所说无产阶级世界革命"将由法国人开始，而由德国人完成"③ 的预言不同的发展前景，强调"现在我们看到的是国际社会主义力量的另一种结合。我们说，比较容易开始革命运动的，并不是那些能够比较容易地进行掠夺和有力量收买本国工人上层分子的剥削国家……现在的形势与马克思和恩格斯所预料的不同了，它把国际社会主义革命先锋队的光荣使命交给了我们——俄国的被剥削劳动阶级；我们现在清楚地看到革命的发展会多么远大；俄国人开始了，德国人、法国人、英国人将去完成，社会主义定将胜利。"④ 1917 年十月革命的胜利，在世界上建立了第一个无产阶级专政国家。

尽管时至今日围绕着十月革命是耶非耶的争论一直都没有停息，但它作为资本主义发展在俄国夭折的结果则是毋庸置疑的，带有特殊的历史必然性，它"是和第一次帝国主义世界大战相联系的革命。这样的革命势必表现出一些新的特征，或者正是由于战争而有所改变的一些特征"⑤，由于

① ［苏］列宁：《社会主义与战争》，《列宁选集》第 2 卷，人民出版社 1995 年版，第 512—513 页。

② ［苏］列宁：《无产阶级革命的军事纲领》，《列宁选集》第 2 卷，人民出版社 1995 年版，第 722 页。

③ ［苏］列宁：《全俄工兵代表苏维埃第三次代表大会文献》，《列宁选集》第 3 卷，人民出版社 1995 年版，第 416 页。

④ ［苏］列宁：《全俄工兵代表苏维埃第三次代表大会文献》，《列宁选集》第 3 卷，人民出版社 1995 年版，第 416—417 页。

⑤ ［苏］列宁：《论我国革命》，《列宁选集》第 4 卷，人民出版社 1995 年版，第 776 页。

"俄国是个介于文明国家和初次被这场战争最终卷入文明之列的整个东方各国即欧洲以外各国之间的国家，所以俄国能够表现出且势必表现出某些特殊性，这些特殊性当然符合世界发展的总的路线，但却使俄国革命有别于以前西欧各国的革命。"① 具体说来，这种特殊必然性主要表现在以下几个方面：第一，它是在世界大战的条件下发生的（即战争引起的革命），是帝国主义各国之间矛盾发展和激化的必然反映。第二，它是在俄国资产阶级革命后还没有建立起完备的资本主义政治经济制度的基础上，在毫无出路的处境逼迫下，由无产阶级领导人民群众奋起斗争的产物。由于俄国资本主义发展较晚且对外依赖严重，资产阶级薄弱且反动，资产阶级革命胜利后，既没有解决人民群众迫切要求的和平、土地和面包问题，也没有建立起资产阶级的民主制度，而是与封建贵族相结合，对内残酷镇压人民，对外穷兵黩武，在帝国主义大战中互相残杀，国内人民饥寒交迫，困苦不堪，拿起武器举行革命成为人民争取解放的唯一出路。第三，它是俄国国内生产力落后、资产阶级反动无能的结果，即"落后"使俄国走在了其他国家的前面。即落后产生变异，在全球化坚持中，穷国成了革命的策源地。② 第四，它是在以列宁为代表的布尔什维克党坚强领导下取得的胜利。在帝国主义时代，列宁继承、捍卫和发展了马克思主义的革命理论，从时代特征的分析出发，创立了社会主义革命的新理论和新策略，并领导建立了新型的无产阶级政党——布尔什维克党，这个党对资产阶级采取革命态度，对机会主义持不调和态度，团结坚强、组织统一，坚持社会革命和无产阶级专政，坚持与广大人民群众相联系，并得到大多数工农的全力支持。

苏联科学院通讯院士帕维尔·瓦西里耶维奇·沃洛布耶夫在1990年第3期俄罗斯《对话》杂志载文指出，人民群众走到布尔什维克的旗帜下，凭的是他们自身的政治经验。布尔什维克党则使人民在自己的历史转折关头认清了社会主义的方向，并把他们的民主要求同社会主义革命口号结合起来（"全部政权归苏维埃！"），面对决定性的选择——苏维埃权力还是反革命军阀专政，大多数人民完全自觉地按照自己的选择站到了苏维埃一边。对此，

① ［苏］列宁：《论我国革命》，《列宁选集》第 4 卷，人民出版社 1995 年版，第 776 页。
② ［克］勃朗科·霍尔瓦特著：《社会主义政治经济学：一种马克思主义的社会理论》，吴宇晖、马春文、陈长源译，吉林人民出版社 2000 年版，第 479 页。

列宁明确地说："使我们这支队伍走在国际无产阶级的其他队伍前面的，是历史形势，是沙皇制度的后果，是俄国资产阶级的软弱，而不是我们的意志，也不是因为我们要这样做，而是形势要求这样做。"① 因此，"在用革命手段争得了共和制和民主制的 20 世纪的俄国，不走向社会主义，不采取走向社会主义的步骤……就不能前进。"② 因为战争异常地加剧了垄断资本主义向国家垄断资本主义转变的过程，从而使人类异常迅速地接近了社会主义。

　　历史地看，十月革命的胜利，无疑为东方较落后国家的无产阶级和广大人民群众争取解放斗争带来了希望和前进的方向。但由于十月革命的主、客观条件与马克思晚年提出的"跨越"资本主义"卡夫丁峡谷"设想所阐述的前提条件不同，不能简单地断定十月革命为东方较落后国家开辟了一条直接通向社会主义、实现现代化的道路。实践表明，简单地认为一旦经济文化较落后国家无产阶级取得革命胜利就可以避免资本主义生产的一切波折，越过了资本主义制度的"卡夫丁峡谷"，直接过渡到社会主义尝试，是不可能真正找到革命胜利后发展社会主义物质基础的正确道路的。苏联科学院院士帕·沃洛布耶夫就曾指出，十月革命"实际上是在资本主义的体系中打开了第一道缺口，而且正如已经看到的，我们开辟的这条通向社会主义的道路远不是最好的。不过用历史的尺度来衡量，这已经是不简单了。"③ 实际上，十月革命的胜利，只表明不同国家在不同历史条件下通向社会主义的道路和方式可以不同，但社会主义必须要建立在强大物质基础（无论是从世界整体联系分析，还是从一国范围来考察都可以得以证明）之上的规律则是不能违背的。西班牙前共产党中央委员会委员费尔南多·克劳丁就曾指出，"十月革命的领导人的目标是正直的，他们想要建立一个优越于资本主义的社会，而不是要建立一个今天日益崩溃的古拉格群岛式的、官僚专政的、没有经济效益的制度。"④

---

① ［苏］列宁：《在全俄中央执行委员会和莫斯科苏维埃联席会议上关于对外政策的报告》，《列宁全集》第 34 卷，人民出版社 1985 年版，第 318 页。

② ［苏］列宁：《大难临头，出路何在?》，《列宁选集》第 3 卷，人民出版社 1995 年版，第 266 页。

③ 刘淑春等编：《"十月"的选择——90 年代国外学者论十月革命》，中央编译出版社 1997 年版，第 17 页。

④ ［苏］戈尔巴乔夫、勒兰特等著：《未来的社会主义》，中央编译局国际发展与合作研究所编译，中央编译出版社 1994 年版，第 124 页。

也就是说，作为资本主义进程在俄国夭折结果的十月革命，其胜利后所建立的社会主义与马克思恩格斯设想的社会主义是有差距的，是一种不够格的社会主义，如果任意拔高或超越阶段必然陷入误区。十月革命胜利初期，列宁就曾采取了向社会主义直接过渡的办法，实行了战时共产主义政策。实践的失败使列宁较为清醒地认识到了经济文化落后国家向社会主义过渡的艰难性和长期性，并于 1921 年及时地由战时共产主义政策式的"直接过渡"转向新经济政策式的"迂回过渡"，强调"在一个小农生产者占人口大多数的国家里，实行社会主义革命必须通过一系列特殊的过渡办法，这些办法在工农业雇佣工人占大多数的发达的资本主义国家里，是完全不需要采用的。"[1] 认为资本主义愈不发达，所需的过渡时期愈长。所以新经济政策必须长期执行，估计至少要执行 25 年。然而，由于列宁的过早去世以及从他当时的思想来分析，新经济政策仅仅是一种暂时的退却措施，一旦时机成熟就要转为进攻，而不是作为一个相对独立的严整的社会主义发展阶段的理论。正因为这样，人们对它就有各自的理解，也容易使之变更或放弃。列宁去世后，尽管布哈林继续坚持新经济政策的思想，并提出在一个长时期内，俄国建立的将是一种落后型的社会主义，或叫做"亚细亚形式的社会主义"。他主张用比较平衡而缓慢的"乌龟速度"进行社会主义建设。但布哈林的思想不仅遭到了执政者斯大林的否定，反而被扣上右倾机会主义帽子，予以打倒。随之开始了快速的工业化和农业集体化进程，重复了"直接过渡"的老路，并于 1936 年匆忙地宣布苏联已基本上实现了社会主义，即实现了马克思所说的共产主义第一阶段或低级阶段的社会制度。[2] 1938 年斯大林亲自审定的《联共（布）党史简明教程》又进一步宣称，苏联已进入新的发展时期，进入完成社会主义建设并逐步过渡到以"各尽所能按需分配"的共产主义原则为生活准则的共产主义时期。更可悲的是斯大林逝世后，从赫鲁晓夫直至戈尔巴乔夫倡导的改革，历时 30 多年，尽管有"发达社会主义"、"发展中的社会主义"和"社会主义完善"论的阐述，但都未能对苏联社会所处的发展阶段作出准确的判断，反而使苏联的社会主义在被自我否

---

[1]　［苏］列宁：《俄共（布）第十次代表大会文献》，《列宁全集》第 41 卷，人民出版社 1986 年版，第 50 页。

[2]　［苏］斯大林：《关于苏联宪法草案》，《斯大林文选》上，人民出版社 1962 年版，第 90 页。

定的改革中，走向了死亡的彼岸，正如原苏联部长会议主席尼古拉·伊万诺维奇·雷日科夫所说："'改革'的失败和垮台创造了消灭苏联和改变苏联社会政治制度的有利条件。"① 苏联的解体剧变，使其社会主义"半途夭折"。

（二）和而不同：两制博弈的自觉性

中国走上社会主义道路的历史环境和条件与俄国情况相似，也是本国历史转向世界历史的必然，是一种不同于马克思恩格斯"跨越"设想的历史性跨越，并共同经历了"两制并存"自发性的苦难。不同的是，俄罗斯在20世纪90年代开始走上了与西方一体化和市场化道路，在加速政治自由化的过程中，经历了体制的崩溃和苏联解体；而中国自20世纪80年代开始进行了"可控的转型"（managed transition）②，在自觉自主的改革开放过程中，探索了一条适合自身特点的中国特色社会主义发展道路，在处理与资本主义国家关系时，由盲目的"一边倒"转向"和平共处"、"求同存异"与"和而不同"③ 的双赢方略，取得了举世瞩目的成就。

美国学者约翰·奈斯比特在《中国大趋势》一书中曾指出：中华人民共和国政治和经济价值体系的许多元素都来源于西方。不管是佛教还是基督教、马克思主义还是列宁主义、共产主义还是资本主义、市场经济还是西方的管理经验和技术。中国人似乎有把这些看起来很不相容的因素结合起来的本领。④ 我们认为，中国特色社会主义之所以令世界瞩目，就因为它汲取了人类社会一切文明成果，抓住经济全球化的发展机遇，与时俱进，开拓创新，在自主改革、发展经济的过程中，学会了用世界的语言来与国际社会对话，克服了文化的差异，破解了一系列难题，在社会主义发展史上实现了一个华丽的转身，彻底摆脱了传统社会主义模式的束缚，有效契合了全球化进

---

① ［俄］尼古拉·伊万诺维奇·雷日科夫：《大国悲剧：苏联解体的前因后果》（修订版），徐昌翰译，新华出版社2010年版，第3页。

② ［俄］彼得·拉特兰著：《后社会主义国家与新发展模式的变化：俄罗斯与中国的比较》，王新颖编译，《经济社会体制比较》2010年第2期。

③ 江泽民：《和而不同是人类各种文明协调发展的真谛》，《江泽民文选》第三卷，人民出版社2006年版，第522页。

④ ［美］约翰·奈斯比特、［德］多丽丝·奈斯比特著：《中国大趋势》，魏平译，吉林出版集团、中华工商联合出版社2009年版，第33页。

程，使社会主义事业充满生机与活力。在"两制关系"的博弈中由盲目的"一边倒"转为"和平共处"、"求同存异"与"和而不同"的合作共赢路径。

其一，"一边倒"外交是新中国成立之初的无奈之举，其内涵就是与苏联等社会主义国家结盟，"倒向社会主义一边"①。新中国成立之初恰是国际上东西方冷战之时，以美国为首的资本主义阵营和以苏联为首的社会主义阵营，在意识形态、政治、经济、军事、外交等各个领域展开了针锋相对的斗争。在政治上，美国政府拒不承认新生的中华人民共和国政权，阻挠中国在联合国合法席位的恢复；在经济上，对新中国实行贸易封锁和物资禁运；在军事上，继续扶持蒋介石政权，使之与大陆对抗。在亚太地区，美国重新武装日本，与菲律宾、澳大利亚、新西兰等国签订军事协定，构成对中国大陆的包围态势。另一方面，经历了长期战争摧残的新中国千疮百孔，百废待兴。保障新中国的国家安全，发展国民经济是中国人民的最高利益，需要苏联方面的帮助。因为在当时同样的意识形态决定了"我们在斗争营垒上属于一个体系，目标是一致的，都为持久和平、人民民主和社会主义的前途而奋斗"。② 历史的进程表明，"一边倒"政策是中国共产党人在资本主义与社会主义两大阵营对抗的背景下作出的政治抉择，这一政策使新成立的中华人民共和国在其他社会主义国家尤其是苏联的支持和援助下，成功地抵制了资本主义国家的军事威胁和经济封锁，维护了中国的国家主权，实现了中华民族的独立，并且推动了新中国在政权稳固后，开始逐渐步入社会主义建设的轨道。但这并不等于"一边倒"政策不存在遗憾，在理论上"一边倒"不符合辩证法的思想，是片面的；在实践上也使新中国在国际上更加孤立。随着国际局势的变化和中国国际声誉的提高，在对外关系问题上也相应地倡导了以"和平共处五项原则"为核心的和平外交政策。

其二，"和平共处五项原则"的提出，是中国和平外交政策发展的一个里程碑。1953 年 12 月 31 日，周恩来总理在接见赴北京就中印两国在中国西藏地方关系问题举行谈判的印度政府代表团时指出："新中国成立后就确立

---

① 毛泽东：《论人民民主专政》，《毛泽东选集》第 4 卷，人民出版社 1991 年版，第 1473 页。

② 周恩来：《新中国的外交》，《周恩来外交文选》，中央文献出版社 1990 年版，第 1 页。

了处理中印两国关系的原则，那就是互相尊重领土主权、互不侵犯、互不干涉内政、平等互惠和和平共处的原则。"① 1954 年，在中印（度）、中缅发表的联合声明中正式倡议将和平共处原则作为处理双边关系的准则，并将"平等互惠"改为"平等互利"。9 月 30 日，周恩来总理在庆祝新中国成立5 周年大会上的讲话中明确提出，和平共处原则应当成为指导各国之间关系的基本原则。10 月 12 日，《中苏政府联合宣言》把"尊重领土主权"改为"互相尊重主权和领土完整"。这五项原则是相互联系，不可分割的整体。"互相尊重主权和领土完整"是五项原则的核心，在国与国的交往中，首先要尊重各国主权，任何国家都不得以任何借口损害或剥夺别国主权，或吞并别国领土；"互不侵犯"、"互不干涉内政"是实现相互尊重主权和领土完整的根本保证，在国家和国际关系中要排除使用武力或以武力相威胁，要禁止以大欺小，以强凌弱的霸权主义和强权政治行径；"平等互利"是各国发展政治、经济、文化关系必须遵循的原则，但更主要的是在经济上取长补短、互通有无、平等合作、互利互惠；"和平共处"则是上述四项原则的出发点和必然结果。1955 年亚非会议（万隆会议）的胜利召开，20 多个亚非国家接受了中国提出并积极倡导的和平共处五项原则。此后，五项原则被相继载入一系列重要国际文件，为世界多数国家所接受，成为国际社会处理国与国之间关系的基本准则。从历史的角度看，亚非会议高举独立、和平、友好与合作的旗帜，形成了举世闻名的"万隆精神"。这个精神贯穿于会议所通过的各项决议之中，并产生了深远的影响。特别是和平共处五项原则和万隆会议所制定的十项原则，是稳定世界局势、解决国际争端的最好方式，对维护世界和平、促进国际合作与发展作出了不可磨灭的贡献。② 从发展的角度来看，和平共处五项原则超越意识形态和社会制度，具有法律性和道义性，主张世界各国在相处中互相监督，实行对等的约束和自我约束。它不仅包含了处理国家间政治关系的原则，同时也包含了处理经济关系的内容；它提供了相同或不同社会制度的国家建立和发展关系的正确指导原则；它指明了和平解决国家间历史遗留问题及国际争端的有效途径；它有力地维护了广大发展

---

① 周恩来：《和平共处五项原则》，《周恩来选集》下卷，人民出版社 1984 年版，第 118 页。
② 梁志明：《亚非会议的历史背景与辉煌成就》，引自 2005 年 4 月 19 日人民网：http://world. people. com. cn/GB/8212/46704/46731/3332181. html.

中国家的利益，促进了南北关系的改善和发展；它为推动建立公正合理的国际政治经济新秩序奠定了重要的思想基础。和平共处五项原则既是新中国在国际舞台上开展活动、突破美国的孤立和遏制政策、扩大对外交往的有力武器，也是中国独立自主和平外交政策的基石，还是《联合国宪章》精神的重要体现，是维护世界和平与安全的重要政治基础。

其三，中国以"求同存异"、"和而不同"的辩证思维作为冷战后处理"两制关系"的方法原则，既有力地回应了"中国威胁论"、"中国崩溃论"、"围堵中国论"等谬论，又有效地开拓了新时期"两制关系"的新境界，避免了无谓的冲突和摩擦，实现了更高层次的合作共赢。早在 1955 年亚非会议（万隆会议）召开期间，周恩来总理面对各种猜疑、谴责和会议时刻有可能分裂的情况下，又提出了"求同存异"的外交思想。他指出："中国代表团是来求团结而不是来吵架的"，并强调说，"我们共产党人从不讳言我们相信共产主义和认为社会主义制度是好的。但在这个会议上用不着宣传个人的思想意识和各国的政治制度……中国代表团是来求同而不是来立异的。"① 周总理的一席话不仅将敌意化为敬重和钦佩，还促使会议一致通过了倡导和平合作的《亚非会议最后公报》，使"求同存异"的外交理念深入人心。然而，冷战结束后，一些国家的政治家和理论家们不仅没有放弃冷战思维，反而大肆渲染意识形态和社会制度的对立，设置障碍，制造事端，笼罩在"两制关系"上空的阴霾持续不散。例如：1989 年乔治·赫伯特·沃克·布什担任美国总统后，曾提出了"超越遏制战略"，极力推动对社会主义国家的和平演变；1993 年比尔·克林顿上台后，又提出了"参与和扩展战略"，在全世界推行美国的价值观念、政治制度和经济制度，打着"民主、人权和人道主义"的旗号，对不同制度国家进行各种形式的打压和制裁，宣扬以压促变，甚至不惜动用军事力量"给予惩罚"，相继发动了波黑战争、科索沃战争、轰炸中国驻南斯拉夫大使馆等；乔治·沃克·布什（小布什）上台后更是孤注一掷，特别是"9·11"事件后，宣布任何国家都必须做出选择：或者站在美国一边，或者与恐怖分子站在一起，宣扬

　　① 周恩来：《在亚非会议全体会议上的发言——补充发言》，《周恩来外交文选》，中央文献出版社1990 年版，第 121 页。

"非友即敌",炮制"邪恶轴心国"概念,并把中国列为其中。与美国政府外交政策相伴随的是西方一些理论家三番五次鼓噪"中国威胁论"、"中国崩溃论"、"围堵中国论"等等。

"中国威胁论"由来已久,始作俑者是日本防卫大学副教授村井友秀。他于1990年在《诸君》月刊上发表了一篇题为《论中国这个潜在的敌人》的文章,之后在美国相继掀起几次波澜。第一次是在1992—1993年间,代表性文章为美国费城外交政策研究所亚洲计划主任芒罗在美传统基金会的刊物《政策研究》(1992年秋季号)发表的题为《正在觉醒的巨龙:亚洲真正的威胁来自中国》,该文认为中国将"对美国基本的经济利益和战略利益提出重大的挑战"。1993年围绕着世界银行以购买力平价(PPP)标准计算中国国内生产总值(GDP)而出现的中国经济实力排行世界第三位的报告,以及欧佛霍尔特对中国未来有可能成为新的"超级大国"的断言和《纽约时报》资深记者尼古拉斯·克里斯托夫在《中国崛起》一文中对中国崛起的判断,引发了冷战结束以来第一轮"中国威胁论"风波。此间,美国哈佛国际和地区问题研究所所长塞缪尔·亨廷顿在美国《外交》杂志(1993年夏季号)上发表了题为《文明的冲突》一文,提出了著名的"文明冲突论",引起国际学术界普遍的关注和争论。第二次发端于1995—1996年间,起因是中国台海危机以及由此而起的美国国内对华政策大讨论。一些人就"台海危机"和"香港回归"等问题大作"中国威胁"之文章,其中最有影响的著作是美国《时代》周刊记者理查德·伯恩斯坦和上述的美国费城外交政策研究所亚洲计划主任罗斯·芒罗合作完成的《即将到来的美中冲突》,他们认为,"在可以预见的将来,冲突将是中美关系最有可能呈现的状况"[①]。第三次出现在1998—1999年间,美国发表了由众议院共和党政策委员会主席考克斯主持撰写的《考克斯报告》,制造了"李文和案"、"政治献金案",一时间,中国"窃取"美尖端技术,"威胁美国家安全"成为"中国威胁论"的主要内容。

进入新世纪后,"中国威胁论"随着反恐斗争和中美关系的改善略显沉

---

① 〔美〕理查德·伯恩斯坦、罗斯·芒罗著:《即将到来的美中冲突》,隋丽君等译,新华出版社1997年版,第17页。

寂。然而，2002 年 7 月 12 日和 7 月 15 日，美国国防部和美国国会的"美中安全评估委员会"（USCC）分别向美国国会提交的《中华人民共和国军事力量年度报告》和《美中安全评论报告》则认为中国对美国构成威胁，并散布随着中国经济的发展和实力的增强，将对其他国家的利益和国际秩序提出挑战，从而对亚太地区和世界的稳定构成威胁[①]，掀起了新一轮"中国威胁论"的风波。随着全球化趋势的深入发展和中国与世界的联系日益紧密，西方国家鼓吹的"中国威胁论"进一步把内涵扩展到了经济、环境、科技甚至日常生活的各个方面。在美国，"中国崛起"与"中国威胁"相伴生[②]。可以说，自 2000 年以来，美国五角大楼每年都向国会提交所谓的中国军力情况的年度报告，无一例外地都在宣扬"中国威胁论"，包括"中国航母威胁论"、"中国导弹威胁论"、"中国舰艇威胁论"等等。2010 年 8 月 16 日美国五角大楼发布的《中国 2010 年军事与安全发展报告》，尽管把往年的《中国军力报告》改为《中国军事与安全发展报告》，似乎有意淡化报告的火药味，但总体内容与往年相比依旧"换汤不换药"，从经济、军事、文化等多角度阐述了所谓的中国发展带来的威胁。

　　不仅如此，在鼓吹"中国威胁论"的同时，西方一些学者还走向了另外一个极端：认为中国面临崩溃的危险，而中国的崩溃同样将给世界造成巨大的压力等等。"中国威胁论"与"中国崩溃论"遥相呼应，构成了冷战后美国对外战略的理论基础。一方面积极着手制定冷战后新的全球战略，继续维持与巩固美国在单极世界的国家利益和霸权地位；另一方面则开始寻找新的"敌人"，并且围绕着防范和遏止中国这个最有潜力的"敌人"调整其东亚地区安全战略，强化其"亚洲小北约"的实力。实际上，以美国为代表的西方国家大肆渲染"中国威胁论"的目的，就在于遏制中国的发展，在战略上围堵中国。最早提出"围堵中国论"的是美国国际战略学者查尔斯·克劳桑莫。1995 年 7 月 31 日，克劳桑莫在美国《时代》周刊上撰文，提出了"围堵中国"的观点。其内容包括三个层面：一是从政治空间上围堵中国，防止中国输出新型意识形态；二是从军事上

---

　　① 参见张明明：《解析"中国威胁论"》，《理论前沿》2003 年第 23 期，第 19 页。

　　② 参见朱锋：《中国崛起与中国威胁——美国意向的由来》，《美国研究》2005 年第 3 期，第 57 页。

对中国构成 C 型包围，强化与日同盟，优化与印度的关系；三是从经济上围堵中国，拒绝中国加入世贸组织，拒绝中国产品以优惠待遇进入欧美市场。但由于中国的成功"入世"，以及中美贸易额的不断上升，加之此间印度爆发核试验，使美印关系提升受阻，围堵中国没有真正提上美国政府的议事日程。

近年来，随着中国实力的增强，特别是在应对金融危机中重要作用的凸显，使西方一些人士又开始大为不快。一时间，"围堵中国论"和"中国责任论"一红一白"两张脸"同时登台。唱红脸者抛出高帽，溢美不断，主旨是"捧"，试图捧得你对号入座，然后提高"要价"，要求中国承担超出实际能力的"责任"。唱白脸者主旨是"批"，提出难以自圆其说、与现实相悖的"立论"，借此占据所谓的道德"制高点"，然后发号施令，行的是"责任杀人"。[①] 特别是自 2010 年 8 月以来，美韩大搞超规模的联合军事演习、美国国务卿希拉里在东盟对话会上插手南海纷争、美国总统奥巴马宣布恢复与印尼某军事集团接触等等，一系列事件的发生，促使新一轮"围堵中国"论调的重新抬头。

针对一波又一波的"中国威胁论"、"中国崩溃论"、"围堵中国论"、"中国责任论"的喧嚣，中国政府始终遵循以诚为本、以和为贵、以信为先的价值原则，高举和平、合作、发展、共赢的旗帜，为维护世界和平、促进共同发展而努力，倡导了"和而不同"的外交。2002 年 10 月时任国家主席江泽民在访问美国期间提出了"和而不同"的思想，阐述了处理中美关系的方法原则。他指出："和谐而又不千篇一律，不同而又不相互冲突。和谐以共生共长，不同以相辅相成。和而不同，是社会事物和社会关系发展的一条重要规律，也是人们处世行事应该遵循的准则，是人类各种文明协调发展的真谛。"[②] 中华民族自古就有以诚为本、以和为贵、以信为先的优良传统。"国家之间、民族之间、地区之间，存在这样那样的不同和差别是正常的，也可以说是必然的。我们主张，世界各种文明、社会制度和发展模式应相互

① 刘洪：《警惕"中国责任论"中的"红白脸"》，引自 2010 年 8 月 18 日新华网：http：//news. xinhuanet. com/world/2010 - 08/18/c_ 12460354. htm.
② 江泽民：《和而不同是人类各种文明协调发展的真谛》，《江泽民文选》第三卷，人民出版社 2006 年版，第 522 页。

交流和相互借鉴，在竞争中取长补短，在求同存异中共同发展。"① 江泽民强调，在当今世界坚持"和"的思想十分重要。"无论是打击恐怖主义、促进全球经济稳定增长，还是消除贫困、保护环境，都需要各国人民在相互尊重、平等互利的基础上，通过对话、协商、合作来解决有关问题。当然，各国情况千差万别，彼此存在分歧是难免的……我们应该尊重各国的历史文化、社会制度和发展模式，承认世界多样性的现实。"② 就中美两国来说，"和而不同"，就是不仅要在共同利益上加强合作，求同存异，还要在分歧领域化解分歧，但中美之间谋求化解分歧，并不等于放弃自己的原则和信念。也就是说，中国尊重美国的制度模式以及所取得的成就和地位，但我们也不讳言两国之间的差别。

众所周知，美国独立战争胜利后，按照资产阶级启蒙思想家们提出的契约论、三权分立、代议制等理论建立了资产阶级民主制度，这种制度在政治上约束了政府权力的过分膨胀，却在经济上刺激了对利益的无限欲望。美国资本的扩张加剧了对世界资源的攫取和开发，进而造成了国家之间的紧张，也造成了文明之间的深层敌对。而中华人民共和国的成立旨在建立以人民代表大会、政治协商为基础、剔除现行资本主义制度弊端的先进民主制度。"中国选择了适合自己国情的道路。这条道路我们走了几十年，给老百姓带来了实实在在的利益，得到中国人民的拥护……对中国来说，中心任务还是发展经济，不断提高人民生活水平。到本世纪中叶，中国才能达到中等发达国家水平。中国不搞扩张，不搞霸权，希望世界和地区保持和平稳定，致力于世界的和平与发展，不会对别国构成什么威胁……民主、自由、人权是人类的共同追求，也是中美两国人民的追求。"③ 2003 年 12 月 8 日，温家宝总理在出席纽约美国银行家协会举行的午餐会上发表的题为"共同开创中美经贸合作的新局面"的演讲，阐述了发展中美公平贸易和经济合作应坚持

---

① 江泽民：《和而不同是人类各种文明协调发展的真谛》，《江泽民文选》第三卷，人民出版社2006 年版，第 523 页。

② 江泽民：《和而不同是人类各种文明协调发展的真谛》，《江泽民文选》第三卷，人民出版社2006 年版，第 523 页。

③ 江泽民：《对当前中美关系和国际局势的几点看法》，《江泽民文选》第三卷，人民出版社 2006年版，第 526—527 页。

"互利共赢"、"平等协商"、"求大同存小异"等五项原则，并明确声明："我这次是为了寻求友谊与合作而来，不是来打'贸易战'的。有些分歧问题的产生，实际上是相互不了解。我深信，中美双方通过对话与磋商，可以缩小我们之间的分歧，扩大我们之间的合作。"① 2010 年 9 月 23 日，温家宝在 65 届联合国大会一般性辩论会上又发表了题为《认识一个真实的中国》的演讲，既客观评价了中国的进步，也坦诚了中国存在的主要问题，相继使用了 7 个"但"，指出："中国国内生产总值位居世界第三，但人均水平较低，只相当于发达国家的十分之一左右。中国经济已保持三十多年的快速增长，但进一步发展受到能源、资源和环境的制约。中国若干重要产品产量位居世界前列，但总体上仍处于全球产业链的低端。中国已经成为国际贸易大国，但出口产品技术含量和附加值低，核心技术仍然大量依赖进口。中国沿海地区和一些大中城市呈现出现代化的繁荣，但中西部和广大农村的不少地方仍然相当落后，还有 1.5 亿人口生活在联合国设定的贫困线之下。中国民生有了很大改善，但社会保障体系不健全，就业压力很大。中国社会政治生活日趋活跃，公民基本权利得到较好的维护，但民主法制还不够健全，社会不公和贪污腐败等问题依然存在。"② 温家宝明确阐述了当今中国是先进落后并存，新旧矛盾交织，面临诸多前所未有挑战的基本国情。向全世界承诺：中国在追求自身发展的进程中，将继续以促进人类的共同发展和繁荣为己任。中国将继续寻求和扩大同世界各国的利益交汇点。中国的发展，不会损害任何人，也不会威胁任何人。中国绝不走"国强必霸"的路子。

　　正是在这种"和而不同"的思想指导下，中美两国的贸易额从建交初期的涓涓细流变为当今的滚滚川流。据中国商务部数据显示，过去的 30 年间，中美贸易额增长了 118 倍③。仅过去十年中，物美价廉的中国商品就为美国消费者节省支出逾 6000 亿美元，面广量大的进口需求则为相关国家和

　　① 温家宝：《共同开创中美经贸合作的新局面——在纽约美国银行家协会举行的午餐会上的演讲》，引自 2003 年 12 月 9 日央视国际网：http://www.cctv.com/news/china/20031209/100080.shtml.

　　② 温家宝：《认识一个真实的中国——在 65 届联大一般性辩论上的讲话》，引自 2010 年 9 月 24 日新华网：http://news.xinhuanet.com/world/2010－09/24/c_12599183.htm.

　　③ 蒋旭峰：《君子和而不同，合作促进共赢》，《中国证券报》2010 年 12 月 17 日，第 A02 版。

地区创造了1400多万个就业岗位①。不仅如此，中美经贸合作巨大的体量与潜能使其不仅广泛造福于两国民众，同时也使全球经济日益融合为紧密的一体。有研究表明，中国对美出口产品的垂直专门化比率（外国提供的中间品价值占出口品价值的比率）已经快速攀升至1/4左右（高于全部出口产品），这其中，来自日本、韩国的中间品贡献度就达1/3左右，由此反映出，中国的对美出口高度依托于以中国为基地，中、日、韩分工协作的生产体系。历史的发展反复证明，合则两利，斗则两败，不仅是中美关系的写照，也是不同制度国家共同发展的历史规律。

（三）从"零和并存"到"双赢共处"："两制关系"发展的自然规律

综观社会主义与资本主义"两制关系"的历史，其间经历了"零和并存"的自发性向"双赢共处"的自觉性的转变过程，这其中既有"两制"本质对立的客观因素，也有"零和"思维的主观原因；既蕴涵着"两制并存"的自发性，也孕育了"两制博弈"的自觉性。是主观见之于客观、自发转向自觉、历史走向现实、特殊趋向必然的自然进程，具有复杂性和反复性。对此，我们需要认真研究，科学把握。

其一，客观分析社会主义产生发展的历史，廓清"两制关系"的"零和并存"与"双赢共处"的历史原因与时代背景，在摒弃"零和"思维的同时，防止陷入国际合作的温柔陷阱。所谓零和，是博弈论的一个概念，意思是双方博弈，一方得益必然意味着另一方吃亏；一方得益多少，另一方就吃亏多少。之所以称为"零和"，是因为将胜负双方的"得"与"失"相加，总数为零。在零和博弈中，双方既没有合作机会，也没有赢家。冷战时期，社会主义与资本主义的关系基本上就是一种"零和博弈"，最终以苏联解体、东欧剧变而结束。如果说历史上"两制关系"的"零和并存"有其特殊原因和时代局限的话，那么在当今全球化进程不断加剧的条件下，如果再抱守"零和"的"冷战"思维，显然不符合时代发展的主旋律。

应该说，"冷战"结束以来，现实社会主义国家以及世界上各种社会主义流派的代表都相继摒弃了"零和"思维，认识到了"双赢共处"的必要

---

① 《中国经济周刊》评论员：《中美互利福泽世界》，《中国经济周刊》2011年第5、第6期合刊，第5页。

性和重要性，中国还提出了著名的"和而不同"、"求同存异"的方法原则，作为处理与不同社会制度国家关系的指导思想，与美、欧、日等发达资本主义国家建立了一系列伙伴关系，取得了可喜的成果。进入 21 世纪以来，中美作为世界上最大的社会主义国家和最大的资本主义国家，双方在经贸、能源、环境、反恐、执法、人文等领域开展了广泛务实合作，在处理重大国际和地区热点问题、在应对气候变化和国际金融危机等全球性问题上进行密切沟通和协调。在新形势下，两国共同利益越来越多、合作领域将越来越宽。无论在促进亚太地区合作方面还是在完善全球经济治理、推动世界经济可持续增长方面，无论在扩大经贸领域合作方面还是在加强新能源、清洁能源、基础设施建设、航空航天等新领域合作方面，无论在打击恐怖主义、防止大规模杀伤性武器扩散方面还是在应对自然灾害、粮食安全、重大传染性疾病等方面，双方开展互利合作潜力巨大。对此，胡锦涛主席在 2011 年 1 月 17 日接受美国《华尔街日报》和《华盛顿邮报》联合书面采访时指出，中美两国和则两利，斗则俱伤。双方应该从两国人民根本利益出发，从世界和平与发展大局出发，排除干扰，应对挑战，相向而行，推动两国关系不断向前发展：一是要加强对话和沟通，增进战略互信；二是要摒弃"零和"的冷战思维，客观理性看待对方发展，尊重彼此对发展道路的选择，坚持互利双赢、共同发展；三是要尊重对方主权、领土完整和发展利益，妥善处理彼此重大关切；四是要不断扩大两国利益交汇点，使中美两国在更广领域成为合作伙伴。但毋庸否认，中美两国之间也存在一些分歧和敏感问题，"零和"思维的阴魂依然没有彻底消散。特别是金融危机以来，面对发展中国家的崛起，一些发达国家的官员和学者甚至提出把 IMF 的份额改革与汇率等问题挂钩，一些媒体也在炒作"货币战"等等。所有这些鼓噪，无疑仍然是"零和"的冷战思维在作怪。对此，我们不能掉以轻心，在摒弃"零和"思维的同时，防止陷入国际合作的温柔陷阱。

　　其二，科学把握社会主义与资本主义的发展趋势，努力掌握有效处理"两制关系"的主动权，大力发展壮大社会主义的综合实力。纵观资本主义和社会主义的发展进程，无论是从纯理论逻辑的推理还是从其相互关系的发展趋势来看，社会主义代替资本主义的客观历史必然性已是不争的事实，我们现在需要关注的是如何把这种历史必然性变成现实性的问题，其关键是努力发展壮大社会主义的综合实力，科学把握处理"两制关系"的主动权。

　　所谓主动权，是指按照自己的意图行事的权力。主动权有大有小，既反映了其空间性和时间性，又取决于其自身实力的强弱。在"两制关系"史上，特别是在冷战时期，资本主义国家一直掌握着主动权，原因在于"两制"实力对比，资本主义明显处于强势。冷战结束后，在20世纪90年代，美国尽享冷战结束之红利，并且打着"民主、人权、人道主义"等旗号，制造事端，干涉别国内政，加速演变社会主义国家，世界社会主义运动陷入低潮。可以说，无论社会主义国家如何呼吁和平共处，强势的资本主义国家依然是想打谁就打谁，新霸权主义和强权政治横行于国际社会。直到21世纪第一个10年，由小布什总统发动的伊拉克战争，使这一轮力量扩展达到顶峰。然而，"盛极而衰"的规律不可抗拒，伊拉克战争的挫折标志着美国这一轮力量扩展的终结，随之而来的是次贷危机引发的金融海啸，美国的相对力量优势开始下降。客观上看，金融危机扩大了中国在中美关系上的主动权。当然，中国在中美关系上从被动向主动的转化，不仅是由于美国相对优势的衰弱，更重要的是取决于中国综合实力的提升。美国国家情报委员（NIC）2008年11月20日发布的《2025年全球趋势：一个转换中的世界》报告认为，自二战后持续至今的以美国为中心的世界秩序将土崩瓦解，国际局势可能出现动荡。该报告预测到2025年，中国将成为世界第二大经济体，印度将继续保持相对快速的经济增长，俄罗斯将会更加强大。报告预测，2040—2050年"金砖四国"的全球GDP份额将达到七国集团的创始会员国所占全球GDP份额的水平。[①]影响世界经济发展的八个最大的经济体按递减顺序排列将是：美国、中国、印度、日本、德国、英国、法国和俄罗斯。虽然美国仍维持着相对优势，但中国和印度作为多极化时代的新兴大国，在影响力方面将和美国展开竞争。2008年11月21日，新加坡《联合早报》发表评论员文章称，中国、印度和巴西等国在华盛顿召开的二十国集团（G20）峰会的集体亮相和发声，使世界舞台上终于出现了前所未有的新气象。认为中国此次跻身于"世界领导层"之后，其国际地位实现了大幅度

---

　　① 张勇：《美国国家情报委员会报告〈2025年全球趋势〉解析》，《国际资料信息》2009年第1期，第14页。

跃升。但同时也指出，作为"世界领导层"的后起之秀，中国与当今唯一超强的美国如何相处，仍然是耗费心思的首要外交课题。① 对此，中国采取了谨慎、务实的外交策略，按照发展中国家的历史定位，做自己力所能及的事情，抓住自己能够抓住的机遇，趋利避害，发展自己，努力为世界和平与发展做出自己应有的贡献。

其三，充分认识"双赢共处"的时代特点，努力营造有利于社会主义事业发展的良好环境。如前所述，在"两制关系"的历史上，由于社会主义与资本主义相比的弱势，决定了其对外关系的被动地位，即使有着"双赢共处"的主观愿望，如果资本主义国家不配合也难以实现这一愿望。例如：近20年来，中美军事交流发生的五次中断（1989年、1996年、1999年、2001年、2008年），均因美方干涉中国内政损及中国国家主权引起的②。1989年美国肆意干涉中国内政，宣布对中国实行"制裁"，两国关系全面倒退，两军交往戛然而止。直到1994年10月，美国国防部长佩里访华，中断了5年的两军高层交往重新恢复。然而，好景不长，1995年5月，克林顿政府悍然宣布同意李登辉访美，打破了将近17年不准台湾当局最高层领导访美的"禁令"，中美关系降到建交以来的最低点，而正在恢复的两军交往也因此告停。1995年7月和1996年3月，中国进行了两次大规模导弹发射演习，震动美国朝野。此后，两军交流和互访随着两国关系的由"阴"转"晴"才逐渐恢复。而1999年5月，美国轰炸中国驻南联盟大使馆事件，再次开中美关系的"倒车"。中国外交部发言人随即宣布推迟中美两军高层交往。2001年4月1日，美国驻西太平洋的侦察机闯入中国海南岛附近上空，中美两军军用飞机相撞，两军关系降至"冰点"，军事交流和互访活动全面叫停。而突如其来的"9·11"事件，改变了美国的军事战略部署，从另一个方面缓和了中美军事关系，将两军交流推向了新的层次。但2008年10月，因为美国政府向台湾当局出售价值逾60亿美元先进武器的计划，再次使中美军事交流"脱轨"。众所周知，军事关系是国家关系中的最敏感和最具"风向标"特征的关系。军事问题专家彭光谦认为，中美军事

---

① 杜平：《中国跻身"世界领导层"之后》，《世界报》2008年11月26日，第010版。

② 《中美关系的晴雨表——彭光谦评述中美军事关系》，《世界知识》2004年第3期，第42页。

交往的热度能持续多久，并不取决于中国，而是取决于美国。对发展中美正常的军事关系，中国有最大的诚意。问题的症结不是中国挑战美国，而是美国对中国的偏见。针对 2010 年夏天以来美韩、美日大规模的联合军事演习，彭光谦少将进一步指出，美日军演也好，美韩军演也好，其矛头所指绝不仅仅是针对朝鲜，可谓是"项庄舞剑意在中国"①，我们要努力继续争取和平发展的战略机遇，但是和平不会从天而降，没有任何人会恩赐我们和平，和平需要争取，发展需要保卫。我们要有强烈的忧患意识和危机意识，要有充分地应对危机、应对挑战的思想准备和物质准备，要充分认识霸权主义的危险性。

可以说，在国际舞台上，在"两制关系"的交往中，任何"双赢共处"的机会都不可能从天而降，它需要关系双方共同去创造、去争取。如果说在冷战时期，由于社会主义与资本主义实力对比的悬殊，"零和并存"不可避免的话，那么，在和平与发展已经成为世界主题的今天，摒弃"零和"的冷战思维，坚持互利双赢、共同发展的相互关系准则，就成为一种大势所趋和人心所向。如果逆历史潮流而动，开历史倒车，必将被历史所唾弃。

六、"运行过程"与"最终结果"的有机统一

我们考察社会主义与资本主义两种制度的关系问题，一直遵循着三个思维维度：一是方法维度，即以全球化为研究问题的视野，以历史唯物主义和辩证唯物主义为指导，坚持史论结合，纵横比较；二是价值维度，坚持以人为本的价值判断，坚持马克思主义的价值观，即坚持以消灭剥削和压迫、充分发展人的个性、解放全人类、最终实现"自由人的联合体"②为价值判断；三是目标维度，即以事实为依据，通过考察分析资本主义与社会主义的发展轨迹，以揭示资本主义必然被社会主义所代替的历史进程为目标。从这三个维度来探究，"运行过程"与"最终结果"的有机统一，可谓是社会主

---

① 《彭光谦谈美日联合军演及东北亚安全局势》，引自 2010 年 12 月 7 日人民网：http://www.people.com.cn/GB/32306/143124/147550/13421141.html.

② ［德］马克思、恩格斯：《共产党宣言》，《马克思恩格斯选集》第 1 卷，人民出版社 1995 年版，第 294 页。

义与资本主义"两制关系"发展的必然规律。

（一）运行过程：全球化进程中社会主义与资本主义因素互植

随着全球化进程的拓展，现实中的社会主义和资本主义的发展已大大超出了人们的传统认识视野，其最突出的变化就是呈现了社会主义与资本主义因素的互植。著名学者肖枫先生就曾指出：资本主义与社会主义早就在相互作用、斗争和较量中，彼此互相借鉴、学习和吸收对方有用的东西，从而取得了"取长补短、求同存异、共同发展"的实际效果①。具体情况我们可做如下几方面的分析：

其一，当代资本主义社会内部社会主义因素在增长。纵观资本主义的发展进程，其内部社会主义因素不断增长，新社会的诸种因素作为资本主义社会的内在否定力量正日益发展壮大。首先，资本本身已越来越社会化。国家所有制是资本主义制度下资本社会化的最高表现形式；股份资本作为资本社会化的一种形式，是对私人资本在资本主义制度下进行的一种自我扬弃，是由资本主义生产方式转化为联合的生产方式的过渡形式，股权法人化、分散化和经营管理的经理化表明，不仅资本的所有权日趋社会化，资本的占有、管理和使用也在日益社会化，垄断资产阶级越来越难以驾驭现代生产力的发展，资本主义生产方式开始排斥资本家阶级自身；而合作制经济的发展和壮大更表明，一种新生产方式怎样会自然而然地从一种生产方式发展并形成起来。资本的社会化，表明资本主义内部正在产生着越来越多的社会主义因素。其次，国家的社会经济职能在当代发达资本主义国家的扩大和强化，成了主宰整个社会经济生活的决定性因素，在一定程度上呈现了马克思主义者早就所阐述的"资本主义社会的无计划生产向行将到来的社会主义社会的计划生产投降"②的趋势。而分配领域中"从摇篮到坟墓"的社会保障制度，累进税、消费税、高额遗产税的征收，对于资本主义国家工人阶级生活状况的改善，保障低收入者的基本生活，缩小贫富差距具有明显作用，体现了收入分配公平化方面的社会主义因素。再次，当代资本主义政治民主化的发展，公民民主自由权利的扩大，

---

① 肖枫：《我看社会主义与资本主义关系的新趋势》，《北京日报》2011 年 2 月 21 日。
② ［德］恩格斯：《社会主义从空想到科学的发展》，《马克思恩格斯选集》第 3 卷，人民出版社 1995 年版，第 752 页。

无产阶级政党的合法存在，马克思主义和社会主义思想的广泛传播，表明社会主义上层建筑已在资本主义社会萌芽，并为社会主义最终代替资本主义，为真正实现人民当家作主做了某些形式上的准备。所有这些事实表明，在发达资本主义内部，正在孕育并积累着一些社会主义因素，而这些因素的增长不可避免地将促进资本主义社会在量变的过程中发生部分的质变直至最后发生根本的质变——即进入新的社会。这种"自然历史过程"，不是外部力量强加给资本主义的，而是资本主义生产方式本身发展的结果。这表明，当代资本主义的新发展和新变化，不是离社会主义更远，而是更近了。也就是说，当代发达资本主义作为一种成熟的社会形态，它在不断进行自我修正、完善的同时，也必然为另一种更优越、更合理、更高级的社会形态——社会主义——对它的全面的、辩证的否定、不自觉地构筑着经济和社会关系等各方面的基础。

其二，现实社会主义国家在改革进程中亦积极吸取资本主义文明成果。尽管苏联东欧剧变后世界社会主义运动一度陷入低潮，但以中国、越南、古巴、朝鲜等为代表的现存社会主义国家则依然坚持改革开放，积极吸取资本主义文明成果，探索有本国特色的社会主义新道路。一方面，顶住西方和平演变的压力，坚持走社会主义道路；另一方面，认真总结经验教训，积极探索新形势下适合本国国情的发展道路，并借鉴资本主义先进的科学技术和管理经验。特别是中国自 20 世纪 70 年代末 80 年代初以来，大胆改革，锐意进取，对内外政策进行大刀阔斧的调整，国民经济持续健康发展，改革开放取得丰硕成果，社会主义民主政治和精神文明建设成果显著，人民生活达到小康水平。值得指出的是，中国在邓小平理论、"三个代表"重要思想和科学发展观指导下，深化了对"什么是社会主义，怎样建设社会主义"的认识，在改革开放和社会主义现代化建设中不断创新，探索了一条中国特色社会主义道路，创立了中国特色社会主义理论体系，为世界社会主义运动和人类发展作出了巨大贡献。在经济上，坚持市场经济体制改革，经过多种形式的试验，最终确定采用"股份制"作为公有制的主要实现形式。实际上，马克思恩格斯早就说过，股份制度"是在资本主义体系本身的基础上对资本主义私人产业的扬弃；它越是扩大，越是侵入新的生产部门，它就越会消灭私人产业。"① 恩格斯在《1891 年社会民主党纲领草案批判》中指出："由股份公司经营的资本主义生产，已经不再是私人生产，而是由许多联合负责的生产。如果我们从股份公司进而来看那支配着和垄断着整个工业部门的托拉斯，那么，那里不仅没有了私人生产，而且也没有了无计划性。"② 应当说，当今中国社会的繁荣昌盛已有力地驳斥了关于社会主义将把人类引向死胡同的无稽之谈。对此，美国未来学家约翰·奈斯比特在《中国大趋势》一书中明确指出："中国领导人喜欢把中国的市场经济称为中国特色社会主义。美国也正朝着'美国特色社会主义'演变。"③

其三，从世界范围内的社会主义运动状况来看，各种社会主义力量正在资本主义体制内进行更深层次的探索，并呈现出了一些新特点。一是苏联东欧剧变之后，资本主义国家的左翼力量面对急剧变化的形势和出现的新问题，认真反思，提出了种种"新社会主义"思想，对通往社会主义道路的探索不断深化。西欧不少国家的共产党也逐步抛弃过去依从苏联共产党和教条主义地对待马克思主义的做法，独立地走自己的路，特别注意与中间阶级及其他左翼政党的联合与团结；重视脑力劳动者的工作（过去片面重视体力劳动者）；同时，都准备把过去虽号称民主集中制但实际上都是权力集中的党真正改造成为民主的党。美国共产党沉寂多年，现在也提出要建设"群众共产党"的方针。日本共产党将自己定位于既是"工人阶级先锋队"，又是"日本国民的党"。西班牙共产党确定"与左翼一起，共同建设未来"的方针，用民主的方法实现社会主义。东欧国家共产党摒弃了过去的错误模式和错误思想，形成了一种所谓"新社会主义"思潮。他们根据这种新社会主义观点，认为过去的那种社会主义已成为历史，真正的社会主义必须符合新的现实和人民群众的根本利益，一切主张和政策要根据当前现实和具体条件来决定。他们进行议会斗争，但并不放弃革命观念。这些政党有些仍被推上了执政地位，以致使西方报刊惊呼："一个新的幽灵又在欧洲徘徊：共

---

① ［德］马克思：《资本论》第 3 卷，人民出版社 1975 年版，第 496 页。

② ［德］恩格斯：《1891年社会民主党纲领草案批判》，《马克思恩格斯选集》第 4 卷，人民出版社 1995 年版，第 408 页。

③ ［美］约翰·奈斯比特、［德］多丽斯·奈斯比特著：《中国大趋势》，魏平译，吉林出版集团、中华工商联合出版社 2009 年版，第 144 页。

产党卷土重来。"尽管苏联东欧剧变后很多国家的共产党改旗易帜，但在立陶宛曾选出了一个由前共产党组成的政府；罗马尼亚总统曾是前共产党人；曾经监禁过前东德官员的法官在公开场合受到讥笑；在保加利亚举行了支持共产党的游行；阿尔巴尼亚社会党在地方选举中大得其势；而在倒塌的华沙条约多米诺骨牌中位居第一的波兰，选出了一个由前共产党人控制的政府。更为令人关注的是，摩尔多瓦共产党于 2001 年 2 月 25 日通过议会选举成为原苏联地区第一个执政的共产党。这是通过和平的议会选举获取政权的新尝试，为当代资本主义向社会主义的演变提供了借鉴。尽管摩尔多瓦共产党执政仅仅 8 年，但现在仍是议会第一大党。特别是其在执政时期，构建了稳定有序的政治环境，推动了经济全面、健康、可持续发展，完善了社会保障体系，确立了平衡的外交政策，在宪法原则、中立原则和公民至上原则的前提下尝试建立"革新形态的社会主义"①，走出了一条摩尔多瓦式的强国富民的社会发展道路。

二是全世界左翼政党的大联合，增强了反对资本主义体系的力量。虽然目前社会主义运动处于低潮，但是资本主义全球化的扩展使很多有利于实现公正与和平的力量在壮大，比如生态运动、反种族歧视、女权运动、反全球化的弱势人群及劳工组织的行动等等。正如马克思所曾经指出的："我们所称为共产主义的是那种消灭现存状况的现实的运动。"② 值得关注的是，世界上许多国家的左翼政党在当前的反全球化浪潮中显得空前活跃。这些政党提出了以"反全球化反对资本主义，以社会主义代替资本主义"的明确口号，为组织大规模的抗议示威进行积极准备。世界众多国家的共产党近年来多次举行国际会晤，共同讨论应对经济全球化的挑战，呼吁各国共产党联合世界一切可以团结的力量，改变经济全球化的发展方向，在全球范围展开反对资本主义的斗争。2001 年 5 月，来自世界各地的 60 多个共产党和左派组织在布鲁塞尔举行题为"帝国主义全球化条件下世界社会主义革命"的讨论会，会议作出了"帝国主义全球化与世界革命进程"决议，决议认为

---

① 俞邃、路晓军：《"摩尔多瓦现象"——社会主义生命力的重要标志》，《国外理论动态》2010年第 2 期，第 35 页。

② ［德］马克思、恩格斯：《德意志意识形态（节选）》，《马克思恩格斯选集》第 1 卷，人民出版社 1995 年版，第 87 页。

"反帝国主义的全球化运动形势已经出现"。在热那亚八国峰会前夕，德国、意大利、法国、丹麦、西班牙、希腊和比利时等国的共产党组织在意大利都灵召开了"政治动员"会议，决定"站在反全球化运动的第一线"与各工会以及其他团体一起组织大规模示威抗议活动。发展中国家的许多左翼政党也普遍反对发达国家主导的经济全球化秩序。南非非国大主张认真研究反对全球化的跨国政治活动，提议要将共产党人、社会党人和绿色运动团结在一起，组成世界反右联盟，向全球大资本剥削发起挑战。① 美国社会学家伊曼纽尔·沃勒斯坦认为，"从长远的观点看问题，所有社会的民族运动都将构成一个整体，其结果都将是反体系的。"② 反体系运动的目标就在于将世界资本主义体系转变为世界社会主义体系。沃勒斯坦认为，世界社会主义体系离我们还很遥远，但它终将还会得到实现。资本主义金融危机爆发后，来自48 个国家的57 个共产党和工人党的代表于2009 年11 月20—22 日，汇聚印度首都新德里召开了第十一次国际共产党工人党会议。会议的主题是：国际资本主义危机、工人和人民的斗争、替代方案以及共产主义运动和工人阶级运动的作用③。希腊共产党、葡萄牙共产党等都主张用社会制度变革的方式作为解决危机的根本途径，认为社会主义是克服资本主义制度危机的唯一出路。④ 匈牙利共产主义工人党认为，匈牙利是欧洲当代资本主义最薄弱的环节。20 年前有80%的匈牙利人支持市场经济，而当今只有46%的人赞成资本主义。强调在这种情况下，不仅要批判资本主义制度，也应该向人民证明社会主义是现存资本主义的替代方案。

（二）最终结果：全球化始于资本主义必将终于"自由人联合体"的形成

从马克思主义视域来看，社会主义或共产主义事业本身就是世界历史性的事业，是全球性的事业。作为世界性的历史存在，社会主义的产生必须具有两个前提条件：一是生产力的高度发展；二是世界交往的普遍发展。生产力的高度发展和世界普遍交往的存在是实现社会主义和共产主义的两个重要

① 金鑫：《世界问题报告》，中国社会科学出版社2002 年版，第326 页。
② 转引自刘靖华：《霸权的兴衰及其理论启示》，载《战略与管理》1996 年第8 期，第49 页。
③ 杨成果：《第十一次共产党和工人党国际会议》，《国外理论动态》2010 年第2 期，第25 页。
④ 孙勇、李申：《发达国家共产党的生存现状及其未来前景》，《当代世界与社会主义》2010 年第1 期，第51 页。

前提。从生产力方面来说，资本主义生产力的发展和社会主义物质存在条件的成熟是一个同步的渐进过程。资本主义的生产力发展一分，社会主义的物质存在条件就成熟一分；资本主义的生产力越是发展，社会主义的物质存在条件就越是趋于成熟；资本主义所能容纳的全部生产力发挥殆尽之日，就是社会主义的物质存在条件完全成熟之时。因为，生产的高度发展为扬弃私有制、消除阶级对立和阶级差别创造了更可靠、更充分的物质条件；生产力的高度发展为实现"各尽所能，按需分配"的原则奠定了雄厚的物质基础；更进一步看，未来科技和生产力的高度发展，还为人的素质的提高和人的全面自由的发展准备了前提。①

著名学者高放教授认为，科技和生产力的大发展不是资本主义朝阳的升起，不是资本主义的起死回生，而是资本主义的回光返照，是资本主义的晚霞。② 从世界交往的普遍发展来说，马克思恩格斯认为，社会主义、共产主义的胜利不是地域性的，而是全球性的。"交往的任何扩大都会消灭地域性的共产主义。共产主义只有作为占统治地位的各民族'一下子'同时发生的行动，在经验上才是可能的，而这是以生产力的普遍发展和与此相联系的世界交往为前提的。"③ 马克思在《德意志意识形态》中曾这样论述二者的关系：一方面，生产力的发展促使交往扩大。"只有随着生产力的这种普遍发展，人们的普遍交往才能建立起来；普遍交往，可以产生一切民族中同时都存在着'没有财产的'群众这一现象（普遍竞争），使每一民族都依赖于其他民族的变革。"④ 随着大工业的发展，大工业到处造成了社会各阶级间相同的关系，从而消灭了各民族的特殊性。"各个相互影响的活动范围在这个发展进程中越是扩大，各民族的原始封闭状态由于日益完善的生产方式、交往以及因交往而自然形成的不同民族之间的分工消灭得越是彻底，历史也

① 参见蒲国良、熊光清：《全球化进程中社会主义与资本主义的关系》，中国人民大学出版社 2006 年版，第 115 页。

② 高放、李景治、蒲国良主编：《科学社会主义的理论与实践》，中国人民大学出版社 2005 年版，第 296 页。

③ ［德］马克思、恩格斯：《德意志意识形态（节选）》，《马克思恩格斯选集》第 1 卷，人民出版社 1995 年版，第 86 页。

④ ［德］马克思、恩格斯：《德意志意识形态（节选）》，《马克思恩格斯选集》第 1 卷，人民出版社 1995 年版，第 86 页。

就越是成为世界历史。"① 另一方面，交往的扩大又有助于保存生产力。"只有当交往成为世界交往并且以大工业为基础的时候，只有当一切民族都卷入竞争斗争的时候，保持已创造出来的生产力才有了保障。"② 最后，在二者的基础上，使人成为真正的历史性存在。社会主义的每一个单个人的解放的程度，是与历史完全转变为世界历史的程度一致的，当地域性的个人为世界历史性的、经验上普遍的个人所代替时，他也就获得了利用全球的这种全面的生产的能力。

毫无疑问，资本主义全球化的发展正在加速这一进程。马克思早就指出，资本主义"狂热地追求价值的增殖，肆无忌惮地迫使人类去为生产而生产，从而去发展生产力，去创造生产的物质条件，而只有这样的条件，才能为一个更高级的、以每个人的全面而自由的发展为基本原则的社会形式创造现实基础。"③ 资本通过全球化的推动，创造出了世界各地区的全面交往和相互依赖。而这种全面交往和相互依赖却导致了生产的全球化与生产资料私人占有之间的矛盾和生产无限扩张与全球需求相对缩小之间的矛盾。而这两对矛盾的不断加深恰恰是当下这场国际金融和经济危机的根本原因。资本主义为了追逐利益，不断地扩大生产，不顾地球承载能力的增长，还进一步引发了全球生态危机。可以说，"狂野资本主义全球化"时代在全球金融危机的冲击下正加速终结，人类面临着达尔文式的物种存亡的挑战④。作为资本主义的对立物，社会主义同样是世界性的，但社会主义坚持的是平等原则，主张消除贫困；奉行温和消费主义原则，尊重自然。2010 年 5 月，在世界政治经济学学会第 5 届论坛上，"21 世纪社会主义"理论创始人之一、墨西哥城市自治大学德籍教授汉斯·迪特里奇指出，我们正处在一个公正民主社会和生命道德价值的伦理标准与经济社会组织及生产模式的事实标准相交汇的十字路口。物质生产、道德意识和民主参与及其相互关系，是建设

① ［德］马克思、恩格斯：《德意志意识形态（节选）》，《马克思恩格斯选集》第 1 卷，人民出版社 1995 年版，第 86 页。

② ［德］马克思、恩格斯：《德意志意识形态（节选）》，《马克思恩格斯选集》第 1 卷，人民出版社 1995 年版，第 108 页。

③ ［德］马克思《资本论》，《马克思恩格斯全集》第 23 卷，人民出版社 1972 年版，第 649 页。

④ ［英］彼得·诺兰著：《美国：站在资本主义全球化的十字路口》，李群英译，《国外理论动态》2011 年第 5 期，第 19 页。

21世纪社会主义新社会的子系统,三者统一于时间①。美国佛罗里达棕榈滩州立大学大卫·佩内教授强调21世纪的社会主义不能停留在以往的荣誉和成就上。要取得对资本主义的制度优势,社会主义需要率先解决可持续发展的问题,即协调好政治、经济、文化和环境四个要点之间的关系。卢森堡基金会克里斯托·卢夫特教授认为,后资本主义社会要满足五个标准:一是就贫困问题给出新的解决方案;二是发展一个可持续的自然资源利用模式;三是从为获取私人利润的剩余价值生产转向满足全人类生命需求的生产活动;四是民主遍及政治领域和其他社会关系中;五是重新定义GDP,加入人类进步的定性因素。日本东京大学新藤通弘教授在概括马克思科学社会主义构想的基础上赞扬了当今拉美国家的社会主义实践。秘鲁阿普里马克卡埃拉·巴斯蒂达斯国立大学阿尔弗雷德·苏米·阿罗帕教授等学者高度评价了"21世纪社会主义"在拉美重建中的作用。纽约大学西班牙籍教授艾德多尔·苏必瑞茨强调了拉美"21世纪社会主义"思潮和东方文化思想之间的渊源。

众所周知,进入新世纪以来,拉美地区的"新社会主义"理论与实践一度成为世界社会主义低潮时期的亮丽风景。既有迪特里希等拉美地区的学者提出的"21世纪社会主义"思想和理论,也有委内瑞拉总统查韦斯、厄瓜多尔总统科雷亚倡导推行的"21世纪社会主义"和玻利维亚总统莫拉莱斯推行的"社群社会主义"的实践。以海因茨·迪特里希为代表的学者强调,"21世纪社会主义"是社会主义发展的新阶段,与传统社会主义有很大的区别,其主要内容包括:绝大多数人在经济、政治、文化和军事等机构中具有最大限度的决策权;社会主义的经济应取消市场经济,建立价值经济或等价经济,实现等价交换,避免企业主对劳动者的剥削,以保证社会公正的实现;强调"21世纪社会主义"与资产阶级非政府组织的主张的不可调和性;它不是市场经济,而是人们真正的参与;它不是阶级的国家,而是大多数人的国家;它不是财阀和少数人的民主,而是大多数人的民主。另一位拉美"21世纪社会主义"的思想家玛尔塔·哈内克,在其《21世纪的拉美左

---

① 丁晓钦:《资本主义危机与出路:21世纪社会主义——世界政治经济学学会第5届论坛综述》,《马克思主义研究》2010年第6期,第141页。

派》等文章中所阐述的"21世纪社会主义"也强调了与传统社会主义的本质不同,认为苏联社会主义的失败只是官僚社会主义的失败,并不代表社会主义和马克思主义失败;"21世纪社会主义"强调民众的参与,强调人民和民众组织的作用;"21世纪社会主义"是一个混合体,是人道主义的、民主的、团结互助价值观的混合体。① 委内瑞拉总统查韦斯所倡导的"21世纪社会主义",则是在对资本主义发展模式进行深刻批判基础上逐步发展起来的,其主要观点包括:以"玻利瓦尔和平民主革命"替代"新自由主义改革";以"21世纪社会主义"替代"资本主义";以"美洲玻利瓦尔替代方案"替代"美洲自由贸易区计划";以成立"委内瑞拉统一社会主义党"来一统革命力量。在实践上采取的主要措施有:政治上,以参与制民主代替代议制民主,鼓励社会各阶层广泛参与国家决策;经济上,实行能源、电力、电信业等战略性部门国有化,大力发展国家所有制和社会(集体)所有制和合作制,大力推进合作化运动;在社会领域,强调平等、缩小贫富差距保障低收入阶层和弱势人群利益,促进社会公平②;在外交上,猛烈抨击新霸权主义,奉行独立自主、多元化的外交政策。厄瓜多尔总统科雷亚认为,"21世纪社会主义"是拉美的思想,强调集体观和集体行动的重要性;主张劳动价值高于资本价值;通过投票而不是暴力方式实行社会变革;实现产权的合理化而不是完全国有化;强调国家主权和健康的民族主义;认为"21世纪社会主义"的重要任务是提出新发展观,并用它代替目前的发展模式。玻利维亚总统莫拉莱斯推行的"社群社会主义"是一种建立在团结、和谐、互惠基础上的经济模式,主要内容有:主张在玻利维亚实现社会公正,以人为本,承认人权;以印第安文明为根基,建立"拉美大祖国";反对帝国主义的企图,主张第三世界国家和人民的团结,声援为自由与正义而斗争的力量;反对新自由主义模式,捍卫国家主权和发展权,实行国家资源国有化;保障充足的粮食供应、有效的医疗和良好的教育,不断提高人民的生活水平③,等等。根据这些理念,莫拉莱斯进行了一系列政治、经济、社会的改

---

① 参见王鹏:《当前拉美社会主义思想和运动新动向》,《拉丁美洲研究》2009年第3期。
② 参见徐世澄:《当代拉美政治思潮的基础、影响及实施前景》,《当代世界》2007年第5期。
③ 参见刘国强:《拉美如何将社会主义理论变成拉美模式社会主义实践》,引自2007年11月29日新华网:http://news.xinhuanet.com/world/2007-11/29/content_7166460.htm。

革尝试。

由此可见，无论是学者们对"21世纪社会主义"的描述和向往，还是现实社会主义的实践进程，都充分表明了社会主义与全球化的渊源关系，未来的全球化必将是社会主义的全球化。它是着眼于整个人类的和平与可持续发展的全球化；是由科技进步所导引、有生产力发展所推动、世界各国共享人类文明成果和科技成就的全球化；是不同国家的人民和睦相处、取长补短、逐步实现共同富裕的全球化；是各个国家、各个民族的优秀文化传统交流融合、和而不同、实现共存共荣的全球化；是世界各族人民实现平等、互惠、共赢共存的全球化；是马克思恩格斯当年所揭示的每个人的自由全面发展的全球化。也就是说，始于资本主义的全球化，在促进生产力和世界交往的普遍发展的同时，自然也为全球社会主义的实现准备了必要条件。

（三）"运行过程"与"最终结果"的统一："两制关系"发展的必然规律

随着全球化进程的加剧，资本主义的危机在不断加深，但也正是由于全球化的拓展，以及资本主义与社会主义因素的互植，特别是伴随着"交往"在全球范围内向更广、更深程度上的扩展，社会主义与资本主义将面临更直接、更频繁的交锋。也就是说，就社会主义与资本主义发展的现实状况来看，"两制并存"的格局仍将维持相当长的时间，但这种"运行过程"的长期性与社会主义必将取代资本主义的"最终结果"的必然性则是并行不悖的。

一方面，就"运行过程"的长期性来说，主要是由两方面的因素所决定：一是就当代资本主义的发展来看，虽然其危机不断，但它仍有比较强的扩展能力与发展潜力：首先，新的科技革命给资本主义注入了生机和活力，资本主义仍是科学技术的中心和生产力的主体，并保持较好的发展趋势。在当今世界的高技术领域资本主义拥有绝对优势。据统计，目前发达国家有全世界90%的网络主机，纽约市拥有的网络主机超过整个非洲的拥有量。美国在人类基因研究、纳米技术及航空航天技术等方面都处于世界领先地位。其次，由全球化引发的社会主义与资本主义的更为直接的接触中，会使资本主义有更多的机会吸取、借鉴社会主义的经验，在生产关系和上层建筑方面实行某种改良和调整，协调资产阶级统治集团内部不同阶层、集团和党派之间的矛盾和冲突，缓解资产阶级与无产阶级的矛盾，使资本主义得以延长寿命。其三，当今不平衡的世界政治经济秩序仍有利于资本主义的发展。经济全球化是资本主义的内在需求，全球化的发展极大地扩展了资本主义国家资本活动的空间，资本的跨国运动，为西方资本提供了新的获得高额利润的机会，促进了资本主义的经济增长，推动了资本主义产业结构的调整和升级，延长了资本主义的生命期。虽然资本主义的生产方式有其制度的局限性，资本的全球化已经引起并激化了资本主义各种矛盾和冲突，但在相当长的阶段内和相当程度上资本主义还能够允许甚至推动生产力的发展，因此，资本主义还有一定的发展余地。二是社会主义作为新生的社会制度，其目标是实现物质财富极大丰富、人民精神境界极大提高、每个人自由而全面发展的共产主义社会。这样的社会无疑具有强大的生命力和鲜明的优越性。但由于历史发展的跳跃性，社会主义没有在资本主义发达国家同时取得胜利，而是在经济文化都比较落后的国家首先得以建立，历史起点比较低。要实现社会主义代替资本主义的历史使命，必须要经过一个长期的发展过程。也就是说，这些国家在跨越了资本主义制度的"卡夫丁峡谷"之后，面临着大力发展生产力，实现国家的工业化、现代化、市场化、民主化、法制化等重大任务。只有尽快完成这些任务，缩小同发达资本主义国家的差距，才能充分体现社会主义的优越性，增强社会主义的吸引力，为最终取代资本主义打下坚实的基础。社会主义建设是一项前无古人的事业，在经济文化落后国家怎样建设社会主义，没有现成的答案，其发展的艰难性可想而知。苏联解体、东欧剧变，世界社会主义、共产主义运动遭遇了空前挫折，而冷战后时代的全球资本主义在政治、经济、军事、意识形态各主要方面都处于相对强势地位，在新科技革命的推动下挟全球化威力，掌握全球化的主动权，占领战略制高点，挤压社会主义国家生存和发展空间，推行文化霸权，加大对社会主义国家的舆论攻势，一时间"自由主义万能论"、"不战而胜论"、"历史终结论"、"大失败"等甚嚣尘上，给社会主义国家制造强大的意识形态压力，社会主义面临严峻的挑战。"巩固和发展社会主义制度，还需要一个很长的历史阶段，需要我们几代人、十几代人，甚至几十代人坚持不懈的努力奋斗"。① 对此，我们需要有一个充分的认识。毛泽东早就指出："对于建设社会主义的规律的认识，必须有一个过程。必须从实践出发，从没有经验到有经验，从有较少经验，到有较多的经验，从建设社会主义这个未被认识的必然王国，到逐步地克服盲目性、认识客观规律、从而获得自由，在认识上出现一个飞跃，到达自由王国。"②

另一方面，就目前总体力量对比来看，社会主义与资本主义相比较仍处于弱势，但从人类发展的价值目标来看，社会主义制度的诞生，是人类社会矛盾运动的必然结果，符合社会发展的客观规律，代表人类社会发展的方向，具有强大的生命力。随着历史的发展和进步，社会主义的力量必然不断增强，最终必将超越资本主义，战胜资本主义。从发展趋势来看，社会主义具有光明的前景和广阔的发展空间。从世界社会主义、共产主义运动的发展趋势和现有社会主义国家的发展现状来看，世界社会主义的发展总体上虽然处于低潮，但已呈现了与过去不相同的一些特点。突出表现是：

其一，中国、古巴、越南、朝鲜、老挝等社会主义国家正迈向健康发展的轨道。苏东剧变后，世界社会主义运动遭受重大挫折，中国、古巴、越南、朝鲜、老挝等社会主义国家面临严峻挑战。但经过 20 多年的发展，这些国家不仅顶住了西方国家演变的压力，而且经过改革开放逐渐探索了一个适合自身发展的道路。政治上，以往权力高度集中，当前各国政治民主化取得了重大进展；经济上，以往体制僵化、并发展不协调，现在开始转换为新体制并走上协调发展的道路；文化上，自由度显著增加；对外关系方面，已改变了以往处于封闭、半封闭状态，积极发展对外交流。理论创新方面，在什么是社会主义、怎样建设社会主义这个基本理论问题上发生了重大转变；在指导思想和发展模式上更加强调从本国实际出发，探索适合本国国情的社会主义发展道路；对社会主义本质的认识不断深化。从实践方面看，现存社会主义国家坚守住了阵地，顶住了苏东剧变后的强大

---

① 邓小平：《在武昌、深圳、珠海、上海等地的谈话要点》，《邓小平文选》第三卷，人民出版社1993年版，第379页。

② 毛泽东：《在扩大的中央工作会议上的讲话》，《毛泽东著作选读》下册，人民出版社1986年版，第826页。

冲击波，特别是中国，作为现存最大的社会主义国家，在建设有中国特色的社会主义的道路上，取得了巨大成就，保持了稳定和高速的增长，其发展速度在与资本主义的竞争中赢得了相比较的优势，综合国力快速提升，世界排序不断前移。

其二，在一些原社会主义国家，社会主义力量正在重新积聚，在国内政治舞台上发挥着重要作用。苏联东欧剧变后，该地区的社会主义力量或各种社会批判思潮并未退出历史舞台，经过20多年的分化改组，在国内政坛上发挥着重要作用。例如：俄罗斯联邦共产党相信社会主义的选择注定要来敲门，在反思苏联共产党和自身建设的经验教训的基础上，明确提出要建设"革新的社会主义"①，并在2007年12月举行的俄罗斯第五届国家杜马选举和2008年3月举行的总统选举中，不仅获得了国家杜马中第二大党团的位置，还增加了总统候选人的支持率。公正俄罗斯党还多次使用"新社会主义"、"21世纪社会主义"、"第三社会主义"等名称来表述党的意识形态。尽管这些表述以及所阐述的思想内容与我们所讲的社会主义不尽一致，甚至还有些相左，但从其思想意识方面则反映了社会主义的影响力和感召力。摩尔多瓦共产党将自身定位于代表工人、农民、知识分子等一切劳动者的政党，宣布其近期目标是建立"革新形态的社会主义"，最终目标是实现共产主义，并于2001年和2005年两度赢得议会大选并连续执政八年之久②。罗马尼亚劳动党也一度参加执政联盟成为参政党。

其三，主要资本主义国家的共产党坚定地顶住了来自国内外、党内外甚嚣尘上的"取缔"、"解散"等逆流，稳住阵脚，坚持斗争，顽强生存了下来，并结合国内外形势的重大变化调整了党的纲领和策略，在困难中继续坚持斗争。2004年欧洲左翼党在罗马重建，德国民社党、意大利重建共、西班牙联合左翼、希腊左联党等欧盟12国的14个共产党与左翼政党成为该党首批成员③。欧洲左翼党淡化传统色彩，强调向欧洲所有共产党、社会党左翼、红色绿党及其他民主左翼党开放，以"自由、平等、公正与团结"为

① 参见刘淑春：《寻求逆境中突围的俄罗斯联邦共产党》，《党建》2010年第2期，第16页。
② 参见俞邃、路晓军：《"摩尔多瓦现象"——社会主义生命力的重要标志》，《国外理论动态》2010年第2期，第36页。
③ 林尉：《欧洲左翼政党大整合》，《当代世界》2004年第7期，第22页。

基本价值观，致力于建立"替代性的、激进的、环保主义的、女权主义的左翼力量"。2008 年 9 月法共还分别在巴黎和马赛组织了 15000 名共产党员参加的示威游行，号召全党在金融危机以及社会、环境、民主的危机面前，要"汇集所有力量，全力应对危机，重建一个新世界"①。日共领导人还在电视中宣讲马克思的《资本论》，揭露资本家的剥削手法，赢得民心，以致使日本《东方时报》发文感慨："日本人开始热爱共产党"。

其四，亚洲、非洲特别是拉美一些国家在饱尝新自由主义的苦果之后，左翼政府纷纷上台执政，一度呈现了"社会主义红旗插遍拉美"的局面。尤其是委内瑞拉、玻利维亚和厄瓜多尔三个国家，在冷战后为了清除新自由主义相继进行了宪政改革；在经济领域通过恢复经济金融主权以及自然资源主权、恢复国家对支柱产业的控制以保障人民的福利、恢复工人的劳动权利、消除贫困、减少增值税等措施，以修补新自由主义措施造成的破坏；致力于农业土地使用权结构的民主化以促进农村发展和社会公正；将调查官员舞弊情况和保护环境的条款纳入宪法，以维护公民权利，实现可持续发展。虽然这些国家对社会主义道路的探索不一定取得成功，甚至有可能失败，但这些政策的实施无疑有助于推动世界社会主义理论和实践的发展。

如果说，目前社会主义要在全球化进程中全面取代资本主义是不现实的，那么，资本主义要想利用全球化来消灭社会主义更是困难的。著名左翼学者梅萨罗什（Mészáros）曾以"要么是社会主义，要么是野蛮状态"② 为名著书立说。经济学家莱斯特·瑟罗认为，"为了繁荣兴旺，人类需要有一种对更完美的社会的想象力"，把新的关于未来美好社会的思想引入现在并不完美的经济制度。"过去 150 年间，是社会主义制度和社会福利国家制度提供了这种新思想的来源。来自这两种制度的某些因素渗入了资本主义制度的结构。"③ 布热津斯基也承认："共产主义对于头脑简单和头脑复杂的人都同样具有吸引力：每一种人都会从它那里获得一种方向感，一种满意的解释

---

① 参见孙勇、李申：《发达国家共产党的生存状况及其未来前景》，《当代世界与社会主义》2010年第 1 期，第 52 页。

② 刘元琪：《全球治理还是单极霸权?》，《国外理论动态》2002 年第 3 期，第 23 页。

③ ［美］莱斯特·瑟罗著：《资本主义的未来》，周晓钟译，中国社会科学出版社 1998 年版，第 17 页。

和一种道义的自信。"① 德国学者玛利昂·格莱芬·登霍夫写道："或许资本主义也会毁灭，并被一个吸取了教训的社会主义所挽救。这种想法并非像听起来那么不可想象。"② 华勒斯坦更坦率地指出："资本主义将成为过去，它的特定的历史体系将不再存在。" "它是人类历史上的一次吸引人的演习——一次特殊和异常时期的演习，但可能是向更为平等的世界过渡的漫长历史中的一个重要时刻；或者它在本质上是一种不稳定的人类剥削形式，在它后面，世界便回复到较为稳定的形式。"③ 连美国研究世界体系的著名学者伊曼纽尔·沃勒斯坦预测社会主义是世界体系的三种可能之一："能保持一个高水平的生产力，并能改变分配制度的唯一可替代的世界体系，将引起政治和经济决策的重新整合。这将构成世界体系的第三种可能形式，即一个社会主义世界政府"。④ 美国前副财长罗杰·阿尔特曼也指出：目前的全球经济危机已经使全球化发生了逆转，长期以来认为在单一的世界市场中人人共赢的观点已经逐渐削弱。美国的模式已经失宠，其在全球的主导地位将进一步下降，欧洲内部的分歧使得其复苏的速度比美国更慢。而中国无疑是一个赢家，其独特的政治经济模式成功地经受了考验，这将自动提升其国际地位。⑤ 美国著名马克思主义学者大卫·施韦卡特也明确指出："社会主义者把资本主义视为极度非理性和非公平的制度，期望建立一个超越资本主义的新制度，它既能充分利用资本主义的先进技术，又能有效避免资本主义非理性的后果。他们有权利去梦想，因为这个梦想并不是不可实现的乌托邦，而是可以实现的。"⑥ 学贯东西的英国学者马丁·雅克也明确指出："全球化远

---

　　① ［美］兹·布热津斯基著：《大失败：二十世纪共产主义的兴亡》，军事科学院外国军事研究部译，军事科学出版社 1989 年版，第 3 页。

　　② ［德］玛利昂·格莱芬·登霍夫：《资本主义文明化》，赵强、孙宁译，新华出版社 2000 年版，第 5 页。

　　③ ［美］伊曼努尔·华勒斯坦著：《历史资本主义》，路爱国、丁浩金译，社会科学文献出版社 1999 年版，第 108—109 页。

　　④ ［美］伊曼纽尔·沃勒斯坦著：《现代世界体系》第 1 卷，尤来寅等译，社会科学文献出版社 1999 年版，第 462 页。

　　⑤ ［美］罗杰·阿尔特曼：《衰退中的全球化——金融危机对地缘政治的进一步影响》，云南师范大学马克思主义理论研究中心译，《国外理论动态》2010 年第 5 期。

　　⑥ ［美］大卫·施韦卡特、黄瑾：《经济危机视角下的资本主义——对话大卫·施韦卡特》，《国外理论动态》2012 年第 10 期，第 2 页。

不是一个单向的过程，它其实相当复杂：美国可能是全球化竞技场上最有影响力的'球员'，能够对数轮全球贸易谈判施加很大的压力，但最终的赢家却是东亚，最大的受益者则是中国。中国正在改变世界。"①

　　生活在发达资本主义国家的有识之士都对由资本主义向社会主义的转型如此憧憬，并对它的实现充满信心。那么，生活在已经实现了这种文明转型的社会主义国家、并积累了正反两个方面经验的我们，难道不更应该抓住"新全球化时代"的机遇振兴和发展社会主义文明、满怀信心地将这一宏伟而壮丽的事业进一步推向前进吗？胡锦涛在庆祝中国共产党成立90周年大会上的讲话中给予了响亮的回答，那就是："今天，一个生机盎然的社会主义中国已经巍然屹立在世界东方，13亿中国人民正在中国特色社会主义伟大旗帜下满怀信心走向中华民族伟大复兴。"②尽管在世界范围内实现社会主义替代资本主义的历史进程将是长期的、复杂的，但目标是明确的，趋势是明显的。我们将坚持用发展的观点，把资本主义退出历史舞台的必然性与历史演进过程的长期性统一起来，把资本主义的腐朽性与它可能继续发展的进步性统一起来，把社会主义代替资本主义运行过程的长期性与最终结果的指向性统一起来，在两种社会制度竞争共处的世界格局中谋划和推进社会主义建设事业不断取得新胜利。

---

　　①　［英］马丁·雅克著：《当中国统治世界——中国的崛起和西方世界的衰落》，张莉、刘曲译，中信出版社2010年版，第1页。
　　②　胡锦涛：《在庆祝中国共产党成立90周年大会上的讲话》，人民出版社2011年版，第1—2页。

参 考 文 献

经典著作：

[1]《马克思恩格斯选集》第 1—4 卷，人民出版社 1995 年版。

[2]《列宁选集》第 1—4 卷，人民出版社 1995 年版。

[3]《斯大林选集》上、下卷，人民出版社 1979 年版。

[4]《毛泽东选集》第一——四卷，人民出版社 1991 年版。

[5]《邓小平文选》第一——三卷，人民出版社 1993 年版。

[6]《江泽民文选》第一——三卷，人民出版社 2006 年版。

中文著作：

[7] 刘克明等主编：《苏联政治经济体制七十年》，中国社会科学出版社
　　　1990 年版。

[8] 逢先知：《回顾毛泽东关于防止和平演变的论述》，中央文献出版社
　　　1990 年版。

[9] 徐崇温：《民主社会主义评析》，重庆出版社 1995 年版。

[10] 刘玉安：《北欧福利国家剖析》，山东大学出版社 1995 年版。

[11] 张奎良：《当代中国的马克思主义》，黑龙江教育出版社 1996 年版。

[12] 薛汉伟：《时代发展与中国特色》，北京大学出版社 1996 年版。

[13] 刘淑春等主编：《"十月"的选择——90 年代国外学者论十月革命》，
　　　中央编译出版社 1997 年版。

[14] 肖枫主编：《社会主义向何处去》（上、下），当代世界出版社 1998
　　　年版。

[15] 俞可平主编：《全球化时代的"社会主义"》，中央文献出版社 1998

年版。

[16] 张小明：《冷战及其遗产》，上海人民出版社1998年版。

[17] 吴冷西：《十年论战》（上、下），中央文献出版社1999年版。

[18] 徐觉哉：《社会主义流派史》，上海人民出版社1999年版。

[19] 方连庆等主编：《战后国际关系史》（上、下），北京大学出版社1999年版。

[20] 张雷声：《资本主义的社会矛盾及历史走向》，安徽人民出版社2000年版。

[21] 张盛发：《斯大林与冷战》，中国社会科学出版社2000年版。

[22] 杨雪东等主编：《"第三条道路"与新的理论》，社会科学文献出版社2000年版。

[23] 李琮等主编：《当代资本主义发展重要问题研究》，中央文献出版社2000年版。

[24] 胡连生等著：《当代资本主义的新变化与社会主义的新课题》，人民出版社2000年版。

[25] 张世鹏：《当代西欧工人阶级》，北京大学出版社2001年版。

[26] 俞可平主编：《全球化：西方化还是中国化》，社会科学文献出版社2002年版。

[27] 陈海燕等著：《全球化与中国特色的社会主义》，山东人民出版社2004年版。

[28] 靳辉明等主编：《当代资本主义与世界社会主义》（上、下），海南出版社2004年版。

[29] 臧秀玲：《当代资本主义新发展问题研究》，山东大学出版社2004年版。

[30] 黄宗良、孔寒冰主编：《世界社会主义史》，北京大学出版社2004年版。

[31] 徐艳玲：《全球化、反全球化思潮与社会主义》，山东人民出版社2005年版。

[32] 李慎明主编：《低谷且听新潮声：21世纪的世界社会主义前景》，社会科学文献出版社2005年版。

［33］刘建武：《中国特色与中国模式》，人民出版社 2006 年版。

［34］蒲国良主编：《当代国外社会主义概论》，中国人民大学出版社 2006
年版。

［35］黄仁宇：《资本主义与二十一世纪》，生活·读书·新知三联书店 2006
年版。

［36］陈海燕等编著：《全球化视域下社会主义的理论与实践》，山东大学出
版社 2007 年版。

［37］张宇燕等著《全球化与中国发展》，社会科学文献出版社 2007 年版。

［38］陈学明著：《驶向冰山的泰坦尼克号——西方左翼思想家眼中的当代
资本主义》，人民出版社 2008 年版。

［39］张志军主编：《20 世纪国外社会主义理论、思潮及流派》，当代世界
出版社 2008 年版。

［40］李慎明主编：《世界在反思——国际金融危机与新自由主义全球观点
扫描》，社会科学文献出版社 2010 年 7 月版。

［41］李慎明主编：《国际金融危机与当代资本主义——低潮中的世界社会
主义思潮与理论》，社会科学文献出版社 2010 年版。

［42］何秉孟主编：《国际垄断资本与经济危机跟踪研究》，社会科学文献出
版社 2010 年版。

中文译著：

［43］［美］约翰·奈斯比特著，梅艳译：《大趋势：改变我们生活的十个新
方向》，中国社会科学出版社 1984 年版。

［44］［美］理查德·尼克松著，王观声等译：《1999 年：不战而胜》，世界
知识出版社 1989 年版。

［45］［英］佩里·安德森著，余文烈译：《当代西方马克思主义》，东方出
版社 1989 年版。

［46］［苏］戈尔巴乔夫等著，中央编译局国际发展与合作研究所编译：《未
来的社会主义》，中央编译出版社 1994 年版。

［47］［美］亨利·艾尔弗雷德·基辛格著，顾淑馨等译：《大外交》，海南
出版社 1998 年版。

［48］［美］弗兰西斯·福山著，《历史的终结》翻译组译：《历史的终结》，远方出版社 1998 年版。

［49］［美］约瑟夫·熊彼特著，吴良健译：《资本主义、社会主义与民主》，商务印书馆 1999 年版。

［50］［古］菲德尔·卡斯特罗著，王玫等译：《全球化与现代资本主义》，社会科学文献出版社 2000 年版。

［51］［美］罗兰·罗伯逊著，梁光严译：《全球化：社会理论和全球文化》，上海人民出版社 2000 年版。

［52］［英］安东尼·吉登斯著，李惠斌等译：《超越左与右：激进政治的未来》，社会科学文献出版社 2000 年版。

［53］［英］安东尼·吉登斯著，郑戈译：《第三条道路：社会民主主义的复兴》，北京大学出版社 2000 年版。

［54］［德］托马斯·迈尔著，殷叙彝译：《社会民主主义的转型——走向 21 世纪的社会民主党》，北京大学出版社 2001 年版。

［55］［英］阿兰·鲁格曼著，常志霄等译：《全球化的终结》，三联书店 2001 年版。

［56］［美］莱斯利·巴顿等著，朱赛霓译：《人民的资本主义?》，重庆出版社 2001 年版。

［57］［美］詹姆斯·H. 米特尔曼著，刘得手译：《全球化综合征》，新华出版社 2002 年版。

［58］［美］弗朗西斯·福山著，黄胜强等译：《历史的终结及最后之人》，中国社会科学出版社 2003 年版。

［59］［德］乌尔利希·贝克等著，张世鹏等编译：《全球政治与全球治理》，中国国际广播出版社 2004 年版。

［60］［俄］根纳季·久加诺夫著，何宏江等译：《全球化与人类命运》，新华出版社 2004 年版。

［61］［日］伊藤诚著，孙仲涛等译：《幻想破灭的资本主义》，社会科学文献出版社 2008 年版。

［62］［英］梅格纳德·德赛著，汪澄清译：《马克思的复仇：资本主义的复苏和苏联集权社会主义的灭亡》，中国人民大学出版社 2008 年版。

［63］［美］塞缪尔·亨廷顿著，王冠华等译：《变化社会中的政治秩序》，上海人民出版社 2008 年版。

［64］［美］约翰·奈斯比特著，魏平译：《中国大趋势》，中华工商联合出版社有限责任公司 2009 年版。

［65］［日］中谷岩著，郑萍译：《资本主义为什么会自我崩溃？——新自由主义者的忏悔》，社会科学文献出版社 2010 年版。

［66］［美］约翰·奈斯比特著，魏平译：《世界大趋势》，中信出版社 2010 年版。

［67］［俄］尼古拉·伊万诺维奇·雷日科夫著，徐昌翰等译：《大国悲剧：苏联解体的前因后果》（修订版），新华出版社 2010 年版。

［68］［美］塞缪尔·亨廷顿著，周琪译：《文明的冲突与世界秩序的重建》（修订版），新华出版社 2010 年版。

［69］［英］马丁·雅克著，张莉等译：《当中国统治世界：西方世界的衰落和中国》，中信出版社 2010 年版。

后　记

　　本书是国家社会科学基金项目（07BKS034）——"全球化视域下社会主义与资本主义两制关系发展规律研究"的最终成果。该项目于 2007 年 7 月获得正式批准立项后，项目负责人认真组织团队成员查阅材料，请教专家，相继召开两次专家咨询研讨会，就项目研究思路与方法等问题多次进行研讨，经过 4 年的潜心研究，于 2011 年 8 月完稿，2012 年 1 月通过国家鉴定，等级为优秀。2012 年 9 月入选《国家哲学社会科学成果文库》（批准号为 12KKS002）。

　　全书的指导思想、内容结构、写作提纲由项目负责人陈海燕教授拟定，具体写作分工按内容先后顺序排列为：陈海燕（齐鲁师范学院教授、博士）撰写前言、第一章和第二章、第四章的一、二、三和第六章的一、四、五、六以及后记；李伟（齐鲁师范学院教授、博士）撰写第三章的一、二；孙红霞（齐鲁师范学院讲师、博士）撰写第三章的三；王晨（齐鲁师范学院教师、德国莱比锡大学硕士）撰写第四章的四、五、六；臧秀玲（山东大学教授、博士生导师）撰写第五章的一、二、三和第六章的二、三；杨素群（山东师范大学教授、博士）撰写第五章的四、五、六；全书由陈海燕教授修改定稿。

　　该成果从立项到研究、一直到成果问世，得到了社会各方面的支持与襄助。在此，首先向使本课题成为国家社会科学基金项目的立项评审专家、结项鉴定专家和力举本书稿列入《国家哲学社会科学成果文库》的评审专家，表达深切的谢意！再向国家社科规划办、学习出版社、山东省社科规划办、齐鲁师范学院科研处的领导和专家，道一声诚挚的感谢！本书在学术观点的把握上多次得到旅美学者宿景昌教授、中国社会科学院学部委员靳辉明教授、山东大学博士生导师王韶兴教授的指导；留学丹麦的曲钟铖先生在材料的收集和翻译方面提供了大力帮助；齐鲁师范学院图书馆馆长刘振光教授、流通阅览部荣朝艳主任在图书资料查阅方面给予了大力支持和帮助。在此，一并表示衷心感谢！本书在写作过程中，参阅了大量相关资料，有的已在注释或参考文献中标明，亦有许多难以逐一列出，诚请有关作者谅解并接受笔者的歉意和谢意！最后，向一切关心和帮助本项目研究与写作的同事们、朋友们以及写作团队的成员们致以衷心感谢！

由于作者水平所限，加之该课题属难点和热点问题，无论是在观点的把握上，还是在语言的阐述上，恐有不周全的地方，其中的缺点和疏漏，诚望各位专家、读者予以批评指正。

作　者

2012 年 12 月

图书在版编目（CIP）数据

全球化视域下的社会主义与资本主义：两种制度关系发展规律研究/陈海燕等著.
－北京：学习出版社，2013.3
（国家哲学社会科学成果文库）
ISBN 978－7－5147－0322－1

Ⅰ.①全…　Ⅱ.①陈…　Ⅲ.①社会主义制度—关系—资本主义制度—研究
Ⅳ.①D033

中国版本图书馆 CIP 数据核字（2013）第 023182 号

全球化视域下的社会主义与资本主义
QUANQIUHUA SHIYUXIA DE SHEHUIZHUYI YU ZIBENZHUYI
——两种制度关系发展规律研究
陈海燕　等著

责任编辑：李　岩
技术编辑：周媛卿　刘　硕
封面设计：肖　辉　杨　洪

出版发行：学习出版社
　　　　　北京市崇文门外大街 11 号新成文化大厦 B 座 11 层（100062）
　　　　　010－66063020　010－66061634
网　　址：http：//www.xuexiph.cn
经　　销：新华书店
印　　刷：北京新华印刷有限公司

开　　本：710 毫米×1000 毫米　1/16
彩　　插：2
印　　张：25.5
字　　数：404 千字
版次印次：2013 年 3 月第 1 版　2013 年 3 月第 1 次印刷

书　　号：ISBN 978－7－5147－0322－1
定　　价：66.00 元

如有印装错误请与本社联系调换